코리아 체스판

미중 신냉전과 김영삼 시대

목 차

머리말

김영삼 시대를 알아야 신냉전이 보인다

〈코리아 체스판〉 제1권 下를 원래 2023년 2월 제1권 上을 펴낼 때 같이 낼 예정이었다. 1권 上이 노태우 정부 시기와 김영삼 정부 초기 2년(93, 94년)을 함께 다뤘으니 김영삼 정부 나머지 3년(95,96,97년)을 다룬 글들도 같이 내는 게 맞다고 생각했다.

1권 下권 발행에 대한 고민이 특별히 컸던 이유가 있다. 2023년 2월 시점의 한반도 정세에 기시감이 들었기 때문이다. 지금 이대로 정세가 흘러가면 1권 下에서 다룬 95,96,97년과 복사판처럼 비슷한 흐름이 되지 않을까 싶었던 것이다. 두 마음이 교차했다. 미리 대비하자는 차원에서 발행을 서두를 것인가, 아니면 당시 예상한 대로 정세가 흘러가는지 좀 더 지켜볼 것인가. 결국 후자를 택했다. 그리고 그때부터 펼쳐지는 정세 흐름을 추적해 1권 하에 같이 묶어 내기로 했다.

1권 下의 첫해인 1995년 6월7일 이등휘 당시 대만총통이 미국 방문을 결행했다. 이를 계기로 미국과 중국 간에 감정적 심리적 신냉전이 시작됐다. 그 30여년 후인 2023년은 미국의 대중 신냉전 체제가 실질적으로 구축되기 시작한 원년이다. 그 전해인 2022년 10월과 12월 연거푸 이뤄진 미국과 일본의 전략문서 발표와 2023년 1월과 4월의 미일, 한미 정상회담으로 통합억지(ID) 전략에 따른 대중 신냉전의 막이 올랐다.

그렇다면 30여 년 전 미국이 중국과의 새로운 냉전을 염두에 두고 실행에 옮겼던 북한 끌어안기와 일본을 앞세웠던 북한 진출 전략은 현실의 신냉전이 시작된 2023년 이후의 한반도에서 과연 어떻게 될 것인가.

30여 년 전에도 남북관계는 꽉 막혔었다. 그러나 막힌 것은 남북관계 뿐이었다. 미국은 중국과의 새로운 냉전의 일환으로 중국 주변의 베트남과 수교 했듯이 북한과의 관계도 정상화하기를 원했다. 미국의 대북 정책은 대중 정책의 일환이었던 것이다. 오직 북한만을 바라보는 당시의 한국 정부로서는 당혹스러운 지점이었다. 대북정책에서 한국과의 협조가 원활하지 않자 미국은 일본을 새로운 파트너로 삼았다.

남북관계가 단절된 무주공산에서 미국의 후원까지 등에 업은 일본은 마치 날개를 단 듯했다. 95,96,97 3년은 일본이 한반도 북부인 북한에 대해 가진 포부와 야심이 모두 드러난 기간이었다. 쌀 지원 등 인도적 문제를 앞세우는 접촉의 패턴, 나진·선봉에 도쿄 인근 중화학 공업단지인 가시마 공단을 이전해 경제 및 산업적으로 연계의 틀을 구축하려는 전략, 원산에 대한 지역 거점화 구상에서부터 북한의 핵심 자원인 석유개발을 위한 움직임까지 수면 위로 다 드러났다. 그런데 참 묘하게도 당시 이런 내용들을 일반 언론들은 잘 다루지 않았다. 그러다보니 필자가 몸담았던 주간 〈시사저널〉 DB에서 잠들어 있는 기록들 외에는 당시의 일들을 알 길이 없다.

그로부터 30여년 만에 미중 신냉전은 정치·군사·외교적 현실이 되었다. 이 얘기는 한반도 정세의 지정학적인 구조가 30여 년 전과 매우 비슷해졌다는 것을 의미한다. 그리고 30여 년 전처럼 최근 미일의 북한에 대한 관점이 한국 정부와 달라지기 시작했다는 점을 피부로 느낀다. 2022년 9월 유엔 연설부터 시작된 기시다 총리의 북한 관련 행보를 보면 일본이 과거의 매뉴얼에 입각해 북한을 바라보고 동선을 짜기 시작했음을 알 수 있다. 올해 미국 대선이 됐건 2025년부터 펼쳐질 대만해협 정세와 연동해서든 북한을 관리할 필요를 절실하게 느끼는 미국이 그런 일본을 뒤에서 받치고 있는 구도 또한 기시감이 들 정도다.

다만 중국이 30여 년 전의 중국이 아니라는 점이 정세의 양상을 복잡하게 한다. 3월26일 평양에서 열리기로 예정됐던 북일 월드컵 축구 예선전의 취소와 김성남 북한 노동당 국제부장의 방중 협상 과정에서 일본의 북한 진출 시도에 신경질적으로 예민한 중국의 맨얼굴이 언뜻언뜻 비친다.

2025년 이후 본격화 될 것으로 예상되는 대만해협 위기 상황을 앞에 두고 '주전장은 대만해협이나 승부처는 한반도'가 될 것이라는 게 필자의 정세인식이다. 북한이라는 승부처를 둘러싸고 미일과 중국의 격돌이 시작됐다. 또한 여기에 러시아라는 변수가 추가된 점 역시 고려해야 한다. 2023년 9월13일 보스토치니 북러 정상회담에 이어 2024년 6월19일 평양 북러 정상회담을 통해 러시아가 한반도 정세의 상수로 떠올랐다.

2023·24년 이후 한반도 정세는 남북이 절연된 상태에서 주변 외세가 우리의 머리 위에서 이합집산을 거듭할 것이라는 점에서 김영삼 정부 후반 3년의 한반도와 그 지정학적인 구조가 마치 평행우주처럼 닮아 있다. 따라서 김영삼 정부 3년 간 일어난 일들 속에서 앞으로 벌어질 일들에 대한 암시를 발견할 수 있을 것이다. 아울러 애초에 제1권 下로 기획되었던 이 책은 새로운 내용의 추가로 인해 제2권으로 변경하고 기존 발행된 제1권 上도 재판 발행시 제1권으로 변경하게 됨을 알려드린다.

이 책은 크게 두 부분으로 구성됐다. 1부는 2022년 10월과 12월 미일의 전략문서 발표 이후 2023년 윤곽이 드러난 미국의 대중 신냉전 체제 구축 과정과 이에 맞서는 북러의 움직임, 2024년 기시다 방북을 둘러싼 북일·북중관계, 그리고 평양 북러 정상회담 등 최근(2024년 6월)까지 벌어진 일들에 대한 추적기이다. 맨 첫 원고는 2023년 6월 〈녹색평론〉 복간호에 실렸고 그 뒤의 글들은 〈시사IN〉에 실린 글들을 토대로 했다. 2부는 김영삼 정부 시기인 1995년부터 97년까지 3년간 〈시사저널〉에 게재됐던 글들이다. 1년 단위로 맨 앞부분에 주요 내용을 개괄해 전체 흐름을 파악할 수 있도록 했다.

과거의 글들이 단지 과거의 기록에 그치는 것이 아니라 현재와 미래를 밝히는 이정표나 등불이 될 수도 있다고 믿는다. 그것을 미리 살피는 것은 똑같은 잘못을 범하지 않기 위해서다.

2024년 7월1일

남문희

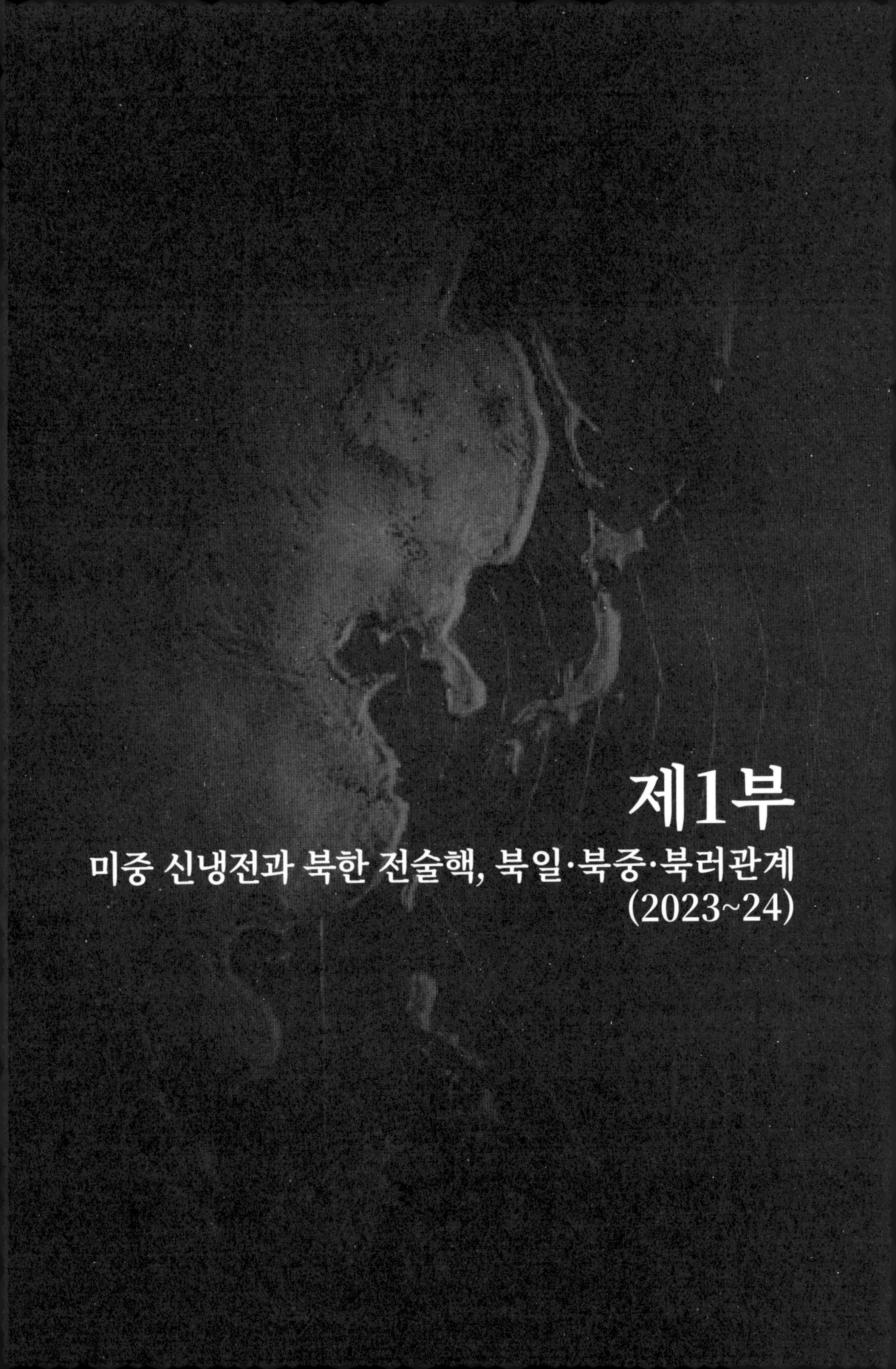

제1부

미중 신냉전과 북한 전술핵, 북일·북중·북러관계 (2023~24)

들어가기

첫번째 글인 '미국의 대중 신냉전과 '통합억지(ID)' 전략'은 2022년 10월 12일 미국 백악관의 〈국가안보전략(NSS)〉 문건 발표 시점의 에피소드가 주요 모티브이다. 그 전날인 10월11일 제이크 설리번 백악관 안보보좌관이 조지타운 대학 연설을 통해 바이든 정부의 일련의 전략문서들이 중국을 겨냥한 '신냉전 전략지침'이라는 사실을 밝힌 것이다. 미국의 전략문서 발표는 그해 12월 발표된 일본 안보3문서와 연동돼 있다. 군사전략적으로는 바이든 정부의 통합억지(ID) 전략과 통합방공미사일방위(IAMD)와 일본이 안보 3문서를 통해 공표한 적기지공격권이 하나로 통합돼 대중 신냉전적 군사체제의 근간이 된다는 점을 드러낸다. 이어 2010년 중국이 항공모함 킬러로 불리는 동풍-21D 미사일을 실전배치하면서부터 항공모함 편대 위주로 구성된 미 해군의 아시아태평양 주도권이 위협을 받게 됐으며 이에 대한 대처 방법으로 일본에 적기지공격권을 허용하는 대신 일본을 미국의 통합억지 전략으로 끌어들이기 위한 연구가 몇 년에 걸쳐 진행돼 왔다는 사실을 지적했다.

'캠프 데이비드 한미일 정상회의'는 2023년 1월 미일 정상회담과 4월 한미정상회담을 통해 한국과 일본을 통합억지 전략 틀에 포함시킨 미국이 장기적으로 아세안과 태평양도서국까지 이 틀에 편입시키기 위한 노력의 출발점이 바로 이 회의였다는 점을 지적했다.

'보스토치니 북러 정상회담과 북한 전술핵'은 구소련이 아무리 동맹이라도 첨단 군사기술은 넘겨주지 않았다는 그동안의 통설에 대해 한반도의 군사불균형이 심화돼 극동시베리아의 안전이 위협받을 경우 예외였다는 점을 통해 북러 군사 교류의 위험성을 지적했다. 북한이 단 시간 내에 고체연료 기반 대륙간탄도미사일인(ICBM) 화성18호를 성공적으로 발사한 것은 러시아의 기술 지원 없이는 상상할 수 없는 일이다. 또한 2022년 4월 이후 폭주하고 있는 북한의 전술 핵 교리는 2020년 개정된 러시아 핵 교리를 답습한 것이며 북한이 단시간 내 전술핵 대량생산을 위해 러시아로부터 핵물질을 대량으로 들여올 가능성에 대해서도 경각심을 가져야 한다고 촉구했다.

'타이완해협 가를 2027년과 2035년의 지정학'은 시진핑 주석 3연임에서 4연임으로 넘어가는 2027년 대만해협 위기론의 허실을 실제의 군사력 비교 등을 통해 짚었다. 중국 인민해방군이 대만을 정면 공격하기 위해서는 대만해협이라는 첫 번째 벽을 건너야 하고 그 다음 대만의 재래식 전력이라는 두 번째 벽을 넘어야 한다. 이 두개의 벽을 극복했다 해도 실전배치 핵무기 수에서 미국과 대등한 수준이 되는 2035년까지는 정면승부가 어렵다는 내용이다. 그러나 대만 통일 문제를 3연임의 명분으로 내세웠던 시 주석으로서는 2027년까지 뭔가는 해야 한다. 그가 택할 수 있는 선택지에 대해 짚어봤다.

'북한 '동족 관계' 부정에 담긴 숨은 그림'은 2023년 12월 말의 당 중앙위 전원회의와 2024년 1월 최고인민회의 시정연설에서 김정은 위원장이 남북관계를 '동족관계'가 아닌 '적대적 두 국가관계'로 규정한 배경에 대해 짚었다. 남북관계를 두 국가관계로 규정하려는 시도는 과거에도 여러 차례 있었다. 동서독 관계에서 동독이 취했던 입장과도 비슷해 크게 새로운 것은 아니다. 그러나 동족관계 부정은 동족관계를 전제로 하는 통일정책 부정으로 이어지고 이는 김일성·김정일 선대의 유훈을 부정하는 것이 되기 때문에 간단한 문제가 아니다. 그럼에도 불구하고 북한이 왜 그 방향으로 가는지에 대해 최근 들어 북한 대남 군사전략의 핵으로 떠오른 전술핵 전략의 관점에서 분석했다. 또한 '파키스탄 모델'을 통해 전술핵무장과 국지전 발발의 상관관계에 대해 살펴봤다.

'기시다가 말한 '대담한 현상변경'은 평양 연락사무소?'는 2023년 3월과

5월의 예비회담, 6월의 실무회담을 통해 북일 양측이 어떤 그림을 그려가고 있는가를 분석했다. 북일관계는 2022년 6월 최선희의 외무상 임명으로부터 그 출발점을 짚어볼 수 있다. 최선희 외무상의 등장은 북한이 하노이 회담 실패 후 중국만 바라보며 다른 외교 채널을 닫아걸던 기존의 행보로부터 벗어나겠다는 선언에 다름 아니기 때문이다. 미국 대선 후인 2025년부터 예상되는 대만해협 위기에 앞서 북한관리가 절실했던 미국과 일본에게는 간과할 수 없는 싸인이었다. 2022년 9월 기시다 총리의 유엔 연설은 이에 대한 화답이었다. 이어 북한과 일본은 지난해 물밑 접촉을 통해 불가능해 보였던 북일관계 해법을 찾아낸 듯 보였다.

'북한은 왜 일본이 아닌 중국을 택했나' 순풍을 탈 것만 같던 북일관계에 급제동이 걸렸다. 3월26일 평양에서 개최키로 한 월드컵 북일 예선전을 갑자기 취소한 북한이 김여정 담화를 통해 더 이상 일본과 만날 일이 없다고 선언한 것이다. 평양 방문을 위해 4월10일 방미 스케줄까지 잡아놓은 기시다 총리로서는 실로 당혹스런 일이 벌어졌다. 북일 간 막후 접촉에서 일본이 납치 문제 관련해서 완강한 입장을 고수했기 때문이라는 게 일반적인 해석이나 의문점이 많다. 본문에서는 일본과 교섭을 하는 한편 중국과도 동시에 교섭을 진행한 북한이 일본이 아닌 중국을 택하면서 벌어진 현상이라는 관점을 제시한다. 내년부터 전개될 동북아의 격랑에서 승부처가 될 수밖에 없는 북한을 둘러싸고 미일과 중국의 보이지 않는 각축전이 시작된 것이다.

'반격능력이 미일 지휘권 일체화 불렀다' 글은 2024년 4월10일 미일 정상회담을 계기로 급부상한 주일미군과 일본 자위대간 지휘권 일체화 흐름의 구조적 배경에 대해 짚었다.

'미국 대선 겨냥한 북러의 동반 질주' 글은 푸틴 대통령의 6월19일 평양 방문에 앞선 북러 협의 과정에서 애초에 유엔 대북 제재에서 이탈하는 것조

차 부담스러워했던 러시아가 60년대 상호원조조약을 연상케하는 북러조약 체결에까지 나아가게 된 배경을 짚었다. 또한 지난 3월 북한이 북일관계 대신 북중관계로 선회하는 모습을 보였음에도 오히려 북중관계는 악화하고 북일간 접촉이 재개된 경위에 대해서도 밝혔다. 아울러 미 대선이 임박한 9,10월 경 한반도 정세가 요동칠 수 있다는 점을 경고하고 있다.

1.미국의 대중 신냉전 전략과 '통합억지(ID)'

2022년10월의 미국 전략문서와 12월의 일본 안보3문서 분석을 토대로 미국의 대중 신냉전의 중심 개념인 통합억지 전략이 어떤 과정을 통해 등장하게 됐는지 설명했다. 통합억지 전략의 등장에는 2009년 중국의 동풍-21D 미사일 등장 이래 치열하게 전개된 미중 군사 전략 다툼과 일본의 중거리 미사일 보유를 둘러싼 미일간의 오랜 신경전이라는 두개의 흐름이 합류하는 과정이 필요했다. 따라서 그 과정 자체가 90년 대 중반 이래 아시아태평양의 군사패권을 둘러싸고 전개돼온 사실상의 신냉전사라 할 것이다.

또 다시 냉전의 최전선에 서다

2023년 3월28일 한국무역협회는 의미심장한 통계 하나를 발표했다. 1·2월 누적된 한국의 대중 무역수지가 -50억7400만 달러로 집계됐다는 것이다. -50억7400만 달러는 최대 천연가스 수입국인 호주(-48억1500만 달러), 최대 원유 수입국인 사우디아라비아(-46억699만 달러)를 넘어선 수치다. 중국이 우리 무역 상대국 중 최대 적자국이 된 것이다. 지난 두 달의 추세가 계속되면 1992년 이후 31년 만에 연간 기준 최대 무역적자를 낼 수 있다는 얘기도 흘러나왔다. 한중 교역이 시작된 지 30여년 만에 실로 격세지감의 변화가 일어난 것이다.

1994년 11월30일은 제31회 무역의 날이었다. 그 며칠 전인 11월26일 상공자원부가 주목할 만한 통계를 발표했다. 94년 1~10월 한국의 해외 수출시장에서 중국 · 대만 · 홍콩 · 싱가포르 등 중화경제권 국가들이 미국을 제치고 최대 수출시장으로 떠올랐다는 것이었다. 이 기간에 중화경제권 국가들에 대한 수출은 1백69억5천만 달러로 전체 수출의 22.2%를 차지해, 1백65억1천만 달러로 21.6%를 차지한 미국을 제쳤다. 그 전 해까지만 해도 대미 수출이 1백81억4천만 달러로 중화경제권 국가들에 비해 10억 달러 많았으나, 94년에는 10월까지 4억 달러 차이로 순위가 역전된 것이다.

1960년대 경제개발에 착수한 이래 미국시장은 한국 수출에서 절대적이었다. 한때 50% 이상을 차지하던 미국 시장 비중이 20% 대로 떨어진 것도 심상치 않은 일이지만, 교역이 본격적으로 시작된 지 2~3년밖에 안된 중국시장이 급격하게 떠오르고 있는 것은 주목할 현상이었다.

그런데 30여년 만에 다시 원점으로 돌아간 것이다. 30여 년 간 흑자 행진을 계속하던 대중 무역이 급격히 적자로 전환하더니 최대 무역적자국으로까지 전락했다. 중국 제조업 기술의 발달로 한국산 중간재에 대한 수입대체 효과가 커진 탓으로 볼 수도 있다. 그러나 한중관계는 시장 경제 논리만으로는 설명할 수 없다. 1992년 8월의 한중 수교부터 그랬다.

지난 30여년에 대해 보통은 탈냉전기라고 부른다. 2차 대전 후 반세기를 풍미하던 미소 냉전이 89년 12월1일 양국 수뇌의 몰타선언에 의해 종식됐다. 냉전으로 가로막혔던 체제와 이념의 장벽이 허물어졌다. 탈냉전의 시대라고 하는 표현이 과히 틀린 말은 아니다. 그러나 하나의 냉전이 끝난 후 또 다른 냉전의 불씨들이 자라기 시작했다.

한반도의 입장에서 보면 탈냉전의 훈풍을 온전하게 느꼈던 시기는 노태우 정부 말기인 1992년 말까지로 국한된다. 김영삼 정부 들어서는 남북관계에서 다시 냉기가 흘렀다. 미중 간에도 새로운 냉전의 불씨가 수면 하에서 타오르기 시작했다. 1992년 중국의 등소평은 '하나의 냉전은 끝났지만 두개의 냉전이 시작됐다'는 유명한 말을 했다. 하나의 냉전은 미소 간 냉전을 뜻하고 두 개의 냉전은 '두 개의 사회제도, 두 개의 이데올로기 간의 대립과 투쟁'을 말한다. 미국과 소련의 냉전은 끝났지만 미국과 중국, 미국과 제3세계 사회주의국 간 냉전이 새로 시작됐다는 것이다.

한국이 지난 30년간 대중 무역에서 흑자를 누려온 것은 바로 이 미중간의 '새로운 냉전'에 따른 반사 이익이라는 측면이 컸던 것이다. 92년 중국 공산당 선전선동부가 발간한 〈신냉전 문서〉는 "서서(西西)모순과 시장카드를 활용해 예상되는 미국의 공세를 돌파해야 한다"고 역설했다. 두 가지 모두에 해당하는 것이 바로 92년 8월의 한중수교였다. '西·西 모순' 활용 전략에 따라 한국을 중국 편으로 끌어들여, 일본을 견제하고 한반도에 대한 미국의 영향력을 약화시킨다. 이 과정에서 중국 시장은 한국을 유인하는 수단이었다.(''西·西 모순 활용' 신냉전 전략', 《코리아 체스판》 1권 상. 291~292쪽)

따라서 지난 30여년을 탈냉전이라는 하나의 개념어로만 규정하는 것은 일반화의 오류일 수 있다. 누구의 시선으로 보느냐에 따라 다른 규정이 가능하기 때문이다. 한중관계로만 보면 분명 탈냉전이었다. 다만 그 탈냉전은 미중 신냉전 시대에 대처하는 중국의 전략적 선택에서 비롯한 측면이 다분했다. 최근의 흐름처럼 한국이 미중 간 완충지대 역할을 포기하고 한쪽 편에 설 것을 분명히 하면 중국 역시 기존의 한중관계를 유지할 필요성이 사라진다. 그만큼 기존 한중관계의 토대가 가변적이었다는 점이다.

이처럼 지난 30년은 탈냉전의 흐름이 정착한 것도 아니고 그렇다고 신냉전이 전면화 하지도 않은 일종의 과도기였다고 할 수 있다. 결과적으로 신냉전이 전면화하는 방향으로 이행해왔다는 점에서 하나의 냉전과 또 하나의 냉전 사이의 '전간기(戰間期, Interwar period)'라는 용어가 어떨까 싶다. 보통 전간기는 제1차 세계 대전과 제2차 세계 대전 사이기간인 1919년부터 1939년까지 20년의 과도기를 말한다. 독일을 예로 들자면 1차 대전 패전의 여파로 독일 제국이 무너지고 바이마르 공화국이 등장했던 일시적인 평화기에 해당한다. 결국은 나치즘이 등장해 제2차 세계대전이 발발했다. 1차 세계 대전 종전에 따른 평화의 요소와 2차 대전으로 귀결한 전쟁의 요소가 서로 뒤섞여 나타났던 시기다. 소련과의 냉전은 끝났지만 중국과의 새로운 냉전의 요소들이 싹터온 지난 30여년과 매우 닮았다. 그리고 지금 우리는 전간기라는 과도기를 끝내고 새로운 냉전의 초입에 들어섰다.

바이든 정부의 '대중 신냉전' 선언

30년의 과도기가 끝났다. 그리고 중국을 겨냥한 새로운 냉전이 시작됐다. 2022년 10월12일 발표된 미국 전략문서의 상황 인식이 그렇다. 10월12일 발표된 미국 《국가안전보장전략(NSS)은 2020년대의 10년에 대해 "30년간 지속된 탈냉전기가 끝나고 국제질서의 새로운 질서가 시작되는 중요한 전환기"라고 규정했다. 제이크 설리번 백악관 안보담당보좌관은 좀더 극적인 표현으로 현재의 시기를 규정했다. 하루 전인 10월11일 조지타운 대학 연설에서 "우리는 이제 결정적인 10년의 초입에 들어섰다. 그 기간에 중국과의 경쟁조건이 결정된다. 트루먼이 제2차 대전 후에 했던 것처럼 이 기회를 포착할 필요가 있다"라며 2020년대 10년이 2030년 이후를 결정할 것이라고 했다.

트루먼 대통령은 1947년 3월12일 의회 연설을 통해 '트루먼 독트린'을 발표했다. 역사는 트루만 독트린이 그 이후 1989년까지 이어진 대소냉전의 출발점이라고 평가한다. 제이크 설리번 보좌관이 트루만을 끌어들인 것은 바이든 정부가 다음날 정식으로 발표할 《국가안전보장전략》이 그에 버금가는 중요성을 가진 것이라는 점을 강조하기 위해서다. 트루먼이 '대소 냉전'을 선언한 것처럼 바이든 정부는 이제 '대중 신냉전'을 선언할 것이라는 점을 공식화한 것이다.

그 후 일어난 일들은 하나같이 심상치 않았다. 12월16일 일본 내각이 안보 3문서를 통과시키며 적기지 공격권 보유를 선언했다. 그리고 2023년 1월13일 미일 정상이 만나 이를 추인했다. 그 연장선에서 4월26일 한미 정상회담이 열려 '워싱턴 선언'이 나왔다. 우리는 북한의 핵·미사일 위협 대응이라는 테두리에 갖혀 있지만 워싱턴이 보는 한국은 이미 대중 신냉전의 최전선이다. 대소 냉전의 최전선이었던 30여 년 전 악몽이 되살아나고 있다.

2022년 10월 미국이 발표한 전략문서는 모두 네 가지다. 10월12일 백악관이 발표한 〈국가안전보장전략(NSS)〉과 그 하위전략으로 10월27일 국방성이 발표한 〈국가방위전략(NDS)〉, 〈핵태세검토보고서(NPR)〉, 〈미사일방어검토보고서(MDR)〉 등이다. 이들 전략문서는 그 두달 후인 12월16일 일본 각의에서 통과시킨 일본의 '안보3문서(〈국가안전보장전략〉〈국가방위전략〉〈방위력정비계획〉)'와 같이 봐야 한다. 거의 비슷한 시기 발표된 미국과 일본의 전략문서들은 미국 따로 일본 따로 만든 것이 아니다. 그 해 초인 2022년 1월7일 양측의 외교·안보 당국자 간에 열린 '미일 안보협의위원회(2+2)'는 '금후 작성되는 각각의 안전보장전략에 관한 주요문서를 통해 미일동맹의 비전과 전략적 우선순위의 완전한 정합성을 확보할 것을 결의'했다. 정합성을 염두에 두고 미국이 할 일과 일본이 할 일을 문서화한 것이다. 그만큼 엄중하고 심각한 내용을 담고 있었다.

일본 안보 3문서의 핵심 내용은 크게 두 가지다. 하나는 일본의 역대 정부가 헌법 9조 위반 논란 때문에 가질 수 없었던 '적기지 공격 능력'을 '반격 능력'이라고 이름을 바꿔 확보하겠다는 것이다. 또 하나는 2027년까지 방위비를 국내총생산(GDP) 대비 2%까지 배증하고, 2023년에 2113억 엔을 들여 미국산 장거리순항미사일인 토마호크 미사일 500기를 구입하겠다는 것이다.

미일동맹의 역사를 보면 미국은 일본에게 방위비를 늘리라고 꾸준히 요구해왔다. 그러나 '적기지 공격 능력' 문제는 복잡하다. 일본이 공격용 미사일을 갖는 것은 일본 내에서는 헌법9조의 전수방위 원칙 위반이라 심각한 반대에 부딪히기도 했지만, 사실상 미국의 반대 때문에 가질 수 없었던 것이다. 미국과 일본이 당시 각각의 전략 문서를 거의 같이 작성하다시피 한 것도 바로 그런 이유다. 미국 입장에서는 절대 허용해주고 싶지 않은 '적기지 공격 능력'을 일본에 허용해 주면서 이중삼중의 안전장치가 필요했던 것이다. 이 안전장치가 바로 미국의 전략문서가 담고 있는 내용이다. 그리고 일본의 안보문서는 '적기지 공격 능력' 보유 대가로 마치 서약서를 쓰듯 미국 전략문서가 담고 있는안전장치 준수를 다짐했다.

그렇다면 미국이 만들어 놓은 안전장치는 무언가. 전략단위에서는 '통합억지(Integrated Deterrence ID)'라는 전략이다. 전술 단위에서는 '통합방공미사일방위(IAMD)'라는 말로 요약된다. 통합억지란 바이든 정부 전략문서들이 미국의 새로운 동맹 및 대외전략의 키워드로 내세운 개념이다. 특히 국방성이 발표한 〈국가방위전략(NDS)〉의 중심 개념이다. 한마디로 미국 혼자의 힘만으로는 중국 군사력을 막아내기 힘들기 때문에 미국의 동맹과 우방국 군사력을 하나로 통합해 대중 포위망을 구축하겠다는 것이다. 미국의 기존 핵 억지력에 군사력, 경제·외교력, 그리고 동맹국의 재래식 군사력까지 통합하겠다는 것이다. 미일관계에서 보자면 미일 군사력 일체화 내지 종속화를 거쳐 단일 지휘통제 체제까지 가겠다는 것이다.

'통합방공미사일방위(IAMD)'는 미국이 전 지구적 규모로 구축하고 있는 항공·미사일 방어체계로 공격과 방어를 일체화됐다. 정찰을 담당하는 인공위성 및 글로벌호크, 조기경계기와 미사일 공격에 대처하기 위한 SM3·PAC3 등의 영격미사일과 경계 레이더, 공격용 무기인 F-35전투기와 전략폭격기, 이지스함 등을 모두 네트워크로 '끊김 없이(seamless)' 일원화해 운용하는 시스템이다. 미국이 동맹국의 재래식 군사력을 통합한다는 얘기는 곧 동맹국의 항공과 미사일 능력을 바로 이 IAMD 시스템에 끌어들여 일원화된 지휘체계를 구축한다는 것을 뜻한다. 그런 이유로 '통합억지(ID)'를 전략 개념이라고 한다면'통합방공미사일방위(IAMD)'는 그 전략을 구현하기 위한 구체적인 전술 개념이라고 한 것이다.

통합억지에 대해 일본 안보문서는 '일미공동의 통합억지력을 일층 강화 하겠다'라며 그 내용을 수용됐다. 또한 일본이 '적기지 공격 능력'(반격 능력) 확보하는 것과 동시에 미군 주도의 '통합방공미사일방위(IAMD)'를 받아들인다는 내용도 안보문서에 포함됐다. 즉 적기지 공격 능력을 갖게됐다고 일본이 멋대로 행사하는 게 아니고 미국이 전지구적 차원에서 구축하고 있는 항공·미사일방위망 안에 시스템적으로 통합돼 미국의 통제 하에서만 사용할 수 있다는 얘기다. 북한이나 중국을 대상으로 할 경우 미국이 공격을 시작해야 일본도 공격할 수 있고 그것도 미국 정찰자산에 의한 표적설정 능력과 손해평가 능력에 의존해야 한다.

미국은 IAMD를 통합을 넘어 융합 차원에까지 끌어올리고 제1열도선 주변의 동맹국과 우방국을 모두 참여시키려 하고 있다. 괌 하와이 미 본토 및 동맹국과 우방국의 주요 거점은 중국의 항공 및 미사일 위협에 취약하기 때문에 미국의 IAMD 자산만으로는 한계가 있다고 한다. 따라서 동맹국의 항공·미사일 체계까지 통합해 대처해야 한다는 것이다. 미군 사령관이 미군 및 동맹국 장비까지 모두 장악해 언제 어느 곳에 어떤 장비를 사용할지까지 결정하는 시스템이다. 필연적으로 동맹국의 주권 침해 논란을 야기할 수 있다. IAMD에는 '적의 항공 미사일 공격을 미연에 방지'한다는 내용이 들어 있어 선제공격의 위험성도 제기되고 있다.

동풍-21D가 불러온 미중 전략 경쟁

통합억지 전략을 중심으로 한 미일의 이같은 협력 메커니즘이야말로 제이크 설리번 보좌관이 내심 자신했던 대중 신냉전 승리의 비책이었던 셈이다. 미일 양국이 일본의 적기지 공격 능력 허용 문제를 둘러싸고 미일의 전략문서에서 언급한 방식으로 해법을 도출하는데 2016년부터 따져 5년이라는 시간이 걸렸다고 한다. 필자가 현 인도태평양지역을 둘러싼 미중의 군사력 격돌에 대해 기사를 쓰기 시작한 2010년께부터 따지면 근 10여년의 시간이 걸린 셈이다. 평화헌법 9조의 전수방위 정신에 따라 공격용 미사일 보유가 금지됐던 일본의 재무장을 허용할 것인지, 허용한다면 어떤 방식으로 할 것인지 하는 문제는 80년대 말 냉전 종식 이후 지난 30년의 미중 군사 관계를 관통해온 핵심 이슈라 할 것이다.

80년대 말, 90년대 초의 냉전종식은 미소냉전에 국한한 것이었다. 미중 간에는 이때부터 새로운 냉전이 시작됐다. '하나의 냉전은 끝났지만 두개의 냉전이 시작됐다'는 등소평의 유명한 92년 발언도 당시 중국이 가진 경계심을 드러낸 말이라고 할 수 있다. 미국의 생각도 다르지 않았다. 필자가 기억하기로는 냉전 시기 소련 동유럽을 대상으로 활동하던 미국의 냉전 전사들이 1994년께부터 서울에 거점을 마련하고 몰려오기 시작했다. 서울은 이들에게 소련 동유럽 사회주의 붕괴 후 다음 타깃인 아시아 사회주의 공략을 위한 핵심 거점이었다. 같은 사회주의지만 당시 북한에 대한 접근 방식과 중국에 대한 접근 방식이 달랐다. 중국은 고립시키고 북한은 포용했다. 사실 이는 동전의 양면과 같다. 미국이 중국을 고립시키려면 중국 옆에 붙어 있는 베트남과 수교한 것처럼 북한 역시 미국이 포용하면 된다. 즉 미국이 북한을 포용하는 것은 중국을 고립시키기 위한 것이다. 중국이 미국과의 새로운 냉전에 대비하기 위해 한중 수교를 감행한 것과 같은 이치다. 중국은 한국을 미국은 북한을 각각 포섭대상으로 한 것이다.

당시 미국의 대중 전략을 '통합과 헤징(hedging, 위험의 분산 또는 회피) 전략'이라는 말로도 설명할 수 있다. 통합은 미국 주도의 세계질서로 중국을 끌어들이는 것이다. 예를 들어 지난 2001년 중국의 세계무역기구(WTO) 가입을 미국이 지원한 것이 이에 해당한다. 헤징이란 중국이 미국의 통제에 따르지 않을 것을 대비해 중국 주변의 대만 베트남 북한 등을 미국 편으로 만들어 만일의 사태에 대비하는 것이다. 베트남과 수교하고 그것을 모델로 북한의 연착륙을 시도했던 클린턴 정부의 정책들이 이에 해당한다.

이 시기에 중국의 역린을 건드리는 사건이 발생했다. 바로 1995년 6월7일 대만 이등휘 총통이 미 의회 초청으로 방미 길에 오른 것이다. 모교인 코넬대 방문을 명분으로 내세웠지만 '하나의 중국' 원칙을 금과옥조로 하는 중국이 가만있을 리 없었다. 아슬아슬하게 유지돼온 미중관계에 균열이 가기 시작한 것이다. 이 일이 발단이 되어 1996년 3월 대만 최초의 총통 선거 때 중국이 무력시위를 벌였다. 대만 주변에 미사일이 날아다니는 등 상황이 심각해지자 미국이 대만해협에 항공모함을배치해 상황을 진정시켰다.

중국에게는 미국과의 군사력 격차를 실감케 하는 뼈아픈 사건이었다. 이를 계기로 군비강화에 박차를 가해 2009년 4월 '항공모함 킬러'라고 불리는 통풍-21D 미사일이 등장하기에 이른다. 동풍-21D(DF-21D)는 중국이 개발한 세계 최초의 지대함 탄도미사일, 즉 지상에서 발사해 항공모함을 잡는 탄도미사일이다. 옛 소련에서도 지상 발사 탄도미사일로 항공모함을 맞히는 실험을 한 적이 있지만, 탄도미사일의 정확도가 떨어져 테스트만 하고 실전 배치까지는 이르지 못했다고 한다. 그런데 중국은 항공과 해상 센서 및 내비게이션 시스템의 초정밀 유도 기술을 통해 정확도를 높임으로써 탄도미사일로 움직이는 항공모함을 잡는 세계 최초의 미사일 개발에 성공했다는 것이다.

동풍-21D가 무서운 것은 일단 발사하면 수직으로 대기권을 뚫고 날아 올라갔다가 마하 10의 무서운 속도로 항공모함을 향해 떨어지기 때문에 자체 방어력으로는 막아낼 수 없다는 점이다. 또한 다탄두 방식이라 미사일방어(MD) 체계로 요행히 몇 개를 막는다 해도 나머지 탄두가 갑판을 뚫고 들어가 격침시키는 것이 가능하다. 이처럼 핵을 장착하지 않은 통상의 탄도미사일이면서도 항공모함을 잡을 수 있어서 '항공모함 킬러'라는 별명까지 달게 되었다.

사정거리 1500㎞ 이상인 이 미사일을 중국 대륙 어디에 배치해도 미국 항공모함은 중국 근해에 접근할 수 없었다. 미군의 항공모함을 값비싼 고철덩어리로 만들어버린 것이다. 역설적이게도 세계 최강 미국에게는 이에 맞설 무기가 없었다. 1987년 12월8일 옛 소련과 맺은 중거리핵전력조약(INF) 때문이다. 사정거리 500㎞에서 5500㎞인 지상 발사형 중거리 탄도미사일과 순항미사일은 이때 모두 폐기했고 새로 만들 수도 없었다. 그래서 미국 대신 일본이 미사일을 배치하면 어떤가란 얘기가 일본 측에서 흘러나오기도 했다.

미국은 이를 절대 수용할 수 없었다. 미일동맹은 미국의 창(공격용 무기)과 일본의 방패(방어용 무기)간 역할분담으로 이뤄진다. 일본이 방패와 함께 공격용 무기까지 갖게 되면 미일동맹의 필요성도 주일미군의 주둔 근거도 사라지게 된다. 이런 상태서 미국이 약화하는 조짐을 보이면 일본 우익은 언제든 '양키 고 홈'을 외칠 것이다. 미국은 태평양 전쟁의 적국이었던 일본을 믿지 않는다.

중국이 동풍-21D를 실전배치해 '접근저지·영역거부(A2/AD)' 전략을 현실화한 2010년부터 미국의 고뇌와 시행착오가 되풀이 됐다. 지상에 미사일을 배치해 맞대응하면 간단한 일인데 그렇게 할 수 없으니 전쟁이 일어나면 우선 중국 미사일을 미사일방어(MD)로 막아내는 것부터 시작해야 한다. 동시에 주일미군 기지의 항공기와 항공모함을 3000km 바깥의 괌에 대피시킨다. 그리고 잠수함으로 제1열도선 안으로 들어가 중국 연안의 미사일 기지들을 정리한 뒤 대대적인 반격 작전을 펼친다. 이게 바로 '공해전(AirSea Battle)' 독트린이다. 과정이 매우 번거롭다. 중국 마사일의 정확도가 개선되고 남중국해에 인공섬이 만들어져 미국 잠수함의 연해 접근이 차단된 2014년 이후에는 그 마저도 불가능해졌다.

공해전 독트린 대안으로 유사시 말래카 해협을 봉쇄해 중국의 석유 수송로를 차단하는 '오프쇼어 컨트롤(Offshore Control, 연안 봉쇄)'도 떠올랐지만 중국이 파키스탄과 미얀마에서 내륙으로 석유 가스 수송 파이프를 연결하면서 온전한 효과를 기대할 수 없게 됐다.

엎친 데 덮친 격으로 2012년 미 의회가 2021년까지 국방비를 4920억 달러 삭감하기로 했다. 기존의 발상을 뛰어넘는 획기적인 돌파구가 필요했다. '제3차 상쇄전략(Third Offset Strategy)'이 이때 등장했다. 2014년 6월 미 〈전략국제문제연구소(CSIS)〉 보고서 '2021년의 위기회피가 가능한 군건설(Building the 2021 Affordable Military)'이 내놓은 제안은 사실 어렵지 않은 내용이었다. 한정된 국방 예산 가지고 미국이 아태지역 방위를 다 떠맡으려고 하지 말고 할 수 있는 것에만 집중하자는 것이다. 미국은 글로

벌한 차원에서 중국 러시아와의 첨단무기 패권경쟁에 전념하고 제1열도선 방위는 그 주변의 동맹 및 우방국에 맡기자는 것이다. 제1열도선 국가들의 'A2/AD 네트워크' 구상이 연구소들에 의해 제시됐다.

2년 후인 2016년 미 의회 요청으로 작성된 CSIS 보고서 '아시아태평양 리밸런스 2025'는 앞에서 언급한 미국과 일본의 전략문서들에 담긴 핵심 아이디어의 진원지로 주목받는다. 2014년의 CSIS 보고서에서는 제1열도선 방위는 동맹국이 스스로 알아서 해야 한다는 입장이었다. 그런데 2016년 보고서는 미국이 동맹국과 아시아전략을 제휴하고, 동맹국 군에 대한 훈련 횟수나 강도를 높여 역량 강화를 돕는 대신 미군과의 상호 운용성을 강화하도록 한다는 아이디어가 추가됐다. 전에는 전쟁이 일어나면 미군이 대신 싸워줬다면 앞으로 미군은 드론이나 무인기, 미사일을 이용한 공중과 해상 지원 위주로 하며 병력을 아끼고 대신 동맹국 군이 미군과의 상호 운용성 하에 지상 전투를 담당한다.

이 상호 운용성이라는 개념이 미국 전략 문서의 중심 개념으로 등장한 통합억지의 출발점임을 알 수 있다. 그리고 이 연장선에서 2017년부터 '통합방공미사일방위(IAMD)'에 대한 연구가 구체화되기 시작했다. CSIS의 2016년판 보고서인 '아시아태평양 리밸런스 2025 보고서'는 미국의 아태지역 재균형 전략에서 일본의 역할이 중요하다고 지적했다. 그러면서 일본에 부족한 능력으로서 '적기지 공격 능력'을 제기했다. 이를 허용하는 문제를 둘러싸고 미일이 5년간 논의했다는 얘기는 바로 이 보고서가 그 논의의 출발점이었기 때문에 나온 얘기다. 일본에게 적기지 공격 능력 보유를 허용하되 '통합방공미사일방위(IAMD)' 시스템에 포함시켜 미군이 통제하는 방안이 해결책으로 동시에 제시된 것이다.

중국의 동풍 미사일에 대항할 기본 방향은 갖춰졌으니 이제 삭감됐던 국방예산을 증액하고 대항 미사일을 어디에 배치할 건가 하는 문제가 남았다. 2012년에 국방비를 대폭 삭감할 때만 해도 미 의회의 대 중국 인식은 제 각각이었다. 그러다 시진핑 주석이 2012년 집권하면서 중국몽, 일대일로, 남중국해 인공섬, '중국 제조 2025' 등을 추진하며 미국 패권에 대한 도전을 명확히 하자 2016년부터 분위기가 반전됐다. 미국 의회의 민주당 공화당 의원 간에 중국의 도전을 묵과해서는 안 된다는 초당파적 결의가 형성된 것이다.

그 일환으로 등장한 게 '태평양 억지구상(PDI)'이다. 2018년에 초당파로 결성된 '국가방위전략위원회'가 그해 11월 공표한 보고서에서 나온 개념으로 중국 견제를 위해 인도태평양 지역에서 미국의 군사력과 태세를 증진하고 동맹을 강화하기 위한 구상이다. '국가방위전략위원회'는 '태평양 억지구상(Pacific Deterrence Initiative PDI)'의 일환으로 제일 먼저 미국의 억지력 강화를 위한 투자 확대를 촉구했다. 2020년 미 의회가 태평양억지구상에 배정한 예산은 22억 달러였다. 2021년 22억3509만 달러, 2022년 46억8000만 달러, 2023년 115억 달러로 계속 증가하고 있다.

또한 2014년에 제기됐던 '제1열도선의 A2/AD 네트워크' 발상이 태평양억지구상으로 계승되기도 했다. 2020년 4월 미 인도태평양군 사령관은 보고서를 통해 '일본 남서제도에서 대만 필리핀에 이르는 제1열도선을 따라 정밀타격 네트워크와 지상배치의 대함·대지 타격력을 구축'하고 여기에 동맹국의 증강된 지상배치 병기가 참가해야 한다고 주장했다. 그동안 미국의 발목을 붙잡았던 '중거리핵전력조약(INF)'에 대해서는 트럼프 정권 때인 2019년 8월2일 일방적으로 파기 선언했다. 그리고 나서 미국의 첫 구상이 등장한 것이다. 일본에 허용될 적기지 공격용 중거리 미사일을 주로 어디에 배치할 지에 대한 지침을 제시한 것이다. 대만해협 사태를 대비하기 위해 일본 남서제도에서 대만 필리핀에 이르는 제1열도선이 주전장이라는 점이 분명해진 것이다.

4.26 '워싱턴 선언'과 통합억지

미일의 전략문서들은 바로 이같은 과정을 통해 정리된 구상들을 집약한 것이다. 그것이 한반도 상황에 미치는 함의는 무엇인가. 2023년 4월 윤석열 대통령의 미국 방문 기간 체결된 '4.26 워싱턴 선언'에 잘 드러나 있다. 윤 대통령의 방미 자체가 미국 전략문서- 일본 안보3문서- 2023년 1월13일 미일 정상회담의 연장선상에서 이뤄진 것이다. 바이든 정부의 통합억지는 미국과 동맹국 우방국의 군사적 통합을 기둥으로 한다. 미일 정상회담과 마찬가지로 한미 정상회담 역시 그것을 추진하고 확인하기 위한 과정이었다고 할 수 있다.

워싱턴 선언문에서 이 내용은 '유사시 미국 핵 작전에 대한 한국 재래식 지원의 공동 실행 및 기획이 가능하도록 협력한다'라는 문구에 잘 나와 있다. 4월26일(현지시간) 워싱턴 현지 한국 특파원들과 전화 브리핑에서 백악관 고위당국자는 "한미연합 훈련과 연습, 시뮬레이션 활동을 강화해 북한의 위협을 억제 및 방어하는 한미 동맹의 접근법을 향상시킬 것이다. 여기엔 한국의 재래식 자산을 우리의 전략적 계획에 더 잘 통합하는 것을 포함 한다"라고 배경 설명했다. '한국의 재래식 자산을 우리의 전략적 계획에 더 잘 통합하는 것'이야말로 이미 미일간에 진행된 '통합억지전략'과 '통합방공미사일방위(IAMD)'의 요체이다. 미국이 미일 정상회담에 이어 한미 정상회담을 밀어붙인 이유가 바로 여기 있다고 할 것이다.

'워싱턴 선언'에서 합의한 '핵협의 그룹(NCG)'에 대해 당시 나토(북대서양조약기구)의 핵기획그룹(NPG)과의 유사성에 대한 지적이 많았다. 그런데 박근혜 정부 때인 2016년 12월 '확장억제전략협의체(EDSCG)'를 창설

할 때도 비슷한 얘기가 많았다. 외형적으로 보면 EDSCG는 1년에 두 번 모이고 NCG는 분기마다 한번, 즉 1년에 네 번 모인다는 차이는 있을 뿐 차관급이 책임자라는 점도 같다.

외형적인 것만으로 따질 문제는 아니지만, 무엇 보다 미국의 전략문서들이 유럽과 인도태평양국가에 대한 대응책을 구별하고 있다는 점에서 이 점은 분명한 인식을 필요로 한다. 국방대학교 김영호 교수가 「정세와 정책」2022년 12월호에 게재한 '바이든 행정부 4대 핵심 전략서의 주요 내용과 함의'라는 글에서 이미 언급한 바 있다. 미국이 유럽과 인도태평양 국가 간에 확장억제력 대응 방식에서 지역별 차이를 두고 있다는 것이다. 2022년 10월 발표한 〈미사일방어검토보고서(MDR)〉에서 미국은 "유럽에서는 핵 동맹으로서 확장억지력 강화와 핵공유 체제의 공고화를 언급"한 반면, "인도태평양 지역에서는 여전히 미국 확장억지력의 신뢰성과 실효성 강화에 초점을 두고 핵공유보다는 동맹 및 우방국과의 긴밀한 협의체계 구축과 미국의 전략자산 전개 강화를 강조하고 있다"는 것이다. 워싱턴 선언 내용 그대로다. 워싱턴 선언에서는 이에 대해 "미국은 향후 예정된 미국 전략핵잠수함의 한국 기항을 통해 증명되듯, 한국에 대한 미국 전략자산의 정례적 가시성을 한층 증진시킬 것이며, 양국 군 간의 공조를 확대 및 심화시켜 나갈 것이다"라는 문장에 반영됐다. 즉 나토식 핵공유가 아닌 '전략자산의 정례적 가시성의 증진'이 바로 미국의 답변인 셈이다.

김영호 교수는 미 전략문서의 북한 핵 위협 평가에 대해서도 우려의 시선을 보낸 바 있다. 북한 핵·미사일 위협에 대해 2022년 발표한 〈국가방위전략(NDS)〉은 "심각성에 대한 정확한 인식에도 불구하고 '감당할 수 있는 위협(measured risk)'이다"라는 내용이 있다며 "시급성 (urgency) 측면에서는 다소 우려스러운 면이 전혀 없는 것은 아니다"는 것이다. 북한의 핵·미사일 기술 진전에도 불구하고 미국의 속내는 이를 감당할 수 있는 수준으로 본다는 것이다.

그렇다면 여기서 한 가지 의문이 든다. 윤석열 정부 들어 미국의 전략자산 전개는 2017년의 북한 미사일 위기 때를 오히려 능가할 정도로 많아졌다. 미국이 내심으로는 '감당할 수 있는 위협(measured risk)'이라고 규정짓고 있으면서 실제 대응 양태는 과도하다 싶을 정도였다. 그 이유는 무엇일까?

미국의 군사 전략은 기본적으로 억지(deterrence)이론에 바탕을 둔다. 억지란 우리쪽의 힘과 의지를 먼저 보여주어 상대방으로 하여금 공격을 통해 얻는 이익보다 손해가 클 것이라는 판단을 하게 함으로써 공격을 포기하게 하는 전략적 행위다. 3요소가 필요하다. 압도적 반격 능력과 의지, 그리고 그것을 보여주는 것(현시)이다. 능력과 의지가 있어도 보여주지 않으면 상대가 알 수 없다.

미국은 중국이 2027년 이내 대만을 침공할 것이라는 가정 하에 모든 역량을 집중하고 있다. 중국의 대만 침공을 막으려면 미국이 중국의 침공을 격퇴할 능력과 의지가 있다는 것을 보여줄 필요가 있다. 그런데 한가지 주의할 점이 있다. 만약 대만해협에서 미국이 중국을 겨냥해 위력 과시를 하게 되면 중국이 시진핑 주석의 체면 상 대응을 해올 가능성을 배제할 수 없다. 즉 시 주석에게 위력을 보여주되 그의 체면을 건딜지는 말아야 한다. 그런 목적을 달성하는데 지금 한반도만큼 좋은 곳이 있을까.

바로 이런 관점에서 전략핵잠수함의 한국 기항 문제를 살펴보자. 워싱턴 선언에서 군사 전문가들이 의문을 제기한 게 바로 '미국 전략핵잠수함의 한국 기항'을 굳이 밝힌 이유에 대해서다. 미국의 '오하이오급 전략핵잠수함'은 '트라이던트 2' D5 탄도미사일을 탑재하는데 사거리가 7400km에 이른다. 미국 CNN 방송은 이에 대해 "미국이 태평양, 인도양, 대서양 어디서든 북한 내 표적을 타격할 수 있다는 것을 의미한다"고 했다. 그런데 굳이 한국 기항을 밝힘으로서 오히려 잠수함의 은밀성을 훼손하는 것 아니냐는 게 군사 전문가들의 지적이다.

맞는 말이다. 오하이오급 잠수함이 북한을 겨냥한 것이라면 굳이 한국 기항을 얘기할 필요가 없다. CNN 보도대로 그냥 "태평양, 인도양, 대서양 어디서든 북한 내 표적을 타격"할 태세를 갖추고 있다고 하면 될 일이다. 물론 한국 기항을 거론함으로서 체감 효과를 높이려 한 것 아니냐고 할 수 있겠으나 사실 실효성 면에서 크게 달라지는 게 없다.

그런데도 굳이 밝힌 데에는 그보다 더욱 분명한 이유가 있다. 앞에서 미국의 억지전략에 대해 설명했듯이 이 부분 역시 기대 독자가 북한이 아니라 중국이기 때문이다. 그 이유에 대해서는 사드 배치 문제로 시끄럽던 지난 2015년 당시 〈시사IN〉 기사에 자세하게 적어놓은 바 있다. 당시 기사 내용을 설명하면서 이 문제를 짚어 보고자 한다. 2014년 7월 일본 아베 정권이 헌법 해석 변경을 통해 집단적 자위권 행사를 선언한 후 한국에 대한 사드 배치 논란으로 어수선 할 때였다. 2015년 4월27일 미국과 일본이 워싱턴에서 미·일 신방위협력지침을 체결해 논란을 부채질 했다. 그때나 지금이나 미일이 이런 움직임을 보이면 한반도에서 국지전 또는 전면전이 벌어졌을 때 일본 자위대가 미군과 함께 한반도에 상륙하는 게 아니냐는 등의 얘기들이 분분했다.

그러나 당시의 주요 대치선은 센가쿠 열도가 있는 동중국해 일대였다. 중국이 동중국해에 비행금지선을 설정하면서 센가쿠 열도 주변의 긴장이 고조됐다. 오히려 중일간 전쟁이 터질 경우 한국이 휩쓸려 들어가고 그것에 대비해 주한 미군을 지키기 위한 용도로 사드 미사일을 배치하려는 것 아니냐는 의구심이 제기됐던 것이다.

왜 그렇게 되는지 상황을 따라가다 보면 거기에 오하이오급 전략핵잠수함 얘기가 등장한다. "중·일 간에 국지전이 벌어질 경우 일본 측이 예상하는 시나리오는 다음과 같다. 맨 처음 중국 어선으로 위장한 공작선이 센카쿠 열도 상륙을 시도한다. 그레이존 사태다. 이때 양측의 해양경찰이 출동하고 급기야 해·공군 병력까지 출동해 충돌이 벌어진다. 이 경우 결정적 변수는 조기경계관제기 싸움이다. 현재까지는 E767기 4대를 보유한 일본 항공자위대가 KJ2000을 보유한 중국 공군에 비해 월등하다. 제공권과 제해권에서 일본이 유리하다는 것이다.

문제는 중국의 중거리 탄도미사일, 즉 동풍21 시리즈(DF-21A, C, D 등)다. 미국 항공모함 킬러로 유명한 동풍-21D는 미국 항공모함뿐 아니라 일본 열도와 오키나와 등 전체를 사정거리에 두고 있다. 그리고 잠수함이나 구축함에서 발사하는 DH10 순항미사일도 위협적이다. 반면 일본은 아직까지 '적기지 공격 능력'이 없어서 적절한 대응이 어렵다.

이때 구원군으로 등장하는 게 바로 미국의 오하이오급 잠수함을 특수 개조한 전략원자력 잠수함이다. 모두 4척이 동원되는데 한 척당 순항미사일 154발을 장착해 중국 해군이 지키는 제1 도련선(일본-오키나와-타이완-필리핀) 밖에서 중국 미사일 기지를 초토화할 수 있다. 그런데 중국 연안에 러시아제 S400 지대공 미사일이 배치되면 이것이 불가능해진다. 미국의 순항미사일을 모두 요격해버리기 때문이다. 여기까지가 S400이 몰고 올 기존 국지전 시나리오의 변화 양상이다. 미국 잠수함의 등장으로 수세에 몰린 중국의 대반전 드라마가 가능해지는 것이다.

S400이 배치되기 전 중국 연안에 배치됐던 S300으로는 미국 잠수함에서 발사하는 순항 미사일 요격이 불가능했다. 그런데 2014년 크림반도의 강제병합으로 미국과 유럽의 경제제재에 직면한 러시아가 러시아산 천연가스 구

매 조건으로 S400 미사일을 중국에 팔기 시작하면서 전쟁의 양상이 바뀌게 된다.

그런데 또 다른 반전이 있다. S400으로 이뤄진 중국 방공망에 구멍이 두 군데 있다는 것이다. 전문가들에 따르면 한국의 오산 미 공군기지를 비롯한 주한 미군기지에서 베이징을 직접 겨냥해 미사일을 발사하는 경우와 미국 잠수함이 한국 영해인 서해로 침투해 베이징을 타격하는 경우가 여기에 해당한다. 이 경우 S400의 방공망을 뚫는 것이 가능하다고 한다.

사정거리 7400km급 미사일을 탑재한 오하이오급 전략핵잠수함의 한국 기항 얘기가 왜 나왔는지, 그리고 중국이 왜 그 부분을 콕 짚어 반발했는지 이유가 분명해진다. 미일이 전략문서를 통해 서로 합의한 대로 일본 열도에 적기지 공격이 가능한 중거리미사일을 배치해도 중국 연안의 S400 미사일을 중심으로 한 방공망을 뚫지 못할 경우 한국 서해안이나 한국 내 미 공군기지들이 참전하고,중국 미사일이 한국을 겨냥하는 사태도 배제할 수 없다.

대소 냉전 시기 한국은 미국의 대소봉쇄 최전선국이었고 일본은 후방국이었다. 30여년이 지나 대중 전선의 최전선이 될 수도 있다. 남북이 따지고 보면 같은 처지인데 어리석게도 서로에게 총부리를 겨누고 있다.

우리와 비슷한 처지인 필리핀을 보면 주권국가란 무엇인가 생각하게 된다. 미국의 대중국 포위전선에서 우리가 동부의 최전선이고 일본이 후방이라면 필리핀은 남부의 최전선이고 호주가 후방이다. 2023년 2월14일 필리핀의 마르코스 대통령은 “대만 유사시 필리핀이 최전선에 있다”라면서 “미국과 필리핀간의 방위협력강화협정(EDCA)에는 미군에 기지를 제공하는 데 있어서 전투가 발발하는 사태는 포함하고 있지 않다”라고 명확하게 밝혔다. 필리핀은 중국과 영유권 분쟁 중으로 비록 미국의 도움을 받고 있지만 대만 유사시 무엇이 필리핀에게 좋은지 국익에 합당하는지는 끝까지 지켜보고 판단하겠다는 것이다.

(2023. 5. 26)

2. 캠프 데이비드 한미일 정상회의

캠프 데이비드 한미일 정상회의에 대해 한미일간의 군사협력에만 초점을 맞추는 시각이 많은데 비해 바이든 정부의 통합억지 전략의 관점에서 그 이면을 분석했다.

2023년 8월18~19일 열린 '캠프 데이비드 한미일 정상회의'는 그 전해인 2022년 10월 이후 미국 바이든 정부가 추진해온 '통합억지(integrated deterrence)' 전략과 깊게 연관돼 있다. 또 한편으로는 인도태평양판 '상하이협력기구(SCO)'를 만들고자 했던 미국의 오랜 구상과도 관계가 있다고 본다.

바이든 정부 안보전략의 총괄 기획자이자 최고 브레인인 제이크 설리번 백악관 안보담당보좌관이 이 회의에 대해 설명한 내용을 먼저 살펴볼 필요가 있다. 3국 정상회의가 열린 8월18일 그는 기자들과 만나 세 가지 측면에서 이 회의의 의미를 설명했다. 첫째는 "이번 한미일 정상회의로 (한미·미일의) 삼각 안보협력이 새 장을 열게 됐다"는 것이다. 둘째는 "한미일이 인도태평양에서 공동 역량을 건설하는 역내 이니셔티브를 발표할 것"이며 "이는 해상 안보를 포함한다"는 것이다. 셋째는 한미일 3국의 협력이 아시아·태평양 지역에서의 '북대서양조약기구(나토)' 결성은 아니라는 것이다.

제이크 설리번이야말로 이 회의를 실질적으로 기획하고 총괄해온 사람이다. 따라서 그가 밝힌 이 세 가지 내용은 이 회의를 총체적으로 이해하기 위해서는 반드시 짚어봐야 할 지점들이다.

바이든 정부의 트레이드마크 '통합억지(Integrated Deterrence)' 전략

설리번의 세 가지 얘기 중 첫 번째부터 살펴보자. 한미일 삼각 안보협력에 대한 것이다. 8월19일 발표된 '캠프 데이비드 3국 정상회의 공동성명(일명 캠프 데이비드 정신)'은 이와 관련해 "한미동맹과 미일동맹 간 전략적 공조를 강화하고, 3국 안보 협력을 새로운 수준으로 끌어올릴 것"이라고 했다.

우선 바이든 정부 들어 한미동맹과 미일동맹에 어떤 변화가 일어났는지부터 짚어봐야 할 것이다. 특히 지난해(2022년) 10월 이후 일어난 일련의 변화를 정리할 필요가 있다. 바이든 정부는 지난해 10월 '가장 중요한 전략적 경쟁자'라고 스스로 규정한 중국과 '가장 급격한 위협'이라고 규정한 러시아를 겨냥해 일련의 안보전략 문서를 발표했다. 10월12일(현지시간) 백악관이 발표한 '국가안보전략(NSS)'과 10월27일 국방부가 일괄 공개한 '국방전략서(NDS)', '핵태세검토보고서(NPR)', '미사일방어검토보고서(MDR)' 등이 그것이다. 일련의 발표에서 바이든 정부 안보전략의 트레이드마크로 떠오른 게 바로 '통합억지(integrated deterrence)' 전략이다.

통합억지 전략에 대해 미국의 최고위 국방당국자라 할 로이드 오스틴 국방장관은 2021년 싱가포르 샹그릴라 호텔에서 열린 '아시아 안보 회의(Asia Security Summit)'에서 다음과 같이 설명했다. "통합억지는 동맹국 및 파트너와 함께 군사뿐 아니라 비군사 영역의 모든 수단을 활용한다. 기존의 전통적 억지 수단뿐 아니라 새로운 수단을 구축하고, 새롭고 네트워크 화된 방식으로 활용하는 것이다. 이를 위해 동맹국 및 파트너 국가와 함께 사이버 및 우주 영역 등의 새로운 영역을 포함한 억지력, 탄력성 및 팀워크를 강화코자 한다." 한마디로 말해 미국의 기존 핵 억지력에 재래식 군사력, 경제·외교력, 우주 사이버 영역 등 동원할 수 있는 모든 역량을 결합하고 여기에 동맹국의 군사력까지 통합해 미국이 '가장 중요한 전략적 경쟁자'로 규정한 중국을 억지하겠다는 것이다.

안보전략에 있어서 '억지(deterrence)'란 우리 측의 강력한 힘을 과시함으로써 상대방이 불순한 행동을 못하도록 사전에 막는 것을 말한다. 미국은 중국이 2027년 이내에 대만을 군사 공격할 가능성이 높다고 판단하고 있다. 2027년은 시진핑 주석의 3연임 임기가 끝나는 해다. 4연임으로 넘어갈 수 있는지를 가늠할 분기점이기도 하다. 지난해(2022년) 중국 공산당 20차 당대회에서 시진핑 주석은 대만 통일을 반드시 실현하겠다며 "무력행사를 절대 포기하지 않겠다"고 말했다. 따라서 임기가 끝나는 2027년까지 대만 통일과 관련 무언가 성과를 보여줘야 한다. 윌리엄 번즈 미 중앙정보국(CIA) 국장은 2022년 10월3일 미국 CBS 방송과 한 인터뷰에서 "시 주석이 2027년까지 대만을 침공할 수 있도록 준비할 것을 인민해방군에 지시했다"라고 밝히기도 했다.

중국의 군사력과 경제력 규모가 이미 매우 커져서 미국 혼자 힘만으로는 감당하기 어렵다는 게 미국의 주장이다. 그래서 동맹국과 우방국의 군사력까지 네트워크로 통합해 중국을 억지하겠다는 것이 바로 통합억지인 것이다. 미국은 일본이나 한국 등의 전통적인 동맹 뿐 아니라 궁극적으로는 제1열도선 주위에 있는 우방국들의 군사력까지 모두 통합하고자 하는 것으로 알려지고 있다.

일본의 적기지 공격 능력 보유 선언과 통합 억지

미국이 전략문서를 발표한지 두 달이 지난 지난해 12월16일 일본 내각이 안보 3문서를 통과시켰다. 그 핵심 내용은 일본이 그동안 가질 수 없었던 '적기지 공격 능력'을 확보하겠다는 것과 2027년까지 방위비를 국내총생산(GDP) 대비 2%까지 올리고, 2023년에 2113억 엔을 들여 미국산 장거리 순항미사일인 토마호크 미사일 500기를 구입하겠다는 것이다. 일본이 '적기지 공격 능력'을 갖는다는 것은 곧 사정거리 1000km 이상의 중거리 미사일을 갖겠다는 것이다. 그동안은 전수방위 원칙에 어긋난다는 일본 국내의 논란 뿐 아니라 사실상 미국의 반대로 가질 수 없었다.

미일동맹은 미국의 창(즉 공격용 무기)과 일본의 방패(방어무기) 간의 역할분담에 의해 이뤄진다. 일본이 방패뿐 아니라 창(공격무기)까지 갖게 되면 미군이 필요 없어지는 것 아니냐는 차원에서 미국이 반대해온 것이다. 그러나 중국이 연안에 배치한 사정거리 3000km 이상의 동풍-21D미사일에 대한 효과적인 대응책을 더 이상 찾지 못하게 된 미국은 결국 일본의 적기지 공격 능력=중거리 미사일 보유를 허용할 수밖에 없었다.

그렇다고 아무 조건 없이 허용한 것은 아니다. 지난해 10월 미국 전략문서들에서 밝힌 통합억지 전략에 그 해답이 있다. 즉 통합억지 전략과 그것의 실행전술인 '통합방공미사일방위(IAMD)'의 네트워크 상에서 자위대의 항공기와 미사일 전력을 통합 운용한다는 전제 하에 허용한 것이다. 일본은 안보 3문서에 미국의 통합억지전략과 통합방공미사일방위를 받아들인다는 내용을 포함함으로써 이를 뒷받침했다.

따라서 일본은 적기지 공격 능력을 보유해도 마음대로 쓸 수 없다. 미국의 군사 행동이 있어야 그와 동시에 일본의 공격도 이뤄지는 것이고 미국이 정보자산을 통해 제공한표적에 한해 공격 할 수 있다. 적기지 공격은 상대방의 미사일 기지 등 군사기지에 국한해 공격하는 것이기 때문에 미군의 정밀한

표적 설정과 손해평가 능력에 의존할 수밖에 없는 것이다.

2023년 1월13일 미일 정상회담은 일련의 전략 문서들을 통해 양국 간 진행된 이 같은 논의를 정상 차원에서 확인하는 자리였다. 그리고 4월26일 한미 정상회담이 열렸고 '워싱턴 선언'이 나왔다. 워싱턴 선언문에는 '양국군 간의 공조를 확대 및 심화시켜 나갈 것'이라고 돼 있는데, 4월26일(현지시간) 워싱턴 현지 한국 특파원들과 전화 브리핑을 한 백악관 고위당국자는 "한국의 재래식 자산을 우리의 전략적 계획에 더 잘 통합하는 것을 포함한다"라고 배경 설명했다.

따라서 캠프 데이비드 3국 정상회담은 지난해 10월부터 시작된 바이든 정부의 미일동맹과 한미동맹 재편 과정을 마무리 한 위에 한미일 3국 협의체라는 모자를 씌우는 데 1차적 목적이 있다 하겠다. 설리번 보좌관이 첫 번째로 언급한 '(한미·미일의) 삼각 안보협력이 새 장을 열게 됐다'는 내용이 바로 그것이다.

캠프 데이비드 정상회의와 해양안보협력 프레임워크

설리번이 두 번째로 언급한 '인도태평양에서 공동 역량 건설을 위한 역내 이니셔티브'와 '해상 안보'는 무엇을 뜻하는 것일까. 캠프 데이비드 정상회의 공동성명의 전반부는 한미일이 협력관계를 통해 무엇을 할 것인가에 중점이 두어졌다. "이 역사적 계기를 맞이하여 우리는 모든 영역과 인도태평양 지역과 그 너머에 걸쳐 3국 협력을 확대하고 공동의 목표를 새로운 지평으로 높이기로 약속했다"라고 하면서 "안전하고 번영하는 자유롭고 열린 인도태평양이 공동의 목표"라고 밝히고 있다. 또 "한미일 협력은 단지 우리 국민들만을 위해 구축된 파트너십이 아닌, 인도태평양 전체를 위한 것"이라고까지 단언한다.

구체적으로는 인도태평양 지역의 역량을 강화하는 것이 공동의 목표라고 한다. 우선은 '지역적 도전, 도발, 그리고 위협에 대한 공동 대응'을 강조한다. 이를 위해 '정보를 공유하고, 메시지를 동조화하며, 대응 조치를 조율하기 위해 3국 간 소통을 강화하겠다'고 한다.

그 다음은 인도태평양 지역 내 역량 강화를 위해 도움을 줘야할 대상으로 아세안과 태평양 도서국을 거론했다. 아세안에 대해서는 메콩강 유역 개발을 공동 노력 대상으로 지목하기도 한다. 그러고 나서 '한미일 해양안보협력 프레임워크'에 대한 언급이 이어진다. "새로이 출범한 한미일 해양안보협력 프레임워크 등을 통해 아세안과 태평양도서국을 대상으로 지역 역량 강화 노력들이 상호 보완적이며, 우리의 소중한 파트너 국가들에게 최대한 이로울 수 있도록 동 역량 강화 노력들을 조율해 나갈 계획이다"라는 것이다.

그런데 이 문장 중에 '한미일 해양안보협력 프레임워크'라는 기구가 새로이 출범했다고 하는데 추가적인 설명이 보이지 않는다. 이 기구가 설리번이 언급한 "인도태평양(즉 아세안과 태평양 도서국)의 공동 역량 건설을 위한 한미일의 역내 이니셔티브"이자 '해상 안보'와 관련된 것은 분명해 보이는데 공동성명에는 더 이상의 언급이 없다.

그런데 8월29일 주한 미 대사관이 대사관 홈페이지에 '팩트시트: 캠프 데이비드 삼자 정상회담'라는 설명문을 올렸다. 그 내용 중에 '한미일 해양안보협력 프레임워크'에 대한 보다 구체적인 내용이 담겨 있었다. 해당 부분을 옮기면 다음과 같다. "한미일 해양안보협력 프레임워크: 미국, 일본, 한국은 동남아시아와 태평양 도서국가에서, 해안 경비대와 해양법 이행 역량 수립 및 해양 영역 인식에 중점을 두고, 파트너국의 역량 수립을 위한 노력들이 조율될 수 있도록 3국 해양 메커니즘을 수립할 것이다."

즉 한미일이 '해양안보협력 프레임워크'를 통해 해야 할 동남아와 태평양

도서국의 역량 강화 활동이 무엇인가가 구체적으로 언급돼 있다. '해안 경비대와 해양법 이행 역량 수립 및 해양 영역 인식' 역량을 강화할 수 있도록 협력해야 한다는 것이다.

'아세안 역량 강화=통합억지'라 밝힌 오스틴 국방장관

그런데 이처럼 '동남아 국가들의 지역 역량을 강화하고 해양 영역 인식을 강화하는 것'이야말로 바이든 정부의 트레이드마크인 통합억지 전략의 일환이라는 점을 확인해준 사람이 있다. 바로 앞에서 언급했던 로이드 오스틴 미 국방장관이다. 2021년 샹그릴라 대화에서 통합억지 전략에 대해 그가 밝힌 내용 중에 아래와 같은 내용이 들어 있었던 것이다. "통합억지는 대만이나 한반도 유사시 전면적인 군사충돌뿐 아니라 남중국해와 같은 제3국이 연관된 소위 '회색 지대'에서의 무력분쟁을 포함하는 다양한 군사적 상황 전반에 걸쳐 강압과 침략을 억지하기 위해 파트너와 협력을 강화하는 것을 추구한다. 이를 위해 동남아 국가들의 지역 역량을 강화하고 해양 영역 인식을 강화하는 한편 강화된 합동 군사 훈련을 통한 상호 운용성 개선을 추구한다."

아세안이나 태평양 도서국들은 중국과 해양에서의 '회색지대 무력 분쟁'이 벌어질 가능성에 늘 열려 있다. 특히 아세안은 중국과 남중국해 일대를 둘러싼 영유권 분쟁에 시달려 왔다. 이들에게 필요한 것은 '해양 경비·해양법 이행역량·해양영역인식 강화' 등에 대한 지원이 될 것이다. 통합억지를 이 지역으로 확대하기 위해서는 바로 이런 지점에서부터 시작해야 한다는 점을 미국의 안보 전략가들이 그동안 염두에 둬왔고 3국 정상회의에서 한미일이 같이 협력해야할 과제로 제시한 것이다.

정상회의 기간 열린 한미일 3국 정상간 대화에서는 아세안 및 태평양 도서국과의 관계를 긴밀하게 하기 위한 방안도 논의가 됐다. "인도태평양대화와 개발정책대화를 출범시켜 아세안 10개국과 태평양 도서국에 대한 개발·지원 정책을 조율하겠다"라는 것이다.

설리번 머릿속에는 인도태평양판 상하이협력기구?

앞으로 '한미일 해양안보협력 프레임워크'가 가동돼 여기에 아세안(10개국)과 태평양 도서국(14국, 12개 독립국과 2개 뉴질랜드 자치령)이 참여하면 인도태평양 지역협의체로 발돋움할 수 있을까. 그럴 가능성도 배제할 수 없다. 그 가능성이 있기 때문에 설리번이 미리 '아시아판 나토'를 만들려는 것은 아니라고 쐐기를 박은 것일 수도 있다. 그렇지 않다면 그런 얘기를 할 필요도 없었을 것이다.

미국은 2008년 4월의 이명박 대통령 방미를 전후해 '아시아태평양 지역협의체' 구상을 한 적이 있다. 소위 '범태평양안보협의체(PAPSU=PAN ASIA PACIFIC SECURITY UNION)'라는 것이다. 이명박 대통령 방미(2008년 4월15일~19일)와 방일(2008년 4월20~21일) 직후 '한·미·일 3국 정상회담'을 개최하고 이를 계기로 한미일 3국 외무장관을 실무책임자로 하는 외교안보 상설협의체를 꾸린 뒤 호주나 뉴질랜드 동남아의 한 두 나라 등 뜻을 같이하는 회원국을 추가한다는 계획이었다.

당시 주요 참가국 후보였던 호주는 이미 오커스(AUKUS. 2021년 9월15일 미국·영국·호주 3개국이 결성한 인도태평양 지역에서의 3자 안보 파트너십)와 쿼드(Quad. 미국·일본·인도·호주 4개국의 4자 안보 대화 또는 4개국 안보 회담(Quadrilateral Security Dialogue))에 가입돼 있다. 따라서 호주 대신 중국의 서태평양에 진출에 중요한 거점이 될 소지가 있는 아세안과 태평양 도서국이 새롭게 회원국으로 부상한 것으로 판단된다. 당시에도 북한이나 중국 등은 미국의 이 같은 움직임에 대해 '아시아판 나토'를 결성하려는 것이라고 비판했다.

2008년 당시 미국이 아태지역 안보협의체를 구상하게 된 계기가 있었다고 한다. 그중 하나가 중국과 러시아의 준군사동맹화이고 또 하나가 중·러가 주도하는 상하이협력기구였다. 원래 미국은 6자회담이 성공적으로 완료될 경우, 이를 동북아 다자안보체제로 발전시킨다는 구상을 가지고 있었다. 그러나 6자회담이 진행되면서 중·러 양국이 점차 미국의 통제권 밖으로 벗어나는 일이 잦아지면서 이런 방식으로는 동북아에서 주도권을 쥐기 어렵다는 판단을 하게 됐다.

특히 2007년 12월 중국과 러시아가 군사 핫라인을 개설하려는 움직임을 보이는 등 준 군사동맹화 가능성이 떠오르자, 미국 내에서 이에 대항하는 새로운 친미 국가 협의체를 만들어야 한다는 주장이 탄력을 받았다. 중·러가 미국에 대항하기 시작하면 이들이 주도하는 상하이협력기구(SCO) 역시 미국에 압박 요인이 될 수밖에 없다.

애초의 출발점이 이처럼 중러 주도의 상하이협력기구에 비견되는 친미국가 협의체였기 때문에 '아시아판 나토' 같은 지역 군사동맹체를 만들려는 것은 아니라는 설리번의 발언이 나왔을 것이다. 아세안이나 태평양 도서국이 큰 부담 없이 참여하게 하려면 첫 시작은 나토와 같은 군사동맹이 아니라 상하이협력기구 같은 느슨하고 포괄적인 지역협의체가 돼야 한다고 판단했을 것이다.

문제는 상하이협력기구도 성격이 계속 변해왔다는 점이다. 상하이협력기구는 1996년 4월26일 중국 상하이에서 모인 러시아, 중국, 카자흐스탄, 키르기스스탄, 타지키스탄 정상들이 '국경 지대의 군사적 신뢰 강화를 위한 조약'을 체결하면서 '상하이 5국(Shanghai Five)'으로 출발했고 2001년 6

월15일에 우즈베키스탄이 합류하면서 '상하이협력기구'로 개편했다. 2017년 6월9일에는 인도, 파키스탄, 2023년 7월4일에는 이란이 가입했다. 테러리즘에 대한 공동 대처를 모색하던 초기 모습에서 현재는 회원국 간의 정치, 경제, 군사, 문화 등 폭넓은 분야에서의 협력 강화를 목적으로 하기 때문에 최근에는 상하이협력기구가 북대서양 조약 기구(NATO)를 견제하기 위해 만들어졌다고 보는 시각도 없지 않다고 한다.

미국 주도 지역협의체 역시 외연 확장을 위해 느슨한 지역협의체로 출발한다 해도 궁극적으로는 통합억지 전략에 따라 지역안보협의체 성격을 강화해 나가게 될 것이다.

(2023. 9. 30)

3. 보스토치니 북러 정상회담과 북한 전술핵

러시아가 북한에 첨단 군사 기술 지원은 하지 않을 것이라는 국내 일부의 시각에 대해 80년대 중반의 사례를 들어 반론을 폈다. 또한 우크라이나 전쟁이 북한에 준 충격과 전술핵 전략의 상관 관계에 대해서도 언급했다.

보스토치니 북러 정상회담(2023년 9월13일)의 여진이 계속되고 있다. 정상회담 전후 북한이 러시아에 컨테이너 1천개 이상 분량의 군사 장비와 탄약을 제공했다는 사실이 밝혀져 워싱턴이 발칵 뒤집혔다. 이 와중에 러시아의 라브로프 외무장관은 10월18~19일 평양을 방문해 푸틴 대통령의 답방을 논의한다. 북한이 10월 중에 세 번째 정찰위성 발사 시도(실제로는 2023년 11월21일 발사)에 나설지도 관전 포인트다. 북러의 우주기술 협력의 실체가 드러날 것이기 때문이다.

푸틴이 굳이 보스토치니에 간 까닭

푸틴 러시아 대통령이 우크라이나 전쟁의 와중임에도 굳이 극동까지 날아가 김정은 위원장을 만난 이유를 재래식 무기 공급 때문만으로 보는 사람은 많지 않을 것이다. 그런 이유라면 굳이 드러낼 필요 없이 비밀리에 주고받는 게 차라리 나을 수 있다. 두만강역에서 한밤중에 컨테이너에 무기를 싣고 달리면 바로 한 정거장 지나 러시아 하산역이 나온다. 아무리 위성으로 내려다 본다지만 한밤중에 일어나는 일까지 속속들이 알기는 어렵다.

지금의 북러관계를 무기거래 관계로만 한정해서 보면 지난 7월12일 단 두 번째의 시험발사로 미국 본토 타격력을 입증한 '화성포 18호'의 미스터리를 풀길이 없다. 지난해(2022년) 12월15일의 고체연료 엔진 시험, 올해(2023년) 2월13일 군사 퍼레이드에 등장, 4월13일 1차 발사에서 정점고도 3000km 달성, 그리고 딱 3개월 후인 7월12일의 2차 발사에서 그 두 배에 달하는 6648.4km 고도에 도달하는 경이적인 개발 속도는 지금까지의 북한 미사일 개발 과정에서도 유례가 없다.

액체연료 ICBM(대륙간탄도미사일)과 고체연료 ICBM은 미국이 느끼는 위협의 체감도가 다르다. 액체연료 ICBM은 보관 장소에서 발사 장소로 이동해 미사일을 기립시킨 다음 30분에서 수 시간에 걸쳐 연료를 주입해야 한다. 괴물 미사일로 불리는 화성17호가 아무리 위력적이라 해도 이 과정에서 미군 정찰위성에 포착돼 스텔스 폭격기에 선제타격 당할 가능성이 높다. 반면 고체연료 ICBM은 이동 후 수분 내 발사가 가능하다. 미국 본토도 이제 안심하기 어렵다는 얘기다.

따라서 화성18호의 갑작스런 등장은 미국을 긴장시켰다. 미국의 미사일 전문가들은 화성18호의 뒤에 어른거리는 러시아의 그림자에 바싹 긴장한다. 엔진 시험에서 시험 발사 성공까지 초단기에 이뤄졌다는 점 뿐 아니라 러시아의 토폴 M미사일과 크기와 모습, 구성 성능이 모두 같기 때문에 러시아가 관련 기술을 제공했을 것으로 거의 확신하는 분위기다. 독일 ST애널리틱스의 미사일 전문가 마쿠스 쉴러 박사도 그 중의 한 사람이다. 빅터 차 미국 〈전략국제문제연구소(CSIS)〉 아시아담당 부소장은 9월6일 발표한 '새로운 축:북러간 군사협력 확대' 논문에서 "(미국) 백악관이 올해 1월, 지난해 11

월18,19 양일간 북한이 두만강 하산 철도 건너편에서 바그너 조직에 무기를 이전하는 위성사진을 공개했다"면서 "북러 간의 이런 협력은 일회성에 그치는 것이 아니라 북한 ICBM의 최근 발전을 설명하는데 도움이 된다"라고 했다. 그러면서 "북한이 외부 도움 없이 단기간에 (화성18호를) 시연 배치할 수 있는 능력을 갖췄으리라고 상상하기 어렵다"라고 단언했다.

보스토치니 북러 정상회담 전야에 있었던 이런 일련의 일들 때문에 미국은 특히 민감하게 반응했다. 〈뉴욕타임스〉가 북러 간에 비밀리에 진행되던 정상회담 예고 기사를 10여일이나 전인 9월4일 발 빠르게 보도한 것도 이채로웠다. 미 정보기관이 그만큼 민감하게 관련 움직임을 주시하고 언론에 흘린 것이다. 국내의 전문가들이 러시아는 구소련 시대부터 동맹에게라도 최첨단 군사기술을 넘긴 적이 없다거나 설령 북한에 첨단 기술을 넘겨줘도 당장 소화하기 어려울 것이라며 상대적으로 느긋하게 지켜봤다면, 미국 측 분위기는 그게 아니었다. 우크라이나 전쟁에서 포탄 부족으로 고전하는 러시아에게 북한이 포탄을 지원하는 대신 러시아가 북한의 핵미사일 능력 고도화로 화답할 것이라는 점을 거의 기정사실로 받아들이는 분위기다. 심지어 세계적 핵물리학자인 지그프리드 헤커 박사는 9월21일의 한 인터뷰에서 "러시아가 옛 소련 시절 생산해 보유 중인 플루토늄 가운데 1백~1천㎏을 북한에 건네줄 가능성이 있다"라며 단기적으로 가장 우려하는 일이라고 밝혔다. 이 경우 "북한이 핵무기를 기하급수적으로 늘릴 수 있게 된다"는 것이다. 2022년 12월26~31일 열린 노동당 제8기 제6차 전원회의 보고에서 김정은 위원장이 "남조선괴뢰들이 의심할 바 없는 우리의 명백한 적으로 다가선 현 상황은 전술핵무기 대량 생산의 중요성과 필요성을 부각시켜주고 나라의 핵탄 보유량을 기하급수적으로 늘일 것을 요구하고 있다"라고 한 말과 맞물려 묘한 파장을 일으켰다.

구소련 시절부터 러시아가 동맹에게 조차 첨단 군사 기술을 이전한 적 없다는 말은 대체로 맞다. 그러나 반드시 그런 건 아니다. 예외가 있다. 불행히도 현재의 한반도 상황이 그때와 매우 유사하다는 게 문제다.

바로 80년대 중반이다. 그 전에는 1960년 말 소련이 루나와 루나M이라는 초보적인 미사일을 북한에 정식 수출한 것을 끝으로 거의 기술 지원이 없었다. 북한이 60년대 중소분쟁에 휘말려 친중으로 찍힌 것도 원인이었다. 그런데 등소평 등장으로 중소분쟁이 완화된 대신 미소 냉전이 정점에 도달했다. 당시 소련군 내부에서 한미일의 군사적 제휴에 대한 위기감으로 북한을 극동의 전초기지로 내세워 대항하려는 움직임이 일어났다. 한국의 급속한 경제 발전과 군비 근대화로 한반도의 군사 밸런스가 남쪽으로 기울어진 것도 문제였다. 북한이 그 전부터 거듭 요구해온 군사 원조에 결국 크렘린도 응하게 됐다.

80년 대 중반부터 소련 동유럽 사태가 벌어지던 80년대 말 직전까지 짧은 기간의 원조였지만 그 이후 북한 군사력과 핵미사일 능력의 근간이 될 정도의 원조였다. 특히 1986년 영변에 완공돼 핵무기용 플루토늄 생산이 가능한 5MW 실험용 원자로는 오늘날 북한 핵문제의 시발점이 됐다.

북한의 미사일 기술은 1970년대 이집트서 들여온 스커드 B 미사일을 역엔지니어링 방식으로 습득한 것이 원점이었다. 여기에 이 당시 소련의 기술 원조를 통해 놀라운 속도로 노하우를 흡수해 1992년 노동미사일(화성7호), 1998년 대포동 미사일로 도약할 수 있었다. 북한 전차의 주력부대인 T-62 전차의 라이센스 생산도 이때 이뤄졌다.

우크라이나 전쟁 와중임에도 푸틴이 극동에까지 직접 온 것은 80년대 중반과 지금의 동북아 한반도 상황이 매우 비슷하기 때문일 것이다. 2024년 2월 24일 우크라이나 전쟁을 계기로 미러관계는 최악이다. 러시아에게 우크라이나에 무기를 지원하는 미국은 적이나 다름없다. 여기에 2022년 3월 한국 대선으로 윤석열 정부가 등장한 이후 한미일의 군사협력이 강화되고 미국 전략자산 전개의 빈도와 강도가 유례없이 강화됐다.

북한의 빈번한 미사일 도발에 대해 윤 정부가 한미동맹과 미국 전략자산 전개에서 해법을 찾은 점도 있다. 그러나 바이든 정부가 대중국 억지를 위한 군사력 현시의 기회로 이를 활용한 것도 긴장이 필요 이상 증폭한 이유다. 여기서 그치지 않고 미국은 2022년 10월의 전략문서 발표를 계기로 12월의 일본 안보3문서 발표와 적기지 공격권 허용, 2023년 들어 미일·한미 정상회담과 8월18일 캠프 데이비드 한미일 정상회의를 통해 중국을 겨냥한 신냉전 체제 구축을 시도해왔다.

그런데 정작 중국은 정면으로 맞서길 꺼리는데 생각지도 않게 러시아가 꿈틀한 것이다. 모스크바에서 러시아 극동은 먼 거리다. 러시아 수뇌부는 극동 정세가 불안정해져 모스크바의 통제권이 미치지 못하는 상황을 우려한다. 과거 북한의 핵개발에 러시아가 비판적이었던 것도 바로 그런 이유다. 지난해부터 최근의 캠프 데이비드 정상회의까지 이르는 과정은 러시아로 하여금 80년대 중반의 한반도 상황을 연상케 했을 것이다. 라브로프 러시아 외무장관은 9월23일 유엔총회 연설에서 "북대서양조약기구(NATO·나토)의 영역을 북반구 동쪽으로 확장하려는 시도가 있으며 이 목표를 달성하기 위해 미국은 한미일 3국 연합체 등 소규모 군사·정치 동맹을 만들고 있다"고 비판해 러시아의 상황 인식을 보여줬다.

북한 핵미사일 고도화의 마지막 퍼즐

북러 군사협력이 과연 어디까지 갈 것인지는 북한산 포탄의 공급 대가로 북한이 과연 무엇을 요구할 것인가와도 깊이 관련돼 있다. 80년대 중반 구소련의 군사기술 세례를 핵미사일 능력 중흥의 기회로 삼은 북한은 이번 기회를 핵미사일 기술 완성을 향한 마지막 퍼즐 맞추기 기회로 삼으려 할 것이다.

북한은 과연 어떤 기술을 필요로 할까? 현재 북한의 핵미사일 고도화 방향은 2021년 1월의 8차 당대회에서 밝힌 국방력 강화 5개년 계획에 입각해 있다. 미국 트럼프 대통령과의 2018년 북미 대화는 2017년까지 핵무력을 완성하고 미국과 담판을 벌이겠다는 김정은 위원장의 계획에 따른 것이었다. 그 과정에서 트럼프 대통령과 김위원장 간에 27차례의 친서가 교환됐다. 로버트 칼린 전 미 중앙정보국(CIA) 분석관이 미국 외교전문지 〈포린 폴리시〉 2021년 8월호에 전문 분석한 바에 따르면 김정은 위원장은 일관되게 북한의 비핵화 조처를 약속하면서, 미국이 그 대가로 무엇을 해줄 수 있을지 물었다. 트럼프 대통령은 그에 대한 답은 없이 북한의 완전한 비핵화만 일방적으로 요구했다고 한다. 칼린 분석관의 분석에 따르면 "친서교환이 다른 어떤 외교활동 보다 교섭 결렬의 원인"이 된 것이다.

1차 북미담판이 하노이 회담에서 최종적으로 무산된 이후 김정은 위원장은 북한 미사일이 미 본토에 도달하는 것만으로는 북한의 요구사항을 관철하는 것이 힘들다는 점을 뼈저리게 느꼈다. 그 결과가 바로 2021년 1월 8차 당대회의 국방력 강화 계획에 열거된 12개의 첨단무기 개발 계획으로 나타났다. 요약하면 ①다탄두 ②극초음속 ③핵잠수함 ④각종 전자 무기 ⑤무인 타격 장비 ⑥정찰 탐지 수단 ⑦군사정찰위성 ⑧핵무기의 소형화로 전술무기화 ⑨초대형 핵탄두 ⑩1만5000㎞ 사정권 안 명중률 제고 ⑪수중 및 지상 고체엔진 대륙간탄도로켓 ⑫수중발사 핵전략무기다. 고체연료형 대륙간탄도미사일이나 다탄두, 초대형핵탄두 등 미국 본토를 실질적으로 타격할 수단들이 다수 포함돼 있다.

그러나 그중 특별히 눈에 띄는 게 있다면 바로 '핵무기의 소형화로 전술무기화' 즉 전술핵무기에 대한 것이다. 일본 게이오 대학의 오코노기 마사오 교수의 지적(〈동아일보〉 2022년 8월10일자 기고문 '북한의 특이하고 위험한 핵 독트린')처럼 2016년 5월의 7차 당대회까지만 해도 북한의 핵은 오로지 미국을 겨냥한 것이었다. 그런데 전술핵은 기본적으로 주한미군 뿐 아니라 한국군을 겨냥하는 것이다. 어떻게 된 것인가. 8차 당대회에서 전술핵이 등장할 때까지만 해도 미국과 러시아의 핵 독트린 변화를 반영한 측면이 강했다.

트럼프 정부 시절인 2018년 〈핵태세검토보고서(NPR)〉에서 신형 저위력 핵무기가 등장하면서 과거 억지의 수단이던 핵무기가 전장에서 사용 가능한 무기로 인식되기 시작했다. 미국의 핵 독트린 변화를 반영해 2020년 6월 2일 만들어진 〈러시아연방정부의 핵억제를 위한 핵정책 기본원칙(이하 〈러시아 핵억제 기본원칙〉)〉에서는 핵 사용의 범위가 매우 넓어졌다. 이웃 인접된 잠재적 적국들의 단 중거리 탄도 및 순항 미사일에 의한 공격도 핵위협의 사례로 간주돼 핵으로 대응할 수 있게 됐다. 이밖에 핵무기 지휘통제 시설에 대한 공격 임박, 적국의 재래식 무기가 러시아의 현행 국가 안보를 심각하게 위협하는 사례 등도 핵을 쓸 수 있는 조건이 됐다. 또 '군사행동의 악화(escalation of military actions)'라 하여 다른 국가의 개입으로 전장 상황이 악화되는 것을 억제하기 위해서도 핵을 쓸 수 있다. 이를 '에스컬레이션 억지'라고 하기도 하는데 나중에 북한의 변화된 핵 독트린에 그대로 반영됐다. 한반도 전쟁에 미군 개입을 차단하기 위한 핵 사용도 '에스컬레이션 억지'에 해당하는 것이다.

2022년 들어 북한의 핵 독트린 변화에 기름을 들이붓는 일들이 연거푸 일어났다. 2월24일 러시아의 푸틴 대통령이 우크라이나를 침공했다. 북한의 재래식 무기는 거의 대부분 러시아에서 유래한 것이다. 그런데 세계 최강인 줄 알았던 러시아의 재래식 전투력이 서방무기 지원으로 급조된 우크라이나군에게 판판이 깨지는 것이었다. 충격이 아닐 수 없었다. 그나마 눈여겨 볼 것은 2월24일 개전 연설에서 푸틴이 러시아가 핵 강대국 중 하나라는 점을 강조하면서 핵위협을 가하자 바이든 대통령이 아예 초기부터 미국은 직접 개입하지 않겠다고 선언한 점이다.

그렇잖아도 재래식 전력에서 한미연합군에 밀려 핵개발에 올인 했는데 우크라이나 전을 통해 핵무기의 중요성이 더욱 입증됐다. 첫째는 미국을 겨냥하는 ICBM(대륙간탄도미사일)의 미국 본토 타격력이 입증되면 미국의 확장억제력 개입을 차단할 수 있다는 점이 확인된 것이다. 두 번째는 한반도 유사시 미국이나 일본의 무기 지원을 차단하는 것이 결정적으로 중요하다는 점이다. 전자는 ICBM의 실전성을 확보하는 길이고 후자는 러시아의 핵 독트린을 본 뜬 북한판 전술핵 사용 독트린을 만들고 기술 개발에 박차를 가하는 것이다.

북한에게는 2022년 3월9일 한국 대선으로 집권한 윤석열 정부가 오히려 고마울 수 있다. 윤 정부의 대북 강경노선을 빌미로 일말의 거리낌없이 '에스컬레이션 억지' 이론에 입각한 전술핵 사용 독트린을 천명해 갈 수 있었다.

그 포문을 연 것은 2022년 4월4일 김여정 담화였다. 우크라이나 전쟁이 시작된 지 40일 되는 그 시점에 김여정은 "남조선이 우리들과 군사적 대결을 선택하는 상황이 도래한다면… 전쟁 초기에 주도권을 장악하고… 장기전을 막고 자기의 군사력을 보존하기 위해서 핵전투무력이 동원되게 된다. 무서운 공격이 가해질 것이며 남조선군은 괴멸, 전멸에 가까운 비참한 운명을 감수해야 할 것이다. 이것은 결코 위협이 아니다"라고 말했다. 오코노기 교수는 이를 "대남 전쟁에서 핵무기 선제 사용을 천명한 것"으로 해석했다.

김정은 위원장은 이를 이어받아 4월25일 저녁 열린 조선인민혁명군(항일유격대) 창건 90주년 기념 열병식에서 그 뒤 유명해진 '제2의 사명' 연설을 한다. "우리 핵 무력의 기본사명은 전쟁을 억제함에 있지만 이 땅에서 우리가 결코 바라지 않는 상황이 조성되는 경우에까지 우리의 핵이 전쟁 방지라는 하나의 사명에만 속박되여 있을 수는 없다", "어떤 세력이든 우리 국가의 근본 이익을 침탈하려 든다면 우리 핵 무력은 의외의 자기의 둘째가는 사명을 결단코 결행하지 않을 수 없을 것"이라고 강조했다. 그가 언급한 '국가의 근본이익 침탈'에는 영토를 직접 공격하지 않은 비군사적 행위도 포함될 수 있는 등 굉장히 포괄적인 표현이라는 지적이다. 러시아가 낮춰 버린 핵무기 사용의 허들을 순발력 있게 낚아채 우크라이나 전쟁의 충격을 메운 것이다.

북한의 핵 독트린은 이후 질주를 거듭한다. 2022년 9월8일 최고인민회의에서는 핵무기를 사용할 수 있는 5가지 조건으로 ▲북한에 대한 핵무기 또는 대량살상무기(WMD) 공격 감행 혹은 임박 ▲적대 세력의 핵 및 비핵공격 감행 및 임박 ▲국가의 중요 전략적 대상에 대한 군사적 공격 감행 혹은 임박 ▲유사시 전쟁 주도권 장악 등 작전상 필요 ▲국가 존립과 인민 생명에 파국적 위기 초래 등을 들었다.

그리고 모두에서 언급한 12월 연말 당 중앙위 회의에서 있었다는 김정은 위원장의 핵 폭탄의 대량생산 및 기하급수적 증가 발언 등이다.

북한 핵미사일 능력 고도화의 마지막 퍼즐

북한이 러시아에게 요구할 군사기술도 바로 이 연장선에 있을 것이다. 우선 북한 미사일의 미국 본토 타격 능력이라는 점에서 고체연료 기반 화성18

호 미사일은 북한 측 주장대로의 성능이라면 분명 큰 산을 하나 넘었다. 그 다음은 생존 가능성을 높이기 위한 다탄두화 등 여러 가지가 있겠지만 무엇보다 현재의 북한 기술로는 해결하기 어려운 문제가 있다. 바로 미사일의 사이즈를 줄이는 문제다. 화성18형 미사일의 현재 길이는 25m로, 9축 18륜의 이동식 발사대를 사용한다. 북한의 도로 여건 상 자유로운 이동이 어렵다. 이로 인해 미국의 정찰자산에 노출될 위험성이 매우 크다. 실전에서 사용할 수 있으려면 중국 동풍-31D처럼 14~15m의 콤팩트한 모습으로 진화해야 한다. 그러나 이는 미사일의 엔진 문제가 걸려 있어 북한 기술로는 어렵다.

한반도 유사시 미국이나 일본의 무기 지원을 차단하고 한국군과의 재래식 군사력 격차를 해소하려면 표준형 핵탄두를 만들어 KN-23, 24,25와 사정거리 110km의 신형전술유도병기, 중장거리순항미사일 등 투발수단에 레고처럼 자유자재로 끼워서 쓸 수 있을 정도로 핵탄두의 소형 경량화가 필요하다. 즉 탄두 중량 200kg 대가 돼야 하는데 북한이 2023년 3월23일 공개한 '화산포31'은 직경 50cm, 길이 90cm, 탄두중량 500kg 대다. 이를 200kg 대로 줄이려면 7차 핵실험을 하지 않을 수 없다.

2022년 말 김 위원장이 핵폭탄을 기하급수적으로 늘리겠다고 선언하기도 했지만 전시의 대미 억지력으로 충분하려면 미국 본토에 확실하게 도달할 수 있는 핵무기 300개는 있어야 하다고 한다. 2023년 1월 스톡홀름 국제평화연구소(SIPRI)의 추정에 따르면 북한은 핵무기 50~70개분의 핵물질을 보유중인데 그 중 30개 정도는 핵탄두로 만들어 보관중이라고 한다. 매년 6개분의 핵물질 생산 능력이 있어 2030년까지 80~90개까지 가능하다. 94년 제네바합의에서 동결한 영변의 50MW 원자로를 가동하려는 움직임을 최근 보이고 있는데 이 경우 년간 11개분의 플루토늄 증산이 가능해진다. 서두에서 인용한대로 러시아가 비밀리에 핵물질을 지원하면 그 속도는 더욱 빨라진다.

결국엔 러시아가 결정적인 카드를 쥐고 있는 셈이다. 그렇다면 러시아의 선택은 무엇인가. 보스토치니 정상회담과 그 이후 푸틴 대통령과 쇼이구 국방장관 발언에 그 힌트가 들어있다. 푸틴 대통령은 9월13일 러시아가 북한의 인공위성 제작을 도울 것인가라는 기자의 질문에 "우리는 이 때문에 이곳에 왔다"며 지원 의사를 분명히 했다. 드미트리 페스코프 크렘린궁 대변인이 북러간 무기거래 가능성에 대해 "물론 이웃국가로서 공개되거나 발표되서 안되는 민감한 분야에서 협력하고 있다"라며 시인성 발언을 하자 9월15일 알렉산더 루카센코 벨라루시 대통령과의 회담에 앞서 "한반도 상황과 관련한 어떤 것도 위반하지 않을 것이고 그럴 의도도 없다"라고 한발 물러서기도 했다. 그러면서 "한국은 우리의 이웃이며 우리는 어떻게 해서든 이웃들과 좋은 관계를 구축해야한다"라는 의미심장한 얘기를 했다.

러시아가 북한에 제공할 것이 확실시 되는 위성 관련 기술은 한편으론 우주의 평화적 이용과 관련되고 또 한편으로는 한반도에 증원되는 미군 병력이나 무기 움직임을 볼 수 있는 군사정찰 위성으로서 현재 추진 중인 전술핵을 통한 억지의 필수 부분이다. 전형적인 이중용도인 셈으로 러시아로서는 그나마 남북을 다 배려했다고 생색낼 수 있는 셈이다. 그러면서 한국과 좋은 관계를 맺고 싶다는 것은 다분히 지난 7월15일 윤석열 대통령의 우크라이나 전격 방문과 살상무기 지원 가능성에 대한 견제의 의미로 해석할 수 있다. 본인은 한국과 잘 지내고 싶으니 한국도 선을 넘지 말라는 것이다. 같은 맥락에서 그 다음 날인 9월16일 김정은 위원장을 만난 쇼이구 국방장관이 러시아 전략폭격기를 설명하면서 "모스크바에서 일본까지 갔다 올 수 있다"고 말한 것은 한미일이 여기서 더 나간다면 러시아가 무엇을 할 수 있는지를 보여준 것이다. 북러 외무 장관 회담에 이은 푸틴 대통령의 방북 가능성, 그리고 쇼이구 장관이 7월25일 북한에 갔을 때 제안했다는 북중러 해상훈련까지 보스토치니에서 불어오는 맞바람이 심상치 않다.

(2023. 11. 3)

4. 타이완해협 운명 가를 2027년과 2035년의 지정학

2024년 1월13일 대만 총통 선거는 2027까지의 대만해협 위기론의 출발 신호탄과 같은 것이다. 대만독립의 아이콘이라는 신임 대만 총독의 등장과 대만과 통일 문제에서의 진전을 4연임의 명분으로 삼고자 하는 시진핑 주석의 의중으로 대만해협 정세는 일촉즉발의 상황을 이어갈 가능성이 높다.

제16대 대만총통 선거(2024년 1월13일)에서 민진당 라이칭더 후보 승리의 최대 조력자는 중국의 시진핑 주석이었다. 그는 총통 선거 기간 통일을 앞세우며 대만을 압박했다. 특히 지난해(2023년) 12월26일 '하나의 중국' 원칙과 '92합의'(1992년 '하나의 중국'을 인정하되 각자 명칭을 사용하기로 한 합의)를 언급하며 대만과의 통일이 '필연적'이라고 강조하기도 했다. '대만을 중국에서 분리하려는 어떤 사람, 어떤 방식도 단호히 방지해야 한다'는 것이었다. 문제는 그가 '필연적'이라고 하면 할수록 대만 민심은 그로부터 멀어졌고 라이칭더를 겨냥한 공격 역시 힘을 발휘하지 못했다는 사실이다.

시주석 집권 기간인 지난 10년간 계속된 현상이다. 대만에 대한 중국의 압박은 친중 성향인 국민당을 약화시키고 독립 성향인 민진당에 힘을 실어주는 결과를 낳았다. 특히 2019년 홍콩에 대한 시주석의 무자비한 탄압 이후 통일을 지지하는 대만인은 줄어들었다. 친중 정치인도 설 자리를 잃었다. 3위를 한 민중당 커원저 후보는 유세기간 내내 중도 반중을 표방했다. 국민당 허우여이 후보 역시 친중이라 편의상 분류되지만 실상은 그렇지 않다. 그가 총통 후보가 된 것은 국민당 내에서 가장 반중에 가깝기 때문이었다고 한다.

결국 시진핑 주석의 정책 실패를 확인한 선거였던 셈이다. 후진타오 주석까지는 중국이 현대화를 달성하면 대만과의 통일은 부산물로 따라오는 것으로 봤다. 시주석 대에 와서 선후가 바뀌었다. 통일이 현대화를 달성하기 위한 필수요건이 됐다. 시주석은 대만 통일을 체제의 명운과 결부시켰고 3연임의 정당성을 선전할 소재로 만들었다. 통일문제에 스스로의 운명을 건 셈이다.

라이칭더 신임 총통은 시주석과 대척점에 선 인물이다. 광부의 아들로 태어나 의사의 길을 걷다 정치에 입문한 그는 민진당 핵심파벌이자 근본주의 그룹인 '신조류파'에서 30여 년 간 민진당 적자로 성장했다. 대중적 인기를 바탕으로 했던 천수이볜이나 차이잉원 전 총통과는 정치적 무게가 다른 인물이라 중국이 더 민감하게 반응할 수밖에 없었다. 대만 정계에서 그는 독립의 아이콘으로 통해왔다. 대만의 주권은 중국에 속하지 않는다거나, 대만은 이미 독립 상태에 있다고 발언했다. (〈성균중국연구소〉 '2024년 대만선거 특별리포트')

대만 통일에 명운을 건 시진핑 주석 대 독립의 아이콘인 라이칭더 총통의 대립구도 속에 대만해협 정세는 한치 앞을 내다보기 어려워졌다. 우크라이나 전쟁에서 점화된 신 냉전적 국제 질서 재편의 불길이 이스라엘과 하마스 간의 전쟁, 미국·영국과 예맨 후티 반군 간 분쟁으로 확산되고 언제 대만해협으로 옮겨 붙을지 모를 일이다. 대만해협 분란에 북한이 연루되면 한반도까지 그 소용돌이에 휩싸이게 된다. 강건너 불이 아니다.

바이든 정부의 '이중의 억지전략'

정세가 혼란할수록 분명한 것과 그렇지 않은 것을 구분할 필요가 있다. 총통 선거를 전후해 온갖 시나리오가 난무한다. 가장 첫 번째 부딪히는 질문은 중국이 과연 대만 본토 침공을 단행할 수 있는가 일 것이다.

라이칭더 총통이 자신의 소신대로 대만 독립을 추진하고 법적 선언까지 하면 중국은 대만을 침공한다. 이때는 유불리를 따지지 않는다. 2005년 제정된 중국의 반분열국가법 제8조에 그렇게 돼 있다. "대만독립을 내건 분열세력이 어떠한 명목으로, 어떠한 형태로 대만을 중국에서 분열시키려는 사실, 혹은 대만의 분열을 일으킬 가능성이 있는 중대사태, 또는 평화통일의 가능성이 완전히 소멸된 경우 국가는 비평화적인 수단과 기타 필요한 조치를 취해 국가주권과 영토보전을 지키지 않으면 안된다." '대만을 중국에서 분열시키려는' 행동은 비평화적 수단, 즉 전쟁의 대상이라고 못 박은 것이다.

이때 미국은 어떻게 할까. 미국의 개입은 '대만관계법(카터 정부 시절인 1979년 제정. '방어용 무기 판매를 비롯한 비공식적 방위 공약 규정)'과 '6개 보장(Six Points)'에 따라 이뤄진다. 레이건 정부시절인 1982년 공표된 '6개 보장'은 대만관계법과 함께 미국의 대중국 정책의 기준이 된다. '대(對) 대만 무기 수출에 관해, 기한을 정하지 않고 중국과 사전 협상을 진행하지 않으며, 대만해협 양안 간의 중재자 역할을 담당하지 않고, 대만관계법을 수정하지 않는다. 그리고 대만의 주권에 대한 일관된 입장을 변경하지 않고 대만으로 하여금 중국과 협상토록 강요하지 않는다' 등의 내용이다.

바이든 정부 등장 이후 대만해협 사태 발생 시 미국이 개입할 것인지를 둘러싸고 기존의 '전략적 모호성'에서 '전략적 명료성'으로 태도가 바뀌었다는 지적이 많다. 바이든 대통령은 중국이 대만을 공격할 경우 군사 개입을 하겠다는 의사를 4차례에 걸쳐 분명하게 밝혔다. 눈여겨봐야 할 점은 바이든의 발언 뒤에는 반드시 백악관 관계자가 나서서 "('하나의 중국'을 지지하는) 미국의 정책이 바뀐 것은 아니다"라고 토를 단다는 점이다.

조셉 나이 전 미 국방차관보는 이를 '이중의 억지전략'이라 했다. 중국의 침공도 용납하지 않지만 대만이 독립을 추진해 중국을 도발하는 것도 용납하지 않는다는 것이다. 그럼에도 대만이 독립을 추구하면 어떻게 될까. 그의 대답은 명쾌하다. "대만이 독립을 추구하면 미국의 군대 파견 의지는 저하될 것이다. 반대로 대만이 도발하지 않았는데 중국이 침공하면 미국은 반드시 개입한다." 라이칭더 당선에 대한 바이든 대통령의 일성이 "대만 독립을 지지하지 않는다"였던 이유가 여기 있다.

중국이 대만을 통일 하려면 넘어야 할 세 관문

바이든 정부는 2021년 출범 이래 중국과 정상간 채널을 통해 대만해협 위기를 관리해왔다. 출범 첫해인 2021년 11월15일 시진핑 주석과의 정상회담에서 미국과 중국이 우발적 충돌을 막기 위한 '충돌방지 가드레일'을 설치하기로 한 것이 그 출발점이다. 2022년 8월 낸시 펠로시 하원의장의 대만 방문으로 양국 간 대화 채널에 공백이 생겼다가 2023년 11월15일 미국 샌프란시스코에서 열린 미중 정상회담을 계기로 양국 채널이 되살아났다.

당시 시진핑 주석은 미중 양국 관리 10여 명씩이 배석한 확대정상회의에서 바이든 대통령에게 대만이 미·중 관계에서 가장 크고 가장 위험한 문제라는 점을 분명히 하면서도 "향후 몇 년간 중국의 대만에 대한 군사 행동 계획은 없다"라며 "미국은 대만의 무장을 중단하고 중국과 대만의 평화로운 통일을 지지해야 한다"고 촉구한 것으로 알려졌다. 당시 미국 측이 "미국은 중국이

2027년 혹은 2035년 대만에 대한 군사행동을 취할 것으로 본다"라며 그렇게 보는 이유를 브리핑하자, 시진핑 주석은 "아무도 나와 그런 계획을 논의한 적이 없다. 시기를 정하지 않았기 때문에 틀린 얘기다"라고 말했다고 한다.

2027년과 2035년은 어떻게 나온 숫자일까. 2027년은 중국의 대만 침공 시기와 관련 그동안 회자돼왔던 해이다. 필립 데이비슨 미 인도태평양사령관이 2021년 3월 미 상원 인준청문회에서 "중국이 2027년 이전에 대만을 침공할 가능성이 있다"며 구체적인 시간표를 제시한 이래 윌리엄 번스 미 중앙정보국(CIA) 국장이 "시진핑 주석이 인민해방군에게 2027년이 지나기 전에 대만을 성공적으로 침공할 준비를 하라고 지시했다"라고 여러 차례 언급하면서 널리 알려졌다.

그렇다면 2035년은 무엇인가. 우크라이나 전쟁이 발발하자 중국군 지휘관들이 매일 우크라이나 전쟁에서 수집한 정보를 분석하고 위성사진을 공부했다고 한다. 중국군과 러시아군, 우크라이나군 모두 구소련제에 기반한 무기 체계를 갖추고 있다. 무인기나 극초음속 무기 같은 첨단 장비가 실제 전장에 배치된 우크라이나 전쟁은 중국군 입장에서는 현대전을 배울 수 있는 절호의 기회이자 최고의 교보재가 될 수 있다.

대만 합병은 중국 입장에서는 언젠가 실현해야할 목표라는 점에서 우크라이나 전쟁의 흐름을 정확히 간파하는 것은 무엇보다 중요하다. 대만 측 분석에 따르면 중국 측은 우크라이나 전쟁에서 일어나고 있는 것과 유사한 재앙적 결과를 피하기 위해서는 2주 안에 전쟁을 끝내야 한다는 입장인 것으로 알려졌다.

2021년을 기준으로 대만 육군은 현역 약 10만 명이며 예비군이 대략 100만 명쯤 된다. 반면 중국 육군은 현역이 91만 명, 예비군이 700만 명 이상이다. 중국군의 막강한 화력을 더하면 2주 만에 전쟁을 끝낸다는 중국 측 계산이 비현실적으로 보이지 않는다.

그러나 중요한 점이 빠져있다. 우크라이나 전쟁은 대평원에서 서로의 기갑 전력을 동원해 벌이는 전쟁이다. 그러나 중국 대만전쟁은 대만해협이라는 천혜의 해자와 험준한 산맥으로 둘러싸인 대만이라는 산성을 공격하는 산성전이다. 여기에 미군 개입이라는 요소까지 고려해야 한다. 즉 중국이 대만을 통일하려면 대만해협, 대만군의 통상전력, 미국의 핵전력이라는 3개의 관문을 넘어야 한다.

먼저 대만해협부터 살펴보자. 중국의 강대한 군사력이라면 대만해협을 쉽게 건널 수 있지 않을까 싶지만 실제는 그렇지 않다. 대만해협은 좁은 곳이 130km 넓은 곳은 400km에 이를 정도로 폭이 넓다. 조류의 흐름은 빠르고 간만의 차도 커서 대규모 함대가 한꺼번에 움직이기 어렵다. 해저는 극히 얕아 잠수함 운용이 어렵고 겨울에는 강풍이 불고 농무가 발생해 항공기 운용도 쉽지 않다. 여름에는 수시로 태풍이 불어 함정 운용이 곤란하다. 대만 쪽에는 몇 군데 빼고는 대 부대가 상륙할만한 해안이 없다. 대만 중앙부를 가로지르는 '중앙산맥(대만산맥)'은 3천 미터급 산들이 즐비할 정도로 험준해 대공미사일이나 대함미사일 은폐에 적합한 장소가 무수히 존재한다.

미국 국방부가 2022년 11월 발표된 〈중국군사력보고 2022〉에는 중국과 대만의 군사력이 기재돼있다. 중국이 대만침공에 동원할 수 있는 부대는 동부전구와 남부전구 병력이다. 나머지 병력은 인도를 비롯 주변국과 전선을 이루고 있어 뺄 수가 없다. 육상병력은 대만 8.9만명 대 중국 41.2만명으로 4.6배. 해상병력은 수상함정 26척 대 73척으로 2.8배. 잠수함은 2대 31로 15.5배. 항공전력은 전투기 300대 700으로 2배, 폭격기 0 대 250 등이다. 공격자가 방어하는 쪽 보다 보통은 3배의 전력이 필요하다. 대만해협의 엄격한 지형과 기상을 감안하면 적어도 그 배는 더 필요한데 일부를 제외하면 중국군이 침공에 필요한 압도적인 병력을 보유하고 있다고 말 할 수 없다.

특히 중국군의 해상수송 능력에 들어가면 매우 심각하다. 동원 가능한 42.1만 명의 육상 병력 중 실제로 대만해협을 건너가 작전에 투입할 수 있는 병력은 한 번에 약 2만 명대에 불과하다. 지난해(2023년) 12월 4만t급 상륙작전용 '075형 강습상륙함' 4번함을 추가로 취역시켰다고 하는데 그래봤자 5천명이 늘어난 것이다. 대만육상 병력 8.9만 명을 압도하려면 한번에 5~6배 병력이 필요한데 아직은 겨우 5분의 1 수준이다. 대만의 100만 예비군까지 감안하면 더 심각하다. 대만국방부가 2022년 8월 의회에 제출한 〈중공군사력보고서〉에서도 중국군의 해상수송능력 및 병참능력이 불충분하기 때문에 대만 본격 침공은 제약된다고 결론 내렸다. 2022년 11월 마크 밀리 전 미 합동참모본부 의장은 "대만을 공격하는 것은 과대한 리스크를 수반하여 중국군의 전략적 패배로 끝난다"라는 시진핑 주석의 판단을 전한 바 있다.

중국군이 통상전력에서 대만을 압도적 차이로 극복했다고 해도 넘어야 할 벽이 또 하나 있다. 바로 미국의 핵전력이다. 우크라이나 전쟁에서 미국은 간접 지원만 했지 직접 참전은 안했다. 그러나 중국 대만 전쟁은 직접 참전이 확실시 된다. 핵 보유국간 직접 충돌하는 최초의 사례가 되는 것이다. 궁극적으로는 핵전력의 차이가 중요한 고려 사항 일 수밖에 없다. 미국과 핵무기 보유량에서 서로 대칭적 수준이 되기 전까지는 중국이 직접 맞서기가 쉽지 않다는 점이다.

2022년 미국은 핵탄두 3688발을 보유 중으로 이중 1744발이 실전 배치됐다. 대륙간탄도미사일(ICBM) 400발, 잠수함발사탄도미사일(SLBM) 944발, 전략폭격기 300발, 그리고 유럽 배치 100발이다. 예비 핵탄두수가 1944발이고 이미 퇴역해 폐기를 위해 대기 중인 것은 1720발이다.

중국은 2022년 시점에서 약 400발의 핵 탄두를 보유 중이다. 최근 신형

ICBM용으로 보이는 300개 이상의 사이로가 확인돼 중국도 본격적으로 핵탄두수를 늘리기 시작했음을 알 수 있다. 중국이 1년에 늘릴 수 있는 핵탄두 수는 100발로 알려졌다. 이런 속도라면 2035년에 약 1500발의 핵탄두를 보유하게 된다. 미국이 실전배치한 1744발과의 균형을 이루는 것은 엄밀하게는 2038년경이지만 이를 조금 앞당겨 1500발을 보유하는 2035년이라 해도 크게 틀린 얘기는 아니다.

바로 이런 맥락에서 미국 측 브리핑에서 2035년이라는 숫자가 나온 것이다. 즉 현재부터 2035년까지는 중국이 실전 배치된 핵무기 수에서 미국에 부족하기 때문에 대만 본토공격을 자제하고 평화통일을 앞세우겠지만 그 이후부터는 언제든 통상전력을 앞세워 무력통일을 시도하려 하지 않겠느냐고 시진핑 주석에게 물은 것이다.

'정점을 찍은 강대국의 함정(Peaking Power Trap)'론

물론 그 전이라고 안심할 수는 없다. 앞에서 언급했듯 '2027년 위기론'은 이미 광범위하게 유포됐다. 2027년은 인민해방군 창설 100주년에 시진핑 주석의 3연임이 끝나고 4연임의 명분이 필요한 시기다. 중국이 이미 성장의 정점을 지났다는 '피크 차이나'론의 관점에서도 주목된다. 할 브랜즈 존스홉킨스대 교수와 마이클 베클리 터프츠대 교수는 2022년 출간한 〈중국은 어떻게 실패하는가〉라는 책에서 성장의 한계에 직면한 중국이 체제 유지에 대한 불안에 빠지면서 대만 침공을 포함한 무력 도발로 이를 타개하려 할 수 있다고 주장했다. 이것이 소위 '정점을 찍은 강대국의 함정(Peaking Power Trap)'론이다. 1914년 1차 세계대전을 일으킨 독일이나, 1941년 태평양전쟁을 시작한 일본처럼 중국도 그럴 수 있다는 것이다.

또한 최근의 심각한 국제 질서 변화도 감안해야 한다. 우크라이나 전쟁에 이어 이스라엘·하마스 전쟁까지 터지자. 이러다 대만해협이 '제3의 전선'이 되는 것 아니냐는 지적도 제기돼 왔다. 주 프랑스 타이베이 대표처 우즈중 대표는 지난해(2023년) 10월9일(현지시간) 프랑스 르피가로TV에 출연해 중국이 러시아와 하마스의 전례를 따를 가능성이 있느냐는 질문을 받고 "가까운 장래에 전쟁이 일어날 가능성은 적지만 어느 정도 우려하고 있다"라고 답했다. 미국이 두 개의 전쟁에 발을 담근 상황에서 대만해협 충돌까지 발생한다면 미국의 군사 자원 투입 역량이 분산되고, 이는 중국의 도발 가능성으로 이어질 수 있다는 지적이다.

중국 눈으로 볼 때는 미국이 타이완해협 충돌에 관여하는데 충분한 화력을 보유하지 않고 있는 것으로 비칠 수 있다는 것이다. 국내의 한 정보소식통은 "미국 정보관련 인사 중에도 중국이 대만을 부분 점령하려고 시도할 가능성이 높다고 보는 이도 있다"라고 말했다. 미국이 우크라이나에 재래식 무기를 지원하면서 정작 자신은 빈껍데기가 됐다고 중국이 인식한다는 것이다.

앞에서 언급한 할 브랜즈 존스홉킨스대 교수는 지난해 11월 초 〈블룸버그 통신〉에 '중국은 대만을 어떻게 점령할까? 5가지 전략 중 하나가 될 것'이라는 제목의 기고문을 게재했다. 그는 2024년 1월 총통선거 직후 중국 정부는 군사력을 포함해 막강한 힘을 과시함으로써 대만의 새 정부 길들이기에 나설 가능성이 있다고 전망했다. 중국은 대만을 쥐어짜고 정복할 수 있는 최소 5가지의 전략을 갖고 있다는 것이다.

그것은 ▲전쟁 수준의 경제적 압박 ▲금문도와 마조열도 등 일부 섬 점령 ▲대만을 오가는 선박 등을 봉쇄하는 것 ▲봉쇄가 안 먹히면 도로나 항만 등 폭격 ▲그리고 마지막 옵션으로 전면 침공 등이다.

그러나 이 하나하나의 옵션 모두 결코 쉬운 게 아니다. 대만이 반발하며 독립 선언의 명분으로 삼거나 국제 사회의 규탄 속에 중국이 오히려 고립될 수 있다. 무엇 보다 미국의 개입 가능성이 매우 크다는 점이다. 따라서 중국으로서는 주한 미군이나 주일미군이 대만 사태에 개입할 수 없도록 붙들어놓을 방법을 동시에 강구해야 한다. 바로 북한의 무력 도발을 유도해 한반도에 제2 전선을 구축하는 것이다.

'한국 주적론'의 배경에 있는 것

지난해 말의 당 전원회의와 금년 초 최고인민회의 등을 통해 한국을 향한 김정은 위원장의 위협이 극을 달리고 있다. 급기야는 "대한민국은 불변의 주적이며 전쟁이 일어나면 대한민국을 완전히 점령하고 평정해 수복하겠다"라는 극언까지 나왔다. 하노이 회담 결렬 후 북한은 중국에 의존하는 생존 전략을 펼쳐왔다. 2021년 바이든 정부 등장 후 미중대결 국면이 펼쳐질 것으로 예상하고 이 기간을 핵미사일 능력 고도화의 시기로 삼고자 했다. 그런데 예상과 달리 시진핑 정권이 대만문제를 둘러싸고 바이든 측과 타협하며 북한의 도발 시도를 번번히 가로막자 불만이 쌓여왔다. 특히 한국에 윤석열 정부가 등장한 2022년 6월 소형핵탄두 개발을 위한 7차 핵실험을 준비했는데 6월13일 양제츠 전 외교담당 정치국원이 룩셈부르크에서 설리반 미 백악관 안보담당 보좌관과 회동 후 이마저 막아서자 양국 관계가 틀어지기 시작했다. 거의 비슷한 시점인 6월10일 북한은 노동당 전원회의에서 외무상을 강경파 리선권에서 미국통 최선희로 전격 교체함으로서 더이상 중국만 바라보지 않겠다는 입장을 분명히 했다. 최선희 등장 후 3개월 후인 2022년 9월 19일 일본의 기시다 총리는 유엔총회 일반토의 연설에서 "조건을 붙이지 않고 김 위원장과 직접 마주하겠다는 결의를 (북한에게) 전달"하겠다며 "정상회담을 조기에 실현하기 위해 총리 직할 고위급 협의를 실시할 생각"이라고 밝혔다. 기시다 총리의 등장은 미 국무부가 북한 관리를 일본에 맡겼다는 것을 뜻한다. 북일 양측은 그 뒤 물밑 접촉을 계속 이어오고 있으나 관계를 더욱 진척시키려면 결국 수교 배상금의 지급 문제가 등장할 수밖에 없는데 유엔 제재 상황에 막혀 있는 형국이다. 뭔가 충격 요법을 위해 판을 벌일 필요성이 상존하고 있는 것이다.

최근에는 북중 간에도 눈여겨볼만한 움직임이 나타났다. 지난 2016년 중대 경제범죄 혐의로 중국 공안 당국의 조사를 받고 행적이 묘연했던 '랴오닝 훙샹그룹'의 마샤오훙 총재가 다시 모습을 드러내고 활발하게 움직이기 시작했다는 점이다. 훙샹그룹은 북중 간 수출입 무역과 물류 운송, 문화 교류 행사를 주관하는 대북 교역의 핵심 창구 역할을 한 것으로 알려졌다. 그러나 실제로는 장쩌민파 선양군구와 북한을 연결하며 북한이 필요로 하는 식량이나 에너지 군수물자의 조달 창구 역할을 했다고 한다. 이들이 다시 움직인다는 것은 중국이 북한에 큰 선물을 줬다는 것을 의미한다. 늘 그렇지만 중국의 선물에는 반드시 댓가가 따른다.

한편 북한 입장에서는 몸값이 한창 오른 지금 이야말로 중국과 미일 사이에서 큰 거래를 도모할 시기라고 판단할 법하다. 마침 올해 치러질 미국 대선에서 트럼프 대통령이 재집권할 경우 2019년 하노이에서 끊어진 선로를 잇기 위한 몸 풀기일 수도 있다. 안타까운 것은 한국이 북한의 판 키우기의 제물이 되고 있다는 점이다. 김영삼 정부 시절 통미(일)봉남의 악몽이 떠오른다.

(2024. 2. 2)

5. 북한 '동족 관계' 부정에 담긴 숨은 그림

북한이 2023년 연말 당 전원회의와 2024년 1월 최고인민회의에서 남북간 동족관계를 부정한 이유를 북의 전술핵 전략 차원에서 분석했다. 동족의 머리 위에 핵을 들씌우지 않겠다던 북이 동족을 핵 타격 대상으로 삼는 전술핵 전략을 펼칠 때 가장 걸림돌이 되는 것이 바로 동족관계 규정이 될 것은 상식이다. 그렇게 해서 북한이 추구하는 것은 무엇일까. 파키스탄 모델을 보면 짐작할 수 있다.

'나라와 나라 사이의 관계가 아닌 통일을 지향하는 과정에서 잠정적으로 형성되는 특수관계.' 남북기본합의서에 규정된 남북관계 정의다. 1991년 12월 탈냉전의 문턱에서 남북이 합의한 대로 굴곡은 있었지만 30여 년간 이어졌다. 이제 신냉전의 파고 속에서 정반대가 됐다. 지난해(2023년) 12월 26~30일 개최된 북한 노동당 중앙위원회 제8기 제9차 전원회의는 "북남관계는 더 이상 동족관계,동질관계가 아닌 적대적인 두 국가관계, 전쟁중에 있는 두 교전국관계로 완전히 고착되었다"라고 선언했다. 남북이 그렇게 부인하던 '나라와 나라 사이 관계'가 된 것도 모자라 '적대적이고 교전 중'이라는 험악한 수식어까지 붙었다. '동족관계'까지 부정당해 핏줄이라는 천륜마저 내동댕이처진 느낌이다.

북한이 저렇게까지 모질게 나온 데는 나름의 이유가 있었을 것이다. 아니면 다른 그림이 숨어 있을 수도 있다. 전원회의 보도문에는 지난해(2023년) 긴박한 정세 속에 북한이 가졌을 울분이 한 가득 적혀 있다. '미국과 그 추종세력들의 반공화국대결책동'이 한 해 내내 계속됐다는 것이다. 북한이 핵을 사용하면 《정권종말》을 맞을 것이라는 미국 대통령의 협박도 있었고 '미국과 남조선놈들의 반공화국핵대결강령'인 이른바 《워싱톤선언》《핵협의그루빠》, 3각공조체제강화, 남반부에 초대형전략핵잠수함, 핵전략폭격기, 초대형핵동력항공모함타격집단이 최초이거나 때없이 들이밀어 남조선은 이제 '미국의 전방군사기지,핵병기창'으로 완전히 변해버렸다는 것이다.

지난해 12월15일 워싱턴에서 열린 한미 핵협의그룹(NCG) 2차회의가 북이 느끼기에 '반공화국 책동'의 정점이었을 수 있다. 북이 먼저 핵공격을 한 상황을 가정한 것이긴 하지만 미국의 핵 반격에 남쪽의 재래식 전력이 동조하고 나서는 것이니 말이다. 북은 3일 만인 12월18일 고체연료기반 대륙간탄도미사일(ICBM)인 화성-18호의 네 번째 시험발사로 응수했다.

동족관계 부정으로 핵 안전핀 뽑혀

핵 대결의 와중에 열린 당 전원회의가 남북관계를 좋게 평할 리는 없었을 것이다. 그런데 '더이상 동족관계도 동질관계'도 아니라고까지 한 것은 좀 생뚱맞아 보인다. 동족관계는 부정한다고 해서 부정되는 게 아니다. 동족관계를 부정하다 보니 통일정책과 대남관련기구, 심지어 '우리민족끼리'니 '삼천리금수강산' 같은 용어에까지 철퇴를 가했다. 북이 열거한 '반공화국 핵대결 책동'과 무슨 상관관계가 있는지 의아하다.

그러고 보니 처음부터 이게 목적이 아니었을까 하는 생각이 든다. 그간에도 남한을 주적 또는 적대적 관계로 칭한 경우는 많았다. 그렇지만 동족관계까지 건들지는 못했다. 동족을 건드리면 통일문제에 손을 대야 하고 선대의 유훈을 내쳐야 한다. 선대와의 탯줄을 끊고 홀로서는 것을 의미하니 쉬운 문제가 아니었을 것이다.

그런데도 동족관계까지 건드렸다는 것은 이대로 계속 갈 수는 없다는 판단 때문이었을 것이다. 동족관계가 이제 대남 전술핵 전략의 최대 걸림돌이 됐기 때문이다. 2016년 2월5일자 〈노동신문〉 논평은 "美 국방성이 며칠 전 서울 상공에서 핵폭탄이 폭발하는 경우를 가상한 모의시험 동영상을 공개했었다"며 "미국이 우리가 남조선을 대상으로 핵무기를 사용하는 것을 기정사실화해서 그 동영상을 내돌린 것으로 황당하기 짝이 없다"라고 했다. 신문은 이어서 "우리가 핵 억제력을 보유한 것은 민족의 머리 위에 핵폭탄을 들씌우기 위해서가 아니다"라고 했다. "같은 동포인 남조선 인민들에게 핵폭탄을 떨구겠다고 위협한 적은 한 번도 없다"라고 단언하기까지 했다. 실제로 북은 이같은 얘기를 틈 날 때 마다 했었다. 심지어 자신들의 핵이 남한을 전쟁에서 지켜준다고까지 하기도 했다.

북이 전술핵을 개발하려는 것 아니냐는 의심을 받기 시작한 것은 하노이 회담 실패 후 단거리 미사일 훈련에 집중할 때부터였다. 2021년 1월의 8차 당 대회에서 발표한 국방력 강화 5개년 계획에 '핵무기의 소형화로 전술무기화' 즉 전술핵이 올라오면서 현실이 됐다. 일본 게이오 대학의 오코노기 마사오 교수는 2022년 8월10일자 〈동아일보〉 칼럼에서 '북한의 특이하고 위험한 핵 독트린'의 출발점으로 바로 이 장면을 지적한다. 2016년 5월의 7차 당 대회까지만 해도 북한 핵은 오로지 미국을 겨냥한 것이었는데 이제 주한미군 뿐 아니라 동족인 한국군까지 겨냥한 전술핵이 등장했다는 점에 놀라움을 표시했다.

북측도 이 점이 부담스러웠던 것 같다. 2021년 10월11일 김정은 위원장은 평양 3대혁명전시관에서 처음 열린 "국방발전전람회 자위-2021" 기념연설에서 "우리의 주적은 전쟁 그 자체이지 남조선이나 미국, 특정한 그 어느 국가나 세력이 아니다"라고 했다. 그는 "이 땅에서 동족끼리 무장을 사용하는 끔찍한 역사는 다시는 되풀이되지 말아야 한다"라며 "분명코 우리는 남조선을 겨냥해 국방력을 강화하는 것은 아니다"라고 거듭 강조했다. 물론 남북관계가 어느 정도 유지되던 문재인 정부 시절 얘기다.

윤석열 정부 등장과 함께 '전쟁 주적론'은 '남한 주적론'으로 바뀌었다. 2023년 1월1일 발표한 8기 6차 전원회의 보도에서 남한은 '의심할 바 없는 명백한 적'이 되어 있었다. 한국을 '대한민국'이라고 칭하며 남북관계에 대한 인식 변화를 예고하기도 했다.

그러나 '남한 주적론'은 동족관계라는 벽에 부딪혀 있었다. 즉 "우리가 핵 억제력을 보유한 것은 민족의 머리 위에 핵폭탄을 들씌우기 위해서가 아니다"라고 자신들이 해온 말이 있기 때문이다. 그러니 이제 선대의 유훈까지 저버리며 마지막 걸림돌을 치워버리겠다고 선언한 것이다. 북한에게는 걸림돌이지만 남한에는 북한 전술핵의 마지막 안전핀이 뽑힌 것이나 마찬가지다. 대한민국이 이제 북한 전술핵의 타격대상이 됐다. '임박한 위협'이다.

전술핵 전략 청사진 파키스탄 모델

8차 당대회에서 전술핵이 국방력 강화를 위한 개발 목록에 들어갈 때까지만 해도 저위력 핵탄두에 대한 국제 추세를 반영한 측면이 있었다. 2018년 미국이 〈핵태세검토보고서〉에서 신형 저위력 핵무기를 전장에서 사용할 수 있는 무기로 개발할 것을 선언하자 러시아의 핵 독트린이 바뀌었다. 2020년부터 상대방의 통상무기 공격에 전술핵으로 반격할 수 있게 된 것이다. '주적은 전쟁 그 자체'라며 어정쩡했던 북한 태도도 변했다. 2022년 들어 러시아·우크라이나 전쟁과 윤석열 정부 등장을 계기로 남쪽도 북한 핵 공격의 대상이라는 말이 쏟아지기 시작했다. 윤석열 정부의 대북 강경책이 도덕적 부담을 덜어줬다면 러·우 전쟁은 남한과의 통상전력 격차를 더욱 실감시켜 전술핵 전략의 실질적인 동기를 제공했다.

2022년 4월부터 본격화한 북한의 전술핵 관련 움직임은 마치 청사진을 놓고 그 설계도면에 따라 일사 분란하게 진행되는 듯 했다. 2022년 4월4일 김여정이 담화를 통해 "남조선이 우리들과 군사적 대결을 선택하는 상황이 도래한다면 핵전투무력이 동원돼 무서운 공격이 가해질 것"이라며 처음으로 한국군도 북한 핵의 공격 대상이라고 했다. 김정은 위원장은 4월25일 저녁 열린 조선인민혁명군 창건 90주년 열병식에서 북한의 핵은 전쟁억제라는 고유의 사명 외에 '국가의 근본 이익 침탈'을 막기위한 '제2의 사명'을 갖고 있다고 밝혀 핵 사용 범위를 비군사적 분야에까지 넓혔다.

전방부대에 대한 전술핵 배치, 타격 목표 설정 훈련도 일사분란하게 진행됐다. 2022년 4월17일자 〈노동신문〉은 김정은 위원장의 신형 전술 유도 무기 시험 발사 참관 소식을 전하며 전선 장거리 포병 부대들에 전술 핵무기를 배치할 계획임을 내비쳤다. 실제 6월21일 시작된 당 중앙군사위 8기3차 확대회의에서 "조선인민군 전선부대들의 작전 임무를 추가 확정하고 작전계획을 수정하는 사업을 토의했다"고 밝혀 전선 부대의 '추가 임무'가 전술핵 운용 문제와 관련이 있음을 내비쳤다. 이어 7월21일 최진 북한 외무성 군축 및 평화연구소 부소장은 AP통신 계열사인 APTN 평양대리사무소 기자와의 인터뷰에서 윤석열 정부 등장 이후 한미 간에 전개된 연합훈련을 일일히 열거하면서 앞으로 전술핵으로 맞대응할 것임을 내비쳤다. 2022년 9월25일부터 10월9일까지 모두 일곱 차례 미사일 발사가 이뤄졌는데 전술핵 운용부대 등의 군사 훈련이었다고 한다. 한국의 킬체인에 대응하기 위해 내륙 저수지에서 SLBM(잠수함발사탄도미사일)을 발사하는 모습이 연출되기도 했다. 당시 〈노동신문〉은 “해당 군사 훈련은 미 해군 항공모함과 이지스구축함, 핵동력 잠수함을 비롯한 연합군 대규모해상 전력이 조선반도 수역에서 위험한 군사 연습을 하는 시기에 진행됐다”고 밝혀 한미훈련 시기에는 대응을 피하던 예전의 북한이 아님을 보여줬다. 그 뒤 3월과 8월의 한미 훈련 시기에 북한도 단거리탄도탄이나 순항미사일을 쏘며 맞대응하는 모습을 볼 수 있다.

북한의 전술핵 관련 움직임의 청사진은 무엇이었을까. 바로 파키스탄 모델이다. 파키스탄은 북한과 뗄려야 뗄 수 없는 깊은 관계를 맺어온 나라다. 파키스탄의 칸(A.Q.Khan) 박사가 북한에 핵기술을 전수했고 북한은 미사일 기술을 제공했다. 전술핵으로 우월한 재래식 전력에 대처하려 한다는 점에서 문제의식이 같다.

파키스탄은 샤힌(Shaheen)-Ⅲ와 같은 인도 전역을 겨냥할 수 있는 중거리탄도미사일과 함께 바부르(Babur)-Ⅲ라는 잠수함발사순항미사일 개발에 주력해왔다. 그러나 인도가 파키스탄 국경을 48~72시간 내에 8-9개 여단과 함께 대규모 재래식 군사작전으로 돌파하는 콜드 스타트(Cold Start) 전략을 추진하자 나스르(Nasr)라는 전술핵무기를 2013년부터 실전 배치했다. 나스르는 위력 0.5~5kt에 사거리 60~70km에 이르는 직경 30cm 이하의 고체연료 미사일이다.(‘북한 핵전략 변화의 쟁점과 과제:파키스탄의 전범위억제와 비교’ 국가안보전략연구원 김보미 연구위원)

‘안정-불안정성의 역설’과 국지 분쟁

파키스탄 모델의 키워드로 ‘비대칭 확전(asymmetric escalation)’ ‘전범위억제(Full Spectrum Deterrence)’ ‘안정-불안정성의 역설(stabilityinstability paradox)’을 들 수 있다. ‘비대칭확전’은 재래식 공격에 핵무기 선제사용을 불사하는 것을 말한다. ‘전범위억제(Full

Spectrum Deterrence)'는 인도의 거의 모든 지점을 목표로 삼을 수 있는 전략무기와 전술핵무기 체계를 동시 운용하는 것으로 북한 역시 미국본토 타격용 전략핵무기와 한반도와 그 주변 전장용 전술핵무기를 모두 갖추려고 한다.

전술핵과 국지 분쟁의 상관성과 관련해 주목해야 할 것이 바로 '안정-불안정성의 역설(stabilityinstability paradox)'이다. 핵보유국들 간에 직접적인 전쟁 가능성은 줄어들지만 핵전력을 배경으로 저강도 분쟁은 더욱 빈번하게 일어난다는 것이다. 카길 전쟁(the Kargil War)이 대표적인 예이다. 1999년 5~7월 인도와 파키스탄 간에 벌어진 전쟁으로 파키스탄군이 카슈미르의 카길을 점거한 것이 발단이었다. 양국 모두 경쟁적으로 핵개발을 실시한 지 1년 만에 전쟁이 일어나 핵전쟁으로 확전될 가능성을 세계 각국이 우려했다. 당시 파키스탄의 도발은 핵무장에 따른 지나친 과신에서 기인한 것이라는 평가를 받았다. 핵무기를 갖고 있으니 국지전 정도 일으킨다고 인도가 함부로 맞설 수 없을 것으로 오판했다는 것이다. 또 전쟁이 일어나도 우방과 국제사회가 '핵전쟁 예방'이라는 명분으로 적극 개입하면 인도로부터 점령을 용인 받을 수도 있을 것으로 기대했다. 그러나 국제적으로 침략자로 낙인 찍히고 전쟁 목적에서도 실패했다.

금년(2024년) 1월15일 최고인민회의 시정연설에서 김정은 위원장은 남북을 적대적인 두 국가관계로 규정한 데 따라 고쳐야 할 것들을 지적하면서 "우리 국가의 남쪽국경선이 명백히 그어진 이상 불법무법의《북방한계선》을 비롯한 그 어떤 경계선도 허용될수 없으며 대한민국이 우리의 령토,령공,령해를 0.001㎜라도 침범한다면 그것은 곧 전쟁도발로 간주될것"이라고 선언했다. 그러면서 주권 행사영역과 관련해 공화국 헌법이 개정되어야 하며 다음번 최고인민회의에서 심의되어야 한다고 말했다. 북한 최고인민회의 대의원 임기는 5년이다. 2019년 3월19일 선거로 뽑힌 제14기 데의원 임기는 2024년 3월에 종료됐다. 김위원장 지시대로 헌법을 개정해 영토조항을 신설하려면 현 14기 임기를 늘이든 새로 15기를 구성하든 해야할 텐데 2024년 7월7일 현재 아직 이와관련한 발표가 없다. 올해 11월 미국 대선 등을 겨냥해 그 시기를 저울질 할 가능성이 높다. 이때 남쪽이 고수해온 북방한계선과 북측이 주장하는 해상경계선 내지 서해경비계선 등을 둘러싼 해묵은 논쟁이 다시 불거질 수 있다. 카길전쟁에서 파기스탄이 한 것처럼 북한이 전술핵을 뒷배로 분쟁화를 시도할 수도 있다.

미국 대선에 임박할수록 민주당이든 공화당이든 양 당사자 뿐 아니라 중국 일본 등 주변국 움직임도 분주할 것이다. 또한 미국 대선 후 중국이 대만해협에서 모종의 군사행동을 도모하면서 북한을 연루시킨다든지 북한이 주장하는 두개의 국가에 따른 외교 행위에 우리가 어깃장을 놓을 때 반발 가능성 등도 배제할 수 없다. 김영호 통일부 장관은 지난해 9월29일 보도된 파이낸셜타임스(FT)와의 인터뷰에서 "북한은 서울을 거치지 않고는 도쿄나 워싱턴으로 갈 수 없다"고 단언했다. 통일부에 따르면 김 장관은 "한미일 3국 간 안보협력은 그 어느 때보다 강력하다"며 이같이 강조했다고 한다.

김 장관이 밝힌 우리 정부 입장에 금년 들어 적극적으로 대화의지를 밝혀온 북일 양국이 어떻게 반응할지도 귀추가 주목된다. 30여 년 전 김영삼 정부 시절 어떻게 하든 미일의 대북 접근을 견제하려던 한국 정부와 미일과 통하면서 한국 정부를 봉쇄하려던 북한의 외교 책략 간 벌어진 혈투가 재현되는 느낌이다. 그래서 역사는 반복된다고 하는지도 모르겠다.

(2024. 3. 3)

6. 기시다가 말한 '대담한 현상변경'은 평양 연락사무소?

> 북일 접촉은 북중간 협상과 보이지 않게 연관돼 있다. 북한은 자신들의 생명선을 쥐고 있는 중국과의 협상을 유리하게 하기 위해 북일 접촉을 레버리지로 활용하고 있다. 북중 협상이 제대로 안될 경우 북일 간 생존 납치 피해자의 추가 송환과 일본 연락사무소 평양진출, 그리고 수교 배상금 협상까지 직행할 가능성도 열려 있다.

북일관계는 답이 이미 정해져 있다. 북한은 북일수교와 100억 달러 전후 수교배상금이 목표다. 그러나 핵미사일 문제 해결 전에는 불가능하다. 일본은 납치피해자의 생환을 요구한다. 북한은 더 이상 돌려보낼 사람이 없다는 입장이다. 일본이 납치피해자라고 한 17명 중 북한이 인정하는 것은 13명뿐이다. 이중 5명은 2002년 9월 북일 정상회담 때 돌려보냈다. 나머지 8명은 사망했다고 한다. 따라서 북한 입장에서는 납치 문제는 이미 해결됐다. 양측 입장이 팽팽해 한 발짝도 움직이지 못한지 오래됐다. 그런데도 시시때때로 접촉한다.

일본이야 아직 생존자가 남아 있다고 믿어 그렇다지만 북한은 왜 만날까. 국내외 시각은 일본을 흔들어 한미일 3각 협력을 교란하기 위해서라는 것이다. 정말 그게 다일까?

2023년 3월과 5월 사이 벌어진 두개의 협상

최근의 북일 접촉은 일본 기시다 총리의 유엔 연설에서 비롯했다. 2022년 9월20일 유엔총회 일반토의 연설에서 그는 "김정은 위원장과 조건 없이 만나겠다"고 선언했다. 약 8개월이 지난 지난해(2023년) 5월27일 도쿄에서 열린 '북한의 일본인 납치 문제 해결을 촉구하는 국민 대집회'에서 보다 구체적인 제안을 내놨다. "납치 문제는 한시도 느슨하게 대할 수 없는 인권 문제"라며 "(북일) 정상회담을 조기 실현하기 위해 북한 측과 총리 직속의 고위급 관료 간 협의를 진행하고 싶다"고 말한 것이다. 총리가 납치문제를 직할하겠다는 의지를 드러낸 것이다.

5월27일은 토요일이었다. 이틀 후인 월요일 놀라운 일이 벌어졌다. 5월29일 박상길 북한 외무성 부상이 담화를 통해 "조일(북일) 두 나라가 서로 만나지 못할 이유가 없다는 것이 공화국정부의 입장"이라고 밝힌 것이다. 역대 일본 정부의 접촉 요구에 침묵으로 일관하던 북한이 처음으로 긍정적 반응을 보였을 뿐 아니라 김정은 위원장 재가가 불가능한 주말을 끼고 신속하게 답변이 나왔다는 점에서 북일간 사전 조율 의혹이 제기됐다.

지난해 북일 접촉에 대해서는 7월3일자 〈동아일보〉 기사와 9월29일자 일본 〈아사히신문〉 기사를 참고할 필요가 있다. 7월3일자 〈동아일보〉는 복수의 정보 소식통을 인용해 북한과 일본이 "최근(6월) 2차례 이상 물밑접촉에 나섰다"면서 "양측 실무진이 중국과 싱가포르 등에서 만난 것으로 안다"고 밝혔다. 〈동아〉는 이 접촉이 기시다 총리 제안과 박상길 부상의 화답에 이은 실무접촉으로 "일본인 납북자 문제, 고위급 회담 개최 등을 놓고 직접 만나 입장 조율에 나섰으나 주요 사안들에 대한 견해차를 좁히진 못한 것으로 전해졌다"고 밝혔다. 다만 "회담에 대한 양측 이해관계가 맞아떨어지면 고위급 협상으로 이어질 수 있다는 관측도 나온다"고 부연했다.

일본 언론으로서는 〈아사히 신문〉이 뒤늦게 북일 접촉의 일단을 보도했다. 지난해 9월29일자 1면 머리기사로 "일본 정부 관계자가 지난 3월과 5월 두 차례에 걸쳐 동남아시아의 한 도시에서 조선노동당 관계자와 비밀접촉을 했다"고 전했다. 신문은 "기시다 후미오 총리가 이 무렵 김정은 북한 국무위원장과 정상회담을 향한 환경이 마련될 수 있을 것으로 보고, 올 가을께 평양에 정부 고위당국자를 파견하는 문제를 한때 검토했지만 실현되지 않았다"고 덧붙였다. 〈아사히〉는 두 차례 협상 모두 한 도시에서 이뤄졌다면서도 이 도시가 어디인지는 밝히지 않았다. 다만 "소규모 비공식 모임에서 양국 현안에 대해 폭넓은 의견 교환이 진행됐다"고 했다.

동아일보와 아사히의 보도는 북일 접촉의 시기와 장소에 대해 서로 다른 얘기를 하고 있다. 아사히는 3월과 5월 두 차례 동남아시아의 한 도시에서 조선 노동당관계자가 참여한 소규모 비공식 모임이었다고 했다. 반면 동아는 6월에 중국과 싱가포르에서 양측의 실무자들이 참여해 여러 차례 실무접촉을 했다고 했다.

왜 이런 차이가 발생한 것인가. 두 매체는 각각 서로 다른 회담에 대해 언급한 것이다. 아사히가 보도한 3월과 5월 노동당 관계자가 포함된 소규모 회의는 말 그대로 실무회담에 앞선 예비회담일 가능성이 높다. 예비회담은 첫 번째 접촉이므로 결정 권한을 갖춘 노동당 관계자가 나올 필요가 있다. 포괄적 토론을 거쳐 실무회담 일정을 정하는 게 목적이다. 동아일보가 보도한 6월 중 실무회담 스케줄이 여기서 잡혔을 것이다. 기시다 총리의 토요일 제안과 박상길 부상의 월요일 화답으로 그것을 공식화한 것이다.

이같은 일정이 중요한 것은 바로 이 회담의 전후에 북한에게 이 보다 훨씬 중요한 협상이 잡혀 있었기 때문이다. 북한 입장에서는 사활이 걸린 북중 협상이 잡혀 있었던 것이다. 북일 접촉을 그 전후에 배치해 협상의 레버리지로 활용하려 한 것이다.

노동자 재파견 둘러싼 북중 밀당

지난해(2023년) 1월 북중 국경 지역은 국경개방의 기대감에 들떠있었다. 2022년 8월10일 북한이 코로나19 종식을 공식 선언하면서 2023년에는 국경통제가 완화되고 외국인 관광이 재개될 거란 소문이 있었다. 1월부터 북경의 '고려투어'는 4월로 예상되는 '평양 마라톤' 여행상품 판매에 들어갔다. 국경개방은 신의주-단동간의 화물트럭 운송과 북중·북러 간 육상 수송 재개를 뜻한다. 중국은 '책임있는 대국'으로서 역할을 하고 있다는 것을 국제사회에 보여주기 위해 북한에 국경개방을 촉구해왔고 '중국인 북한 관광'을 대가로 제시했다. 관광은 유엔 대북제재에 저촉되지 않으면서 북한에도 외화벌이 수단이 돼 중국이 생색내기 좋은 분야다.

그러나 난제가 가로 놓여 있었다. 2017~19년 중국 길림성이나 요녕성의 식당과 공장 등에 취업했다가 코로나19 국경봉쇄로 귀환하지 못한 약 10만명의 북한 노동자 귀환문제였다. 중국 정부는 해외 체류 기간이 이미 5~7년을 경과한 이들을 국경 개방과 함께 북한에 돌려보내겠다는 입장이었다. 반면 이들의 빈자리를 메울 대체인력 파견에는 난색을 보였다. 북한 노동력 수입은 유엔 안보리 제재 사항이라 부담스러워 한 것이다.(〈대외경제정책연구원(KIEP)〉, "2023년 북한의 대외관계 평가와 2024년 전망" 참조)

북한으로서는 노동자 재파견 약속 없는 국경개방과 중국인 관광은 결과적으로 손해였다. 관광 수입이 노동자 월급 보다 많을 수는 없었기 때문이다.

일각에서는 북한이 노동자 재파견을 넘어 유엔 안보리 제재 이후 중단된 북중 무역 정상화를 요구했다고 하기도 한다. 관광수입이든 노동자 파견 임금이든 북한 정부로서는 푼돈에 불과하다. 코로나 봉쇄로 폐쇄된 국내 시장을 살리려면 북중 교역 정상화가 이뤄져야 한다. 바로 이 교역 정상화가 당시 북중 협상의 숨겨진 쟁점이었다는 것이다..

북중 간 협상은 지난해 3월27일 왕야쥔 주북 중국 대사가 평양에 부임한 것을 계기로 4월과 5월에 집중됐다. 북한이 일본 측과 예비회담을 3월과 5월에 집중시킨 이유다. 외곽 때리기로 협상력을 끌어올리려는 의도다. 그러나 중국 측도 만만치 않았다. 파견 노동자 협상과 관련해 북한은 "대규모로 귀환할 경우 다수 중국기업의 파산과 동북 3성 경제 악화로 이어질 것이므로, 현재와 유사한 규모로 재파견될 수 있도록 보장하여야 한다"는 논리를 펼쳤다. 반면 중국은 "'책임대국'으로서 유엔 제재를 성실하게 이행해야 하므로 동일한 규모 재파견은 보장해줄 수 없다"며 "우선 접경지역 노동자를 귀환시킨 뒤 추후 상황에 따라 재논의하자"고 버텼다. 노동자 재파견부터 난항이라 그것을 훨씬 뛰어넘는 교역 정상화는 언감생심이었다.

협상이 실패로 끝나면서 북한은 국경통제를 소폭 완화하는 수준에서 그쳤다. 국경개방과 중국인 관광도 없던 일로 만들어버렸다. 국경통제 해제로 국제 사회에 생색을 내고자 한 중국 의도에 찬물을 끼얹은 것이다. 그리고는 6월에 중국과 싱가포르에서 '기시다 총리 직할 고위관료의 평양 파견 문제'를 두고 일본 측과 실무회담을 벌였다. 북중 국경을 막는 대신 청진 원산을 통해 일본과 문호를 열 수도 있다는 시위를 벌인 것이다.

최선희 외무상 기용부터 시작된 빌드업

따지고 보면 꽤 오랜 기간의 빌드 업 과정을 거친 것이었다. 그 출발은

2022년 6월11일 최선희 외무상 임명부터다. 최선희의 외무상 임명은 하노이 회담 이후 유지했던 중국 의존형 생존전략에서 벗어나겠다는 신호였다. 중국만 쳐다보지 않고 외교를 다변화하겠다는 것이다. 2022년 6,7월경으로 계획했던 7차 핵실험을 중국이 미국과의 일련의 회담 끝에 무산시킨 게 계기였다. 쌓여온 불만이 폭발했다.

첫 번째로 택한 대상은 러시아였다. 그해 2월24일 우크라이나 전쟁을 일으킨 러시아가 7월에 대표단을 파견했다. 7월26일 러시아 대표단을 환영하는 연회에서 북한 강순남 국방상은 '협조와 연대를 더욱 긴밀히 해 나갈 것'이라고 약속했다. 북러관계는 안보협력 위주였다. 러시아는 북한산 포탄이 필요했다. 그 댓가로 북한이 무엇을 받았는지는 2022년 12월15일의 갑작스런 고체연료 엔진 시험을 통해 서서히 드러났다. 이듬해인 지난해 4월13일 고체연료기반 대륙간탄도미사일(ICBM) 화성18호의 1차 고각 발사 시험, 7월12일 2차 발사 시험을 통해 완벽하게. 모습을 드러냈다.

외교안보연구원의 이상숙 박사는 연구소가 발행한 주요국제문제 분석자료에서 "1980년대 북러 간 안보협력이 강화된 상황에서 중국은 이를 견제하기 위해 북한과의 경제협력을 확대시킨 사례가 있다"며 "중국으로서는 북한과의 우호관계를 유지하는 수단으로서 경제협력 확대를 선택할 것으로 분석된다"라고 지적했다. 중국이 왕야쥔 대사의 평양 부임을 서두르고 중국인 관광이라는 나름의 선물을 준비해 국경개방 협상에 나서게 된 데에는 이 시기 북한의 행보를 심상치 않게 여겼기 때문일 것이다.

사실 6월11일의 최선희 외무상의 임명을 가장 반긴 것은 미국이었다. 그 이틀 후인 6월13일 워싱턴에서 박진 외무장관과 만난 블링컨 미 국무장관은 "한반도 비핵화를 향한 모든 이견을 외교와 대화로 평화롭게 해결하고 싶다"라며 북한에 대화를 제안했다. 그러나 2022년 하반기 시점 미국은 대중 신냉전 체제 구축을 진두지휘해야 할 입장이었다. 따라서 이즈음 기시다 총리의 유엔 연설은 북한을 중국에서 떼어내고자 하는 미 국무부의 오랜 구상을 대리한 측면도 있어 보인다.

북중수교 75주년을 겨냥한 포석

지난해 6월 북중 협상이 소득 없이 끝난 직후에도 예외 없이 북러 군사 관계가 진전됐다. 7월27일 전승절 행사에 쇼이구 러시아 국방장관이 방북했고 9월13일 보스토치니에서 북러 정상회담이 열려 군사위성 분야에서 러시아의 협조가 공언됐다. 그러자 마치 공식처럼 북중관계가 다시 움직였다. 9월에 정성일 북한 국가관광총국장이 왕야퀀 대사와의 면담에서 "(2024년) 북중 수교 75주년을 맞아 양국 관광교류 협력이 새롭고 큰 발전을 이루고 양국관계 발전에 새로운 동력을 불어 넣을 것으로 믿는다"라고 언급했다. 북중관광교류가 2024년에 재개될 것임을 밝힌 것이다. 또 지난해 12월에는 박명호 북한 외무성 부상과 쑨웨이둥 중국 외교부 부부장간 회담이 북경에서 열렸다. 따라서 북중 수교 75주년을 맞는 올해(2024년) 4월15일 태양절을 계기로 지난해 시도했던 국경개방과 관광협력, 노동자 재파견 뿐 아니라 무역관계 정상화를 둘러싼 또 한 차례 격돌이 예상된다.

북중간 어려운 협상을 앞두고 올해 초부터 북일간 한층 업그레이드 된 접촉 재개 움직임이 시작됐다. 지난 1월5일 김정은 위원장이 일본 이시카와현 노토반도에서 발생한 지진 피해에 대해 기시다 총리에게 위로전문을 보내면서 '일본국 총리대신 기시다 후미오 각하'라는 존칭을 써 우호적인 환경 조성에 나섰다. 그러자 2월9일 기시다 총리가 의미심장한 발언을 했다. 중의원(하원) 예산위원회에서 "작금의 북일 관계 현상에 비춰 봐 대담하게 현상을 바꿔야 할 필요성을 강하게 느낀다. 나 자신이 주체적으로 움직여 정상끼리 관계를 구축한다"라고 답한 것이다. '대담한 현상 변경'이라는 말의 여운이 채 가시기 전에 이례적으로 김여정 노동당 부부장이 직접 나섰다. 2월15일 담화에서 "일본이 우리의 정당방위권에 대해 부당하게 걸고드는 악습을 털어버리고 이미 해결된 납치 문제를 양국관계 전망의 장애물로만 놓지 않는다면 두 나라가 가까워지지 못할 이유가 없을 것이며 (기시다) 수상이 평양을 방문하는 날이 올 수도 있을 것"이라고 한 것이다. 기시다 총리의 평양 방문 가능성을 열어 둔 것이다. 북중 협상을 앞두고 북일관계 체급이 급상승하는 느낌이다. 중국에 대한 레버러지 효과란 측면에서 기시다 총리가 언급한 '대담한 현상변경'이 실제 상황이 될 수도 있겠다는 생각이 든다.

그게 뭘까. 지난해 9월의 〈아사히 신문〉 보도에 묘한 귀절이 있었다. 즉 "북한에 일본인이 있는지에 대해서도 말이 오간 것으로 전해졌다. 북한은 부정하지 않았지만 '납북피해자'라는 단어는 사용되지 않았다고 한다"는 것이다. 북일관계 소식통들에 따르면 북일간 공식회담에서 거론된 생존 납치피해자가 한 사람(또는 두 사람)이 있고 비공식적으로는 더 있을 수도 있다고 한다. 앞으로 북한이 이 사람에 대해 사망했다던 8명 중 하나라고 할지 아니면 추가로 발견됐다고 할지가 최대관건이라고 한다.

최소 1~2명의 추가 생환이 이뤄지면 기시다 총리로서는 고이즈미 총리 이후 역대 정부가 못한 일을 해낸 것이 된다. 총리 직속 고위급 인사의 평양 방문이 가능할 뿐 아니라 추가 조사 명분으로 평양에 일본 연락사무소 설치까지 밀어붙일 수 있다. 일본 외무성은 그동안 납치 조사 명분의 평양 연락사무소 설치라는 복안을 가져왔다.

물론 그 과정에서 한국 정부나 미국 정부와 협의가 최대 변수이지만 일본은 올해 미국 대선과 일본 선거 일정을 고려해 늦어도 7월 안에 이 수준까지 밀어붙이려 할 가능성이 높다. 북한은 이를 북일 수교를 위한 전 단계로 포장하며 대 중국 협상에 최대한 활용하려 할 것이다.

(2024. 3. 16)

7. 북한은 왜 일본이 아닌 중국을 택했나

2025년부터 2027년까지 3년간은 대만해협의 격랑이 예상된다. 그런데 대만해협이라는 주전장의 승패를 가를 승부처는 한반도가 될 것이다. 2024년 3월 하순 북일관계와 북중관계를 둘러싸고 수면 하에서 불꽃 튀는 접전이 벌어졌다. 1차전은 중국이 승기를 잡은 것으로 보인다. 그러나 아직 시작일 뿐이다. 북한을 둘러싼 미일과 중국의 최종 승부에 따라 대만해협의 운명이 결정될 것이다.

주전장은 대만해협, 승부처는 한반도

3월20일 아시아축구협회(AFC)는 북한축구협회로부터 갑작스런 통보를 받았다. '불가피한 상황'으로 인해 3월26일 평양에서 열기로 한 2026북중미월드컵 일본과의 예선전 경기를 중립국 경기장으로 옮겨야 한다는 것이었다. 이때까지만 해도 북한이 말하는 '불가피한 상황'이 뭔지 알 수가 없었다. 최근 일본에서 감염자가 늘고 있는 '연쇄상구균독성쇼크증후군(STSS)' 유입을 우려해서라는 얘기가 나왔지만 일본 측은 회의적이었다. 일본 외무성은 "평양에서 월드컵 예선전을 치르기를 원치 않는 것 같다"라고 막연하게 추측할 뿐이었다.

시간이 지나면서 북한의 의중이 보다 뚜렷해졌다. 3월25일 김여정 부부장이 뜬금없이 기시다 총리가 김정은 위원장을 만나고 싶다는 의향을 전해왔다고 밝혔다. 그러면서 만나고 싶다고 해서 다 만나주는 것은 아니라며 자신들의 주권적 권리 행사에 간섭하지 말고 납치 문제에 대해서도 더 이상 거론하지 말 것을 요구했다. 여기까지는 점잖았다. 그런데 그 다음날 담화에서부터 '폭주'하기 시작했다. 3월26일 발표한 담화에서 느닷없이 "일본 측과의 그 어떤 접촉도 교섭도 외면하고 거부할 것"이라며 향후 일본과 정상회담을 추진하지 않겠다고 선언한 것이다. "핵·미사일 현안이라는 표현을 꺼내들며 주권행사를 간섭하고" 해결이 불가능한 납치문제를 계속 붙잡고 있다는 점을 이유로 들었다.

일본 입장에서는 최악의 상황이 그 다음에 계속 이어졌다. 3월29일 리룡남 중국 주재 북한 대사가 "지난 28일 중국 주재 일본 대사관 관계자는 우리 대사관 참사에게 전자 우편으로 접촉을 제기해왔다"며 "우리는 일본 측과 만날 일이 없다"라고 말한 것이다. 김여정이 기시다 총리의 방북 의사 전달을 밝힌 것도 그렇지만 교섭 상대방의 실무적인 연락까지 까발리는 것은 신뢰의 문제가 아닐 수 없다. 더 이상 연락하지 말라는 뜻이기도 하다. 이 날은 최선희 외무상까지 등장해 납치문제 해결을 위해 계속 노력하겠다는 기시다 후미오 일본 총리를 향해 "해결할 것이 없는 문제에 집착하고 끝까지 고집하는 이유에 대해 이해할 수 없다"며 북일대화 의사가 없다고 거듭 강조했다.

북일관계와 관련한 북한 측의 갑작스러운 폭주의 배경으로 '그동안의 사전 물밑 교섭과 일본 고위급의 발언 등을 통해 납북자 문제를 의제로 삼으려는 일본 측의 태도가 완강해 북일 정상 간 대화 추진이 쉽지 않다고 판단했기 때문'이라는 게 일반적인 평가다. 과연 그럴까?

북한과 일본은 지난해 3월과 5월, 6월에 만났다. 3월과 5월은 중국과 싱가포르에서 노동당 관계자가 참여한 예비회담이었다. 6월에는 동남아 모처에서 여러 차례 실무회담을 가졌다. 그동안 쟁점이 돼왔던 납치문제에 대해서도 당연히 얘기했고 거기서 모종의 돌파구를 찾았다는 얘기가 북일관계 소식통 사이에 알려졌다. 그런 바탕이 있었기에 김여정 부부장이 지난 2월15일 담화에서 기시다 총리의 평양 방문도 가능하다고 했을 것이다.

그 뒤의 추가 접촉에서 새로운 장애가 생겼을 수는 있다. 그런데 일본 측 태도에서 그런 낌새가 느껴지지 않는다. 3월20일 북한이 월드컵 예선전을 취소했을 때 일본은 그 이유에 대해 긴가민가하는 눈치였다. 무엇보다 김여정이 기시다 총리로부터 정상회담 제의를 받았다고 발표한 3월25일의 담화에 대해 당시 참의원 예산위원회에 참석 중이던 기시다 총리는 관련 내용에 대해 전혀 모르는 눈치였다. 이날 기시다 총리의 방북 의사 전달만 얘기했던 김여정이 다음날 담화에서는 갑자기 일본 측과 만날 일이 없다고 강경하게 돌아섰다는 점에서 양측의 교섭이 있었다면 바로 이 이틀 사이였을 것이다. 이때 납치문제 등에 대한 절충이 실패로 돌아가 김여정이 폭주하기 시작했다고 추정할 수 있다. 그렇다면 김여정은 양측 사이에 교섭이 한창 진행 중인 와중에 상대방 수장의 방북 의사를 까발리는 담화를 발표하고 상대방은 그런 사실조차 까맣게 모르고 있었다는 얘기가 된다. 있을 수 없는 얘기다.

북일 정상회담 파탄을 알리는 3월26일의 김여정 담화 후 침묵을 지키던 기시다 총리는 이틀 후인 3월28일 "일조(일본과 북한)간 성과를 내는 관계 실현은 쌍방 이익에 합치한다"면서 정상회담 추진 노력을 계속할 것이라고 했다. 리용남 주중 북한 대사가 밝힌 일본 대사관 관계자의 접촉 시도가 바로 이날 이뤄졌다.

김성남 노동당 국제부장 방중의 미스터리

북일관계의 틀 안에서 보면 뭔가 앞뒤가 안 맞는다. 북일관계를 객체로 놓고 보면 오히려 설명이 쉬워진다. 지난해 3월과 5월, 6월 북일 접촉이 있었지만 당시 북한외교의 중점은 북일관계가 아니었다. 메인은 따로 있었다. 지난해 3월 왕야쥔 평양 주재 중국대사의 부임 직후 4,5월에 걸친 북중 담판이 메인이었다.(〈시사IN〉 860호 "기시다가 말한 '대담한 현상 변경'은 평양 연락사무소?" 참조) 당시 북한은 코로나 봉쇄로 북중 접경지역에 머물던 약 10만의 노동자 송환 이후 같은 수만큼의 재파견 문제와 유엔 안보리 제재로 중단되다시피 한 북중교역의 정상화라는 요구 사항을 내걸고 중국과 담판을 벌였다.

특히 북중교역 재개는 김정은 위원장이 올 초부터 심혈을 기울이는 '지방발전 20×10 정책'의 성패가 달린 중요한 문제다. '매년 20개 군에 현대적인 지방공업공장을 건설해 10년 안에 전국 인민의 초보적인 물질문화 생활수준을 한 단계 발전시키겠다'는 20×10 정책을 위해서는 많은 양의 원부자재가 필요하다. 북한이 그것을 조달할 곳은 중국 밖에 없는데 안보리 제재로 북중교역이 막혀 있으니 그것을 열어달라는 것이다. 사활이 걸린 중국과의 교섭을 앞두고 북일 접촉을 협상의 레버리지로 사용한 게 지난해의 양상이었던 것이다.

지난해 4,5월의 북중교섭은 중국에게 밀릴 수밖에 없었다. 북한이 을의 처지였고 더군다나 중국이 국제사회 책임대국으로서 안보리 제재를 어길 수 없다고 하는 데에 별도리가 없었다. 그런데 그 후 양상이 변했다. 지난해 9월의 북러 정상회담을 계기로 중국이 더 이상 북한을 무시하기가 어려워졌다. 왕야쥔 대사가 정성일 북한 국가관광총국장과 9월에 만나 "(2024년) 북·중 수교 75주년을 맞아 양국 관광 교류협력이 새롭고 큰 발전을 이루고 양국 관계 발전에 새로운 동력을 불어넣을 것으로 믿는다"라고 서로 합의했는데 이는 곧 2024년에 다시 얘기해보자는 것에 다름 아니다.

올해 초 김정은 위원장과 시진핑 주석이 서로 친서를 교환하며 올해를 '조중친선의 해'로 정하기도 했다. 문제는 지난해 불발로 끝난 북중교섭이 올해 중 언제 어떤 형태로 재개되는가이다. 대개 북중교섭은 상반기에는 4.15 태양절 전, 하반기에는 10월10일 당 창건 기념일 전에 이뤄진다. 올해 상반기 눈에 띠는 북중교섭의 장은 중국·베트남·라오스 순방 차 3월21,22일 중국을 첫 방문지로 다녀간 김성남 북한 노동당 국제부장 방문단 외에는 없다. 당 우위 국가인 북한에서 노동당 국제부장은 외교부의 수장인 외무상 보다 위다. 그러니 그의 방중은 중국 관련 북한 최고위직 인사의 방중이라 할 만하다.

아무리 그렇다 해도 그의 이번 방중은 예사롭지 않았다. 노동당 국제부장의 중국 측 카운터 파트너는 류젠차오 중국 공산당 대외연락부장이다. 그런데 방중 첫날인 21일 류젠차오 뿐 아니라 권력서열 4위인 왕후닝 전국인민정치협상회의(정협) 주석이 등장했다. 그 다음날인 22일에는 '실세'로 통하는 서열5위 차이치 중국공산당 중앙서기처 서기 겸 중앙판공청 주임과 왕이 외교부장까지 등장했다. 이중 시진핑 주석의 비서실장 격인 차이치 주임은 중국 내 공식 서열은 5위지만 당내 통일전선부·조직부·선전부·정법위원회·감찰위원회·공안부를 총괄하는 안보라인의 수장으로서 실제 위상은 더 높을 것이라는 평가를 받는다. 북한 문제에 관여하는 중국 지도부 내 최고위직 이 총출동했다 해도 과언이 아니다.

중국 입장에서는 그리 편한 자리는 아니었다. 지난해 교섭의 연장선에서 보자면 국제사회 책임대국을 자처하는 중국 입장에서 들어주기 곤란한 요구사항에 맞닥뜨려야 하는 자리다. 그런데도 이렇게 최고위급들이 다 나온 것은 중국 입장에서도 절체절명의 뭔가가 있었기 때문일 것이다.

그것이 무엇일까. 바로 북일관계다. 그리고 그 배후에서 어른거리는 미국의 그림자다. 마키노 요시히로 일본 히로시마대 객원교수가 3월25일자 '자유아시아방송(RFA)'과의 인터뷰에서 밝힌 바에 따르면 평양에서 열릴 예정이었던 3.26 북일 축구 예선전에는 일본 외무성 관계자 14명이 파견될 예정이었다고 한다. 파견팀 단장은 외무성 정책 과장이 맡았다. 이들 외무성 팀은 지난 2011년 11월 평양에서 있었던 북한 대 일본 경기 당시와 같은 방식으로 북측과 접촉할 예정이었다. 당시 송일호 북일 국교정상화 담당 대사와 북한 외무성 일본 연구소 연구원들이 고려호텔에서 일본 외무성 관계자들과 간담회를 가진 바 있다. 양측은 2월부터 이와 관련한 사전협의를 진행해왔다. 2월이라면 김여정이 2월15일 담화에서 기시다 총리의 평양 방문 가능성을 언급한 시점이다. 그러고 나서 3월26일 평양에서 축구경기와 별도로 북한 내 북일 국교정상화 담당 최고 실무자인 송일호 대사까지 참여하는 양측 접촉이 이뤄진다면 그 목적은 단 한 가지 기시다 총리의 방북과 북일 정상회담을 위한 것이다. 양측은 지난해 접촉과정에서 북한에 거주하는 1,2명의 납북일본인의 송환을 위해 기시다 총리가 방북하고 그 후속 조치로 납북자 추가조사를 위해 일본 연락사무소가 평양에 진출한다는 밑그림을 그린 상태다.

미국도 발 빠르게 움직이기 시작했다. 미라 랩-호퍼 백악관 국가안보회의(NSC) 아시아대양주 담당 선임보좌관이 3월4일 중앙일보-미국 전략국제문제연구소(CSIS) 포럼 특별대담에서 "미국 목표는 여전히 한반도의 완전한 비핵화"라면서도 "비핵화로 가는 과정에서 중간 조치를 고려할 수 있다"고 말했다. 그가 언급한 '중간 조치'는 통상 북한의 핵동결 혹은 감축에 상응해 대북 제재 일부 완화 등 대가를 제공하는 것으로 볼 수 있다. 정박 국무부 동아태 담당 부차관보는 3월18일(현지시각)전략국제문제연구소(CSIS) 팟캐스트 프로그램에서 북한과 제재 문제에 대해 얘기해볼 수 있다고 밝히기도 했다.

미국 측의 잇따른 대북 유화 메시지는 곧 기시다 총리의 평양 방문을 염두에 둔 북미대화의 허들 낮추기이다. 기시다 총리는 4월10일 미국을 방문해 북일 수교 배상금 관련 논의를 할 예정이었다고 한다. 당장은 아니더라도 일본 측 안을 제시해야 하는데 그러려면 미국과 사전 협의가 필요하다. 미국은 미국대로 기시다의 평양행을 북미대화의 계기로 삼고자 한다.

미국이 꿈꾸는 것은 2018년 평창 모델일 것이다. 당시는 낭북관계가 북미대화를 견인했다. 이번에는 북일관계가 서울이 아닌 평양을 무대로 그 역할을 대신한다.

만약 그런 일이 벌어지면 중국 외교는 어떻게 될까. 남북미 접촉이 활발했던 평창올림픽 기간 중국 외교는 지옥을 맛보는 기분이었다고 한다. 그런 일이 또 일어나면 그보다 더한 상황에 처하게 될 것이다. 미국 대선 직후 첫해가 되는 내년은 2027년까지 예상되는 대만해협 분쟁의 입구가 되는 해다. 일본에서 발행하는 〈문예춘추〉 2월호에는 트럼프가 올해 미국 대선에서 승리해 '하나의 중국' 정책을 폐기할 것을 상정한 중국 측 대응 시나리오를 소개됐다. '국가통일법'을 제정해 대만의 영토·영해·영공을 중국 령으로 선언하고 해양경찰을 동원한 임검과 중국군의 해상군사훈련을 통해 대만해협 일대를 봉쇄한다는 계획이다. 이 경우 주한 미군과 주일 미군의 개입을 차단하기 위해서는 북한의 지정학적 위치와 역할이 중국 입장에서는 사활적으로 중요하다. 북한이 무력시위로 주한 미군을 붙잡아두면 최선이다. 반대로 평양에 일본 연락사무소가 들어서고 미국과 일본이 평양까지 진출하면 최악이다. 배후에 적을 두는 상황이니 어떻게 해서라도 막아야 한다.

내년부터 펼쳐질 동북아의 격랑에서 대만해협이 주전선이라면 승부처는 바로 한반도이다. 특히 올해 한반도의 주도권을 누가 쥘 것인가에 대만해협의 운명이 달려있다고 할 것이다.

이 같은 정세인식을 배경에 놓고 보면 3월21일부터 시작된 김성남 부장 방중 전후로 북일관계가 타깃이 된 이유가 분명해진다. 북한이 평양 월드컵 예선전을 김성남 부장 방중 하루 전인 3월20일 전격 취소한 데에는 중국 측의 강력한 요구가 있었을 것이다. 중국은 최고위층들이 김부장 영접에 나선다는 점을 강조하며 기시다 총리 방북을 위한 막후교섭의 장으로 눈엣가시인 월드컵 예선 경기 취소를 압박했을 것이다. 이후 김부장은 이틀간 중국 측 최고위층들과의 접촉에서 "'조중친선의 해'가 양국의 영역별 교류·협력을 촉진"하는 계기가 돼야 한다고 강조했다. 북중교역 정상화에 방점을 찍은 것이다. 반면 중국 측의 요구는 왕후닝의 "단결·협력을 심화하고, 전략적 소통을 강화하며, 평화롭고 안정적인 외부 환경을 함께 만들어갈 용의가 있다"는 말에 집약돼 있다. 정치·군사·안보 협력에 방점이 찍혔다. 김여정이 기시다의 방북 의사를 흘린 3월25일은 그 뒤에 이어진 후속회담이 막바지 고비에 처했을 때였을 것이다. 그리고 다음날 일본과 더 이상 만날 일 없다고 한 것은 전날의 교섭이 북한이 원하는 대로 잘 끝났다는 것을 보여준다. 일본이 연락해왔지만 어떤 급에서도 접촉하지 않겠다는 리용남 대사나 최선희 외무상 발언 역시 중국을 안심시키는 내용들이다.

사실 당시 보도된 내용들 만으로는 북한과 중국, 일본 사이에 무슨 일이 벌어졌는지 정확하게 가늠하기가 쉽지 않다. 김성남 당 국제부장 방중을 계기로 북중 간 고위급 접촉이 이뤄지던 시기에 북일 간에도 뭔가 있었을 텐데 결과적으로 그것이 잘안된 것 같다는 정도의 감을 잡을 뿐이다. 그래서 일본이 북일 정상회담 추진 과정에서 납북자 문제를 끝까지 의제화 하려 해서 교섭이 결렬됐다는 추론만이 떠돈 것이다.

그러나 실상은 다르다. 북일 정상회담에 대해 일본은 납북자 문제 해결이라는 국내 정치적 동기가 있어 적극적이다. 지난해의 사전 접촉을 통해 대략의 절충점도 어느 정도 나와 있다. 그렇다면 북한은 이 과정에서 무엇을 얻나. 납북자 문제의 해법이 나올 경우 일본은 북한에게 무엇을 줄 수 있나.

지난 3월 말의 교섭에서 일본이 중국에 밀린 것은 바로 그 점이었다. 중국은 북한에게 북한이 원하는 바를 제공하기로 한데 비해 일본은 여전히 빈손이라는 점이 확인됐던 것이다.

승패의 분기점이 된 것은 바로 평양종합병원 진단설비 문제였다. 코로나가 한창이던 지난 2020년 김정은 위원장은 10월10일 당 창건 기념일까지 평양 시내에 현대식 종합병원을 건설하겠다고 주민들에게 약속했다. 그러나 총력전을 다한 끝에 외관은 완성했지만 고가의 진단설비를 마련하지 못해 병원은 현재까지 개원을 못하고 있다.

북일관계 소식통들에 따르면 북측은 지난해 5월 북일교섭 과정에서 일본측에 진단설비를 지원해 줄 수 있는지 타진했다고 한다. 납치문제의 절충적 해법에 북이 협조하는 대가 차원이었을 것이다. 그러나 일본측의 답변은 부정적이었다. 지원이 어렵다는 것이었다.

그런데 의외의 곳에서 돌파구가 열렸다. 바로 중국이었다. 중국은 지난해 4,5월 북한과의 교섭에서 북측의 요구를 제대로 들어주지 못한 데 대해 부담을 느끼고 있던 차에 북한이 일본, 러시아와 접촉을 강화하자 뭔가 선물이 필요하다고 느꼈다. 지난해 하반기 평양종합병원 진단설비를 북에 지원하는 결정이 중국 내에서 이뤄진 것으로 소식통들은 보고 있다. 지난해 연말과 올해 초 북한과 중국에서 외무성 부상들의 교차 방문이 이뤄진 것도 바로 이 문제와 연관됐을 것이라는 지적이다.

김정은 위원장이 금년 1월15일 최고인민회의 시정연설에서 올해 안에 평양종합병원을 완공해 개원하겠다고 선언할 수 있었던 것도 바로 이런 맥락에서였다. 그런데 김 위원장의 시정연설에서 또 하나의 숙제가 생겼다. 평양종합병원 뿐 아니라 강원도에도 현대적인 종합병원을 건설하겠다는 청사진을 또 공개한 것이다. 북한 실무자들 입장에서는 진단설비 한 세트를 더 구해야 하는 문제가 발생한 것이다.

하나는 중국에서 구했다치고 또 하나를 구해야 한다면 다시 부딪혀 볼 곳은 일본 뿐이었다. 지난 2월15일 김여정이 느닷없이 기시다 총리의 방북 가능성을 열어놓는 듯한 발언을 해 일본을 들뜨게 하고 교섭 시점을 북중 고위급 접촉 시점과 연동한 것도 일본을 압박해 진단설비 지원을 이끌어내기 위한 책략의 일환이었다고 할 수 있다. 그러나 이번에도 긍정적인 답을 얻지 못해 다시 볼 일 없다는 극언까지 하게 된 것이다.

3월 말에서 4월 중순까지 북한의 선택은 중국이었다. 그렇다고 일본 카드가 완전 폐기된 것은 아니다. 북한은 중국도 믿지 못하기 때문에 언제든 되 살아날 수 있다. 4월11일로 예정된 중국 서열 3위 자오러지 전인대 상무위원장의 방북 메시지에 시선이 쏠렸다.

(2024. 4. 19)

8. 반격능력이 미일 지휘권 일체화 불렀다

마치 딴 나라 군대처럼 서로 불통 반목하던 육상자위대와 해상자위대를 상설 통합사령부 휘하에 끌어 모으고 또한 자위대 상설 통합사령부를 미군 지휘 체계와 일체화시키는 것은 적기지공격 능력 보유라는 하드웨어가 초래한 변화다. 일본은 적기지 공격능력을 강조하면 할수록 미군의 정보에 의존하고 지휘체계에 편입되는 역설적인 상황을 맞게 된다. 미일 지휘체계 통합은 미국의 대중 신냉전 체제 구축의 가장 중요한 디딤돌이 될 것이다.

창설 70주년을 맞는 일본 자위대에는 건널 수 없는 '루비콘강'이 있다고 한다. 육상자위대와 해상자위대 사이를 일컫는 말이다. 육상자위대와. 해상자위대는 바로 얼마 전까지만 해도 무선통신의 암호체계를 달리했다. 마치 서로 다른 나라 군대처럼 통신을 하려면 암호 번역이 필요했다. 육상자위대 무선체계는 미군과 연동돼 있다. 해상자위대는 그 마저도 안 돼 있었다. 혹자는 태평양전쟁 당시 미드웨이 해전 패배의 앙금이 여전히 남아 있어서라고도 한다.

중국과 일본 군 고위급 간 비정기 모임 때 일이다. 중국에서 인민해방군 간부들이 참석한 자리에서 일본 해상자위대 막료장이 발언했다. "우리는 육상자위대와 통신체계가 틀리다." 인민해방군 단장이 얘기를 듣고 웃으며 말했다. "이제 안심했다. 적어도 해상자위대 단독으로 중국을 침공하는 일은 없을 것 아닌가." 인민해방군도 그 사실을 어렴풋이 알고는 있었는데 해상자위대 측이 확인해준 것이다.

태평양 전쟁 시기 일본 육군과 해군 간의 반목과 비협조는 유명하다. 과달카날 전투, 이오시마 전투, 오키나와 전투 등 크고 작은 전투가 사전 조율이나 협조 없이 치러졌다. 주도권 다툼을 위해 전과는 부풀리고 피해 사실을 숨기기에 급급했다. 오죽했으면 도조 히데키 당시 총리대신이자 육군대신이 미드웨이 해전의 피해 규모를 해군으로부터 보고 받아 잘못 알고 있다가 히로히토 일왕으로부터 정정을 받은 적도 있었다. 육군과 해군은 각각 독자적인 지휘체계를 유지했다. 정보 공유도 없어 상대방에 심어둔 스파이를 통해 전황을 파악할 정도였다.

메이지 유신 당시 앙숙이었던 조슈번(야마구치)이 육군을 만들고 사쓰마번(가고시마)이 해군을 만든 이래 벌어진 일이다. 시간이 흘러 지역 연고는 약화됐지만 그 뒤로는 육군 해군 나뉘어 대립했다. 그런 대립이 바로 얼마 전까지 계속돼왔다는 것이 놀라울 뿐이다.

미군이 중재를 하려고 하면 "우리 다 그만 두겠다"고 하는 통에 어쩔 수 없었다고 한다. 속으로 근심만 할 뿐이었다. 통신체계가 통합된 게 최근 5년 이내라고 한다. 비로소 주일 미군이 자위대와 소통에 지장 없이 연합작전을 펼 수 있게 됐다.

미군을 괴롭힌 것은 이 뿐만이 아니다. 자위대에는 병력을 총괄 지휘하는 총 사령관이 없다. 통합막료장이 사실상의 최고위직인데 자위대 최고사령관인 내각 총리를 보좌하는 게 주임무다. 유사시 총리의 전략적 지도를 자위대에 전달하는 역할을 한다. 따라서 미군 인도태평양사령관에게는 유사시 자위대에 카운터파트가 없는 셈이다. 물론 평상시 통합막료장이 미 통합참모본부 의장과 인도태평양 사령관의 카운터파트를 겸하고 있긴 하다. 그러나 유사 시 인도태평양 사령관이 긴밀하게 전황을 협의하고 병력 동원을 논의해야 하는데 그 시간에 통합막료장은 총리의 빈번한 호출에 총리 관저에 가 있는 상황이 벌어진다. 그래서 해리 해리슨 전 태평양사령관이 자위대 통합막료장 면전에서 "당신은 나의 파트너가 아니다"라며 불만을 토로한 적도 있다고 한다.

군대 보유를 금하는 평화헌법의 영향도 있겠지만 화려한 외양 속에 감춰진 자위대의 기형적인 실상이다. 이밖에도 이상한 점은 많다. 사병 하나 없는 하사관 위주 군대라는 것도 특이한 일면일 것이다.

상설 통합사령부 설치라는 기적

그런데 '기적 같은' 일이 일어났다. 육상·해상·항공자위대를 총괄하는 상설 통합사령부를 만든다는 것이다. 바로 얼마 전까지만 해도 서로 반목하여 암호 체계도 달리했던 군대가 하나의 지휘체계를 갖춘다는 것이다. 이렇게 되면 통합사령관의 지휘 하에 실질적인 지휘통제가 가능해질 터이니 그동안 미 인도태평양사령관들이 가졌던 불만도 해소될 것이다.

지난 4월10일 워싱턴에서 열린 미일 정상회담은 사실 이것 때문에 열렸다고 해도 과언이 아니다. 자위대가 상설 통합사령부로 지휘체계를 일원화하기로 한만큼 그에 상응해 미군 지휘체계도 바꿀 필요가 생긴 것이다. 바이든 대통령은 기자회견을 통해 "양국은 국방 안보 협력을 강화하기 위한 중대한 조치를 취하고 있다"라면서 "우리는 지휘통제 구조를 현대화하고 원활하고 효과적인 방식으로 협력할 수 있도록 군의 계획성 및 상호운용성을 증대시키고 있다"라고 말했다. 그러면서 이는 "동맹이 구축된 이래 가장 중요한 업그레이드"라고 덧붙였다.

미군 지휘 통제구조의 현대화 방안이 뭔지에 대해서까지는 이날 발표되지 않았지만 대략적인 방안은 이미 다 나와있다. 3월25일자 〈요미우리신문〉은 일본 육상·해상·항공 자위대를 일원적으로 지휘할 통합작전사령부 창설에 맞춰 "미국 정부가 주일미군 지휘 통제 기능을 강화하는 방향으로 조율에 들어갔다"고 보도했다. 현재 주일미군은 약 5만4천명에 달하지만, 도쿄 요코타 기지에 있는 주일미군사령부는 주일미군 지위협정 운용 조율 등 제한적인 역할만 맡을 뿐이다. 부대 운용·작전지휘권은 하와이 인도태평양사령부에 있다. 이 때문에 주일미군사령관을 현재 3성 장군에서 4성 장군으로 높여 작전과 관련한 더 큰 권한을 주자는 주장에서부터, '오늘 밤이라도 싸운다'(Fight Tonight)는 구호를 강조하는 한미연합사령부와 같은 즉시 대응 구조를 미일 간에도 갖춰야 한다는 등의 주장이 제기돼 왔다.

어쨌든 주일미군사령부에 실질적인 작전권과 지휘통제권을 부여해 조만간 창설될 자위대 상설 통합사령부와 지휘통제를 일원화하겠다는 게 바로 이번 미일 정상회담에서 드러난 미국의 속내다. 그러나 지휘통제 일원화에 대해 일본 측은 여전히 유보적이다. 하야시 관방장관은 4월10일 회견에서 미·일 정상이 미군과 자위대 지휘통제 연계를 강화하기로 합의한 것과 관련해 "자위대 통합작전사령부가 미군 지휘통제 아래로 들어가는 것은 아니다"라고 밝히기도 했다. 이어 "자위대 활동은 일본의 주체적 판단에 따라 헌법과 국내법에 따라 이뤄지며, 자위대와 미군은 독립된 지휘 계통으로 행동하고 있다"고 덧붙였다.

"자위대와 미군은 독립된 지휘계통에 따라 행동한다"라는 말은 기시다 총리가 일본 국회에서 야당 의원들의 질의 때 마다 반복해서 한 얘기다. 그러나 70여 년간 두개의 국가처럼 운영되던 육상자위대와 해상자위대가 갑자기 통합사령부를 받아들이게 된 것과 같은 맥락에서 미일간의 지휘체계 일원화는 이제 필연적이라고 볼 수밖에 없는 이유가 있다.

하드웨어가 소프트웨어를 변화시킨다

자위대의 상설 통합사령부 창설 방침이 처음 공표된 것은 지난 2022년 12월16일 일본 각의를 통과한 안보 3문서에서였다. 이중 가장 상위법인 〈국가방위전략〉 중 '자위대 체제 정비의 방향' 항목에서 '육해공 자위대의 일원적 지휘를 행할 수 있는 상설 통합사령부를 창설한다'라는 문구가 등장했다.

흥미로운 것은 이 문구에 바로 이어서 '육해공 자위대의 각각이 스탠드오프(standoff) 방위능력의 강화를 행한다'라는 문구가 이어지고 있는 것이다. 맥락상 별로 접점이 없어 보이는 두 문구가 앞뒤로 이어졌다. 그러나 실제로는 상설 통합사령부와 스탠드오프 방위능력이라는 말은 동전의 양면처럼 표리관계이자 원인과 결과처럼 한 몸이다.

스탠드오프 방위능력이란 적의 위협권 밖에서 적을 타격하는 원격 공격능력을 의미한다. 순항미사일이나 기타 장거리 타격체계로 적이 자국을 공격하기 전에 적 원점을 공격하여 사전에 차단하는 능력이다. 일본이 안보3문서에서 보유를 선언한 '적기지공격능력(반격능력)'은 바로 이 스탠드오프 방위능력을 주로 활용하여 일본에 대한 침공을 원거리에서 억제하는 것을 말한다.

일본이 앞으로 행사하겠다는 적기지 공격 능력은 억지이론에서 얘기하는 '거부적 억지'에 해당한다. 징벌적 억지가 전면전을 각오하고 상대방의 대도시 등 민간시설까지 공격대상에 포함하는데 비해 거부적 억지는 군사시설을 주 타격대상으로 한다. 상대방이 미사일을 발사하면 초기에 그 원점이 되는 미사일 기지를 원거리에서 타격해 제압함으로서 상대방의 공격을 거부할 수 있는 능력을 보여주는 것이다. 상대방으로 하여금 공격을 단념하게 한다고 해서 거부적 억지라고 하는 것이다.

문제는 일본이 보유하겠다는 적기지 공격 능력의 타격 대상은 일본 본토로부터 멀리 떨어져있는 해외의 군사 기지이다. 예를 들어 중국 어느 지역의 미사일 기지가 일본 본토를 공격하려는 움직임을 보인다고 할 때 이를 정확히 판단해 대응해야 한다. 그러나 현실적으로 일본 자위대의 정보판단 능력이나 표적 설정 능력으로는 불가능한 일이다. 따라서 이 부분은 미군에 의존할 수 밖에 없다. 미군의 정보 판단이나 표적 설정 없이 일본이 함부로 공격할 수 없는 것이다. 즉 일본이 적기지공격능력을 보유하면 할수록 미군과 자위대의 지휘권이 일체화하는 역설이 발생한다.

일본 내각이 안보3문서를 통과시킨 지 3일 만인 2022년 12월19일자 〈지지통신〉은 "반격 능력에 대한 상대방의 미사일 발사 등 징후나 다른 나라 영역 내 군사 목표 움직임은 미군의 정보에 의존할 수밖에 없는 실정"이라며 "반격 능력 행사의 전제가 되는 상대의 공격 착수의 판단을 잘못하면 국제법이 금지하는 선제공격이 될 우려도 부정할 수 없다"고 설명했다. 이처럼 미군과 일본 자위대가 일체화하는 가운데 전수방위(방어를 위해서만 무력을 사용하는 일) 개념과 모순이 발생하지 않도록 어떻게 할 것인지 의문이 제기된다고 덧붙였다.

적기지공격 능력 보유 선언으로 일본 자위대와 미 인도태평양사령부 간의 긴밀한 정보공유 체계가 더욱 긴요해졌다. 이런 이유로 2023년 10월25일 일본 임시국회에 상정된 자위대 상설 통합사령부 설치 예산안의 설치목적에 "미 인도태평양사령부와 조절기능강화"가 1번으로 올라간 것이다.

인도태평양사령부와 조절기능을 강화한다는 말은 일본의 적기지공격권이 미국의 '통합방공미사일방위(IAMD)' 망에 편입돼 이뤄진다는 것을 뜻한다. IAMD는 쉽게 말해 미사일방위와 적기지공격을 믹스하여 모든 항공·미사일 위협에 대응하는 시스템이다. 미국 측은 IAMD 망이 효율적으로 작동하기 위해서는 미군과 동맹국군 간의 '끊김없는(seamless) 융합'이 필요하다고 주장한다. 바로 이 융합의 자위대 측 심장부가 상설 통합사령부이다. 이런 구조로 본다면 앞으로 주일미군사령부의 권한이 어떻게 강화되고 자위대 상설 통합사령부와 외적인 관계가 어떠하든 미군과 자위대간 지휘통합의 일원화 내지 일체화는 피할 수 없게 될 것이다.

자위대 창설 이래 미군은 유사 사태 발생 시 미군 주도의 지휘통제권 확보를 위해 부단히 노력해왔다. 멀리는 1952년과 54년 요시다 총리와 미군 측이 맺은 "전쟁이 나면 자위대는 미군 지휘 하에 싸운다"는 밀약에서부터 1963년 한반도 유사 상황을 상정한 '삼시(三矢)연구'의 '작전조정소' 개념, 최근까지 이어지는 2015년 가이드 라인의 '동맹조정메카니즘(ACM)' 설치에 이르기까지 한미연합사와 유사한 일원화된 지휘체계 구축을 위한 시도를 계속했으나 평화헌법에 따른 비판 여론을 의식하지 않을 수 없는 일본 정치권은 조심스러울 수밖에 없었다. 그런데 이제 적기지 공격을 위한 스탠드오프 미사일이라는 하드웨어가 지휘통제의 일원화라는 방향으로 소프트웨어를 규정하고 바꿔나가고 있는 것이다.

스탠드오프 미사일이라는 하드웨어 등장에 따른 변화는 미일 간 지휘통제 영역 이전에 자위대 내부 관계와 지휘체계부터 변화시키고 있다. 앞의 〈국가방위전략〉 내용 중 '육해공 자위대의 각각이 스탠드오프 방위능력의 강화를 행한다'라는 문구를 다시 주목해보자. 이 문구에 따라 앞으로 1000km 이상으로 사정거리가 늘어난 12식미사일을 육상자위대와 해상자위대, 항공자위대가 모두 보유하게 된다. 그밖에 고속활공탄 극초음속미사일 토마호크미사일 F-35탑재용 JSM, F-15탑재용 JASSM 등을 각 자위대별로 나눠 갖게 된다. 과거처럼 자위대가 최대 사정거리 200km 대의 단거리 미사일만 보유하던 시대가 아닌 것이다. 하나하나가 타국과의 전쟁을 상정한 무기체계이다. 공격 목표 선정과 시점의 선택 등에서 과거처럼 서로 따로 놀 수 없게 됐다. 상시 통합 체제가 필요해진 것이다. 지휘체계 역시 통합막료장 같은 애매한 포스트가 아닌 실질적인 통합사령관의 역할이 필요해졌다.

결국 지난 2022년 10월 '통합억지(ID)'와 '통합방공미사일 방위(IAMD)'를 주 내용으로 한 일련의 전략문서 발표를 통해 미국이 추구해온 대중 신냉전 체제 구축이 미군 지휘통제와 일체화된 자위대의 등장으로 반환점을 돌기 시작했다.

(2024. 5. 7)

9. 미국 대선 겨냥한 북러의 동반 질주

바이든 정부는 2022년 10월12일 발표한 〈국가안보전략(NSS)〉에서 중국을 '미국에 도전하려는 의도와 역량을 갖춘 유일한 경쟁국가'라고 규정했다. 반면 러시아에 대해서는 "우크라이나 침공에서 보듯이 '즉각적인 위협'을 야기하고 있지만 "중국과 같은 능력은 결여하고 있다"라며 낮춰 봤다. 그러나 한반도와 극동에서는 군사 안보적으로 러시아의 존재감이 중국을 압도해 왔다는 점을 간과해서는 안된다. 중국이 북한과의 군사교류에 매우 소극적인 반면 러시아는 구소련 시절에도 한반도의 군사적 균형이 무너져 극동의 안전이 위협받으면 과감히 개입해왔다. 이런 점에서 미국이 중국의 대만 침공 가능성을 차단하기 위한 '억지전략' 차원에서 2022년과 2023년 한반도 주변에서 전개한 한미·한미일 군사협력 강화가 러시아의 개입 강화를 불러온 점이 없었는지 성찰할 필요가 있다. 2023년 9월의 보스토치니 정상회담이 북러간 군사 교류의 물꼬를 텄다면 지난 6월19일의 평양 정상회담은 북러관계를 냉전시대의 동맹 관계로 환원시켰다는 평가를 받는다.

6월19일 평양에서 열린 북러 정상회담은 매우 특이한 방식으로 진행됐다. 사전에 양국 외교당국자들이 협의한 주요 협의 내용을 푸틴 러시아 대통령이 북한의 〈노동신문〉에 기고하는 형식으로 만천하에 공개한 것이다. 김정은 위원장이 6월19일 밝힌 바에 따르면 북러 간의 새로운 조약 체결은 "지난해 9월 러시아 보스토치니 우주발사장에서 진행된 푸틴 동지와의 상봉에서 새 국가 간 조약 문제를 토의한 후" 본격화됐다. 러시아 측에서 '친절한 해설가'가 등장해 북러간 협의가 어떻게 진행됐는지 생동감 있게 이해할 수 있도록 한 것도 이 회담의 특징 중 하나다. 세계의 그 어떤 정상회담 보다 '독자의 알 권리'를 배려한 투명한 정상회담이었다.

푸틴의 〈노동신문〉기고와 '포괄적인 전략적동반자관계에 관한 조약'

푸틴 대통령은 6월18일자 북한 〈노동신문〉에 '러시아와 조선민주주의인민공화국(북한): 연대를 이어가는 친선과 협조의 전통'이라는 자신 명의의 글을 기고했다. 이 글에서 그는 북측과 체결할 '포괄적인 전략적동반자관계에 관한 조약'의 주요 내용에 대해 설명했다. 즉 러시아와 북한이 "서방의 통제를 받지 않는 무역 및 호상(상호) 결제체계를 발전시키고 일방적인 비합법적 제한조치들을 공동으로 반대해 나갈 것"이라고 밝힌 것이다. 이같은 주요 내용 외에 ▲유라시아에서 평등하고 불가분리적인 안전구조 건설 ▲ 인도주의적인 협조 발전 ▲ 북러 고등교육 기관간 과학 활동 활성화 ▲ 상호 관광 여행·문화 및 교육·청년·체육 교류 활성화 등의 내용도 계획하고 있다고 덧붙였다.

6월19일의 북러 정상회담에서는 좀더 진전된 얘기들이 나왔다. 김정은 위원장은 이날 평양 금수산 영빈관에서 푸틴 러시아 대통령과 정상회담을 한 뒤 공동 언론발표에서 "우리 두 나라 사이 관계는 동맹 관계라는 새로운 높은 수준에 올라섰다"고 밝혔다. 푸틴 대통령은 김 위원장처럼 동맹관계라는 표현은 안 썼지만 "오늘 서명한 포괄적 동반자 협정은 무엇보다도 협정 당사자중 한쪽이 침략당할 경우 상호 지원을 제공한다"고 말해 동맹에 준하는 상호 방위 지원이 포함됐다는 점을 밝혔다. 푸틴 대통령은 새 협정을 토대로 러시아와 북한이 군사 기술을 포함 군사 분야에서 협력할 것이라고 밝혔다. 두 정상이 양국 관계를 6·25 전쟁 직후의 혈맹에 준하는 수준으로까지 끌어올린다는 강한 의사를 밝힌 것이다.

푸틴 대통령이 회담 당일 밝힌 군사적 상호 지원에 대한 언급은 회담 다음날인 6월20일자 조선중앙통신이 공개한 총 23조의 조약 전문 중 제4조에 해당한다. 제4조는 "쌍방중 어느 일방이 개별적인 국가 또는 여러 국가들로부터 무력침공을 받아 전쟁상태에 처하게 되는 경우 타방은 유엔헌장 제51조와 조선민주주의인민공화국(북한)과 러시아연방의 법에 준하여 지체없이 자기가 보유하고 있는 모든 수단으로 군사적 및 기타 원조를 제공한다"라고 돼 있다. 이 조항은 1961년 북한과 구 소련이 체결한 '조·소 우호협조 및 상호원조조약(조·소 동맹조약)' 제1조와 거의 동일하다. 조·소 동맹조약 제1조에는 "체약일방이 어떠한 국가 또는 국가연합으로부터 무력침공을 당함으로써 전쟁상태에 처하게 되는 경우에 체약 상대방은 지체없이 자기가 보유하고 있는 온갖 수단으로써 군사적 및 기타 원조를 제공한다"라고 명시됐었다. 이번에 체결한 조약은 1961년 조약에서 체약 상대방이 '지체없이' 원조를 제공한다고 되어 있는 부분을 '유엔 헌장 제51조'와 '북한과 러시아 국내법에 준하여'라는 표현으로 대체했다는 점이 다르다.

외교 용어로 '포괄적인 전략적동반자관계에 관한 조약'은 군사 분야를 포함해 다양한 분야(포괄적)에서, 장기적이고 큰 틀의 협력(전략적)을, 상호 대등한 위치에서 우호적으로 한다(동반자)는 의미로 해석된다. 양측이 체결한 협정의 주요 내용이 초기에 어떤 맥락에서 등장했고 그후 어떤 진화 발전 단계를 거쳤는지 알 수 있다면 주요 조문들의 채택 배경과 함께, 중장기적 목표 뿐 아니라 단기적 지향점을 생동감 있게 이해할 수 있다. 그런 점에서 러시아 측 친절한 해설가의 설명은 매우 유용했다.

러시아과학아카데미 중국·현대아시아연구소의 콘스탄틴 아스몰로프 한국학센터 선임연구원이 바로 그 주인공이다. 그는 푸틴의 방북으로 인해 북러 관계에서 예상되는 변화에 대해 두 차례에 걸쳐 매우 중요한 정보를 연구기관 및 언론에 흘렸다. 첫 번째는 4월23일(현지시간) 러시아 싱크탱크 국제문제위원회(RIAC)에 기고한 '러시아와 조선민주주의인민공화국(북한) 관계의 현황과 전망'이란 글이다. 이 글에서 그는 "푸틴 대통령의 방북은 북러 관계 강화에 매우 중요한 조치로 인식될 수 있다"며 "러시아의 대북 정책이 더욱 크게 수정될 것으로 예상된다"고 짚었다.

'가장 급진적으로는 군사 또는 군사기술 협력을 합법화하고 러시아가 국제사회의 대북 제재에서 탈퇴하는 상황을 예상할 수 있다'는, 당시로서는 다소 의외의 논점을 제기하고는 "러시아는 대북 제재 탈퇴의 위험을 진지하게 평가하고 있다"며 "많은 영역에서 북한과 협력을 확대할 수 있는 이점이 있지만, 유엔 안보리 상임이사국이 결의안을 위반한다면 새로운 압박의 명분이 될 것이 분명하다"고 지적한 점을 눈 여겨 볼 필요가 있다. 누가 묻지도 않았는데 대북 제재 탈퇴를 거론하고는 러시아의 입장에서 그것이 얼마나 부담스러운 일인가 자문자답한 것이다.

당시의 글에서 그는 상황에 따른 양자 관계 발전 로드맵을 다음과 같이 제시했다. 첫 번째 단계는 기존 협력 분야를 추가로 발전시키는 것이다. 유엔 안보리 제재를 위반하지 않는 경제 협력, 교통·통신 인프라 개발, 인공위성 등 기술 협력, 관광, 스포츠·문화·의료 협력 등이 여기에 포함된다. 다음 단계는 (유엔 안보리) 제재 위반 사안을 비밀리에 협력하는 것으로, 학생으로 위장한 북한 노동자를 러시아가 받거나 북한에 대한 에너지 자원 공급을 늘리는 것 등이다. 이런 꼼수까지 스스럼없이 밝히다니 그의 솔직함에 믿음이 간다. 더 강력한 다음 단계는 러시아가 군사기술을 포함해 북한과 전면적으로 협력하기 위해 제재 준수를 공개적으로 거부하는 것이다. 특히 군사기술 협력과 관련해 그는 러시아가 북한에 유용한 어떤 것을 이전하기 시작할 것이며 이는 군사 장비 보다는 기술 요소가 될 가능성이 크다고 내다봤다.

이런 여러 단계의 로드맵 중 이 글의 기고 시점인 4월23일 당시 그가 내린 결론은 이렇다. "모든 제한이 해제되는 최종 수준의 협력은 위험도가 너무 크기 때문에 극도로 필요한 경우에만 허용될 것"이라는 것이었다.

국제사회 대북 제재 탈퇴는 북한의 요구

우선 궁금한 것부터 풀고 가자. 앞에서도 언급했지만 왜 갑자기 유엔 안보리 대북 제재에서 러시아가 이탈하는 상황이 주요 논점으로 제기됐을까. 북한이 협상 과정에서 그것을 집요하게 요구했기 때문일 것이다. 즉 국제사회 대북 제재로부터의 이탈이 북러 협상 초기의 최대 논점이자 문턱이었을 것이라는 점이다.

2017년 유엔 안보리 제재 이후 북한의 대외무역은 한마디로 박살났다. 그뒤 대북 제재로부터 벗어나는 것이 북한에게는 포한이 됐다. 그동안 중국과 러시아에 대해 끊임없이 대북제재를 넘어서는 지원을 요구했다가 좌절하곤 했다. 가까운 예로는 지난해(2023년) 4,5월 왕야쥔 평양 주재 중국대사의 부임 이후 진행된 북한 노동자 송환 협상을 들 수 있다. 2017년 채택된 유엔 안보리 대북 제재 결의 2375호는 회원국들이 북한 노동자를 고용할 수 없게 했고, 이어 채택된 2397호는 해외 북한 노동자들을 2019년 12월22일까지 모두 송환하도록 돼 있었다. 2020년부터 코로나가 밀어닥쳐 미처 송환하지 못한 약 10만의 중국 체류 노동자 송환 문제가 쟁점이었다. 중국으로서는 이들을 계속 끌어안고 있는 것은 안보리 결의를 위반하고 있는 셈이라 코로나 해제 후 북에 돌려보내고자 했지만 북한은 그 빈자리를 메울 대체 인력 파견 뿐 아니라 한 걸음 더 나아가 교역 정상화까지 요구해 난항을 겪은 바 있다.

지난해 북중 협상이 결렬된 후 북한이 북일수교 카드를 동원해 압박하자 중국은 북러 밀착까지 고려해 연말께 평양종합병원 진단설비를 비공식적으로 지원하며 퉁치려했다. 그러나 북한은 '북중우호의 해'라 명명된 올해, 지난해 마무리하지 못한 협상을 계속 이어가길 원했다. 지난 4월13일 김정은 위원장과 면담한 자오러지 중국 전국인민대표대회 상무위원장은 '러시아와의 밀착을 완화하면 지원할 용의가 있다'며 조건을 내세운 것으로 알려졌다.

러시아가 지난 3월28일 안보리 대북제재위원회 산하 전문가 패널의 임기 연장안에 거부권을 행사해 이를 부결시킨 배경에도 북한의 강력한 요구가 있었을 것이다. 그런데 거기서 더 나아가 대북제재에서 탈퇴까지 하게 되면 러시아로서도 '위험도가 너무 크기 때문에 극도로 필요한 경우에만 허용될 것'이라는 얘기다.

그런데 딱 한 달 반 만에 그 상황이 닥쳤다. 결과만 놓고 본다면 러시아가 '큰 위험을 감수할 정도로 극도로 필요한 경우'에 봉착했음이 틀림없다. 6월11일(현지시간) 러시아 극동지역 매체 프리마메디아와의 인터뷰에서 아소몰로프 연구원이 밝힌 내용은 4월23일 기고문에서 상정한 북러관계의 수위를 훨씬 뛰어넘는 것이었다. 푸틴 대통령의 평양 방문에서 1961년 옛 소련과 북한이 체결한 '조·소 우호협조 및 상호원조에 관한 조약'(조·소 우호조약)의 정신을 계승하는 협정이 체결될 수 있다고 밝힌 것이다. 6월19일 체결된 '포괄적인 전략적동반자관계에 관한 조약'의 내용을 1주일 전에 이

미 꿰뚫은 것이다. 이 얘기는 지난 4월23일 기고문에서는 거론조차 되지 않았었다. 유엔 안보리 대북 제재에 대해서도 "결의 내용을 거스르는 방안을 논의할 가능성도 배제하지 않는다"면서 "러시아가 어떤 식으로든 제재 일부를 거부하기로 한다면 '무엇을 어떻게 어느 수준으로' 거부하느냐가 문제"이고 "이는 북러 정상회담에서 결정될 가능성이 크다"고 예상했다.

약 50여일 만에 러시아가 유엔안보리 상임이사국으로서의 국제적 평판 훼손을 감수하고라도 대북제재로부터의 이탈이라는 북한의 요구를 수용할 수밖에 없는 '극도로 필요한 경우'에 봉착한 것이고 한 걸음 더 나아가 북한의 안전까지 보장해줘야 할 상황이 된 것이다. 이 두 가지가 결합된 것이 바로 푸틴 방북을 계기로 북러가 체결한 '포괄적인 전략적동반자관계에 관한 조약'인 셈이다.

'극도로 필요한 경우'의 도래?

극도로 필요한 경우란 어떤 것인가. 바로 우크라이나 전황에 영향을 미칠 미국 내 상황 변화다. 4월 이전까지만 해도 푸틴 대통령은 미국 내 상황에 대해 낙관했던 것 같다. 미국 하원에 계류 중인 우크라이나 지원법은 공화당 강경파의 반대로 붙잡혀 있었다. 무엇보다 푸틴에 우호적인 트럼프 전 대통령의 당선 가능성도 높았다.

금년 초만 해도 "(둘 중에) 누가 우리(러시아)에게 더 좋으냐"는 자국 언론(2월14일(현지시간) 국영방송 로씨야1)의 질문에 "바이든"이라고 답할 만큼 여유도 있었다. "(내 선택은) 바이든이다. 그는 더 경험이 있고 더 예측 가능한 인물이며 구식 정치인"이라고 하기도 했다. 물론 농담이다. 대통령에 당선되면 우크라이나에 대한 지원을 철회해 현재 상태에서 러시아와 평화협정을 체결하도록 하겠다는 트럼프 후보를 마다하고 유럽과 손잡고 끝까지 우크라이나를 지원하겠다는 바이든이 더 나을 리가 없다.

이때까지만 해도 러시아는 북한과의 관계에서도 국제 사회에서 책을 잡히지 않기 위해 노력하는 모습이 역력했다. 그 대표적인 사례가 바로 5월27일 밤 북한이 쏘아올린 정찰위성 폭발 사고이다. 북한이 익숙하게 사용하던 군사용 백두산 엔진+'비대칭 디메틸 하이드라진(UDMH)+적연질산' 조합을 다루기 까다로운 '석유발동기(케로신) + 액체산소' 조합으로 대체하다 사고가 난 것인데, 그 이유는 단 하나다. 후자가 국제사회가 주로 우주발사체에 사용하는 방식이기 때문이다. 북한의 위성 발사를 돕되 국제사회 비난을 피하기 위한 러시아의 고육지책에 의한 것으로 판단된다.

그런데 상황이 급박해졌다. 국제 사회 시선을 의식해 북한과 거리를 둬가며 관계를 조절할 만큼 러시아 사정이 한가하지 않다. 그럴수록 북한의 전략적 가치가 커졌다. 4월20일(현지시간) 미 하원에서 우크라이나에 대한 608억달러(84조원) 규모의 안보 예산 지원 법안이 통과됐다. 백악관은 가자전쟁 발발 직후인 지난해 10월 우크라이나, 이스라엘, 대만에 대한 지원안 등을 묶어 1050억달러 규모 추경 예산을 의회에 요청했다. 하지만 하원 다수당인 공화당이 우크라이나 지원 불허 방침을 세운 뒤, 이스라엘만 지원하는 별도 법안을 추진하면서 반년 넘게 전체 법안 처리가 묶여 버렸다. 결국 마이크 존슨(공화당) 하원의장이 하나로 묶여 있던 법안들을 각각 분리 처리하자는 방침을 내놓으면서 실타래가 풀렸다.

설상가상으로 5월30일 도널드 트럼프 전 미국 대통령의 성관계 입막음 돈 관련 형사재판에서 34개 혐의 모두에 유죄 평결이 나왔다. 뉴욕 맨해튼형사법원의 배심원단 12명은 만장일치로 트럼프 전 대통령의 회계 부정 혐의에 유죄를 선고했다. 그동안 미국 정보관계자들은 이번 미국 대선의 최대 관전 포인트로 트럼프 형사재판 유죄 판결 여부를 들었는데 최악의 상황이 도래한 것이다. 실제로 1주일 만에 바이든과의 지지율 격차가 확연히 줄어들었다.

미국 정치 상황에 여유를 부리던 푸틴 대통령도 트럼프 유죄 평결에는 초조감을 드러냈다. 6월5일(현지시간) 외신 기자들과의 TV 간담회에서 트럼프의 유죄 평결과 관련해 "정치적 동기에 의한 것"이라며 유죄 평결이 "미국이 민주주의 체제의 지도 국가라는 관념을 완전히 불태웠다"고 비난했다.

그의 불운은 여기서 그치지 않았다. 5월16,17일의 중국 방문은 겉만 화려했지 별 소득이 없었다. 시진핑 주석은 지난해 11월15일 샌프란시스코 미중 정상회담을 통해 2022년 8월 낸시 펠로시 미 하원 의장의 대만 방문 이래 소원했던 바이든 정부와의 관계를 회복했다. 그 이후 미국은 북한과 러시아를 억제하는 창구로 중국을 활용하고자 했다. 4월26일 블링컨 미 국무장관은 시진핑 중국 국가주석과 왕이 외교부장을 만나 중국이 이중용도 제품을 러시아에 수출하는 데 대해 심각한 우려를 제기했다. 중국이 이런 우려를 해소하지 않으면 미국이 직접 나설 것임을 분명히 하기도 했다. 과거 트럼프 대통령이 즐겨 사용하던 말투다. 북한에 대해서도 도발을 중단하고 대화에 나오도록 중국이 압박할 것을 독려했다.

시진핑 주석은 유럽에서도 압박을 받았다. 5월6일 마크롱 프랑스 대통령과의 정상회담에서 마찬가지로 이중용도 기술의 러시아 판매 금지를 요구받고 그렇게 하겠다고 약속했다. 또 파리올림픽 기간 휴전할 수 있도록 푸틴 대통령을 설득해달라는 숙제를 받아든 상태다. 중국의 석유 가스 구매로 전쟁 비용을 충당하는 을의 처지가 된 푸틴 입장에서는 이래저래 좋은 기분이 아니었을 것이다.

무엇보다 시진핑 주석과 푸틴 대통령은 미국 대선에 대한 견해 차이가 극명하다. 서로 지지하는 후보가 확연히 다른 것이다. '한국은 부유한 나라'라며 미국이 왜 지켜줘야 하는지 모르겠다는 트럼프의 어수선한 인터뷰로 4월 30일자 〈타임〉 보도가 화제가 됐다. 그러자 트럼프 정권이 들어서면 백악관 안보보좌관은 따 놓은 당상이라는 엘브리지 콜비 전 미 국방부 전략군개발 부차관보가 덩달아 떴다. 그와의 인터뷰가 각 언론사별로 실렸다. 그의 주장은 매우 심플하다. 미국이 과거처럼 두 개의 전쟁을 책임질 수 없으니 우크라이나는 유럽이 맡고 북한은 한국이 맡으라는 것이다. 미국은 일본 호주와 함께 대만 방어에 치중하겠다는 것이다. 시진핑으로서는 미치고 팔짝 뛸 노릇이고 푸틴으로서는 희망가를 부를만한 얘기다. 당장의 미국 대선에 정 반대의 이해관계를 가진 두 사람이 만나 무엇을 할 수 있겠나.

6월14일 저녁(현지시간) 이탈리아 풀리아에서 열린 G7 정상회의도 악재다. G7 정상들은 공동성명에서 '우크라이나의 자유와 재건을 위한 투쟁을 위해 시간이 얼마 걸리든 우크라이나를 지원하기 위해 연대하겠다'고 했다. 젤렌스키 우크라이나 대통령이 참석한 가운데 동결된 러시아 국유 자산의 특별 수입을 활용해 약 500억 달러(약 68조5천억 원)를 제공하기로 결정하기도 했다. 또 러시아가 불법적인 침략 전쟁을 끝내고 우크라이나에 끼친 4천860억 달러(약 675조원)에 달하는 피해를 배상해야 한다며 러시아가 이 의무를 이행할 수 있는 모든 합법적인 방법을 계속 검토하고 있다고 밝혔다.

하마스 전쟁의 성공 모델에 목마른 푸틴

러시아와 우크라이나 전황은 지난해 10월7일 갑작스런 하마스의 이스라엘 공격으로 확연히 러시아 우위로 돌아섰었다. 언론의 관심이 이스라엘로 쏠리면서 우크라이나 전쟁은 서서히 잊힌 전쟁이 됐다. 관심에서 사라지면 자원 배분에서도 문제가 생긴다. 155㎜ 포탄, 스마트 폭탄, 스팅어 미사일 등 과거 같으면 우크라이나로 향했을 미국 무기의 일부가 이스라엘로 향했다. 무엇보다 미국의 관심이 우크라이나에서 이스라엘과 하마스의 전쟁으로 분산되자 푸틴 대통령의 얼굴에 미소가 넘쳐났다. 그러나 최근 미국과 유럽의 최신무기들이 우크라이나에 다시 답지하면서 푸틴의 얼굴에서 미소가 사라졌다.

하마스 전쟁은 푸틴 대통령에게 분명 성공 사례다. 하마스 전쟁의 시선 분산 효과에 더해 미국 대선에 직접 영향을 미쳐 이 모든 것의 중심에 있는 바이든을 끌어내리고 그와 브로맨스를 자랑하는 트럼프를 끌어올릴 카드가 결합될 수 있다면 금상첨화다. 이 지구상에서 미국 대선에 영향을 미치며 '고객 만족'의 성공 체험을 가진 유일한 국가가 바로 북한이다.

트럼프와 바이든이 맞붙었던 지난 2020년 미국 대선 때 북한은 느닷없이 개성의 남북연락사무소를 폭파하는 '괴랄한' 폭거를 저질렀다. 5월31일 국내 탈북단체들이 북측에 보낸 대북전단에 자신들의 '최고존엄'을 모욕하는 내용이 담겼기 때문이라는 것인데 그 말을 액면 그대로 믿는다면 하수다. 그 사건으로 누가 이익을 봤는지를 보면 전체 그림이 보인다. 당장 5월28일 중국 전인대에서 통과된 홍콩보안법이 이슈의 중심에서 사라졌다. 중국이 최대 수혜자다.

북한이 미 대선 직전인 10월쯤 SLBM (잠수함발사탄도미사일) 발사라는 2차 도발로 당시 현직이었던 트럼프 대통령을 궁지에 몰까봐 트럼프 진영이 전전긍긍하고 있을 때 중국은 미국에 손을 내밀어 추가 소득까지 챙겼다. 양제츠 중국 공산당 익교담당 정치국원이 폼페이오 국무장관에게 만나자고 전화를 걸자 다급해진 폼페이오가 연락사무소 폭파 바로 다음날인 6월17일 하와이까지 날아왔다. 결과적으로 중국이 북한의 추가도발을 막아 주는 대신 폼페이오가 주도됐던 중국 공산당에 대한 공격이 중단됐다. 북한의 폭거를 얻고 중국이 엄청난 외교적 과실을 획득했고 그 보답으로 북한에 경제적 보상을 해주는 거래가 성사된 것이다.

거래의 관점에서 보자면 북한은 이미 2024년 미국 대선을 겨냥해 큰 판을 준비했다. 지난해 12월26일부터 30일까지 5일간 평양에서 열린 조선노동당 중앙위원회 제8기 제9차 전원회의에서 남북관계는 더 이상 "동족관계가 아닌 적대적 두 국가관계, 두 교전국 관계"로 고착되었다고 규정한 것이다. 그러니, 언제든 사고 칠 수 있다는 얘기다. 올해 1월15일 최고인민회의 제14기 제10차 회의에서는 "우리 국가의 남쪽국경선이 명백히 그어진 이상 불법무법의《북방한계선》을 비롯한 그 어떤 경계선도 허용될수 없으며 대한민국이 우리의 령토,령공,령해를 0.001㎜라도 침범한다면 그것은 곧 전쟁도발로 간주될것"이라고 했다. 즉 '해상국경선'을 둘러싸고 사고를 치겠다는 얘기다. 지난 2월14일 김정은 위원장이 신형 대함미사일 검수사격 시험을 지도하는 자리에서 "적들이 구축함과 호위함, 쾌속정을 비롯한 전투함선들을 자주 침범시키는 연평도와 백령도 북쪽 국경선 수역에서의 군사적 대비태세를 강화할 데 대한 중요 지시를 내렸다"고 한다. '연평도와 백령도 북쪽 국경선 수역'이라면 2007년에 기존 북방한계선(NLL)을 부정하면서 그 수킬로미터 남방으로 설정한 '서해경비계선'을 일컫는 말일 게다. 즉 사고 지점은 바로 여기라고 친절하게 좌표까지 찍어줬다.

굳이 동족관계를 부정한 것은 '동족의 머리 위로 핵을 떨굴 수는 없다'던 기존 핵 교리를 폐기하고 전술핵을 협박수단으로 꺼내들 수도 있다는 얘기를 한 것이다. 올해 8월 한미 훈련에서 최초로 북한의 핵공격을 전제로 한 한미 양국의 핵 반격 훈련이 예정돼 있어 서로 상승작용이 일어날 수도 있다. 이런 이유로 올해 1월 로버트 갈루치 전 미국 북핵 특사(조지타운대 외교학 석좌 교수)는 〈내셔널 인터레스트(NI)〉에 보낸 기고문에서 "올해 동북아시아에서 핵전쟁이 발생할 수 있다"고 경고하기도 했다. 적어도 2020년 개성연락사소 폭파에 비해 판이 훨씬 커질 수 있다는 점이다. 북한이 러시아와 체결한 '포괄적인 전략적동반자관계에 관한 조약'에서 상호 안전 보장에 대한 약속을 추가한 이유가 바로 여기 있을 것이다. 유사시 러시아의 안전 보장 지원이 필요할 만큼의 사고를 칠 수도 있다는 의미로 받아들여진다.

바이든은 또 다시 기시다에 희망을 걸고

미국도 이런 흐름을 알고 있다. 수미 테리 미국외교협회(CFR) 선임연구원은 5월16일자 〈포린어페어스〉에 기고한 글에서 김정은이 다양한 도발을 통해 "조 바이든 대통령을 곤란하게 하면서 도널드 트럼프 전 대통령의 복귀를 촉진할 수 있다고 생각할 수도 있다"고 지적했다. 그는 "북한은 사이버 공격, 고체(연료)대륙간탄도미사일(ICBM) 테스트 등과 같이 비살상적인 최소한의 도발을 할 수 있으며 소형 전술 핵무기를 (실험으로) 폭발시킬 수도 있다"면서 "북한은 (나아가) 무력시위를 넘어 제한적이지만 군사적인 공격을 감행할 수 있다"고 내다보기도 했다. 그러면서 그는 "역사를 보면 북한은 실제 제재가 효과적일 때 더 협상 의사를 보였고 그렇지 않을 때 고립, (핵무기) 확산, 도발에 더 기우는 경향을 보였다"라면서 "지금은 제재를 완화할 때가 아니며 실제로는 강화해야 할 때"라고 말했다.

그의 해법은 지나치게 원론적이다. 지금 보다 더 제재를 강화할 수단이 남아 있기는 한지 의심스럽다. 바이든 팀이 선택한 해법도 이와는 정반대다. 다시한번 북한을 설득해보기로 한 것 같다. 미국은 그 루트가 없으므로 일본 가시다 총리의 대북 접촉에 또다시 기대를 거는 것이다. 북한이 판을 준비할 때는 북한의 행위를 고무하는 쪽도 고객이지만 그것을 만류하는 쪽도 고객이다. 2020년에는 중국도 고객이었지만 당시 도쿄 올림픽을 준비 중이던 일본 아베총리도 잠재 고객이었다. 이번에는 푸틴이 큰 고객이지만 미국의 후원을 업은 기시다 총리 역시 고객이다.

그동안은 북한이 일본 카드를 중국의 지원을 끌어내기 위한 수단으로 소비한 경향이 있다. 지난 3월26일 평양에서 열리기로 했던 북중미 월드컵 북일 평가전을 느닷없이 취소하고 김여정이 기시다 총리 방북 의향을 멋대로 흘렸다가 다음날에는 다시 만날 일 없다며 혼자서 널을 뛴 바 있다. 같은 시기 북경에서 중국과 일본을 동시 상대하며 협상을 전개하고 있었다는 반증이다. 나름 여론전을 펼친 것이다. 당시 김성남 당 국제부장이 왕후닝, 차이치, 왕이 등 중국 측 최고위급 인물들을 만나는 모습을 과시하며 일본의 실질적 지원을 끌어내려 부심했으나 실패하자 일본 카드를 접은 것이다. 대신 언제나 그렇듯 말로는 뭐든지 해줄 것처럼 구는 중국을 다시한번 믿어보기로 한 것인데 자오러지가 가져온 중국의 지원 조건이라는 것이 북러 밀착의 완화를 요구하는 것이어서 그것을 들어줄 수는 없었다. 그러자 중국이 4월 말부터 갑자기 북중 양국간 밀수를 단속한다며 겁박을 해오기 시작했다. 시렁 위에 잠시 올려놨던 일본 카드를 다시 꺼내들 때가 된 것이다. 최근 국내 언론에 5월말 몽골에서 북일 비밀 접촉이 있었다는 보도가 나와 반향을 일으켰는데 그 배경에 대한 맥락적 이해다.

이번에는 북한이 중국의 뺨을 좀 쎄게 때릴려 할 것 같다. 중국이 보기에 북한이 중국과 '헤어질 결심'을 하는 게 아닌가 싶을 정도로 기시다의 손에 뭔가 쥐어줄 듯한 제스처가 나올 수도 있다. 일본이 무엇을 반대급부로 내놓느냐에 따라서는 오는 9월 자민당 총재 선거에서 재선을 노리는 기시다 총리에게 선거에서 써먹을 선물을 줄 수도 있다는 얘기다.

그렇다면 미국 대선을 겨냥한 북한의 모종의 행위는 그 이후 시점인 9월에서 10월 중으로 맞춰질 가능성이 높다. 최근 북한이 탈북단체의 대북전단에 오물풍선으로 맞서다가도 적당한 시점에서 중단하곤 하는 것은 치부책에는 적어놓되 시점 상 너무 이르다는 판단 때문일 것이다. 정부가 9.19 공동선언의 효력을 정지하고 대북 확성기 방송을 재개함으로서 육상의 군사분계선(MDL)까지로 분쟁 전선이 급속히 확대하는 중이다. 1996년 상반기에 북한이 즐겨 사용하던 북한군 병사의 비무장 지대 난입을 떠올리게 하는 북한군 무단침범 사례들이 반복되는 것을 보면 MDL에서의 새로운 충돌 가능성도 배제할 수 없다.

바이든 정부 입장에서는 심기가 불편할 수밖에 없다. 필립 골드버그 주한 미국대사가 지난 6월11일 미국 전략국제문제연구소(CSIS)의 팟캐스트 대담에서 대북전단과 관련해 "물론 우리는 표현의 자유를 믿지만 긴장을 높이는 게 아니라 줄여야 한다는 점도 이해한다"고 한 것은 완곡한 표현이지만 주한 미대사 발언치고는 매우 이례적이다. 그리고 그 이틀 후인 6월13일 유엔군사령부(유엔사)가 정전협정 위반 여부를 조사하면서 북한군의 군사분계선 침범과 함께 한국군의 대북 확성기 방송까지 포함시킨 것 역시 그렇다.

6월11일의 대담에서 골드버그 대사는 북한의 행동 배경에 관해 "러시아와의 관계를 강화하는 한편으로 중국과의 관계를 관리하려고 하는 새로운 국면과 관련이 있을 수 있다"고 말했다. 또 긴장 고조 상황은 "북한이 통일을 원하지 않는다고 선언한 새로운 정책이나 한국을 적으로 규정한 점 등 무언가 진행되고 있는 것의 일부분"이라고 지적하기도 해 상황을 넓고 깊게 보고 있다는 인상을 남겼다.

(2024. 7.2)

※이 기사가 나가고 난 이후인 6월27일(현지 시간) 바이든 미 대통령과 트럼프

전 대통령간 TV 토론에서 바이든의 건강 문제가 크게 이슈가 됐다. 민주당 내 뿐 아니라 유럽의 동맹국들에서도 민주당의 대선 승리를 위해서는 후보를 교체해야 한다는 목소리가 높아졌다. 마침내 7월21일 바이든 대통령은 후보직을 전격 사퇴하고 카멀라 해리스 부통령을 후임으로 지명했다. 이 과정에서 미국 내 뿐 아니라 미국의 동맹국들 사이에서도 트럼프 당선에 대한 포비아(두려움)가 굉장히 뿌리 깊다는 점이 드러났다.

트럼프 1기정권 당시 미국 우선주의를 앞세운 독선과 파행을 겪었던 데다 지금은 우크라이나 전쟁과 대만해협 사태 등 미국과 동맹국이 힘을 합쳐도 대처하기가 벅찬 현실이 됐기 때문이다. 특히 그가 재등장할 경우 국제 분쟁의 축이 우크라이나 전쟁에 이어 대만해협으로 급격히 확대될 가능성도 배제할 수 없다. 중국은 트럼프가 당선될 경우 '하나의 중국 원칙'을 폐기할 것으로 보고 그에 맞서 국가통일법을 제정해 대만의 영토 영해 영공을 중국령으로 선포할 계획을 갖고 있다고 한다. 이어서 해양경찰을 동원한 임검과 해군을 동원한 해상훈련으로 대만이 통일협상에 응할 때까지 국제사회로부터 봉쇄하겠다는 것이다.

다만 북한 문제에서는 1기에 못다한 대화를 이어갈 가능성이 높다. 하노이 회담에서 북미간 쟁점이 핵 동결에는 공감하되 동결의 범위를 영변의 핵시설에 국한할 것인가 영변 바깥 시설까지 포함할 것인가의 차이 정도였기 때문에 조정이 아주 불가능할 것 같지는 않다.

그런데 이 경우 그 뒤가 문제다. 북미가 대화의 물꼬를 트면 그 다음은 한미 공조가 필수다. 미국이 대화의 물꼬까지는 터도 그 뒤의 후속 작업까지 혼자 다할 수는 없기 때문이다. 북한 문제를 같이 해결할 누군가 파트너가 필요하다. 당연히 한국이 그 파트너가 되어야 하는데 현재의 남북관계로 보면 그럴 가능성이 별로 안 보인다.

제2부에서 소개할 김영삼 정부 시절의 북미관계와 남북관계 한미관계의 구조를 보면 쉽게 이해할 수 있을 것이다. 김영삼 시대는 남북이 대화 할 준비가 안돼 있

는데 미국이 중국 포위 전략의 일환으로 대북 포용에 나섰을 때 어떤 상황이 벌어지는가를 보여주는 하나의 시금석이다.

한국이 남북관계에서 해야 할 역할을 못할 경우 한국의 대타 내지 대안으로 일본이 반드시 등장하게 돼 있다. 2024년 대선에서 미국이 북한을 달래기 위한 카드로 한국이 아닌 일본을 활용하듯이 미국의 차기 정권이 트럼프가 되든 바이든을 승계한 해리스가 되든 중국 고립 전략의 일환으로 북한 포용의 필요가 있을 때 역시 마찬가지 상황이 될 것이다. 그것이 바로 김영삼 정부가 우리에게 보여준 교훈이자 남북이 대화력을 상실했을 때 남쪽의 그 어떤 정권 하에서도 일어날 수 있는 '코리아 체스판'의 정해진 운명이다.

※2024년 8월14일 기시다 후미오 일본 총리가 차기 총재 선거 불출마를 선언함으로서 사실상 총리직 연임을 포기했다. 20%에도 못미치는 낮은 내각 지지율이 결국 발목을 잡은 셈이다. 한편으로는 북일관계에서 돌파구를 열려던 그의 마지막 시도가 좌절된 탓도 있는 것 같다.

2024년 8월5일 현재 북한과 일본은 납치 문제와 일본 연락사무소의 평양 진출 문제 등 현안 타결을 위해 막바지 절충을 벌였던 것으로 알려졌다. 북일관계에 정통한 소식통은 당시 "앞으로 1주일이 고비다. 1주일 안에 일본 정부가 북한의 수해 피해에 인도지원 의사를 밝히면 양측이 접점을 찾았다는 신호다. 아무 발표가 없다면 접점 마련에 실패했다는 뜻이 될 것이다"라고 말했다.

1주일이 고비라는 것은 9월로 예정된 자민당 총재 선거 때문이었다. 일본 국내 지지율이 바닥을 기다시피 했던 기시다 총리는 북일관계에 마지막 희망을 걸고 있었던 것이다.

북한은 그동안 13명의 납치 피해자 중 이미 돌려보낸 5명 외 8명에 대해서는 사망했다는 주장을 펼쳐왔다. 이제 자신들의 주장을 뒷받침할 증거를 제시해 일본의 의구심을 풀어주겠다는 입장이었다고 한다. 일본 측도 이들의 생존설만 주장하며 버티기에는 생존 가족들의 고령화 문제 등 한계가 있다는 목소리가 일본 내에서도 있어 왔다. 따라서 양측이 진상을 명확히 밝힌다는 데에서 접점 마련에 성공하면 일본은 진상 규명을 명분으로 연락사무소를 평양에 설치해 거점을 구축하겠다는 계획이었고 기시다 총리는 이를 계기로 평양을 방문해 지지율 반전의 기회를 만들려고 했던 것이다.

지난 7월25일부터 29일까지 압록강 하구에 큰 비가 내려 신의주가 물에 잠기고 5천여명의 수재민이 발생하는 등 큰 피해가 발생한 것으로 알려졌다. 일본 정부가 8월5일부터 1주일 안에 이같은 큰물 피해에 대한 인도적 지원 의사를 밝힐지 여부가 관건이었는데 결과적으로 기시다 총리는 그것을 할 수가 없었다. 8월8일 일본 규슈 미야자키현 앞바다에서 규모 7.1의 지진이 발생해 일본 전역이 난카이 해곡 대지진으로 이어질지 모른다는 공포 속으로 빠져들어갔던 것이다. 이런 상황에서 기시다 총리가 설령 하고 싶은 마음이 있었더라도 북한에 대한 수해 지원 얘기를 꺼낸다는 것은 불가능한 일이었을 것이다. 그것은 곧 그가 총리직을 더 연장할 마지막 수단이 사라졌음을 뜻하는 것이었다.

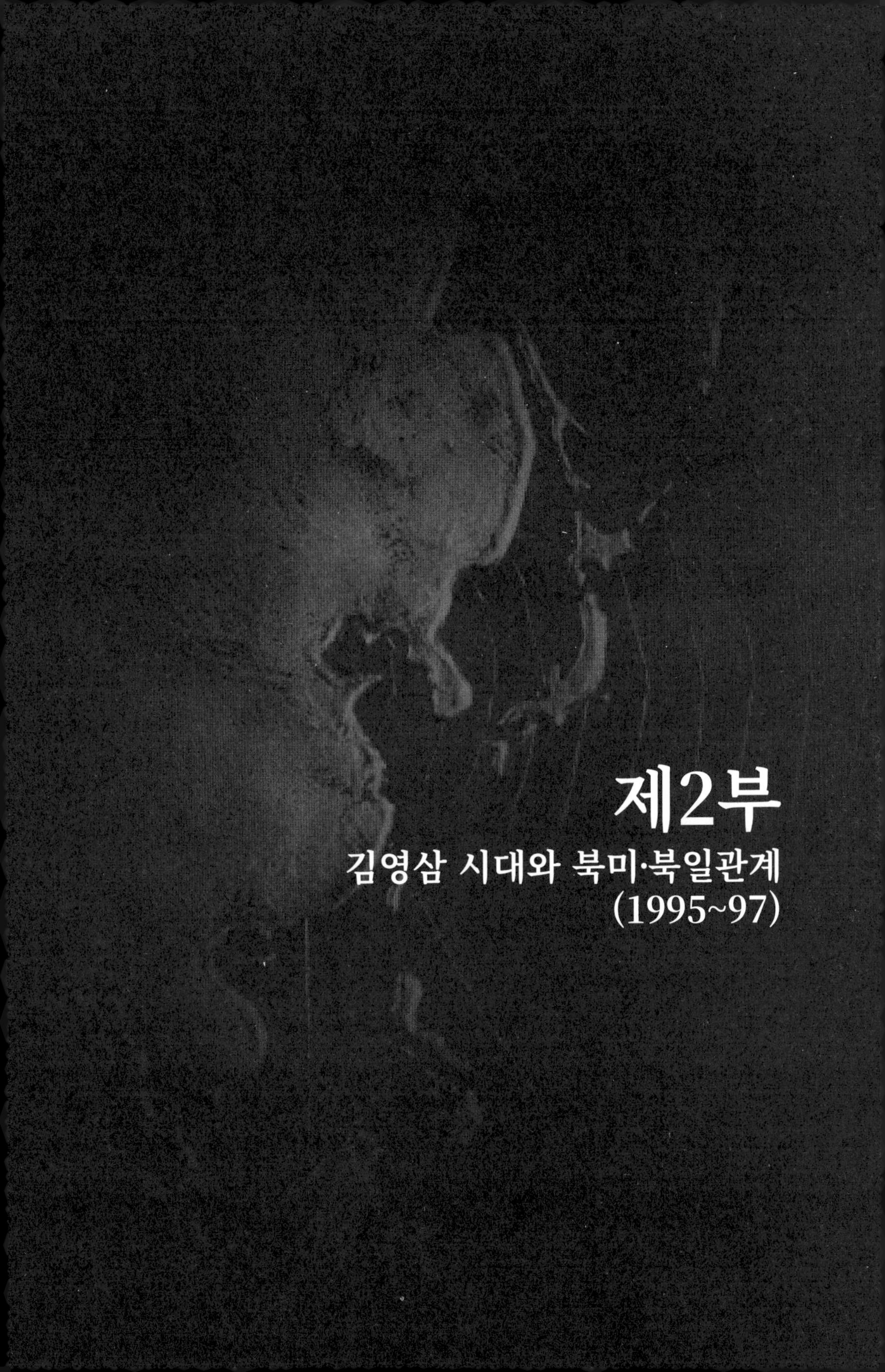

제2부

김영삼 시대와 북미·북일관계
(1995~97)

1. 통미봉남의 덫에 걸린 한국 외교(1995)

95년 정세 개요

제네바 회담 이후 남측의 적극 행보와 북측의 냉담 반응

94년 10월의 제네바 회담이 끝난 후 김영삼 정부는 남북관계 개선에 의욕적이었다. 그러나 정권 출범 초 북핵 국면에서 대북 강경책으로 북측과 소원해진 터라 자력으로 대화 재개가 쉽지 않았다. 제네바 회담 타결 뒤 김영삼 정부는 핵경협 연계정책을 해제하겠다고 했다. 94년 11월7일 김영삼 대통령은 경제인 초청 만찬연설에서 "그동안 남북관계는 핵문제에 얽매여 여러 가지 어려운 국면을 겪어왔으나 남북 간 경제협력을 진지하게 검토하고, 진전시켜 나갈 시점에 이르렀다"며 "이러한 여건 조성을 위해 기업인들의 방북 허용 등 남북 경제협력 사업을 활성화하는 단계적 조치를 취할 것이다"라고 했다.

그러나 북한의 반응은 냉담했다. 94년 11월10일 북한 조평통 대변인은 남쪽의 경협 활성화 조치를 거부하며 "국제적 고립과 위기를 벗어나가 위한 술책의 산물이며 민족분열과 전면대결의 검은 정체를 가리기 위한 위장품에 불과하다"라고 일축했다.

95년 들어서도 북미 간 접촉은 활발하게 이뤄지는 데 비해 남북관계는 계속 평행선을 달렸다. 1월20일 미 국무부는 대북 경제제재 완화 조치를 발표했다. 4월10일에는 북미 직통전화가 개설됐다. 그러나 남북은 한국형 경수로에 대한 북한의 거부감으로 인해 95년 상반기 내내 계속 티격태격했다. 한국형 경수로에 대한 북한의 거부가 계속되자 미국은 4월12~14일 베를린에서 경수로 관련 북미 전문가 회담을 개최했다. 이 회의는 4월18~20일에도 속개됐다. 그러자 4월23일 한국 정부는 북미회담 관련 5개 원칙을 미국에 전달했다. 그 내용은 "① 북·미간 기본합의문 수정 불가 ② 경수로의 한국형 관철 및 한국의 중심역할 확보 ③ '남북대화 문제'를 의제에 포함시킬 것 ④ 핵 연료봉 재장전 및 봉인 훼손 즉시 핵동결 파기 간주 및 제재 착수 ⑤ 제재 착수 시 북·미간 막후 협상 배재" 등이다.

북한과 접촉선 확보에 실패한 김영삼 정부는 그 차선책으로 미일의 대북접근에 대해 한국 정부의 의사를 존중하라고 조건을 달거나 남북대화 진전을 연계시키는 등의 궁색한 대응에 머물 수밖에 없었다. 5월26일 북한이 일본에 쌀 공급을 공식 요청한 사실이 알려지자 우리 정부 역시 북한에 대한 쌀 지원 의사를 밝히는 한편 일본에게 우리 보다 먼저 쌀 지원에 나서지 말 것을 경고한 것도 그 한 예다. 6월8일 나웅배 통일부 장관은 "일본이 곡물을 북한에 먼저 제공할 경우, 우리의 평화통일 노력에 지장을 초래하게 됨은 물론 한·일 관계에도 좋지 않은 영향을 미치게 될 것이 우려된다"며 압박했다.

남북관계와 북미관계의 연동

남북 간에는 6월17~21일 대북 쌀 지원을 위한 제1차 북경회담이 개최되면서 표면상으로는 대화의 물꼬가 트이는 것 같았다. 그러나 인공기 게양 문제·삼선비너스호 억류 문제 등으로 난항을 거듭 하면서도 쌀 회담이 3차까지 이어질 수 있었던 배경에 북미관계가 작동하고 있음이 나중에 밝혀지기도 했다. 즉 미국이 연락사무소의 평양 진출을 위해 내세웠던 조건이 두 가지였는데 그 중 하나는 경수로 협상 타결이고, 또 하나가 바로 남북대화의 진전이었다는 것이다. 특히 95년 6월의 쿠알라룸푸르 회담으로 경수로 문제가 타결된 이후 미국이 연락사무소 진출의 전제조건으로 남북대화를 강력하게 요구했는데 그동안 남북대화를 완강하게 거부해온 북한이 쌀회담이라는 형태로 남북대화를 수용하게 된 배경이 바로 이것이었다고 한다.

남북 간의 쌀 회담이 인공기 문제·삼선비너스호 억류 문제 등으로 난항을 거듭하면서 3차 회담 전망이 불투명해지자, 미국은 또 다시 북한에게 남북회담을 계속할 것과 한국 기업에게도 북한 지역을 개방할 것 등 두 가지를 요구했다. 북한은 이에 대해서도 역시 수용하는 태도를 보였다. 3차 쌀 회담을 북한이 먼저 제의하고 나진·선봉 지대에 한국 기업이 입국사증 없이 출입할 수 있도록 허용한 것이다.

그러나 북미관계 진전을 위한 조건 충족을 위한 남북대화에 북한의 진심이 담겨 있을 리 없었다. 95년 5월 말 김정일 주도의 당 중앙위 비밀회의가 개최돼 북한의 대외 정책 윤곽이 결정됐다. 미국·일본과의 관계를 첫 해결 과제로 하고, 한국과의 관계는 미·일과의 관계 이후로 미룬다는 내용이었다. 당시 한양대 중소연구소가 주최한 한·러 포럼에 참석한 발레리 데니소프 러시아 외무부 아시아 1국 부국장 역시 똑같은 내용을 확인한 바 있다. 그는 비공식 발표문에서 "북한은 미국·일본과 관계 정상화를 이뤄 한국과 동등하게 대화할 수 있는 정치적 입지를 마련한 뒤 남북대화에 응할 것이다"라고 지적했다. 또한 "북한 지도부는 현재의 한국 정권(즉 김영삼 정권)과는 접촉하지 않고 97년 대통령 선거를 기다렸다가 새로 선출되는 대통령과 대화를 시도할 가능성도 있다"고 전망하기도 했다. 현 김정은 정권도 현재의 남한 정부와의 관계에 대해 비슷한 생각을 하고 있을 가능성이 높다.

93년 임기 시작과 함께 북핵 문제에 맞닥뜨린 뒤 3년여에 걸친 김영삼 정부의 대북 정책은 북한에 대한 미국의 압력에 의존하는 것이 거의 전부였다. 그러나 언제까지 미국이 한국 정부와 보조를 맞추어 주리라고 기대할 수는 없었다. 쌀 회담 과정에서 한국이 북한의 강경한 태도에 곤욕을 치르고 있는 와중에도 미국은 연락사무소 협상에 박차를 가하는 대조적인 모습을 보였다. 연락사무소와 남북대화를 연계한다는 한국정부의 구상은 사실상 물거품이 된 것이다. 갑자기 미국 당국자의 태도가 돌변하는 것도 당황스런 일이었다. 북한과의 협상을 전면에서 이끌던 갈루치 미 국무부 차관보는 "북한과의 협상에서 특별 사찰은 중요한 고려 요소가 아니었다" "연락사무소는 남북대화와 연계돼 있지 않다"는 등 일련의 폭탄선언을 계속해 김영삼 정부를 곤혹스럽게 했다. 각자의 국익 앞에서 동맹의 약속이라는 것이 어디까지 지켜질 수 있는가도 중요한 관전 포인트인 것이다.

95년 10월10일 권력승계가 무산된 이유

95년 당시 북한 내부의 최대 이슈는 김정일의 승계 시기와 관련한 것이었다. 북한 내부의 정치 일정 뿐 아니라 남북관계, 북미관계와 연동해서도 최대 쟁점 사항이었다. 95년 내내 관련 정보가 잡힐 때마다 기사를 틈틈이 써왔는데 연말쯤 가서야 그동안의 단편적인 정보를 종합할 수 있었다. 94년 7월8일 김일성 주석 사망 직후부터 94년 연말까지 북한 지도부가 설정한 권력 승계 시점은 96년 2월께였다. 최소 1년상은 해야 하므로 이를 기준으로 승계 시점을 잡았다고 한다. 1년상을 치르고 약 6,7개월의 준비기간을 계산하면 96년 2월께 승계가 가능하다고 본 것이다.

대미 관계 일정과도 사실상 연동돼 있었다. 북한 고위층은 미국과 경수로 협상을 타결 짓는 시점으로 95년 9월을 상정했다. 이때까지 대미 협상을 타결 짓고 몇 달간 준비하면 96년 초에 승계가 가능하다는 게 원래의 시나리오였다.

그런데 95년 3월을 거치며 승계 일정이 앞당겨질 조짐을 보였다. 3월에 베를린에서 열린 경수로 회담이 결정적 계기였다. 경수로형 문제를 둘러싼 한미와 북한 간 이견으로 협상은 결렬됐지만 미국의 적극적인 태도에 북한이 상당히 고무된 것이다. 연락사무소 개설을 둘러싼 북미 협상 또한 북한을 고무시켰다. 94년 10월의 제네바합의에 따르면 쌍방 전문가급 회담을 거쳐 6개월 이내 경수로를 설치하게 돼 있다. 경수로와 동시에 연락사무소도 개설하게 된다. 94년 10월 제네바합의가 이뤄졌으니 그때부터 6개월이면 95년 4월이다. 이런 일정에 따라 95년 1월 말 상호 조사단이 평양과 워싱턴을 방문하기도 했다.

북한 지도부는 애초 느슨하게 잡았던 대내외 정치 일정을 재검토하기 시작했다. 바로 95년 5월 말 김정일 주재 하에 열린 노동당 비밀회의에서 대대적인 변경이 이뤄졌다. 애초 9월로 예정했던 미국과의 경수로 회담 타결 시점을 6월의 쿠알라룸푸르 회담으로 앞당긴 것도 바로 이때였다. 김정일이 당 총비서나 국가 주석 중 하나를 95년 10월10일 노동당 창건 기념일에 갖게 되는 식으로 권력 승계가 앞당겨 질 것이라는 얘기가 이때 흘러나왔다.

그러나 예상치 못한 일이 발생했다. 6월의 쿠알라룸푸르 회담에서 경수로 협상이 타결되고 9월 말 미국이 연락사무소 조사단 15명을 평양에 파견함으로써 사실상 연락사무소 문제는 종결되는 것으로 보였다. 그런데 미국 협상팀이 국내 여론에 떠밀려 새로운 요구를 해온 것이다. 김정일이 먼저 권력승계를 해야 연락사무소 개설이 가능하다는 것이었다. 북미협상이 갑자기 벽에 부딪혔다.

미국 의회나 언론 등 여론 주도층은 클린턴 행정부의 북핵 정책 방향에 대해서는 대체로 찬성했으나 협상 과정에서는 북한에 끌려 다닌다는 인상을 가져왔다. 그러던 중 95년 8,9월부터 더 이상 북한에 끌려가서는 안 된다는 분위기가 강하게 일기 시작했다. 대표적인 논점이 바로 "수장이 없는 국가와 어떻게 협상이 가능한가"라는 것이었다.

기대했던 연락사무소 협상이 벽에 부딪히면서 북한 내부에서 권력승계를 3년상 이후로 미룬다는 얘기가 흘러나왔다. 처음에는 대미 협상용이었으나 결과적으로 그렇게 됐다. 한번 기회를 놓치면 회복하기까지 많은 시간이 필요하다는 교훈을 남겨준 사례다. 연락사무소 개설은 실패했지만 95년 말 평양에서 비밀리에 북미 고위급 군부 접촉이 이뤄졌다. 양국 관계를 한 단계 끌어올리기 위한 논의가 본격화됐다.

나진선봉 개발을 둘러싼 스탠턴·북한군부·일본종합상사의 엇갈린 인연

95년의 보도 중 'LA 국제경영연구원'이 미국 현지에서 조사 작성한 보고서는 북한 개방 시 미국 기업들이 어떤 패턴으로 움직일지 보여주는 귀중한 자료다. 94년 당시 미국의 스탠턴 그룹이 북한의 나진선봉 개발과 관련해 전력공급·원유정제·경공업 발전 등 3개 분야에 대해 종합계획을 수립했다고 밝힌 부분은 특히 주목할 필요가 있다. 스탠턴은 승리화학공장의 가동을 정상화해 유럽산 원유를 정제하고 그 판매 수익금으로 나진 선봉에 200MW 발전시설을 건설한다는 구체적 계획까지 수립했다. 그러나 이 계획은 현실화되지 못했다.

그런데 96년의 보도에서 북한 군부와 스탠턴그룹의 200MW 발전시설 관계에 대한 이야기가 등장한다. 동시에 일본 종합상사들과 북한 개방파 간에 진행된 나진선봉 개발계획에서도 발전시설 얘기가 나온다. 스탠턴, 북한 군부, 그리고 일본 종합상사로 이어지는 나진선봉 개발계획은 김영삼 정부 후반부의 북한 개발과 관련해 많은 여운을 남기는 대목이다.

북일관계의 패턴

김영삼 정부가 30여년의 남북관계사에 큰 교훈을 주는 것은 남북관계가 막혔을 때 미국 일본 등 주변국이 북한에 진출하기 위해 어떻게 움직이는지를 매우 적나라하게 보여줬다는 점이다. 남북관계 진공 상태에서 주변국 진출 패턴의 원형이 이때 드러났다. 또다시 남북 단절의 시기로 접어든 현재의 한반도 정세가 흘러갈 방향을 보여준다는 점에서 놓쳐서는 안되는 시기이다.

김영삼 정부 당시 북한과 일본은 북한의 식량난을 계기로 접촉하기 시작했다. 이 과정에서 북일관계의 중요한 패턴이 드러났다. 북일관계가 공식화돼서 노출이 될 정도면 그 이전에 반드시 상당한 정도로 접촉이 축적돼 있다는 점이다. 쌀 도입을 위한 북한과 일본의 움직임이 표면화한 것은 95년 5월 31일 북한 국제무역촉진위원회 이성록 위원장의 일본 방문 때였다. 처음으로 일본 쌀 도입 의사를 밝혔다.

그러나 양측의 접촉은 김일성 주석 사망 직후인 94년 8월 말로 거슬러 올라간다. 당시 일본 자민당 유력 인사와 북한 노동당 김용순 서기의 측근 사이에 비밀 회동이 있었다. 이 회동에서 북측 인사는 북한의 식량난을 솔직히 시인하면서 일본 쌀(5만~50만t)을 장기 저리 차관으로 구매하기를 희망한다고 했다.

양국의 교섭은 94년 10월21일 제네바회담이 타결되면서 본격화됐다. 95년 1월 고베 대지진 당시 김정일이 재해 의연금으로 백만 달러를 일본 정부에 전달하면서 결정적인 계기를 맞게 됐다. 일본 정부는 그 답례로 일본쌀을 북한에 지원하기로 결정한 것이다. 그 후 북경에서 몇 차례 비밀리에 열린 북·일 수교 교섭에서 북한에 지원할 쌀의 수량까지 결정했다고 한다. 일본 정부는 이처럼 북한과 내부 합의를 본 상태에서 한국 정부 눈치를 살피며

공론화 시기를 저울질 했다.

95년 1월의 고베 대지진 때는 당시 강성산 총리가 일본의 무라야마 도미이치 총리에게 위로전문을 보냈다. 30년이 지난 2024년 1월5일 일본 이시카와현 노토반도에서 발생한 규모 7.6 강진 피해에 김정은 위원장이 기시다 총리에게 보낸 위로 전문은 북일관계에 어떤 변화를 몰고 올 것인가.

1.1. 식량외교와 5.31노동당 비밀회의

95년 상반기 필자는 〈시사저널〉사의 북경지국 개설과 함께 초대 북경 특파원으로 내정됐다. 그러나 특파원 준비를 하던 중 사정이 생겨 부임하지는 못했다. 그러느라 95년 초부터 약 6개월의 공백이 발생했다. 아래 글은 94년 제네바 합의 타결 이후 95년 상반기까지의 상황을 정리한 것이다.

제네바 회담 타결 후 우리 정부는 남북관계 재개의 희망을 안고 핵·경협 연계정책을 해제하겠다는 방침을 밝혔다. 즉 94년 11월7일 김영삼 대통령은 경제인 초청 만찬연설에서 "그동안 남북관계는 핵문제에 얽매여 여러 가지 어려운 국면을 겪어왔으나 남북 간 경제협력을 진지하게 검토하고, 진전시켜 나갈 시점에 이르렀다"며 "이러한 여건 조성을 위해 기업인들의 방북 허용 등 남북 경제협력 사업을 활성화하는 단계적 조치를 취할 것이다"라고 했다. 이에 따라 11월9일 이홍구 통일원 장관은 전날 제17차 통일관계장관 회의에서 심의·의결된 남북경협 활성화 조치를 발표했다. 그 내용은 "① 기업인 방북, 북한 경제인 초청 허용 등 남북경제인사의 상호방문 추진 ② 기술자 방북, 시설재 반출 허용 등 위탁가공교역 활성화 ③ 소규모 시범적 경제협력 사업 허용 및 국내기업의 북한지역 사무소 설치 허용 ④ 제3국에서의 북한인력 시범적 고용 및 제3국 합작 및 현지법인을 통한 투자 허용 ⑤ 향후 남북관계 진전 상황에 따라 남북 당국 간 협의를 거쳐 투자보장, 이중과세 방지 등 경제협력의 기본 틀을 마련하겠다"는 것이다.

그러나 북한의 반응은 냉담했다. 94년 11월10일 북한 조평통 대변인은 남쪽의 경협 활성화 조치를 거부하며 "국제적 고립과 위기를 벗어나가 위한 술책의 산물이며 민족분열과 전면대결의 검은 정체를 가리기 위한 위장품에 불과하다"라고 일축했다. 또 "북남 협력과 교류가 호상신뢰에 기초해서 착실하게 이루어질 수 있도록 하루속히 국가보안법이 철폐되어야 한다"고 주장했다. 북한 외교부는 또한 11월18일 "조·미 합의에 따라 폐연료를 재처리하지 않고 안전 보관하다가 일정한 시기에 가서 완전히 처분하고, 방사화학 실험소를 봉인해 IAEA 감시 하에 두다가 경수로가 완공되는 때에 궁극적으로 해체하게 되기 때문에 이것은 북남 비핵화선언에 따르는 우리의 의무를 사실상 완전히 이행하는 것으로 된다"라며 남북비핵화공동선언에 따른 별도의 남북 접촉이 필요하지 않다고 주장했다.

이런 와중에 12월17일 북한군이 DMZ 북측 지역에서 주한미군 헬기를 격추했다. 이때 추락한 미군 조종사와 유해 송환을 둘러싸고 연말에 북미간 접촉이 있었다. 북한은 이 같은 사고의 재발을 막기 위해서도 정전협정을 평화협정으로 대체해야 한다고 주장했다.

95년 들어서도 북미 간 접촉은 활발하게 이뤄지는 데 비해 남북관계는 계속 평행선을 달렸다. 1월20일 미 국무부는 대북 경제제재 완화 조치를 발표했다. 4월10일에는 북미 직통전화가 개설됐다. 그러나 남북 간은 한국형 경수로에 대한 북한의 거부감으로 인해 95년 상반기 내내 계속 티격태격했다. 북한은 한국형 경수로 강요 시 미·북 합의를 파기하겠다고 위협하기도 했다. 이 와중에 3월9일 북한에 경수로를 제공하기 위한 한반도에너지개발기구(KEDO)가 공식 발족했다.

한국형 경수로에 대한 북한의 거부가 계속되자 미국은 4월12~14일 베를린에서 경수로 제공 문제 관련 미·북 전문가 회담을 개최했다. 이 회의는 4월18~20일에도 속개됐다. 그러자 4월23일 한국 정부는 북미회담 관련 5개 원칙을 미국에 전달했다. 그 내용은 "① 미·북간 기본합의문 수정 불가 ② 경수로의 한국형 관철 및 한국의 중심역할 확보 ③ '남북대화 문제'를 의제에 포함시킬 것 ④ 핵 연료봉 재장전 및 봉인 훼손 즉시 핵동결 파기 간주 및 제재 착수 ⑤ 제재 착수 시 미·북간 막후 협상 배재" 등이다. 경수로 공급을 둘러싼 혼란은 6월12일 쿠알라룸푸르에서 있었던 미·북 준고위급회담이 타결되면서 일단락됐다.

한편 5월26일 북한이 일본에 쌀 공급을 공식 요청한 사실이 알려지면서 6월 지방선거를 앞둔 우리 정부 입장이 난처해졌다. 5월26일 당일 나웅배 부총리 겸 통일원 장관은 대북 곡물 지원 의사를 밝히면서 "북쪽에 제공할 곡물의 종류와 수량, 인도 장소와 시기, 수송 및 운반수단 등 절차 문제를 협의하기 위한 쌍방 당국 대표들이 북쪽이 원하는 일시와 장소에서 만날 것을 제의"했다. 나 부총리는 6월8일 일본에 대해 "일본이 곡물을 북한에 먼저 제공할 경우, 우리의 평화통일 노력에 지장을 초래하게 됨은 물론 한·일 관계에도 좋지 않은 영향을 미치게 될 것이 우려된다"며 압박했다. 제네바 합의가 타결되면 남북관계도 함께 개선될 것이라는 기대와 달리 북한은 통미봉남의 자세를 풀지 않았고 이런 와중에 대북 쌀 지원 문제까지 얽혀들게 된 것이다.

아래 기사에 따르면 북한은 애초 9월 쯤 경수로 협상을 타결해 김정일의 권력 승계에 활용할 계획이었다. 그러나 쌀 도입 협상을 서두르기 위해 협상의 걸림돌이 되는 경수로 문제를 서둘러 타결했다고 한다. 북한 식량난의 원인 중에는 자연재해도 있지만 중국이 매년 공급하던 약 100만 톤 정도의 대북 지원 양이 39만 톤 정도까지 떨어진 데에도 원인이 있었다. 이로서 북한과 중국의 관계는 악화되고 북한이 미국·일본과의 관계를 긴밀히 하며 이들을 통해 식량문제를 해결하려는 움직임을 보이게 된다. 아래 기사는 이 당시 경수로 문제, 북한 식량난 그리고 동북아의 지정학이 서로 어떻게 맞물려 돌아가는지를 보여준다.

경수로 타결 일등공신은 '쌀'

북한, 미·일의 쌀 제공 약속에 급선회… 미국, 중국 견제하려 北과 밀착

북한 지도부는 당초 경수로 협상을 타결 짓는 시한을 올해(1995년) 9월로 예정했다고 한다. 김일성 주석 사망 1주기인 올해 7월8일과 8·15 50주년 기념일을 넘긴 9월쯤 미국과 협상을 마무리 지어 이를 김정일의 권력 승계에 활용할 계획이었다는 것이다.

이 같은 시나리오는 올 4월부터 김용순 북한 노동당 서기나 박길연 유엔대사가 국내 재계 인사들과 접촉할 때 흘린 내용이었다. 따라서 재계 관계자들은 북한이 애초의 계획을 약 3개월이나 앞당겨 미국과 경수로 협상을 타결한 이유에 대해 촉각을 곤두세우고 있다.

국내 언론이 크게 부각하고 있듯이 한국형 원자로를 수용한 데 본 뜻이 있는 것이 아니라면 그 배경은 다른 곳에 있을 것이다. 최근 재계의 북한 전문가들이 이와 관련해 주목하는 것이 바로 쌀이다. 북한은 쌀을 확보하는 데 걸림돌이 되고 있는 경수로 협상을 일단 제쳐 놓았다는 지적이다. "경수로가 10년 뒤의 문제라면 쌀은 바로 오늘의 문제다"라고 한 관계자는 말했다.

북한 대외 정책 최우선 순위는 식량 확보

북한 전문가들은 "지난해부터 북한 대외정책의 최우선 순위는 쌀 확보에 맞추어져 있었다"고 지적한다. 북한의 식량난이 최근 1년 사이 심각하게 대두된 데에는 그럴 만한 이유가 있다. 중국으로부터 해마다 들여오던 곡물 량이 지난해에 격감했기 때문이다. 중국은 쌀을 포함해 약 백만t의 곡물을 북한에 싼 값으로 판매해 왔다. 그러나 최근 몇 년 사이 공업화의 진전으로 중국도 식량 사정이 악화하면서 북한에 대한 곡물 지원 량을 급격히 줄이기 시작했다. 특히 지난해 북한의 곡물 수입량은 39만t까지 떨어져 극심한 식량난의 원인이 되었다. 권력승계 기념식 등을 원만하게 치르기 위해 인민들에게 배급할 쌀을 확보하는 일이 무엇보다 중요한 과제로 떠오르게 된 것이다.

특히 올해는 7월8일 김일성 사망 1주기와 광복 50주년 기념일, 그리고 10월10일 당 창건 50주년 기념일 등 기념일이 여럿 있는 데다, 김정일의 권력승계까지 겹쳐 어느 때보다 쌀이 절실하게 필요한 해이다.

북한은 지난 1년간 쌀을 구하기 위해 동남아 등 곡물 수출국으로 고위 외교 사절단을 파견했다. 그러나 곡물 수출국들이 국제 가격을 요구해 북한의 이러한 노력은 번번이 좌절됐다. 최근 이 문제를 해결할 방도가 마련된 것이다.

우선 일본쌀이다. 쌀 도입을 위한 북한과 일본의 교섭은 그동안 국내에 소개된 것보다 훨씬 뿌리가 깊다. 국내에는 지난 5월31일 북한 국제무역촉진위원회 이성록 위원장이 일본 방문길에 처음 일본 쌀 도입을 제기한 것으로 알려졌으나, 사실은 김일성 사망 직후인 지난해 8월 말로 거슬러 올라간다. 당시 일본 자민당 유력 인사와 북한 노동당 김용순 서기의 측근 사이에 비밀 회동이 있었다. 이 회동에서 북한 측 인사는 북한의 식량난을 솔직히 시인하면서 일본 쌀(5만~50만t)을 장기 저리 차관으로 구매하기를 희망한다고 전했다.

양국의 교섭은 지난해 10월21일 제네바회담이 타결되면서 본격적으로 추진됐고, 올해 1월 고베 대지진으로 결정적인 계기를 맞게 됐다. 즉 고베 지진 당시 김정일이 재해 의연금으로 백만 달러를 일본 정부에 전달했다고 하는데, 일본 정부는 그 답례로 일본쌀을 북한에 지원하기로 결정하게 된 것이다. 그 후 북경에서 몇 차례 비밀리에 열린 북·일 수교 교섭에서는 북한에 지원할 쌀의 수량까지 결정한 상태였다고 한다. 일본 정부는 이미 북한과 내부 합의를 본 상태에서 그동안 한국 정부의 눈치만 살피고 있었던 것이다.

쌀 문제는 이것이 전부가 아니다. 오히려 더욱 중요한 부분이 아직 베일에 가려져 있다. 바로 미국 쌀의 북한 진출이다. 관련 전문가들은 최근 북한의 태도 변화에 결정적 영향을 미친 것이 바로 이 부분이었을 것으로 본다. 일본 쌀 도입이 북한 식량난의 단기 응급 처방용이라면 미국 쌀 도입은 중·장기적 해결 방안이라는 점에서 매우 중요하다.

미국 쌀 도입 움직임은 지난 3월 초 북한의 고위 관리 2명이 미국 곡물 생산지인 오리건 주를 전격 방문함으로써 관심을 끈 바 있다. 북한 국제문제연구소 김충걸 부회장과 대성총국 전일훈 부회장은 재미 교포인 안동식씨가 운영하는 '월드 스페셜 서비스사(WSSI)' 초청으로 미국을 방문해, 미국 곡물수출업자들과 쌀 콩 옥수수 등에 대한 수입 상담을 벌였다. 그 결과 곡물 수출 회사인 버틀랜드사가 옥수수 5만4천t을 북한에 수출하기로 결정한 바 있다.

좀 더 중요한 접촉이 지난 4월께 또 한 차례 있었던 것으로 알려지고 있다. 현재 이 내용은 극소수의 사람들에게만 알려져 있는데, 확실한 것은 당시 결정된 쌀 수출 물량이 앞으로 있을 일본쌀의 대북 수출 물량보다 많다는 점, 그리고 이미 미국 정부의 승인까지 받아놓은 상태라는 점 등이다. 재계의 한 관계자는 "미국 정부나 곡물 수출업자들은 북한을 매우 중요한 곡물 수출 시장으로 본다. 따라서 미국 쌀의 북한 진출에 큰 관심을 보이는 것은 당연하다"고 지적했다.

일본 쌀에 이어 미국 쌀을 도입하는 것이 확실해짐에 따라 북한의 대내외 일정이 앞당겨지기 시작했다. 특히 쌀 도입에 걸림돌이 되고 있는 경수로 협상의 조기 타결 결정이 이즈음에 내려졌다. "4월부터 북한의 태도가 매우 부드러워졌다. 아마 최종 결정은 5월31일에 내렸던 것 같다"고 한 소식통은 전했다. 그는 5월 31일 노동당 비밀 중앙위원 회의가 열려 온건 노선으로 대외 협상에 임하기로 확정했을 가능성이 매우 높다고 지적한다. 5월31일이 주목되는 이유는, 최근 북한 측에서 나오는 많은 문서들이 5월31일을 계기로 내용에 변화를 보이고 있기 때문이다. 즉 이 날을 계기로 북한 측의 자세가 매우 전향적으로 바뀌었다는 것이다. 이성록이 일본을 방문한 것도 바로 이 무렵이다.

경수로 협상 타결과 곧이어 이루어질 일본·미국 쌀 도입, 그리고 미국의 연락사무소 설치 움직임 등으로 인해 김정일의 권력 승계가 앞당겨질 가능성도 매우 높은 것으로 지적되고 있다. 그동안 북한의 고위 인사들은 김정일이 권력을 승계하는 데 장애 요인으로 자금 부족, 상중이라는 점, 김일성 주석의 시신 처리 문제, 권력 내부 정리 등 대략 네 가지 문제를 지적해 왔다. 그런데 최근 경수로 협상 타결과 함께 김일성 주석의 시신 처리를 서두르고 있는 점으로 보아 이런 장애 요인들이 이미 제거된 것으로 판단할 가능성이 매우 높다는 것이다. 따라서 김일성 사망 1주기인 7월8일 이후에는 권력 승계 움직임이 드러날 것으로 보인다, 늦어도 올해 10월10일 당 창건 기념일까지는 최소한 국가 주석이나 당 총비서 가운데 하나는 승계할 것으로 보아야 한다는 것이다.

이처럼 최근 미국과 북한의 움직임은 북한의 핵 위협 저지라는 출발 단계의 동기와 목적을 훨씬 뛰어넘었다. 그 자체가 미국이 동북아 질서를 재편하는 한 과정으로 자리 잡아 가고 있다. 현재 미국의 동북아시아 전략은 냉전 이후 이 지역의 강자로 떠오른 중국을 견제하는 것이다. 중국 견제라는 점에서 북한은 미국의 전략 요충지인 셈이다. 최근 미국 국무부 고위 관리들이 사석에서 "북한을 중국으로부터 떼어 놓는 것이 동북아 질서 재편의 첫걸음이다"라고 속마음을 털어놓는 것도 바로 이런 관점의 타당성을 설명하는 것이다.

북한, 미국의 아시아 정책에 '화답'

미국은 지난해 하반기부터 대만의 국제 지위 회복에 초점을 맞춘 '두 개의 중국 전략'으로 중국 견제를 노골화하고 있다. 쌀 문제로 인해 중국과 불편한 관계인 북한이 최근 대만과의 관계를 긴밀히 함으로써 미국 측의 움직임에 화답하고 있는 점은 매우 주목할 만하다. 바로 이 점은 최근 한국이 중국의 도움으로 대만의 고웅시를 꺾고 2002년 아시안 게임을 부산으로 유치한 것과는 매우 대조적인 움직임이기도 하다. 남북한은 지금 미국과 중국 사이에서 입장이 뒤바뀌는 모습을 보이고 있는 것이다.

이런 양상은 대만의 국제기구 복귀 문제가 본격화할 것으로 보이는 올해 연말쯤, 미국과 중국이 이 문제를 둘러싸고 세력 다툼을 벌일 가능성이 매우 높은 상황에서 한국 외교에 또 한 차례 어려운 선택을 강요하게 될 것으로 보인다.

(1995. 6. 29)

1.2. 미국 기업 북한 진출 5대전략

냉전 후 미국의 아시아 전략이란 관점에서 북미 제네바합의와 북미관계를 재조명한 기사다. 제네바 합의 이전 미국은 북한이 이미 핵무기 1개 이상을 만들 수 있는 핵물질을 가지고 있거나 심지어는 핵무기를 가지고 있을 수도 있다는 의심을 품고 있었다. 그럼에도 다른 국가들과의 핵 협상에서는 경제협력을 제공하는 대신 반드시 핵시설을 해체하도록 했는데 비해 북미 제네바 합의문에서는 앞으로 5년간의 특별 사찰 유예기간을 합쳐 약 10년 동안 북한에 '핵카드'를 보장해 준 이유가 뭔지 의문을 제기했다..

클린턴, 북한 핵으로 중국 포위?

미국, 북한의 핵 보유 '사실상 묵인'… 미·북한 접근하자 미·중 갈등 증폭

키신저 전 미국 국무장관은 7월13일 미국 상원 외교위에서 "미·중 관계가 앞으로도 계속 악화한다면 한반도 상황이 험악하게 변할 수 있다"고 경고했다. 그가 이 날 행한 한반도 관련 발언은 미국의 아시아 정책을 비판한 전체 발언 요지의 일부분에 지나지 않지만, 국제 무대에서 전개되고 있는 대충돌을 강 건너 불처럼 구경해온 우리 사회에 경종을 울리고 있다는 점에서 주목할 만하다.

키신저의 지적이 아니라도 미·중 갈등의 여파가 한반도 정세에도 복잡하게 나타나고 있다는 점은 곳곳에서 발견된다. 특히 중국의 움직임이 두드러지고 있다. 중국은 지난 5월 방중한 이홍구 총리를 환대한 것에서도 알 수 있듯이 한국카드를 동원해 빠른 속도로 전개되는 미·북한관계를 상쇄하려는 움직임을 보이고 있다. 또 미국이 대만 카드를 들이밀자, 북한과의 경제 교류를 다시 활성화하고 군사 지원을 재개할 것이라는 정보를 흘리면서 미국에 대응하고 있다.

미국이나 중국 모두 상대국이 남북한과 맺고 있는 관계에 대해 공개 석상에서 불만을 표시한 적은 없다. 미국은 북한과의 관계 개선이 핵문제 해결 과정에서 자연스럽게 된 것일 뿐 다른 의도는 없다고 설명한다. 중국 역시 마찬가지다. 미·북한 핵 협상이나 관계 개선에 대한 중국 정부의 공식 입장은 항상 한반도 긴장 완화에 도움이 되기 때문에 환영한다는 것이었다. 그런데 문제는 이들의 속마음 역시 이러한 공식적인 입장과 일치하는가 하는 점이다.

민족통일연구원 신상진 박사는 "적어도 현재 미국 행정부 내에서 북한과의 관계 개선에 적극적인 인사들이 생각하는 것은 북한을 끌어들여 중국을 포위하겠다는 구상이다"라고 지적한다.

냉전 이후 동북아에서 북한과 중국의 유착 관계를 방치할 경우 미국의 영향력 행사에 커다란 장애가 될 것이기 때문에 북한을 미국 쪽으로 끌어당기는 조처가 필요하다는 것이다.

중국 역시 이 점을 심각하게 인식하고 있다. 중국 측 인사들을 자주 접하는 국내의 한 중국 전문가는 "그들은 공식 석상에서 하는 얘기와 사적인 자리에서 하는 얘기가 다르다"고 말한다. 공식 석상에서 미·북한 관계 진전을 찬성한다고 말하다가도, 사석에서는 미국이 북한을 끌어들여 중국을 포위하려는 정책을 쓰고 있다고 덧붙인다는 것이다.

최근의 미·중 관계 악화는 미국이 이등휘 대만 총통의 미국 방문을 허용한 데에 결정적인 원인이 있다는 것이 일반적인 지적이다. 이것이 틀린 지적은 아니나, 한국에 중요한 것은 한반도 문제가 미국과 중국이라는 초강대국의 갈등관계에 어떤 식으로 작용하는가 하는 점이다.

미국, 핵협상에서 북한만 특별대우

앞으로의 상황 전개와 관련해 현 지점에서 주목해야 할 부분이 한 가지 있다. 그것은 한반도 문제가 지금까지 알려진 것보다 훨씬 심각하게 미·중 갈등의 불씨로 작용할 가능성이 높다는 사실이다. 그 빌미가 되는 것이 미·북한 제네바 합의가 안고 있는 수수께끼다. 그 수수께끼는 다음과 같은 것이다. '제네바 합의 이전에 미국은 북한이 핵무기를 가지고 있거나, 또는 핵무기를 생산하는 데 충분한 플루토늄을 이미 확보하고 있다고 판단하고 있었다. 그런데도 이들 핵시설의 폐기 처분을 요구하지 않고, 오히려 경수로 자금까지 지원하면서 핵 협상을 타결한 이유는 무엇인가' 하는 점이다.

북한이 핵무기나 핵물질을 가지고 있고, 미국이 이 사실을 충분히 파악하고 있었다는 점은 몇 가지 정황 근거에서 충분히 드러난다. 가장 최근의 정황 증거로는, 지난 3월 미 의회 조사국이 상하 양원에 제출한 '북한의 핵병기 계획'이라는 보고서이다. 이 보고서는 중앙정보국·국방정보국·NSA 등 미국 내 각종 정보기관과 민간 연구 기관, 그리고 한국과 러시아 정보기관들이 북한의 핵개발 능력에 대해 그동안 조사한 내용을 종합 정리한 것이다. 이 보고서에서 특징적인 것은, 북한이 보유한 플루토늄의 양에 대해 정보기관들이 각각 다른 추정치를 발표했지만, 북한이 89년 영변 5MW 원자로 가동을 정지했을 때 1개 이상의 핵무기를 만드는 데 충분한 양의 플루토늄을 확보했을 것이라는 점에 대해서는 공통된 견해를 보였다는 점이다.

이 보고서는 제네바 합의 이후에 나온 것이다. 그렇다면 그 이전에는 어떤가. 외교안보연구원의 한 전문가는 핵 합의 이전 미국 정보기관들의 인식을 대변하는 것이 93년 12월26일자 〈뉴욕타임스〉 기사라고 지적한다. 이 기사는 미국 중앙정보국이 북한의 핵개발 능력에 대해 클린턴 대통령에게 보고한 국가 정보 평가보고서를 토대로 작성된 것이다. 북한이 이미 핵폭탄을 보유하고 있을 가능성이 그렇지 않을 가능성보다 크다는 것을 주된 내용으로 하고 있다. 여기서 주목할 것은 당시 중앙정보국이 북한은 이미 플루토늄 추출 단계를 넘어서 핵무기를 소유하고 있을 것으로 파악하고 있으며, 이런 견해에 대해 국무부 정보조사국을 제외한 미국 내 거의 모든 정보기관이 같은 견해를 보였다는 점이다.

앞의 전문가는 "지난해 4월 미국 정부는 국무부·국방부·중앙정보국·국방정보국 등 고위 관계자들을 중심으로 결성된 '한반도 고위 정책 협의회'에서 북한이 이미 보유한 핵에 대해서는 기정사실화하되 그 이상의 핵 개발은 막는다는 동결정책을 결정했다"고 지적했다. 그는 "당시 미국으로서는 동결정책 외에는 달리 선택할 여지가 없었던 거 같다"면서 다음과 같이 말했다. "지난 해 5월 북한이 5MW 원자로에서 폐연료봉을 추출했을 때 미국 국방부가 북한에 대한 군사작전을 검토한 적이 있다. 미국은 이를 포기했는데. 그 이유는 북한이 핵무기를 가지고 있을 가능성이 매우 높았기 때문이다."

그렇다 해도 미국의 대북 핵 협상 과정은 미국이 다른 국가의 핵문제를 처리해온 관행과는 크게 다른 것이어서 의문을 갖게 한다. 즉 미국은 핵무기 또는 핵무기 개발을 협박 수단으로 사용했던 소련 해체 후의 우크라이나에 대해서도 경제 협력을 제공함으로써 핵을 포기하게 하는 정책을 사용했다. 이들 국가들에 대해서는 경제 협력을 하는 대신 반드시 핵시설을 해체하도록 했다. 그러나 제네바 합의문 내용에 따르면, 앞으로 5년간의 특별 사찰 유예 기간을 합쳐 약 10년 동안 북한에 '핵카드'를 보장해 주었다.

왜 미국은 북한에 대해서만 이처럼 특별대우를 하는 것인가. 그동안 국내 일부 전문가들이 이런 의문에 대한 열쇠로 주목해온 것이 바로 소련 해체 이후의 미·중 관계이다. 냉전시대에 옛 소련은 미국과 중국에게 공동의 적이었다. 따라서 미국과 중국은 소련 봉쇄를 위한 전략적 파트너였다. 그러나 소련이 해체된 이후 중국은 미국의 가장 위협적인 잠재 적국으로 돌변하게 됐다. 미국에게 중국의 배후를 위협할 수 있는 북한이 미국과 관계 개선을 열망하고 있다는 것은 절호의 기회가 될 수도 있다.

"핵 가진 북한이 미국 국익에 도움 된다"

한 전문가는 "북한을 중국 포위 전략의 한 거점으로 활용한다고 할 때, 핵을 가진 북한과 핵이 없는 북한 중 어느 쪽이 미국의 국익에 합당한 것인가"라는 의문을 제기한다. 미국이 통제만 할 수 있다면 핵이 있는 북한이 중국에 대한 압력 수단으로서는 훨씬 유리하다는 것이다. 더군다나 중국은 현재 미국을 향해 핵무기를 겨냥하고 있는 유일한 국가이다. 북한 핵이 중국 핵에 대한 상징적인 압력 수단이 될 수 있는 것이다.

사실 중국은 북한의 국제무대 등장을 뒤에서 적극 도와줄 때만 해도 미·북한 관계가 이 정도로 급속하게 가까워지리라고는 생각하지 못했다고 한다. 전문가들은 92년 8월 중국이 한국과 수교를 서두른 이유 중에는 이를 계기로 북한의 국제무대 등장을 적극 도와줄 수 있다는 점도 중요한 고려 변수였다고 한다. 당시 중국이 생각한 것은 북한이 국제무대에서 '보통의 국가'로 살아가는 것이었다.

그러나 북한의 처지에서 보면 경제 재건을 위한 자금 조달이나 국제 환경 조성을 도와줄 수 있는 나라는 중국이 아니라 미국이다. 이처럼 북한의 대미 유착이 필연적일 수밖에 없게 되면서 일이 복잡하게 꼬이기 시작한 것이다. 거기에 북한의 핵까지 가세하게 되면 중국의 신경은 곤두서게 된다. 한 전문가는 "핵문제가 빚어낸 최대 불행은 한반도 문제에 강대국이 직접 개입할 길이 열리게 되었다는 점이다. 앞으로 남북한은 21세기로 가는 길목 곳곳에서 강대국의 개입과 충돌을 경험하게 될 것이다"라고 말한 바 있다. 이 같은 견해는 이미 현실로 나타나고 있다.

(1995. 8. 4)

북한과 관계가 개선되면 미국 정부는 미국 기업의 대북 진출을 돕기 위해 경제 제재부터 완화한다. 그러면 가장 먼저 자원 개발 회사들이 진출해 선점에 나선다. 북한산 마그네사이트가 1차 타깃이다. 그 다음 금융회사와 운송회사들이 접근하고 최종적으로는 인프라 개발을 겨냥한 거대회사들이 컨소시움을 구축하며 진출을 준비한다. 1995년 'LA 국제경영연구원'이 미국 현지에서 조사 작성한 아래 보고서는 북한 개방 시 미국 기업들이 어떤 패턴으로 움직일지 보여주는 귀중한 자료이다. 특히 이 자료에서 주목할 것은 94년 당시 미국의 스탠턴 그룹이 북한의 나진선봉 개발과 관련해 전력 공급·원유정제·경공업 발전 등 3개 분야에 대해 종합계획을 수립했다고 밝힌 부분이다. 스탠턴은 승리화학공장의 가동을 정상화해 유럽산 원유를 정제하고 그 판매 수익금으로 나진 선봉에 200MW 발전시설을 건설한다는 구체적 계획까지 수립했다고 한다. 그러나 스탠턴 그룹의 이 계획은 현실화되지 못했다. 그 대신 1996년 일본 종합상사들에 의해 승리화학공장 재가동과 도쿄 인근 가시마공단의 석유화학 기업들의 나진·선봉 지대 이주라는 형태로 재추진되기에 이른다.

미국기업, 북한 진출 5대 전략

LA 국제경영연구원 분석 보고서/점진적으로 접근하며 본격 투자 준비

북한의 현직 외교관과 미국 정부의 고위 관리가 연사로 참석하는 북한 투자 전략 세미나가 지난 8월2일과 3일(현지 시간) 미국 로스앤젤레스에서 열렸다. 북한 투자 전문 컨설팅 회사인 'LA 국제경영연구원'(대표 제임스 W. 유)과 '오 앤드 해싱 연구소'(대표 오공단)가 공동 주최한 이번 세미나에는 북한 측에서 한성렬 유엔 주재 북한공사와 리성일 이등서기관이 연사로 참석했고, 미국 측에서는 데이비드 브라운 국무부 한국과장이 참석했다. 미국과 북한의 고위 관리가 한반도와 관련한 세미나에 함께 연사로 참석하기는 이번이 처음이다.

한성렬 공사는 이 자리에서 북한의 대외 개방 정책에 대해, 그리고 리성일 이등서기관은 나진·선봉 지대의 투자 전망에 대해 발표했다. 데이비드 브라운 한국과장은 미국의 북한 정책을 설명했다. 이밖에도 벨연구소 앤드루 린턴 박사, '미국·한국 경제연구소' 고든 프레이크 박사, 국제경영연구원 제임스 W. 유 대표, 오 앤드 해싱 연구소 오공단 박사가 미 북한 경협의 현안에 대한 발표자로 참석했다.

이번 세미나는 북한과 미국의 정부 당국자들이 대북 투자의 실질적인 가이드라인을 제시할 것이라는 점에서 관련 업계의 깊은 관심을 끌었다. 북한 측은 한성렬 공사의 연설문 초고를 통해 북한의 대외 개방 정책에 대해 처음으로 'open door policy'라는 용어를 사용했다. 이로써 북한의 대외 개방이 임기응변적이고 단기적인 정책이 아니라 장기적이고 전략적인 방향으로 추구되고 있다는 점을 암시했다.

민간 기업으로서 이번 세미나를 공동 주최한 LA 국제경영연구원은 지난해 7월 창립된 북한 투자 컨설팅 회사로, 그동안 금융그룹인 머니그램사의 북한 진출을 자문하기도 했다. LA 국제경영연구원이 작성한 미국 기업 북한 진출 현황 보고서를 입수해 싣는다. 〈편집자〉

북한 시장에 대한 미국 기업의 관심은 초보 수준에 머물러 있다. 미국 기업에 북한은 검증되지 않은 시장이기 때문이다. 그러나 최근 미국 기업들의 움직임을 보면 북한 진출이 상당히 현실감을 띠고 진행되고 있음을 알 수 있다. 이들의 움직임을 분석한다.

1. 자원 개발 차원의 접근

북한은 설비·기술·자금 부족으로 말미암아 자원을 백% 활용하지 못하고 있다. 미국기업은 자원 개발 방법론을 모색하는 일에서부터 판매망 구축에까지 관심을 쏟고 있다. 관건은 투입 대 산출 대비 사업 타당성 여부이다. 판로면에서는 미국이 절대 유리하다.

1차 자원 개발과 관련해서는 코메탈사와 미네랄테크놀로지사가 대표적이다 미국 국무부는 지난 1월20일 제네바 합의 후속 조처로 경제제재를 완화한 적이 있는데, 그때 북한산 마그네사이트에 대한 수입 규제가 풀렸다. 이후 코메탈사는 지난 2월 초 처음으로 평양을 방문해 마그네사이트 수입과 관련한 1차 협상을 했다. 4월17일 미국 재무부는 코메탈사에 대해 북한산 마그네사이트를 수입할 수 있는 사업허가서를 내주었다. 이후 코메탈사 관계자들이 다시 북한을 방문해 수입에 필요한 후속 조처를 취한 바 있다.

미네랄테크놀로지사는 지난 6월10일 조선무역촉진위원회 오태복 서기장 일행을 미국으로 초청해 마그네사이트 천만t을 북한으로부터 수입하기로 했다. 이 물량은 미국이 해외로부터 수입하는 양의 4분의 1에 해당한다. 앞으로 마그네사이트 수입 문제는 양국 간에 협상할 여지가 계속 남아 있는 분야이다. 마그네사이트는 북한이 전 세계에서 매장량 1위를 차지하고 있다. 북한의 마그네사이트 매장량은 65억t 정도로 추정되며, 함경남도 단천군과 양강도의 백암·운흥 지역에 집중 매장돼 있다.

북한이 외국 기업과 합작 투자해 개발하기를 원하는 대표적 광물질 가운데 하나가 이산화티탄이다. 현재 남포 시에 있는 강서 수산광산의 이산화티탄 매장량은 4억 3천만t인데, 이산화티탄 정광을 매년 5천t씩 생산하고 있다. 수산광산 외에도 평강광산에 2억t 가량 매장돼 있고, 강령 앞바다 해변에는 이산화티탄이 1% 이상 함유된 모래가 상당량 깔려 있다. 강서 수산광산의 수송 조건이 좋기 때문에 북한 당국은 수산광산의 생산량을 늘리기 위해 투자를 유치하려 한다.

이밖에도 투자보다는 보상 무역 등 교역에 치중하는 '월드 스페셜 서비스사'도 개발 교역의 한 단면을 보여주고 있다. 월드 스페셜 서비스사는 포클랜드에서 운송 회사를 경영하고 있다. 텍사스 어빙에 본부가 있는 '월드 웨이사'의 자사로서 미국 10개 주에 지사가 있다. 이 회사는 지난 2월28일 북한 국제문제연구소 김충걸 부소장과 대성총국 전일춘 제1부회장을 초청하여 미국 곡물 회사인 바틀렛사로부터 미국산 옥수수 5만4천t을 북한이 수입할 수 있도록 주선하기도 했다. 이 곡물은 3월17일 카길 사의 곡물 선적 터미널에서 선적돼 3월20일 그리스 선박 메트로폴리스호에 실려 북한으로 출발했다. 북한은 생산업자나 가공 회사와의 직접 협상 방식보다는 중개인을 통해 미국 곡물시장에 접근하고 있다. 이들은 미국 곡물시장에서 쌓은 노하우를 기반으로 하여 수입선을 찾고 있는 것이다.

2. 점진적 접근을 위한 거점 확보

평양사무소 개설은 북한 시장에 접근하기 위한 거점을 확보한다는 점에서 미국의 기업이나 기관이 관심을 많이 갖고 있다. 금융계에서는 아메리칸 익스프레스사, 언론 쪽에서는 CNN의 움직임이 활발하다. 이밖에도 상당수 기업이 관심을 기울이고 있다.

국제경영연구원은 머니그램사로부터 위탁 받아 머니그램사의 평양사무소 개설을 북한 측에 타진한 바 있다.

북한에 대한 경제 제재가 완화될 때를 대비해 평양을 방문하는 미국인들의 현금 수송 및 아메리칸 익스프레스 카드를 사용하는 데 편의를 주기 위해서이다. 신용카드에 대해서는 예상보다 빨리 사용 제한이 해제됐기 때문에 현재는 아메리칸 익스프레스 카드 사용 쪽에 초점을 맞춰 협상을 진행하고 있다.

현재 북한은 국제 카드 회사들로부터 리스크가 높은 국가로 분류돼 있어 카드 발급은 허용하지 않고 사용만 허락한 상태다. 이에 따라 비자카드사는 프랑스의 BFCE 은행 싱가포르 지점을, 마스터카드사는 말레이시아의 MBF 은행을 내세워 북한의 대외무역은행과 업무 제휴를 통해 신용카드 소지자들이 북한 내 호텔·백화점·음식점 등 30여 가맹점에서 신용카드로 결제할 수 있도록 하고 있다.

북한 내 신용카드 거래 규모는 작년 초까지만 해도 월 평균 4만 달러에 불과했지만 올해는 월 평균 거래가 10만 달러를 넘는 등 빠른 성장세를 보이고 있다. 비자 카드사나 마스터카드사는 특히 나진·선봉 지대 등 개방 지역의 외국 업체 근무자나 북한 고위층 중 신용카드 사용자 수가 늘어날 것으로 보고, 카드 발급 업무도 취급할 수 있도록 북한 당국과 접촉하고 있다.

조르단 국제 담당 부사장을 포함한 CNN 방송 간부들이 지난 5월 평양을 방문했다. CNN측은 이번 방문에서 북한 당국과 평양지국 개설을 협의했다. 미국 언론 가운데 유독 CNN이 북한 당국으로부터 호의적인 반응을 얻는 것은, CNN측이 김주석 사망에 조의를 표했고 북한에 대해 다른 미국 언론사보다 우호적이기 때문이다.

3. 본격 투자 준비

앞으로 북한의 경제 개발 최우선 과제는 사회기반 시설을 확충하는 문제이다. 통신 분야의 AT&T사나 MCI사, 에너지 분야의 스탠턴 그룹 등이 사회 기반 시설 분야에 깊이 참여하고 있다. AT&T사의 북한 접촉 창구 및 프로젝트 추진 상황은 다음과 같다.

첫 번째는 'AT&T 커뮤니케이션 서비스 그룹'이다. 지난 4월10일 직통 전화 개설도 이 그룹이 추진했다. 직통 전화 개설은 현재 북한과 추진 중인 30여 개발 계획 중 초보적인 것이다. AT&T사는 애초 경수로 협상 등 미·북한 관계의 추이를 지켜보면서 5월 초에나 직통 전화를 개통한다는 계획으로 북한 측과 협상해 왔다. 이 과정에는 일본의 국제전신전화 회사인 'KDD사'가 AT&T사와 북한 측 계약사인 파이컴퓨트사 간에 중개 역할을 맡았다. 지난 2월18일부터 북한과 수차례 전문을 교환하던 AT&T사는 3월15일 평양으로부터 중요한 전문을 받았다. 그 내용은 '귀사는 5월1일부터 우리 측과 직통 전화를 개시하기를 원한다고 했지만, 우리는 4월10일께부터 서비스가 개시되어야 한다는 견해를 밝히는 바입니다'라는 내용이었다. 이로써 통화 개설 시간이 앞당겨지게 됐다.

두 번째 그룹으로는 'AT&T 네트워크 시스템즈 그룹'이다. 이 그룹은 통신 기자재 및 장비 판매를 담당하고 있는데, 앞으로 북한과의 협상에서 중요한 협상 파트너로 떠오를 것으로 전망된다. 현재 북한이 주로 사용하는 통신 장비는 일본제 구형 아날로그 방식인데, 이를 미국식 통신 체계로 바꾸지 않고서는 선진국가의 통신에서 상당한 어려움이 예상된다. 따라서 북한은 이 통신 체계를 바꾸는 데 필요한 상당량의 통신 장비를 구입할 것이다.

MCI사측은 2월14일 미국 기업인 방북단에 참여해 북한에 들어갔다. MCI 측은 그때 북한 측에 나진·선봉 지대에 위성 텔레커뮤니케이션 시설을 세우겠다고 제안했다. 또 직통 전화 및 팩스·서비스를 개설하는 데 필요한 업무 협의도 마쳤다. 방북단에 같이 참여한 통신 장비 회사인 '컬럼비아 커뮤니케이션사'는 텔레커뮤니케이션 장비 및 시설 설비 부문에 참여하기로 결정하기도 했다. 그런데 AT&T사와 MCI사의 북한 프로젝트 담당자들이 지난 5월13일부터 19일까지 평양을 방문해 북한 당국자와 다음과 같이 합의했다. 즉 통신 서비스는 'AT&T와 MCI 양사로부터 공동으로 받으나 통신 장비는

AT&T사 제품을 구입한다'는 것이다.

핵 발전 부문의 경우 미국 정부는 이미 한국의 원전 사업에 참여한 경험을 갖고 있는 웨스팅하우스사 및 관련 업체들을 북한 핵문제 해결 과정에 감독 회사로 참여시키려고 하고 있다. 또 이와 함께 비핵 발전 시설을 북한에 확충시켜 주기 위해 노력하고 있다.

에너지 부문의 스탠턴사는 북한에 진출한 최초의 미국 기업이다. 지난 1월 19일 미국 상원 에너지위원회에서 행한 스탠턴그룹 브라운 사장의 증언에 따르면, 스탠턴그룹은 지난해 10월 북한과 미국이 제네바 합의서에 서명한 직후 북한의 요청에 따라 고위 경제 인사 및 기술자 팀을 북한에 파견했다. 당시 스탠턴 팀은 북한의 전력 산업과 항만 시설에 대한 현장 조사를 2주일에 걸쳐 했고, 전력 생산 분야에 참여하기 위한 계획을 세워 미국 정부로부터 승인을 얻은 것으로 알려졌다. 스탠턴그룹이 당시 세운 계획은 전력 생산, 정유, 산업 발전·개발 등 세 가지 분야이다.

당시 브라운 사장이 밝힌 바에 따르면, 발전 부문에서는 스탠턴사가 나진·선봉 지대에 있는 가동 중지된 2백MW급 화력발전소를 인수해 우선적으로 이 지역에 전력을 공급하고, 차후 다른 발전소는 북한에서 생산하는 연료를 이용해 발전하도록 하는 계획을 세웠다. 이런 방식을 통해 유엔개발계획(UNDP)이 두만강 개발 계획에 제시한 두만강 지역 전력 공급 문제를 해결하려는 것이다.

발전 설비를 가동할 자금은 스탠턴사가 정유시설들을 재정비해 정제한 석유를 세계 시장에 판매해 확보하는 방법을 모색하고 있다. 원래 계획상으로는 5월 중에 유럽에서 원유를 처음으로 도입해 이를 정제한 뒤 석유 메이저들에게 전량 수출할 예정이었다. 이를 위해 필요한 조처는 모두 끝낸 상태다. 앞으로 추가되는 발전 설비 자금은 정유공장을 확대해 마련하려고 한다. 또한 스탠턴사는 북한과 협의해 나진·선봉 지대에 대한 투자를 늘릴 계획을 세우고 있고, 이런 계획들을 실행에 옮기기 위해 미국 해외자산통제국의 규제 법안들을 철폐해 달라고 미국 상원에 요청했다. 나진·선봉의 정유·발전 개발 사업을 담당하는 주체는 북한의 조선설비회사와 스탠턴그룹이 합작한 '설비-스탠턴 개발회사'가 될 것으로 알려지고 있다.

스탠턴그룹과 북한의 인연은 92년 유엔이 주최한 두만강 개발 모임에서 스탠턴그룹이 두만강 개발에 대한 청사진을 제시하면서부터이다.

그러던 중 지난해 제네바 합의 이후 양측의 관계가 급진전돼 스탠턴그룹 전문가들이 나진·선봉 지대의 발전·정유·경공업 개발 등 3대 종합계획을 수립하게 된 것이다.

현재 북한에는 정유공장이 두 군데 있다. 하나는 중국의 원유를 들여와 정제하는 신의주 인근의 봉화정유공장이고, 다른 하나는 스탠턴그룹이 재가동을 시도하고 있는 나진·선봉 지대의 승리화학정유공장이다. 스탠턴그룹의 진단에 따르면, 승리화학정유공장이 휴업한 이유는 기술적 문제보다는 경화가 부족해 정유를 확보하지 못했기 때문이라고 한다.

한국 기업과 연계해 북한에 진출하려는 미국기업도 있다. 그러나 한국 정부가 민간 기업의 북한 진출에 대해 정치적 선행 조선을 계속 내세우는 한 돌파구를 마련하기가 쉽지 않은 상황이다.

4. 조사 활동 강화

미국 기업들 중에는 단기적으로는 북한 시장에 대해 회의적이지만 장기적 전망에서 시장 구조 변화 예측 및 진출 시기를 놓고 활발히 조사 활동을 벌이고 있는 기업이 많다. 현재는 단순한 관심 차원을 넘어 사업 초기 단계에서 나타나는 양상을 띠고 있기도 하다. 주먹구구 식의 조사가 가진 위험성을 탈피한다는 점에서 오히려 이런 활동이 바람직한 점도 있다. 북한도 지금까지 결벽증에 걸린 것처럼 대외 공개를 꺼려 오던 전례를 깨고 자료 제공과 실지 조사 기회를 기업들에게 줄 필요가 있다.

5. 지역 협력 구도 고려

미국 기업 가운데 아시아·태평양 지역 본부를 운영하는 기업들은 대체로 지난해 이후 미국 본사의 지시에 따라 북한 시장 진출을 정책 과제로 설정해 두고 있다. 그러나 그동안은 사업 진행을 위한 인맥 연결, 사업성 검증 같은 실질적 활동은 많지 않았다.

최근 북한에 대한 이들 지역 본부들의 관심이 점증하고 있다. 분야도 다양하다. 농업 등 1차 산업에서부터 금융·제조업·통신·전자부품·에너지·광고, 그 밖에 하이테크 분야에 이르기까지 광범위하다. 대북 사업이 미국 본사의 정책 지시 차원에서 아시아·태평양 지역 본사 차원의 사업으로 이전하고 있다는 점은 미국 기업의 북한 진출이 한 단계 격상하고 있다는 것을 보여주는 것이다.

현재 미국 기업들은 북한의 개방 정책에 대한 기대와 우려를 동시에 가지고 있다. 행보 역시 매우 조심스럽다. 그러면서도 미국 기업들의 속성 가운데 하나인 장기적 안목에 입각한 투자는 지금 미·북한 관계에서 새로운 이슈로 자리 잡고 있다. 따라서 정부 차원의 접근이 일단락되면 첨예한 경쟁 시대가 반드시 올 것이다. 이때쯤이면 미국 기업의 북한 시장 진출이 본격화할 것임이 분명하다.

(1995. 8. 17)

미국 로스앤젤레스에서 북한 투자 관련 비공개 세미나가 열렸다. 이 세미나의 자료에 의하면 북측은 이 자리에서 대북 제재 철폐, 1천 4백만 달러 상당의 미국 내 북한 재산 동결해제, 제3국 은행에서의 달러 결재 허용, 미국 기업인들의 대북 직접 투자와 직접 무역 허용 등을 요구했다. 미국 측은 미·북한 간 완전한 경제 협력이 이루어지려면 한국전 참전 미군 유해 및 실종자 조사단의 방문과 대량살상무기의 수출 중단, 국제 테러 방지 약속, 남북 대화 등이 필요하다고 주장했다. 이 자료를 통해 92년 스칼라피노 교수가 미국 아시아협회 대표단을 이끌고 나진 선봉을 처음 방문한 이래 미국의 니코사·스탠턴 그룹·머피그룹이 이 지역을 방문했고 제너럴모터스·포드 등 많은 미국 회사가 북한을 방문해서 투자 의향을 밝혔다는 사실이 드러났다. 또 미국의 경제전문가가 당시 북한의 산업 금융 유통 등 다양한 측면에 대해 매우 구체적으로 파악하고 있었다는 점도 흥미롭다.

관계 개선 위한 미국과 북한의 희망 사항

미·북한 당국자 '대북 투자 비공개 세미나' 내용 발췌

지난 8월2일과 3일(현지 시간) 미국 로스앤젤레스에서 북한 투자 자문 회사인 'LA국제경영연구원'과 '오 앤드 해싱 연구소'가 공동 주최한 북한 투자 세미나가 열렸다. 이 세미나에서 유엔 주재 북한대표부 한성렬 공사는 "미국 정부는 미국 기업의 대북 직접 투자와 직접 무역을 허용해야 한다"고 주장했다. 미국 측 참가자인 데이비드 브라운 국무부 한국과장은 '한국전 참전 미군 유해 및 실종자 처리, 테러 방지 확약, 남북 대화, 북한 내 인권 문제'

등을 미·북한간 경제 협력의 선결 과제로 제시했다.

이 세미나에는 유엔 주재 북한대표부 현학봉 일등 서기관, 북한 경제 전문가 앤드류 린턴 벨 재단 연구위원, 고든 플레이그 워싱턴 한국경제연구소 연구위원도 참석했다. 비공개로 진행된 이날 토론의 주요 발표 내용과 질의응답을 발췌해 소개한다.

한성렬 공사: 백여 개의 외국 투자 대표단이 나진·선봉 지대를 참관하고 있는데, 참관 인원은 천여 명에 달한다. 지난해에는 10여 부문에 2억 달러어치의 계약이 성사됐다. 92년 스칼라피노 교수가 미국 아시아협회 대표단을 이끌고 이곳을 처음 방문한 이래 미국의 니코회사·스탠턴 그룹·머피그룹이 이 지역을 방문했다. 그밖에 제너럴모터스·포드 등 많은 미국 회사가 북한을 방문해서 투자 의향을 밝혔다. 91년 정무원 결정을 통해 나진·선봉 시를 자유무역 지대로 정한 이후 92년 개정 헌법 및 외국인 기업법·합작법·투자법이 제정되었고, 93년 외국인투자 기업 및 외국인 세금법, 자유무역지대법 등을 제정했다. 특히 미주 동포 기업들의 북한 투자는 미·북한 경제 관계뿐만 아니라 정치·외교 관계 수립에 유리한 환경을 조성해 주고 나아가 핵문제 해결과 한반도의 긴장 완화 및 동북아 안정에도 기여할 수 있다.

미국은 북한에 대한 제재 조처를 조속히 전면 철폐해야 한다. 미국은 지난 1월 북한에 대한 경제 제재를 완화한 뒤에도 아무런 혜택을 주지 않고 있다. 미국은 1천 4백만 달러 상당의 미국 내 북한 재산 동결과, 북한에 대한 제3국 은행에서의 달러 결재를 여전히 허용하지 않고 있다. 미국은 상호 신뢰 구축을 촉구하는 제네바 합의에 따라 미국 기업인들의 대북 직접 투자와 직접 무역을 허용해야 한다. 그러나 현 상태에서도 미국 기업들은 사안 별로 미국 정부의 허락을 받아 대북 무역 교류를 촉진할 수 있다.

브라운: 미국은 조심스럽게 대북 경협에 접근하고 있다. 양국 관계를 위해

먼저 해결해야 할 정치적 문제는 지난해 10월 제네바 합의 타결 이후 경제 제재를 풀기 위한 방안을 다각적으로 모색했지만, 외교·정치 문제에 걸려 완전한 무역 거래는 이루어질 수 없게 되었다. 현재는 여행· 송금 같은 기초 분야에만 제한 조처를 풀어 놓은 상태이고 물품의 수출입 분야는 여전히 제한되고 있다. 미·북한간 완전한 경제 협력이 이루어지기 위해서는 해결해야 할 문제들이 있다.

한국전 참전 미군의 유해 및 실종자를 조사하기 위한 조사단의 방문과 관련한 논의가 이루어져야 한다. 북한은 대량 살상 무기류의 수출 중단과 국제 테러 방지를 약속해야 한다. 미국은 이 문제에 관한 한 북한에 대해 상당히 부정적 입장이 지배적이기 때문에, 미 의회에 북한 관련한 부정적 시각들을 무마하기 위해서는 이 같은 정책 표명이 필요하다.

남북한 평화 정착을 위한 대화 채널이 필요하다. 북한은 한국 정부를 따돌리고 모든 걸 미국과 직접 해결하려고 하는데 이는 바람직하지 못하다. 한반도에서 긴장 완화를 위해 남북 대화에 참여하려는 노력을 보이지 않는 한 미·북한간 경제교류 진전에는 문제가 있다.

비록 북한의 내부 문제이기는 하지만 인권을 개선하려는 노력을 기울여야 한다. 개별적인 투자 및 무역은 미 재무부 및 상무부와 진행시켜야 한다.

린턴: 북한 경공업 분야의 경우, 나진·선봉지역이 외국 투자가에게 혜택이 많고 자유스러운 활동과 이윤을 보장하는 장치가 마련되어 있긴 하지만, 북한의 다른 지역에서도 국제적인 활동이 진행되고 있다. 봉제 분야의 임가공 무역 형태로 합작·합영이 많이 진행되고 있고, 한국·유럽에 대한 수출이 나진·선봉지역 외에서도 진행되고 있다.

봉제업의 경우 상당히 우수한 기술을 바탕으로 제품이 생산되기 때문에 앞으로 투자 가치가 높은 분야로 평가 되고 있다. 북한의 무역상사 분화가 잘

돼 있고 무역 업무에 대한 이해도가 과거 일본·동유럽·서유럽 국가와 해온 경험이 있어 높은 편이다.

농업 분야에서는 한국이 20년 전에 경제 효율화와 생산성 증대를 위해 노력했던 것처럼, 경작지를 효율화하는 노력을 기울이고 있는 모습이 역력하다. 내가 보기로는 미국이 작물류 경작에 탁월하기 때문에 이 분야에서는 협력할 가능성이 가장 크다. 중공업 분야는 북한이 중공업 중심 발전을 경제 발전 전략으로 채택했기 때문에 상당히 발전된 상태다.

정보산업은 생각했던 것보다 많은 장비를 가지고 있었고, 소프트웨어 개발 분야에서는 어느 정도 능력을 갖추고 있어 소프트웨어 생산 및 훈련이 가능해 보였다. 소매업 분야의 경우 미국의 월마트 같은 대형 체인점은 없지만 각종 백화점에서는 제한된 물량이나마 동남아시아에서 생산된 각종 과자류·중국산 제품·일본산 전자제품, 심지어 미국산 선키스트·워싱턴산 사과 및 주류가 눈에 띄었다. 제3국을 통해 반입된 것으로 보였다.

운송 분야는 기초적인 도로망은 갖추고 있고, 초현대식은 아니더라도 일반적 운송은 어느 정도 가능한 상태를 유지하고 있다. 전화 통신도 기본적인 전화 통신, 팩스 교신이 평양과 주요 도시에서는 가능한 것으로 보였다.

금융 분야의 경우 생산 업무 및 감독을 맡은 중앙은행이 있고, 이 은행 산하에 외국 화폐 및 환전을 맡은 외국인 무역은행과 준 사립은행들이 있다. 네덜란드도 ING가 지점을 개설했다. 북한은 이처럼 외국 금융기관 설립을 허용하고 있다. 중앙은행과 관리 및 무역부 직원, 무역촉진위 간부 등 이 분야에서 일하는 인력들은 서방의 비즈니스 문화 및 자신들의 경제에 대해 이해 정도가 높았다.

신용카드의 경우 유럽 은행들이 발행한 신용카드는 사용할 수 있었으나 미국 은행이 발급한 신용카드는 사용할 수 없었다. 미국 신용카드를 사용하는 것이 불가능한 이유는, 미국 은행과 북한 은행 간에 업무 협조가 이루어지지 않고 있기 때문으로 보인다. 마스터 카드나 비자카드는 원래 미국을 포함한 유럽 각국의 신디케이트 체제로 운영되고 있는 데 비해 북한과 같은 나라에서의 실제 사용은 국가 간, 양국 은행 간 공조 체제가 확립되어야만 하기 때문이다. 이 공조 체제가 확립되면 미국이 발행한 카드를 사용할 수 있다.

다음은 대북 투자 세미나에서 미국 측 참석자들의 질문에 북한 측 참석자들이 답한 내용이다.

왜 나진·선봉만 개방하려 하는가?

나진·선봉을 자유무역지구로 개발하려는 것은 우리의 필요에 의해서이고, 경제 개발을 위해 전략 거점 지역을 먼저 개발하는 것은 세계적인 추세이다. 한국도 한때 울산만 중점 개발하지 않았는가.

북한 내 투자에 대해, 혹은 무역 거래에서 중국처럼 중앙은행이 보증하는 제도를 만들 생각은 없는가?

지금 현재로서는 없다. 보증하는 방안을 찾아볼 수도 있을 것이다. 그러나 미국 측도 이에 상응하는 보증 장치를 만들어야 한다.

북한에 정말로 소매시장이 있는가?

북한 거리에서 쇼핑백을 들고 다니는 주민들은 거의 볼 수 없다. 하지만 소매시장이 전혀 없는 것은 아니다. 북한은 풍부한 자본주의 국가가 누리는 정도는 아니지만 균등한 범위 내에서 필수품을 공급해 주고, 각 지방에 있는 소매점을 통해 소매 행위가 이루어지고 있다.

(1995. 8. 31)

1.3. 남북 쌀 회담 막후 주역, 북미 연락사무소 협상은 왜 결렬됐나

북한 내부가 워낙 폐쇄된 체제이기 때문에 북한 내부 동향은 바깥 세계와 연결된 선들을 취재해서 알아낼 수밖에 없다. 당시는 북경 등에서 북측 인사 접촉이 가능할 때였기 때문에 이들과 접촉선이 있는 국내 인사, 정보기관, 재계쪽 인사들이 중요한 취재 창구였다. 그리고 일본의 경우 조총련계 인사들이나 이들과 접촉하는 일본 인사들, 북미관계와 관련해서는 미국쪽 채널, 그리고 중국 동북 지역의 조선족 인사들 등 여러 채널에서 들어오는 소식들을 종합해서 판단하는 식이었다. 그 중 서로 다른 복수의 채널에서 확인된 사항에 대해서는 북한 내부에서 벌어지는 실제 상황을 반영하는 것으로 일단 판단할 수 있었다. 그러나 그렇게 교차 확인된 사실들도 행위 주체인 북의 사정에 따라 추후 바뀌는 경우가 다반사였다. 북한 스스로도 앞날이 불투명한 속에서 한 걸음 한 걸음 조심스럽게 내딛어야 했기 때문이다. 당시의 가장 뜨거운 이슈 중 하나가 김정일이 언제 권력을 승계할 건가 하는 것이었다. 미국과 북한의 연락사무소 상호 교환 설치 및 남북관계 등이 이 문제와 다 연동돼 있었다. 북한 스스로가 불확실한 정세 속에서 결정을 했다가도 뒤엎는 일이 수시로 벌어졌기 때문에 바깥으로 흘러나오는 얘기들도 냉온탕을 오갈 수밖에 없었다.

95년 5월 말에서 9월 사이는 주로 북한의 식량 사정과 관련한 뉴스들이 많이 나왔다. 5월26일 북한이 일본에 쌀을 공급해 달라고 공식 요청한 것이 우리 정부를 자극했다. 당일 나웅배 부총리 겸 통일원 장관이 북한에 곡물 지원을 제의했다. "북쪽에 제공할 곡물의 종류와 수량, 인도장소와 시기, 수송 및 운반수단 등 절차 문제를 협의하기 위한 쌍방 당국 대표들이 북쪽이 원하는 일시와 장소에서 만날 것을 제의"한 것이다. 6월8일에는 나웅배 장관이 "일본이 곡물을 북한에 먼저 제공할 경우, 우리의 평화통일 노력에 지장을 초래하게 됨은 물론 한·일 관계에도 좋지 않은 영향을 미치게 될 것이 우려됨을 강하게 지적해 두고자 한다"고도 했다. 이렇게 해서 6월17~21일 대북 쌀 지원을 위한 제1차 북경회담이 개최돼 쌀 15만 톤 제공에 합의했다. 6월23일에는 북일 간에도 쌀 제공과 관련한 협상이 도쿄에서 열렸다. 6월23일 김영삼 대통령은 김정일이 주석직을 승계한 후 남북정상회담을 재추진하겠다고 시사함으로써 당시 대북 쌀 지원 등을 통해 정부가 설정한 남북관계의 최종 목표가 정상회담 재추진이었음을 드러내기도 했다.

7월5일 나웅배 장관이 제2차 북경 쌀 회담부터 남북관계 진전 노력을 병행할 것이라고 언급함으로써 대북 쌀 지원이 남북관계 개선으로 연결되기를 바라는 정부의 속마음을 비쳤다. 7월21일 김영삼 대통령은 미국에서 간행되는 〈비즈니스 위크〉지 회견에서 수개월 내 남북 간에 중요한 대화가 개최될 전망이라고 언급하기도 했다. 즉 "향후 수개월 내에 남북한 간에 중요한 대화가 있을 것이다. 현재 북한에는 김정일 외에 다른 대안이 없다. 그가 주석 직에 올라 대화를 갖게 되면 한반도 평화가 촉진될 수 있을 것이다"라고 했다. 8월15~22일 KEDO 경수로 부지조사단이 방북하고 8월23일 방북 결과를 발표했다. "예상부지는 신포시의 북쪽 5~6km, 해안에서 3km 떨어진 구릉지대이다. 용수와 냉각수를 7km 떨어진 북청

남대천에서 끌어다 쓰는 것이 문제이다"라고 했다.

8월23일 북한이 유엔에 수재긴급구호를 요청하면서 북한의 큰물 피해 규모가 알려지기 시작했다. 8월25일 김영삼 대통령은 기자간담회에서 "북한이 경제적으로 식량사정이 어렵고 비 피해도 엄청나다. 우리가 상상하기 어려울 정도다"라며 북한 사정의 어려움에 대해 언급했다. 8월29일 유엔 인도지원국(DHA) 대표단이 평양에 도착했고 9월2일에는 유엔의 3개 수해조사단인 세계식량계획(WFP)·식량농업기구(FAO)·유엔아동기금(UNICEF)이 평양에 도착했다. 9월4~9일에는 유엔 홍수피해 조사단이 방북했다. 9월4일 유엔 인도지원국(DHA)은 북한에 50만 명의 이재민이 발생했다고 발표했다. 또 북한 적십자사는 국제적십자연맹(IFRC)에 수해 곡물 손실량이 190만 톤이라는 보고서를 제출했다. 9월6일 북한은 조총련을 통해 일본에 수해지원을 요청했다. 아래 기사는 북한의 큰물 피해 규모가 아직 제대로 알려지지 않았을 때까지의 상황이 반영된 것이다.

남북 관계, 가을바람 불면 풀린다

북한, 10월 권력 승계 앞두고 유화 움직임… 미국의 평양 연락사무소 개설도 긍정 역할

경색 국면을 면치 못하던 남북관계가 9월 들어서면서부터 조금씩 풀릴 기미를 보이고 있다. 아직 표면에 드러나지는 않고 있지만 현재 남북 간에 형성되고 있는 미묘한 변화 움직임이라든가 9월이라는 시기적 특성 등으로 볼 때 경색 국면이 풀릴 것이라고 점치는 것이 무리하지만은 않다.

전통적으로 9월은 남북 관계가 경색 국면에서 이완 국면으로 넘어가는 징검다리 구실을 하는 시기이다. 8월의 남북 관계가 8·15 전민족대회를 중심으로 양측의 정면충돌로 특징지어 진다면, 민족 최대 명절인 추석이 낀 9월은 긴장의 수위를 낮추는 시기인 것이다.

"가을바람 불면 좋아질 것"

올해 9월은 이런 패턴이 되풀이되는 것 외에도 북한 정권 최대 과제인 김정일의 권력 승계를 바로 눈앞에 둔 시기라는 특수성을 지닌다. 북한이 대대적인 잔치 분위기로 치르고자 하는 권력 승계 식을 앞둔 시점에 남북관계를 경색 국면으로 방치하기는 어려울 것이다. 또 권력승계 식 전후로 초점이 맞추어지고 있는 미국 연락사무소 개설 움직임도 남북 간 긴장을 이완시키는 요인이 될 것으로 보인다.

북한지도부가 10월10일에 초점을 맞춰 김정일 권력 승계 식을 준비하고 있다는 조짐은 다음과 같은 사례에서 포착된다. 최근 몇몇 일본 기자들이 오사카에 있는 조총련 고위 당국자에게 김정일의 권력 승계와 관련한 질의를 보낸 바 있다. 이에 대해 조총련 당국자는 "최근 평양에서 10월10일이 틀림없다는 회신을 받았다. 이 날에 맞춰 일본에서 축하 행사를 준비하고, 또 평양을 방문할 방문단 조직에 박차를 가하라는 지시를 받았다"라고 답했다. 이에 따라 오사카 주재 일본 기자들은 조총련 측에 10월10일을 전후해 평양 취재를 신청했고 조총련으로부터 '최선을 다 하겠다'는 회신을 받았다.

10월의 권력 승계 식에 맞춰 미국과 북한 간의 연락사무소 개설 움직임도 빨라질 전망이다. 미국과 북한은 7~8월을 비교적 소강상태로 보냈다. 이에 따라 연락사무소 개설이 올해 내에 힘들 것이라는 관측도 나왔다. 그러나 7,8월의 소강상태를 액면 그대로 받아들여서는 곤란하다는 지적도 있다. 이 기간에도 양측이 은밀하게 교섭해 왔다는 것이다. "현재 미국과 북한은 올해를 넘기지 않겠다는 점에서 뜻을 같이하고 있다"고 한 북한 전문가는 말했다. 그는 "최근 서방 세계에 나와 있는 북한 고위 관리가 '가을바람이 불면 좋아질 것이다'라는 말을 한 적이 있다. 이는 미·북한관계와 관련해 매우 의미심장한 말이다"라고 덧붙였다.

9월의 남북관계는 바로 10월로 예상되는 김정일 권력승계식 및 미국 연락사무소 개설 움직임과 직접 연동돼 있다. 권력 승계 식을 앞두고 북한 스스로 어느 정도는 대남 유화 자세를 취할 필요가 있을 뿐 아니라, 특히 미국 측의 연락사무소 개설에 대해 성의를 표시하기 위해서라도 한국에 대해 어느 정도 상징적인 조처를 취할 필요성이 있기 때문이다.

이와 관련하여 지난 쌀 협상 기간에 남북의 협상 대표가 나진·선봉 지대에 대한무역투자진흥공사(KOTRA) 사무실을 설치하는 문제를 두고 협상해 왔다는 사실을 주목해야 한다. 무공 사무소의 나진·선봉 진출은 미국 연락사무소의 평양 진출에 앞서 남북한과 미국이 서로의 체면을 유지했다는 선에서 타협안으로 제시됐 을 가능성이 매우 높다. 이 사안에 대해서는 북한 내부에서 이미 김정일의 최종 결재가 떨어진 것으로 알려졌다.

민간 접촉·기업 교류에 청신호

무공 사무소의 나진·선봉 진출은 실익 면이나 모양새라는 측면에서 한국 측에 바람직한 것은 아니다. 현재 나진·선봉 지대는 거의 황무지나 다름없기 때문에 무공 사무소가 들어가서 할 일이 거의 없다. 또 미국 연락사무소가 평양에 진출하는 마당에 한국의 무역사무소가 변방인 나진·선봉에 들어간다는 것은 모양으로 보아도 좋지 않다. 다만 최근의 경색 국면에 비해 볼 때 대화 채널을 구축한다는 상징적인 의미는 부여할 수 있을 것이다.

이밖에도 7,8월의 경색 국면과 달리 민간 수준의 교섭에서도 북한 측 유화 제스처가 최근 잇달아 나타나고 있다. 아직 표면화하지는 않았지만 최근 국내 두 기업이 북한 측에 사업계획안을 제출했는데, 북측으로부터 원칙적인 동의를 받았다고 한다. 흥미로운 것은, 이 사업안들이 해당 기업에서조차 북측이 동의해 오리라고 기대하지 않았던 것이었는데 북측이 '엉뚱하게도' 동의했을 뿐 아니라 둘 다 연내에 실행에 옮기게 되어 있다는 점이다. 또한 최근 북한 당국은 10월 이후로 예정된 남북 간 민간 접촉이나 경제인 교류에 대해 거의 대부분 동의해 오고 있다고 한다.

10월을 겨냥한 유화 움직임은 한국 정부에서도 그 조짐이 나타나고 있다. 대표적인 움직임이 정주영 현대그룹 명예 회장의 사면 복권 및 김영삼 대통령과의 회동이다.

정주영씨, YS 메시지 들고 북한행?

정 회장의 사면 복권에 대해서는 일반적으로 국내 정치 측면이 부각되고 있으나 실질적으로는 대북 정책 노선의 변경을 의미하는 것으로 받아들여지고 있다. 즉 대북 정책을 여태까지처럼 청와대 독점 체제가 아니라 외곽 인사 적극 활용 쪽으로 전환하고, 실효성 없는 정치 논리보다 실물 위주 접근으로 전환하겠다는 의지로 해석할 수 있다는 지적이다. 따라서 일각에서는 정주영씨의 북한 방문이 빠르면 9월 중 실현될 가능성이 있으며, 만약 그의 북한 방문이 실현된다면 김 대통령의 대북 메시지가 전달될 가능성이 매우 높은 것으로 점쳐지고 있다.

현재 남북 관계에서 가장 주목되는 시점은 김정일의 권력승계식이 끝난 직후 뉴욕에서 열릴 예정인 유엔 정상 회담이다. 특히 북한 측 정상이 참석하기로 되어 있는 10월 23일 회의에 과연 김정일이 나타날 것인지, 이 경우 김영삼 대통령과 회동할 것인지가 주목할 대목이다. 남쪽이나 북쪽이나 가까운 시일 내에 다시 찾아오기 힘든 이 기회를 정상회담으로 성사하기 위해서는 분위기 조성이 필요한 때이다.

(1995. 9. 7)

앞의 기사에서 가을바람이 불면 남북관계가 좋아질 것이라고 했다. 또 김영삼 대통령이 "향후 수개월내에 남북한 간에 중요한 대화가 있을 것"이라는 얘기를 했다는 것도 소개했다. 북미간의 물고물리는 협상 과정을 설명한 아래 기사를 통해 왜 그런 전망이 가능했고 어디서 틀어졌는지 이해할 수 있을 것이다. 김일성 주석 사망 후 김정일이 언제 권력을 승계할 것인가 하는 것은 95년 당시 북한 관련 최대 이슈였다. 북한 내부에서 김정일의 권력 승계 시점으로 애초에 설정한 시기는 96년 2월께였다고 한다. 주석 사망 후 1년 상은 기본이고 여기에 6,7개월의 준비기간을 고려한 일정이었다. 그런데 3개월 정도 앞당겨 95년 10월10일 당 창건기념일에 권력을 승계하는 방안이 95년 3월께부터 내부 논의되고 추진됐다.

이 기사는 김정일 권력 승계를 북한이 왜 애초의 내부 계획 보다 3개월 앞당기려 했는지 그로 인해 어떤 일들이 상호 연동돼 일어났고, 결과적으로 실패한 이유가 뭔지를 추적하고 있다. 이 과정에서 흥미로운 것은 95년 6월 남북 간에 있었던 북경 쌀 회담이 바로 이 문제와도 깊이 관련돼 있다는 점이다. 김정일 권력승계와 떼려야 뗄 수 없는 관계로 추진됐던 연락사무소의 평양 진출 조건 중 하나로 미국이 남북대화를 내걸었는데 북한이 그것을 받아들인 방식이 바로 북경 쌀 회담이었다는 것이다. 연락사무소 회담과 연동돼 있었기 때문에 인공기 게양 사건, 삼선 비너스호 사건 등 돌발사건이 계속 벌어지는 와중에도 쌀 회담이 계속 이어질 수 있었다.

미국 연락사무소 평양 진출, 왜 막판에 엎어졌나

북·미 협상 난항으로 '10월10일' 넘겨…국내외 현안 쌓여 '96년 초 승계' 불투명

노동당 창건일인 10월10일 이루어질 것으로 예상됐던 김정일의 권력 승계가 무산된 것은 연락사무소 개설을 위한 미국과의 협상이 차질을 빚었기 때문인 것으로 알려졌다. 미·북한 협상에 정통한 서울의 외교 소식통은 최근 "9월 중순 이전까지만 해도 해외에 나와 있는 북한 고위 관계자들은 10월10일 김정일이 권력을 승계할 가능성을 부인하지 않았다. 그러나 9월18, 19일께부터 점차 승계가 어려울지 모른다는 얘기가 흘러나오기 시작했다"고 말했다. "연락사무소 개설과 관련해 미국이 북한에게 무리한 요구를 했기 때문"이라는 것이 그 이유였다. 미국 측의 무리한 요구란 바로 연락사무소가 개설되기 전에 김정일의 권력 승계가 먼저 이루어져야 한다는 것이다. 미국 측의 요구는 전혀 새로운 것으로, '선 연락사무소 개설, 후 권력 승계'라는 북한의 권력 승계 구도를 완전히 뒤집는 것이다.

이전까지 미·북한 간에는 연락사무소 개설을 위한 전제 조건이 모두 해소된 상태였다는 것이 정설에 가깝다. 전문가들 사이에는 올해 초부터 수차례 열린 비밀 접촉 결과 사무소 부지 문제를 비롯해 거의 모든 실무 문제들이 해결되었다는 얘기가 떠돌았다. 이 같은 사실은 지난 9월 말 평양에 들어간 미국 연락사무소 조사단이 북한과 영사보호협정을 체결했다는 점에서도 확인된 바 있다. 일반적으로 외교 관계가 없는 국가 간에 영사보호협정이 체결됐다는 것은 곧 정식 외교관계를 수립하기 위한 실무 절차가 모두 끝났다는 것을 의미하기 때문이다.

"더 이상 북한에 끌려다닐 수 없다"

따라서 전문가들은 10월10일까지 연락사무소가 평양에 들어서지 않을 경우 실질적인 개설은 내년 초쯤으로 하되 적어도 10월에는 사무소 개설과 관련한 공동 코뮤니케 정도는 나올 것으로 예상했다. 최소한 코뮤니케 형식의 담보만 있어도 김정일이 권력을 승계할 명분은 확보될 수 있는 것으로 보았던 것이다.

이 같은 상황을 놓고도 미국 측이 최근 김정일의 등장을 사무소 개설의 전제 조건으로 추가한 이유는 무엇인가. 여기에는 대략 두 가지 요인이 작용한 것으로 보인다. 하나는 미국 국내 정치의 역학 관계에서 대북 협상을 담당하는 국무부의 입지가 최근 들어 압박을 받기 시작했다는 점이다.

그동안 미국 의회나 언론 등 여론 주도층은 클린턴 행정부의 북핵 정책을 놓고 그 방향에 대해서는 대체로 찬성했으나 구체적인 협상 과정에 대해서는 북한에 끌려 다닌다는 인상을 가져왔다.

그러던 중 지난 8,9월부터 미국 내부의 대북 협상 내용들이 언론에 흘러나오기 시작하면서 더 이상 북한에 끌려가서는 안 된다는 분위기가 강하게 일기 시작했다. 그 대표적인 논점이 바로 "수장이 없는 국가와 어떻게 협상이 가능한가"라는 것이었다.

이에 따라 국무부 내에서는 승계와 관계없이 북한과 협의 사안들을 계속 진행해야 한다는 주장과, 김정일이 먼저 권력의 전면에 등장해야 여타 문제를 논의하는 것이 가능하다는 강경 주장이 팽팽하게 맞서게 되었는데, 최근에는 후자가 여론의 뒷받침을 받아 힘을 얻게 되었다고 한다.

이 밖에 미국 정부 스스로가 이를 협상 카드로 활용하고 있다는 점 또한 무시할 수 없다. 미국으로서는 미·북한 접근을 쳐다보는 한국·중국·일본·러시아 등 주변 국가들의 의심을 덜기 위해서라도 김정일이 먼저 권력의 전면에 나서는 것이 바람직하다. 만약 사정이 여의치 못할 경우 미국이 연락사무소라는 카드를 활용해 권력 전면에 끌어낼 수 있다면, 미국 외교의 성과로 치부할 만한 일이기 때문이다.

김일성에 비해 카리스마가 떨어지는 김정일로서는 북한 주민들을 설득할 수 있는 명분을 확보하는 일이 무엇보다 절실하다. 현재 김정일에게 필요한 명분이란 북한이 미국과의 현안에 대한 타개책을 제시하는 것일 수 있다.

미국 일본과 관계 개선이 승계에 큰 영향

대내적으로는 만성적인 식량난과 경제난 해결 방안을 제시해야 하고, 대외적으로는 미국·일본과의 관계에서 뚜렷한 성과가 나타나야 한다. 김정일이 김일성 주석 사망 후 곧바로 권력의 전면에 등장하지 않고 1년이라는 기간을 상중 통치 기간으로 정했던 것도 명분 있는 승계를 위한 정지 기간이 필요했기 때문이다.

승계를 위한 명분 확보 차원에서 볼 때 미국과의 관계 개선, 그리고 그 구체적인 사례로서 연락사무소를 상호 개설하는 것은 북한이 현재 선택할 수 있는 가장 중요한 요소라고 할 수 있다. 미국과 관계가 개선될 경우 곧바로 일본, 유럽과 관계 개선이 뒤를 이을 것이므로 경제 문제 또한 적어도 해결할 실마리는 마련할 수 있게 된다. 즉, 연락사무소가 개설되면 재미 동포나 재일 동포의 북한 방문이 활발하게 이루어질 것이고, 사무소 개설 시점까지 북한 투자를 미루고 있는 미국 기업이나 유럽 기업들의 진출이 적극적으로 이루어질 것이기 때문이다.

김일성 주석 사망 직후 지난해 연말까지 북한 지도부가 설정한 권력 승계 시점은 96년 2월께였다. 이 '96년 2월 권력 승계설'은 국내의 북한 전문가가 간접적인 방법을 써서 북한 고위층으로부터 확인한 사실이다. 당시 이 북한 고위층은 "주석 사망 후 1년 상은 기본이다. 1년 상을 치른 뒤에도 준비 기간으로 약 6,7개월이 필요하기 때문에 빨라야 96년 초이다"라고 말했다고 한다. 또한 이 시점은 대미 관계 일정과도 사실상 연동돼 있었다. 지난해 연말까지 북한 고위층이 미국과 경수로 협상을 타결 짓는 시점으로 내정했던 것이 95년 9월이었다고 한다. 이때까지 대미 협상을 타결 짓고 몇 달간 준비 기간을 거쳐 96년 초에 승계한다는 것이 원래의 시나리오였던 셈이다.

그런데 금년 3월을 지나면서 이런 시나리오가 앞당겨질 조짐을 보이기 시작했다. 그 가장 결정적인 계기는 3월에 베를린에서 열린 경수로 회담이었다. 베를린 회담은 경수로형 문제를 둘러싸고 한국·미국과 북한 간에 이견이 조정되지 못해 결렬되고 말았지만, 북한은 미국의 적극적인 태도에 상당히 고무되었다고 한다. 즉, 당시 미국과 북한 간에 상당한 의견 조율이 가능했다는 것이다.

경수로 문제뿐 아니라 연락사무소 개설을 둘러싼 미·북한 협상 또한 북한을 고무하기에 충분했다. 연락사무소 개설은 지난해 10월 제네바에서 체결된 미·북한 기본합의서에 따른 것으로, 쌍방의 전문가급 회담을 거쳐 경수로 문제가 타결되는 시기에 개설하기로 합의했던 것이다. 경수로 회담 시한이 기본합의서 체결 이후 6개월 이내라고 돼 있었기 때문에 사실상 연락사무소 개설 시기 역시 올해 4월께로 예상됐고, 이에 따라 지난 1월 말에는 상호 조사단이 평양과 워싱턴에 파견되기도 했었다.

이 무렵 북한 지도부는 애초에 느슨하게 잡았던 대내외 정치 일정을 재검토한 것으로 알려졌다. 대체로 이 같은 사실은 북한 정부가 해외 공관에 보내는 각종 전문 내용을 분석함으로써 밝혀지고 있는데, 국내의 한 전문가가 분석한 바에 따르면 5월 말에 김정일이 노동당 비밀회의를 주재해 대내외 정치 일정을 대대적으로 변경했다는 것이다. 북한이 9월로 예상했던 미국과의 경수로 회담 타결 시점을 6월의 쿠알라룸푸르 회담으로 앞당겼다는 데서도 당시 북한 내에서 정치 일정에 중요한 수정이 가해졌다는 것을 알 수 있다.

해외 주재 북한 고위 외교관이나 북한 내 고위관계자들 사이에 김정일이 당 총비서나 국가 주석 중 적어도 하나를 올해 10월 10일 노동당 창건 기념일에 가질 것이라는 얘기가 흘러나오기 시작한 것도 바로 3~5월이었다. 또한 6월의 쿠알라룸푸르 회담을 통해 경수로 문제를 해결한 북한이 10월 이전에 연락사무소 문제를 해결하기 위해 미국 측에 거듭 양보하는 모습을 보이기 시작한 것도, 북한이 10월 10일 권력 승계에 초점을 맞춰 모든 대외 문제를 해결하려했다는 점을 읽게 한다.

9월 이전까지만 해도 미국이 연락사무소의 평양 진출을 위해 내세웠던 조건은 두 가지였다. 하나는 경수로 협상 타결이고, 또 하나는 남북대화의 진전이다. 미·북한 간 연락사무소 협상이 전개된 시점을 살펴보면, 대체로 그 전 시기에 이 두 가지 조건 중 하나와 관련한 중대한 진전이 있었다는 점을 알 수 있다. 6월의 쿠알라룸푸르 회담 타결은 경수로 문제 타결이라는 전제조건을 만족시키는 것이다. 그래서 미국과 북한은 지난 7월13일 뉴욕에서 국무부 한국과 관계자들과 유엔주재 북한대사관 관계자들이 비밀 회동해 사무소 부지와 상주 인원 등 실무문제들을 협의했다.

'친위 군부'로 권력 공백 메워

경수로 문제 해결 이후 남북대화가 전제 조건으로 부각된 6월 이후 시점에도 이와 비슷한 양상을 엿볼 수 있다. 6월 이후 쌀 회담이라는 형태로 북한이 그동안 완강히 거부한 남북대화를 수용하기 시작한 배경은 연락사무소 개설을 담보로 한 미국 측의 압력을 북한이 받아들였기 때문에 가능한 것이었다. 또한 남북 간의 쌀 회담이 인공기 문제·삼선비너스호 억류 문제 등으로 난항을 거듭하면서 3차 회담 전망이 불투명해지자, 미국 측은 또 다시 북한에 대해 남북회담을 계속할 것과, 한국 기업에 대해서도 북한 지역을 개방할 것 등 두 가지를 요구했다고 한다. 북한은 이에 대해서도 역시 수용하는 태도를 보였다. 남북대화 재개에 대해서는 3차 쌀 회담을 북한이 먼저 제의

하는 방식으로, 한국 기업에 대한 북한 개방 요구는 나진·선봉 지대에 대한 입국사증 없는 출입 허용 등으로 화답한 것이다.

뒤이어 미국이 지난 9월 말 연락사무소 조사단 15명을 평양에 파견함으로써 사실상 미·북한간 연락사무소 문제는 종결되는 것으로 보였다. 그러나 당시 미국은 기존 조건들 외에 '선 권력 승계, 후 사무소 개설'이라는 새로운 조건을 내놓음으로써 사무소 개설까지 이어지지 못하고 영사보호협정을 체결하는 데 그치게 된 것이다.

미국의 새로운 요구 사항에 대해 북한은 현재 화전 양면의 대응 태세를 보이고 있는 것으로 분석된다. 우선 지난 8,9월부터 북한 고위 관계자들로부터 흘러나오기 시작한 3년 상 얘기를 들 수 있다. 원래 이 3년 상 얘기는 김주석 사망 직후에도 나왔었으나 이번에 다시 등장한 것은 대체로 대미 협상용이라는 지적이 우세하다. 물론 상황이 여의치 않을 경우 승계를 3년 정도 미룰 수도 있으나 우선은 미국의 새로운 압력에 대한 버티기 용이라는 지적이다.

또한 당 창건기념일 하루 전인 10월9일 군부 인사를 단행함으로써 미국 측의 요구를 간접적인 형태로 수용할 수 있음을 내비치기도 했다. 이 날 군 인사에서 최 광 인민군 총참모장이 인민무력부장에 승진되고, 이을설 호위총국장이 차수에서 원수로 진급했는데, 여기에는 나름의 포석이 깔려 있는 것으로 봐야 한다는 것이다. 우선은 권력 승계를 뒤로 미룸으로서 초래되는 권력의 공백상태를 군부를 동원하여 매우겠다는 의지를 표명한 것으로 볼 수 있다. 또 하나는 현재 원수 지위에 있는 김정일이 대원수로 오를 발판을 마련함으로써 권력의 전면에 서기를 요구하는 미국에 대해 간접적인 방식으로 화답하기 위한 것일 가능성도 존재한다는 것이다.

앞으로 주목할 사실은, 권력 승계가 당초 예상했던 시기를 넘기기는 했지만 연락사무소개설을 위한 미국과 협상은 중단된 것이 아니라 11월을 목표로 더욱 활발하게 진행될 것이라는 사실이다. 현재 북한의 당 고위관계자들은 "11월은 미국과의 협상 때문에 절대 자리를 뜰 수 없을 것이다. 북한 당국이 내심 설정해 둔 시한은 10월 중순부터 11월로 돼 있다. 이를 위해 10월초 북미관계에 깊숙이 관여하는 북한 인사 3인이 미국을 방문할 예정이라 한다. 11월에는 미·북한 간에 중요한 비밀 회담이 예정돼 있는 것으로 알려졌다.

이 기간에 북한은 연락사무소 타결 뿐 아니라 내면적으로 평화협정에 대해서도 총력을 기울일 것으로 보인다. 특히 평화협정에 대해서는 당장 시행하자는 것보다는 앞으로 언제 시행할지 약속을 받아내는데 주안점을 두고 있는 것으로 알려졌다. 현재 이 문제는 김정일 시대의 대내외 정책 슬로건과 긴밀히 관련돼 있는 것으로 상당히 오랫동안 파장이 이어질 가능성이 있다. 따라서 11월의 대미 협상이 만족스럽게 진행되면 내년 2월께 또다시 권력 승계문제가 불거질 가능성도 배제할 수 없다.

(1995.10.26)

※쿠알라룸푸르 북미 준 고위급회담

토마스 허바드 미 국무부 부차관보와 김계관 북한 외교부 부부장이 95년 5월 말부터 말레이시아 수도 쿠알라룸푸르 주재 미국대사관에서 준 고위급 회담을 가졌다. 경수로 협상과 관련된 기술적 문제들에 대해 절충을 벌여 6월12일 아래와 같이 합의문을 발표했다.

,① KEDO는 미국 주도하에 미·북 기본합의문에 입각, 북한에 제공될 경수로 사업의 재정조달 및 공급을 담당 ② 경수로 사업은 각각 두 개의 냉각제 유로를 가진 약 1천MW(e) 발전용량의 가압경수로 2기로 구성됨. KEDO가 선정하는 경수로 노형은 미국의 원 설계와 기술로부터 개발되어 현재 생산 중인 개량형으로

함. ③ KEDO는 경수로 사업의 건설과 운전에 필요한 요건들을 확인하기 위해 부지 조사를 실행함. 북한 기업은 경수로 사업의 추진을 위해 필요에 따라 이행에 관련된 계약에 참가함. ④ 양측의 전문가들은 기본합의문에 따른 중유의 단계적 공급을 위한 일정과 제반 협력 조치에 합의하기 위해 6월 중 가능한 한 조속한 기일 내에 북한에서 만남. KEDO는 그러한 합의가 이루어짐에 따라 중유의 1차분 공급을 위한 조치를 즉시 취함.

남북관계는 우성호 납북 사태, 무장공비 남파 등의 예기치 않은 사건들로 악화됐고 북한과 미국 일본 관계만 진전되는 양상이 계속됐다. 이 와중에 김정일 시대 새로운 정책 슬로건으로 '자애와 사랑'를 채택하려는 움직임이 포착됐다.

'자애와 사랑'이라는 통치구호의 등장 배경이나 추진 과정과 함께 이 기사에서는 다음의 두 가지 점을 주목할 필요가 있다. 첫 번째는 '자애와 사랑'과 같은 새로운 정책이 입안될 때 북한 내부에서 어떤 과정을 거치는가 하는 점이다. 당 비서국 산하 당 사상연구팀이 새로운 정책을 입안하면 당 고위직을 중심으로 한 1단계 토론, 당의 사업 부문 요원들에 의한 2단계 토론, 그리고 당·정·군 실무 담당자들에 의한 3단계 토론, 마지막으로 인민 대중에 의한 4단계 토론을 거친다고 한다. 따라서 하나의 정책이 입안돼 구체적으로 모습을 드러내기까지는 1년~1년 6개월이 걸리는 것이 보통이라고 한다. 이런 내부 프로세스를 이해하면 북한이 새로운 정책을 시행할 때 내부에서 대략 언제부터 검토하기 시작했는지를 역순으로 추론할 수 있다. 또 한 가지 이 기사에서 주목할 것은 북한이 95년 5월말 김정일이 주도한 당 비밀회의에서 결정했다는 대외정책 윤곽이다. '미국과 일본과의 관계를 첫 해결 과제로 하고, 한국과의 관계는 미·일과의 관계 이후로 미룬다'는 내용이었다. 북한이 대외관계 순서를 어떻게 설정하는지 그 패턴이 이 시기에 정식화됐다는 점을 보여준다. '선 미일관계 후 남북관계'의 순서다. 남쪽에 보수 정권이 등장할 때 이 패턴은 더욱 분명해진다. 진보 정권이라도 책임소재를 전가하고 싶을 때 이런 패턴이 나타나기도 한다. 2019년 2월 하노이 회담 실패 후 북한 외무성 역시 향후 대외관계를 풀어갈 순서로 먼저 '미국과 관계를 풀고 그 다음은 일본과 접촉한 후 한국과 관계는 그 뒤에 하겠다'고 했다고 한다. 윤석열 정부에서도 마찬가지다. 북한이 앞으로 대외관계에서 돌파구를 열고자 한다면 먼저 대미관계, 그 다음 대일관계, 그리고 마지막에 남북관계 순으로 판을 짤 것이다. 북한이 대외 관계의 순서를 이렇게 잡는 이유에 대해 이 기사에 등장한 발레리 데니소프 러시아 외무부 아시아1국 부국장은 "북한은 미국·일본과 관계 정상화를 이뤄 한국과 동등하게 대화할 수 있는 정치적 입지를 마련한 뒤 남북대화에 응할 것이다"라고 지적했다. 먼저 미국 일본과 관계를 개선해 한국과 대등한 수준이 되도록 한 뒤 한국과 대화한다는 것이 북한 외교의 내심인 것이다.

김정일의 통치 구호 '자애와 사랑'

'호전적 이미지 털어내기' 정책 확정 단계 …대남 강경책은 계속될 듯

김정일 시대를 상징할 북한의 새로운 정책 슬로건이 지도부의 내부 토론을 거쳐 확정 단계에 이른 것으로 알려지고 있다. 서울의 한 북한 정보 소식통은 "지난 3월부터 노동당 고위층을 중심으로 한 당내 토론을 거쳐 최근 새로운 슬로건이 공식 당 정책으로 확정 단계에 들어갔다"고 말했다. 또한 안기부 등 정부 내 관계 부처도 이 같은 사실을 파악하고 대책 마련에 착수했다고 한다.

현재까지 안기부나 국내 정보 소식통들이 파악한 김정일 시대의 새로운 정책 슬로건은 '자애와 사랑'이라는 두 낱말로 요약된다. 즉, 김일성 시대를 상징한 것이 주체사상이었다면 김정일 시대는 자애와 사랑에 기초해 대내외 정책을 펴 가겠다는 것이다. 일부 분석가들은 자애와 사랑이라는 말 가운데 자애는 영문으로 'PEACE'라고 표기될 가능성이 많다고 본다. 즉, 대내적으로 북한 주민을 대상으로 할 때에는 '자애와 사랑'이라는 표현을 쓰고 대외적으로 사용할 때는 '평화와 사랑'이라고 표현할 가능성이 높다는 지적이다.

자애와 사랑이든 평화와 사랑이든 북한이 그동안 형성해온 이미지들과 어울리지 않는 구호인 것만은 분명하다. 특히 최근 우성호 송환 거부와 무장간첩 침투 등 호전적인 대남 행동을 볼 때 이러한 정책 슬로건의 존재 자체가 의심스러울 수도 있다.

그러나 분명한 것은, 안기부를 비롯해 현재 대북정책 담당자들이 북한 지도부 내에서 토론을 거듭하면서 윤곽을 드러내고 있는 이 새로운 정책 슬로건이 앞으로 대내외 정책으로 파급될 때 어떤 상황이 조성될지에 대해 촉각을 곤두세우고 있다는 점이다. 특히 북한의 새로운 정책 슬로건은 대외 정책면에서 대단히 교묘한 형태로 작용할 것으로 보여 그렇지 않아도 외교력에서 열세를 보이는 우리 정부가 시급히 대책을 마련해야 할 상황이기도 하다.

북한이 김정일 시대를 위한 새로운 정책과 슬로건을 개발하는 데 착수했다는 사실이 국내 정보소식통들 사이에 떠돌기 시작한 것은 지난해 11월부터였다. 이 때 북한을 다녀온 사람들은 중앙이나 지방 당 간부들로부터 북한이 뭔가 새로운 정책 기조 아래서 김정일 시대를 준비해 나가고 있다는 인상을 받기 시작했다. 자애와 사랑이라는 구체적인 개념이 등장한 것은 올해 3,4월께였다. 여러 방문객들로부터 이 같은 말이 나돌고 있다는 사실이 확인됐다. 그러나 당시까지만 해도 자애와 사랑이 북한의 대내외 정책으로 구체화할 것인지는 불투명했다.

그러던 중 이것이 김정일 시대의 새로운 대내외 정책 슬로건으로 구체화되고 있다는 사실을 처음 확인한 것은 안기부였다. 안기부가 이에 대해 확신하게 된 것은 지난 8월로 알려지고 있다. 당시 한 인사가 북한의 고위 당국자와 면담하는 자리에서 "우리는 앞으로 자애와 사랑으로 모든 일을 해나갈 것이다"라는 말을 들은 것이다. 9월 들어서는 북한 안팎에서 심상치 않은 변화가 포착되기 시작해, 이때부터 국내 정보 소식통들은 북한이 그 이전과 다른 새로운 정책 기조 아래 움직인다고 판단하게 됐다고 한다. 이때의 대표적인 사건으로는 9월 말 북경에서 있었던 나진·선봉 투자 설명회가 거론된다. 이 설명회에서 김정우 대외경제협력추진위원회 위원장이 개막식과 폐막식 연설을 했는데, 그 연설 내용 가운데 김일성에 대한 언급이 두 군데밖에 없고, 또 주체라는 말이 전혀 등장하지 않는 등 매우 이례적인 일이 벌어진 것이다.

30,40대 개방파가 북한 이끌어

일반적으로 북한은 새로운 정책을 입안해 대외에 공개하기까지 다음과 같은 네 단계를 거친다. 새로운 정책을 당 비서국 산하 당 사상연구팀이 입안하면 먼저 당 고위직을 중심으로 토론을 거치고, 그 다음에는 당의 사업 부문 요원들, 그 후 당·정·군 실무 담당자들까지 토론이 확대되고, 마지막으로 인민 대중에게 확산되는 과정을 밟는다. 따라서 하나의 정책이 입안돼 구체적으로 모습을 드러내기까지는 1년~1년 6개월이 걸리는 것이 보통이다. 92년 발표된 신무역체제 같은 경우 1년 6개월 걸렸다고 한다.

이와 같은 전례로 볼 때 자애와 사랑이라는 새로운 정책 슬로건은 현재 노동당 고위직을 중심으로 한 1단계 토론 과정을 거친 것으로 보인다. 북한 정보 소식통들은 그 과정을 대략 다음과 같이 설명한다. 구체적으로 당 사상연구팀을 중심으로 한 정책 입안 팀이 작업에 착수한 것이 지난해 11월께였다. 그리고 올해 3월께 자애와 사랑이라는 개념으로 윤곽이 잡히기 시작했고, 이때부터 김정일의 지시로 당 고위층을 중심으로 한 토론이 전개됐다. 1단계 토론에 걸리는 시간은 6개월 정도로 추산되는데, 그렇게 본다면 8,9월쯤에 토론이 끝나고 확정 단계에 들어갔을 것이다. 최근 안기부는 그동안의 당 고위층 토론 과정에서 이 슬로건에 대한 평가가 대단히 긍정적으로 내려졌다는 사실을 확인했다. 앞으로 올해 안에 당 사업 부문을 대상으로 한 2차 토론이 전개되고, 내년 초쯤 당·정·군 일반 요원을 대상으로 한 3차 토론과 인민을 대상으로 하는 4차 토론까지 진행될 것으로 예상되는데, 바로 이 3차와 4차 토론이 전개되는 시점과 김정일의 전면 등장이 맞물릴 가능성이 매우 높다. 다시 말해 자애와 사랑이라는 슬로건이 등장하는 것은 김정일 시대의 등장을 가늠케 할 이정표가 될 것이라는 지적이다.

그렇다면 왜 자애와 사랑인가. 그리고 구체적으로 자애는 뭐고 사랑은 뭔가. 이 문제를 따지기 전에 김일성 주석 사망 후 김정일과 그 주변 참모들의 현실 인식을 살펴볼 필요가 있다. 현재 김정일이 추진하는 대내외 정책의 실무 중심을 맡은 세력은 30대와 40대가 주축을 이루고 있다는 것이 최근 북한을 방문하고 돌아온 사람들의 공통된 지적이다. 재미 교포 고정숙씨는 "북한을 실질적으로 움직이는 사람들은 당과 정부의 각 부문에 박혀 있는 30대와 40대들이다. 이들은 매우 열정적이고 개방적이다"라고 지적했다. 이 같은 견해는 다른 북한 방문자들로부터도 확인된다. 이들은 그 전 세대가 이데올로기 관점으로만 북한의 미래를 바라본 데 비해, 탈 이데올로기적 성향과 국익 중심주의에 따른 합리적 사고방식을 가진 것으로 알려지고 있다. 특히 이들은 90년대 이후 북한을 둘러싼 주변 정세 변화를 매우 소상하게 파악하고 있고, 이에 대한 대비책 마련에 부심해온 것으로 전해진다. 북한을 둘러싼 주변 정세에 대한 이들의 인식을 한마디로 요약하면 '냉전은 끝났다'는 것이다.

즉, 91년의 한·소 수교, 92년의 한·중 수교라는 뼈아픈 외교적 패배를 겪으면서 이데올로기가 아닌 경제 중심으로 변해가는 주변질서의 냉혹한 흐름을 절감하지 않을 수 없었다는 것이다. 최근 북한 당 이론지 〈근로자〉나 조총련계 이론가들의 논의가 냉전 이후의 국제 질서에 초점이 맞추어져 있는 것 또한 우연이 아니다. 북한이 92년 신무역체제를 발표한 것도 이데올로기보다는 경제 우선주의로 치닫는 주변 환경에 적극 대응하기 위한 것으로 해석된다.

그러나 북한의 이러한 탈냉전 인식은 냉전의 상징인 김일성 주석의 존재 때문에 한계를 보일 수밖에 없었다. 따라서 김일성 주석이 사망했을 때, 그로 대표되던 냉전 시대의 종언에 대해 남쪽 당국자들보다 김정일과 그 주변 인물들이 오히려 더 실감나게 인식했으리라는 지적도 있다. 이러한 현실 인식이 지난해부터 북한 고위층이 즐겨 사용했다는 '새로운 시대' '새 술은 새 부대에'라는 말의 의미인 것이다. 따라서 김정일 주변의 정책 개발팀은 냉전 시대에 북한을 상징하던 주체사상에서 벗어나, 탈냉전 시대에 북한의 대외 이미지를 유연하고 부드럽게 표현할 수 있는 탈이념적인 새로운 정책 슬로건을 개발하게 된 것이다.

"북한은 김영삼 정부와 대화 안 한다"

대내적인 측면에서는 김정일이 김일성 시대와 완전히 단절하는 것은 불가능하다. 김일성에 대한 부정은 결국 자신의 정통성에 대한 부정으로 이어지기 때문이다. 또 현재 북한 주민들의 삶을 질곡으로 몰아넣는 식량난이나 경제난은 한순간의 경제 정책으로 풀릴 문제가 아니다. 상당한 기간이 필요하고, 그동안 북한 주민들을 하나로 결속시킬 공동체적 감성에 기초한 정서적 접근이 필요한 것이다.

자애와 사랑이라는 새로운 슬로건은 정책팀의 이러한 감각과 현실 인식을 반영한 것으로 볼 수 있다. 우선 자애라는 말은 우리에게는 생소한 말이나 북한에서는 '자애로운 어버이 수령 동지' 등으로 매우 익숙하게 사용해온 말이다. 이는 결국 김일성을 계승해 인민을 자애롭게 대할 사람은 김정일 밖에 없다는 점을 강조하기 위한 것으로 볼 수 있다. 또 대외적으로는 '평화와 사랑(PEACE AND LOVE)' 정도로 번역해 대외 관계에서 그동안의 호전적이고 강경한 이미지를 벗어나 부드럽고 평화를 애호하는 듯한 이미지를 강조할 수도 있다.

전문가들은 이미 북한이 새로운 정책 슬로건에 따른 대외 정책 조정에 착수한 것으로 본다. 특히 지난 5월 말 김정일이 주도한 당 비밀회의의 결정 사항은 이러한 새로운 정책 슬로건과 매우 긴밀한 관계를 가지고 있을 것으로 지적된다. 당시 비밀회의 결정 사항이 상세하게 알려지지는 않았으나 최근 안기부 등에 의해 이런 회의가 있었다는 사실은 확인되고 있다. 또 이 회의에서 북한의 대외 정책 윤곽이 결정되었는데, 그것이 바로 미국과 일본과의 관계를 첫 해결 과제로 하고, 한국과의 관계는 미·일과의 관계 이후로 미룬다는 내용이다. 최근 한양대 중소연구소가 주최한 한·러 포럼에 참석한 발레리 데니소프 러시아 외무부 아시아1국 부국장 역시 똑같은 내용을 확인하고 있다. 그는 비공식 발표문에서 "북한은 미국·일본과 관계 정상화를 이뤄 한국과 동등하게 대화할 수 있는 정치적 입지를 마련한 뒤 남북대화에 응할 것이다"라고 지적했다. 또한 그는 "북한 지도부는 현재의 한국 정권과는 접촉하지 않고 97년 대통령 선거를 기다렸다가 새로 선출되는 대통령과 대화를 시도할 가능성도 있다"고 전망하기도 했다.

최근 북한이 보인 미국이나 일본과의 협상 태도가 그 이전과는 상당히 다르다는 지적도 있다. 그 이전보다 매우 협조적이고 부드러워졌다는 것이다. 최근 미국에서 열린 경수로 회담 같은 경우가 대표적인데, 난항을 보일 것이라는 일부 예측과 달리 북한 측 적극적인 태도로 상당히 빠른 진척을 보이고 있다. 이런 모습은 연락사무소를 둘러싼 협상에서 북한 측이 보여주고 있는 적극적인 태도에서도 확인된다. 현재 북한은 미국과의 협상을 11월까지 모두 매듭짓겠다는 자세로 임하는 것으로 알려지고 있다. 북한이 이처럼 대외관계에서 타협적인 태도를 취하는 것은, 새로운 정책 슬로건에 따라 협상의 가이드라인 자체를 낮추었기 때문이라는 견해도 있다.

북한의 새로운 정책 슬로건과 그것이 앞으로 구체화할 새로운 정책 방향이 우리 정부에 문제가 되는 것은 그것이 대남 정책에서 대단히 차별적인 모습을 띠게 될 것이기 때문이다. 즉, 앞으로 상당기간 북한이 대외적으로는 유화책을 쓰면서 대남 정책에서는 강경책을 계속 유지할 경우 우리 정부로서는 대응책 마련이 상당히 어려워질 수밖에 없다. 특히 쌀 협상을 계기로 미국과의 한·미 공조가 내용적으로 파괴되는 현상이 나타나면서 정부의 대응책 마련이 더욱 어려워지고 있다는 시각도 있다.

섣부른 강경책은 주변국 관계도 망친다

사실 핵문제가 제기된 이후 3년여에 걸친 한국의 대북 정책은 북한에 대한 미국의 압력에 의존한다는 것이 거의 전부였다고 할 수 있다. 물론 그 전제는 대북 정책에 관한 한 한국과 미국은 같은 입장이라는 가정이 존재했다. 그러나 지난번 쌀 회담 과정에서 한국이 북한의 강경한 태도에 곤욕을 치르고 있는 와중에 미국은 연락사무소 협상에 박차를 가하는 대조적인 모습을 보여 연락사무소와 남북대화를 연계한다는 한국정부의 구상은 사실상 물거품이 되었다. 더군다나 최근에는 그동안 북한과의 협상을 전면에서 이끈 갈루치 미 국무부 차관보가 '북한과의 협상에서 특별 사찰은 중요한 고려 요소가 아니었다' '연락사무소는 남북대화와 연계돼 있지 않다'는 등 일련의 폭탄선언을 계속해 우리 정부를 곤혹스럽게 하고 있다.

국내 대북 전문가들 중에는 지난 8월 이후 김영삼 대통령의 대북 강경 발언이나, 공로명 외무부장관의 갑작스런 대북 인권 공세 등은 한·미 공조라는 유일한 대북 정책 수단을 사실상 상실한 상황에서 강경책 이외에는 별다른 정책 수단이 없는 한국 정부의 곤혹스러운 처지를 드러낸 것이라고 보는 견해도 있다. 이때 강경책의 메시지는 어떤 면에서는 북한을 겨냥한 것이라기보다는 미국 등 주변국을 겨냥한 것이라는 견해도 설득력 있게 제시된다.

그러나 이런 강경 일변도 대응은 한계가 있다. 게다가 그것은 매우 위험한 상황을 초래할 수도 있다는 지적이다. 그나마 현재까지는 그럭저럭 유지하고 있는 미국이나 일본 등 주변국과의 협조 체제 자체를 무너뜨릴 가능성도 존재하기 때문이다. 특히 앞으로 북한의 새로운 정책 노선이 구체화돼 북한의 부드러운 이미지와 우리 정부의 강경 이미지가 비교되면 어려워질 수도 있다. 따라서 지금은 그동안의 대북 정책을 총체적으로 점검해 새로운 정책 노선을 세워 나가지 않으면 안 되는 시점이다.

북한 전문가들은 합리적인 대북 정책을 위해서는 우선 정부가 북한과의 주도권 쟁탈전에서 승리해야 한다는 강박 관념에서 벗어날 필요가 있다고 지적한다. 그 다음에는 북한이 자기들의 필요에 의해 우리 정부와 대화를 원할 때까지 기다릴 필요가 있다고 강조한다. 여태까지처럼 북한 내부의 사정을 고려하지 않은 채 우리 입장만을 내세운 대화 요구 등은 오히려 역효과를 내기만 한다는 것이다. 차라리 북한이 자기들의 프로그램대로 대내외 정책을 펴나가는 것을 지켜보면서 때를 기다리는 것이 가장 바람직한 대응책이 되리라는 지적이다.

(1995.11.9)

※우성호 납북·무장간첩 침투와 북한·미일관계

우성호는 95년 5월30일 서해 북방한계선 북쪽 28km해상에서 북한 경비정으로부터 총격을 받은 뒤 북한으로 피랍됐다. 선원 8명 가운데 2명이 나포 과정에서 총에 맞아 사망했다. 한 명은 납북 뒤 지병이 악화돼 숨졌다. 북경에서 열리는 제3차 쌀 회담을 1주일 앞둔 9월20일 조선중앙통신은 "우성호 문제는 북한 법에 따라 처리될 것"이라고 보도했다. 북한이 이 시점에 우성호를 거론하자 논란이 일었다. 통일원은 그 다음 날 대변인 성명을 통해 우성호의 즉각 송환을 촉구했고 나웅배 통일원 장관은 기업인 방북을 불허할 방침이라고 밝혔다. 또 9월25일에는 대북지원과 납북자 문제를 연계하겠다고 했다. 10월1일 김영삼 대통령은 국군의 날 연설에서 남북관계에 대해 앞으로 2~3년은 국가안보 면에서 매우 중요한 고비가 될 것이라고 언급했다. 그러자 그 다음날 북한의 전금철 북경회담 수석대표가 한반도 내에서의 남북대화를 거부한다고 밝혔다.

10월17일 02시20분경 경기도 파주군 임진강 하류 자유의 다리 남쪽 1.5㎞ 지점에서 남측지역으로 침투하려던 무장 북한군 1명이 아군 경계병에 의해 사살되는 사건이 발생했다. 또 10월24일에는 충남 부여 인근에서 무장간첩 2명이 발각돼 그중 김동식은 체포되고 박광남은 도주했다가 27일 사살됐다.

미국과 북한은 9월25일 임시 영사보호권에 합의했다. 연락사무소를 개설할 때까지 임시 영사보호권을 인정한 것이다, 미국은 스웨덴이, 북한은 주유엔 북한대표부가 각각 행사하기로 했다. 9월29일 북한은 미국 민항기의 영공통과를 허용한다고 발표했다. 10월11일 번스 미국무부 대변인은 평양 연락사무소가 곧 개설될 것이라고 말했다. 10월11일 북한 최수헌 외교부 부부장은 제50차 유엔총회연설에서 미·북 평화협정 체결을 주장했다. 또 10월20일 미국의 갈루치 핵대사는 미·북 핵 합의 1주년 회견에서 북한에 공급하는 중유의 비용과 관련해 한·일 부담을 요구하지 않을 방침이라고 시사했다. 한편 9월18일 미국 하원은 "남북대화 재개, 한반도 비핵화 공동선언 이행의 상당한 진전, 군사분계선상의 북한 군사력 감축 등의 조건이 충족되지 않는 한 연락사무소 개설 이상의 대북관계 격상이나 무역·투자장벽 완화 조치를 취해서는 안된다"고 촉구하는 대북결의안을 채택했다. 11월9일 미국 상원도 남북대화를 촉구하는 대북결의안을 채택했다. 즉 "결의안

발효 90일후 남북관계 상황을 의회에 보고하고 그 후 매 6월마다 진전 상황을 보고"토록 규정하는 내용이다.

북한과 일본 관계는 5월26일 북한이 일본에 쌀을 공급해달라고 공식 요청하면서 시작됐다. 이를 계기로 남북 간에 쌀 협상이 시작됐지만 북일 교섭도 계속됐다. 6월23일 도쿄에서 북일 간에 쌀 제공 관련 협상이 있었고 7월19일 일본의 대북 제공 쌀 8천 톤이 첫 출항했다. 9월22일 일본 외무성은 북한에 50만 달러의 수재 지원을 발표했다. 9월30일~10월3일 북경에서 북일 간에 쌀의 추가 지원을 위한 2차 회담이 열려 20만 톤의 추가지원에 합의했다.

10월14일 김영삼 대통령은 미국 〈뉴욕타임즈〉지와의 회견에서 북·일 쌀 교섭이 통일을 방해하고 있다고 언급했다. 일본의 하야시 외무차관은 10월16일, 대북 쌀 지원과 관련해 한국과 밀접하게 협의하겠다고 언급했다.

11월 하순 북한군 동향이 심상치 않았다. 사거리 25km의 2백40mm 방사포와 전투기·폭격기를 전방지역에 증강 배치했다. 그 와중에 미군 고위 협상팀이 북한 군부와 비밀 접촉을 하기 위해 북경을 거쳐 평양에 들어갔다.

미·북한 군 장성 평양 극비 회담

북한, 경제회생· 미국, 실종 미군 문제 해결 원해… 평화체계 구축 필요성 공감

북한과 미국이 최근 평양을 무대로 고위급 군부 접촉을 극비리에 진행하고 있음이 확인됐다. 최근 서울의 한 정보 소식통은 "지난 11월 하순 미군 고위 협상 팀이 북한 군부와 비밀 접촉을 하려고 북경을 거쳐 평양에 극비리에 들어갔다"고 밝혔다.

이 정보 소식통에 의하면, 미군은 이번 고위 인사 평양 파견에 앞서 미군 내 정보 계통 인사들로 이루어진 실무협상팀을 11월 초 평양에 파견해, 11월 하순에 있을 군 고위급 회담 의제와 시기, 쌍방 군 인사의 지위 등에 대한 사전 조율을 거쳤다고 한다. 11월 하순 평양에 들어간 미군 고위 인사의 면면에 대해서는 구체적으로 밝혀지지 않고 있으나 현역 장성급일 가능성이 매우 높은 것으로 관측되고 있다.

이런 추론이 가능한 것은, 이번에 이루어진 양측의 군부 접촉이 원래는 지난 9월21일로 비밀리에 예정됐던 양측 장성급 회담의 연장선상인 것으로 파악되기 때문이다. 9·21 장성급 회담의 실체에 대해서는 지난 9월19일부터 8일간 북한을 방문한 셀리그 해리슨 카네기재단 수석연구위원이 북한 방문 중 조선인민군 판문점 수석대표인 이찬복 중장으로부터 입수한 정보를 국내 언론에 공개함으로써 알려지게 되었다. 셀리그 해리슨은 당시 이찬복 중장이 장성급 회담과 관련해 미군 측과 작성한 잠정 합의문까지 보여주며 그간의 진행 과정을 상세히 설명했다고 말했다.

이에 따르면 미·북한 양측이 군사 핫라인의 필요성에 공감하고 창구 개설에 합의하게 된 것은 지난해 12월 말 발생한 미군 헬리콥터의 북한 영공 침입 사건 처리 과정에서였다. 그 뒤 미군 측은 5월19일 북한 측에 장성급 접촉을 위한 실무협의체 구성을 제안하고, 이를 위해 실무자 협의를 갖자는 내용의 서한을 보냈다. 그 뒤 쌍방은 지난 9월12일까지 영관급으로 구성된 실무자 회의를 10여 차례 열었고, 최종적으로 9월21일 장성급 회담을 열기로 합의했다. 당시 이 회담의 미국 측 대표로는 군사정전위원회 미국 측 대표인 넬스 러닝 소장이 내정돼 있었다. 그러나 약속 당일인 9월21일 회담 장소에 미국 대표가 나타나지 않아 결국 이 회담은 무산되고 말았는데, 북한 측은 한국 정부의 강경한 반대 때문에 미국 측이 참석하지 못했다며 분개했다는 것이다.

당시 그의 인터뷰 내용에서는 장성급 접촉이 마지막 실행 단계에서 한국 정부의 반대 때문에 이루어지지 못했다고만 돼 있고, 그 뒤 어떻게 진행됐는지가 언급되지 않아 궁금증을 자아냈다. 그러던 중 당시 무산됐던 장성급 회의가 극비리에 다시 추진됐고, 드디어 성사 단계에 들어갔음이 이번에 확인된 것이다.

아직 추론 단계이긴 하지만 이번 회담이 말 그대로 당시 거론된 장성급 회담이라면, 한국전쟁 이후 평양에서 열리는 미·북한 간 첫 번째 군 고위급 회담으로 기록될 가능성이 있다.

김정일 직계 그룹이 접촉 추진

정보 소식통에 따르면, 지난 9월 무산된 장성급 접촉은 미군 측 요청에 의해 시작된 것인데 반해 이번 회담을 제안한 쪽은 북한 군부였다고 한다. 북한 군부의 제안이 미군 측에 접수된 것은 지난 10월 말이었다. 해마다 이때는 한·미연합군의 독수리훈련을 둘러싸고 판문점 군사정전위원회에서 미군 대표와 북한군 대표 간에 설전이 오고가곤 하는 시기이다. 그러나 장성급 회담의 예비 접촉이 진전돼 가자 판문점 군사정전위 회의는 이례적으로 조용히 지나갔다.

한국에서 군사 훈련이 있으면 북한은 즉각 준전시 상태를 선포하고 외국인의 방북을 일절 금해 왔다. 이 같은 관례와 달리 이번에는 미군 실무 협상 팀이 북경을 거쳐 평양을 방문하고, 상당 기간 체류하는 것까지 허용하는 등 변화된 태도를 보여주었다.

이번에 미군과 고위급 접촉을 추진한 북한 군부는 김정일 직계인 군부 핵심 그룹으로 알려졌다. 현재 북한 군부에는 김정일 직계와 김정일을 노골적으로 반대하지는 않지만 그렇다고 직계로 분류하기 어려운 두 세력이 공존하고 있다고 한다. 그 중 김정일 직계는 당과 정무원 쪽에도 깊숙이 연관돼 있어, 이번 회담의 경우도 단순히 군부의 일방적 판단이라기보다는 당과의 긴밀한 협의, 나아가서는 김정일의 직접 지시에 따른 것이라고 볼 수 있다.

그렇다면 북한 군부는, 아니 김정일은 왜 이 시기에 그토록 민감한 미·북한 군부 접촉을 시도하고 있나. 그리고 무엇을 논의할까. 실무 협상 과정에서 북한 군부가 미군 측에 제안한 의제는 두 가지였다. 하나는 현재 북한이 심혈을 기울여 추진하고 있는 경제 회생 전략에 북한군이 미군 측의 협조를 얻어 기여할 수 있는 방안을 모색하는 것이다. 두 번째는, 북한이 대미 관계 개선 방향으로 물꼬를 터가고 있는 과정에서, 북한 군부가 앞으로 어떤 식의 태도와 입장을 견지하는 것이 바람직한가에 대한 의견을 교환하기 위한 것이라고 한다.

우선 첫 번째 의제는, 북한 경제 구조에서 북한 군부가 이른바 '군사 경제'라는 별도의 경제 영역을 담당하고 있는 경제 주체라는 점을 감안하면 쉽게 이해할 수 있다. 얼마 전 머커스 놀란드 미국 국제경제연구소 주임연구원이 발표한 보고서에 따르면, 북한에서 군사 경제는 국민총생산의 20~40%를 차지하고 있다. 이는 국가계획위원회 통계에도 잡히지 않을 정도로 군부에 의해 비밀리에 운영되고 있다. 이 군사 경제 안에는 군부가 독자적으로 운영하는 광산·농장·무기산업·군복공장과 대외 무역회사가 모두 포함된다. 북한의 경제 회생 방안의 일환으로 군부가 대외적으로 운영하고 있는 무역회사들이 이미 미국 정부나 미국 기업과 직간접으로 접촉하고 있고, 특히 북한의 사회간접자본 개발 프로젝트에 대해 깊숙한 협의가 오가고 있다는 점은 주목할 만한 일이다. 따라서 이번 군 고위급 회담에서도 역시 경제 관련 프로젝트에 대한 논의가 이루어질 가능성을 배제할 수 없다.

두 번째 의제는, 북한 군부가 대미 관계 개선이 북한이 살 길이라는 현실을 인정하고, 새로운 역할을 찾기 시작했다는 것을 의미한다. 그동안 북한의 대외 개방 협상은 거의 대부분 정무원 소속 외교부나 대외경제협력위원회 중심으로 이루어져 왔다.

특히 미국과의 협상은 외교부가 전담하다시피 했다. 반면 반미 항전을 존립 근거로 하는 북한 군부는 심각한 위기의식을 느껴 외교부나 대외경제위원회의 대외협상에 대해 반대 세력으로 등장하곤 했다.

'11월25일이 남침 D데이' 소문에 워싱턴 들썩

사실 미군 고위 인사가 평양을 극비리에 방문하기 바로 며칠 전인 지난 11월22~23일께에도 휴전선 부근에서는 북한군의 예기치 않은 돌출행동으로 인해 한미연합사 측이 초긴장 상태에 들어갔던 것으로 확인되고 있다. 한미

연합사 관계자에 따르면, 북한군의 이상스런 움직임은 거의 한 달째 계속돼 온 것이다. 한 달 전 미사일부대를 중심으로 한 북한군 부대가 군사 훈련을 위해 군사분계선 쪽으로 남하해 훈련이 끝난 뒤에도 아직까지 복귀하지 않고 있다는 것이다. 심지어 워싱턴 주변에서는 한때, 북한군의 남침이 임박했으며 '11월25일이 D데이'라는 소문까지 떠돌았을 정도로 긴장하기도 했다.

북한 측 강경한 태도는 최근 한반도에너지개발기구(KEDO) 협상을 둘러싼 뉴욕의 협상 무대에서도 나타나고 있다. 지난 9월부터 시작된 한반도에너지개발기구와 북한의 협상은 현재 막바지를 향해 가고 있는데, 11월20~21일께 북한 측은 협상 관련한 사소한 경비 문제를 트집 잡아 올해 안으로 예정됐던 북한과 미국 간의 각종 세미나와 인사 교류를 일체 중지시켜 버렸다.

협상 관련 경비 문제란, 북한 협상 대표 팀의 비행기 삯이나 현지 체류 비용을 지칭하는 것이다. 사회주의 국가에서는 관례상 예비준비금이라고 해 양측이 공동 기금을 마련해 우선 쓰고 나중에 갚는 방식을 취하곤 한다. 이에 대해 한·미 양측이 들어줄 수 없다는 입장을 취한 것이다. 북한 측이 예상 밖으로 강경 대응함에 따라 12월7일로 예정됐던 LA국제경영연구원 주최 북한 경협 세미나와 카네기재단 주최 북한 인사 초청 세미나가 내년 2월로 연기되거나 취소되는 사태가 벌어졌다. 12월5일 미국을 방문할 예정이었던 김정우 대외경제협력위원회 위원장도 유엔개발계획(UNDP)과의 계약 건에만 참석하고 미국 인사 접촉은 모두 취소해 버렸다.

한편으로는 미국 군부와 고위급 비밀 접촉을 추진하면서 또 한편으로는 휴전선 일대와 뉴욕에서 거의 동시에 초강경 시위를 하는 북한의 의도는 무엇인가. 북한 군부 내 강경파의 대내용 시위라는 분석과 함께, 김정일이 이를 한국과 미국을 겨냥한 벼랑 끝 전술로 활용하고 있다는 분석이 동시에 제시되고 있다.

이런 와중에도 북한 군부가 미국 군부와의 고위급 협상을 시도하는 것은 김일성 주석 사망 후 지금껏 진행돼 온 군부 강경파 무마 작업이 거의 일단락되어 가고 있고, 지금부터는 미국과의 관계 개선이라는 새로운 환경에서 군부의 새로운 역할을 찾아 주기 위한 2단계 과정에 진입했음을 시사하기도 한다.

'북·미상호안보협력위원회' 구성이 실질 안건

사실 새로운 입장 정립이 필요한 것은 미국 군부 역시 마찬가지다. 냉전기 미국 군부는 미국 내에서도 북한에 대해 가장 강경한 세력일 수밖에 없었다. 이제 북한과 미국이 관계 개선을 하려는 상황인 만큼 군부 역시 북한에 대한 입장을 재정립할 필요가 있다. 더군다나 미국연락사무소의 평양 진출이 내년 3월1일로 확정됐다는 설이 나돌고 있는 점을 고려하면, 시간상으로도 여유가 있는 편이 아니다. 그 전에 미리 만나 사전 조율을 거치지 않으면 양측 모두 혼란을 겪을 수도 있는 것이다.

바로 이런 이유 때문에 이번 회담의 실질적인 안건은 지난 9월21일 장성급 회담에서 논의될 예정이었던 '북·미상호안보협력위원회' 구성 문제가 될 가능성이 매우 높다. 북·미상호안보협력위원회는 현재 북한 측이 구상하고 있는 새로운 평화체제안의 중요한 한 축이다. 셀리그 해리슨에 의하면, 북한은 현재 미국과 평화협정의 전 단계로서 북·미상호안보협력위원회를 구성하고, 이 위원회가 가동되는 시점에 남북 간에 군사공동위원회를 구성하는 새로운 평화체제 안을 미국 측에 제의하고 있다고 한다. 즉, 한국 정부의 반발을 의식해 경제 협력 문제 등 무난한 주제를 표면에 내세웠지만, 이번 회담의 실질적인 논의는 역시 평화체제 구축 문제가 될 가능성이 매우 높다는 지적이다.

한편 미국 측으로서는 북한과의 군 장성급 접촉을 성사시켜야 할 또 다른 절실한 이유가 있다. 바로 한국전쟁에서 사망하거나 포로로 잡힌 실종 미군(MIA)문제이다. 특히 한국전쟁 휴전 직전에 투입됐다 포로로 잡힌 미군 병사들 중에 생존자가 남아 있을 가능성이 매우 높은 것으로 추정되고 있다. 실제로 미 의회 아·태소위 청문회 등에서는 이들 생존자 송환 문제가 심심치 않게 의제로 등장하고 있고, 실종자 가족들의 송환 운동도 활발하게 전개되고 있다. 따라서 대통령 선거를 앞둔 클린턴 대통령으로서는 이들 가운데 일부라도 송환이 가능하다면 선거 전에서 빅카드로 활용할 수 있다.

실제로 지난 5월부터 시작된 미·북한 영관급 접촉 과정에서 북한 측은 그동안 넘긴 미군 유해 송환 비용으로 3백50만 달러를 요구했다. 미국 측은 백만 달러 선에서 지급하겠다는 의사를 표명했다. 이 협상 과정에서 미국 측이 강력히 요구한 것이 바로 북한 현지 합동조사단 구성 문제였다고 한다. 바로 이 조사단은 생존 미군의 실태를 파악하기 위한 것이라고 볼 수 있다. 현재 실종 미군 문제는 미국 군부가 어떻게 해서든 북한 군부를 설득해 협력을 얻어내야 할 현안으로 떠올라 있다. 북한 군부는 그들대로 평화체제와 관련해 미국 측의 양보를 끌어낼 호재로 이를 활용할 가능성도 배제할 수 없다.

이처럼 추측과 가능성으로만 존재하던 미군과 북한군 고위 인사의 비밀 회동이 현실로 다가왔다. 그들의 논의 결과가 한반도 안보 체제의 근간을 뒤흔들지도 모르는 상황이다.

(1995. 12. 7)

북미 관계와 대 서방 관계에서 속도를 내던 북한 측이 한국을 부담 없이 끌어들일 수 있는 방안으로 나진 선봉 관광 관련 제안을 남쪽에 쏟아냈다. 이 기사를 통해 북한 관광의 여러 실태에 대해 파악할 수 있다.

북한 '남북 합작 여행사' 비밀 제의

"관광 당국자 회담 열자"…내년 3월 초 나진·선봉 코스 개방 용의 비쳐

대북 관련 당국과 업계가 때 아닌 북한 관광 소동을 빚고 있다. 대북 실무자들 사이에 북한 관광 사업 참여 문제가 은밀하게 논의되고 있고, 북한의 진의를 탐색하기 위해 다각적인 움직임이 시작되고 있다. 북한 측 협상 파트너를 접촉하려는 국내 여행사들이 통일원에 북한 주민 접촉 신청서를 한꺼번에 제출하는 북새통을 겪기도 했다. 주목할 것은 북한 관광과 관련해 책임 있는 당국 중 하나인 한국관광공사가 구체적인 움직임을 보이기 시작했다는 점이다. 관광공사는 북경 주재 북한대사관 관광 담당관과 접촉하기 위해 통일원에 북경지사 및 국내 본사 관계자 2,3명의 북한 주민 접촉 신청서를 제출해 놓은 상태다.

최근의 남북 간 경색 국면과 전혀 어울릴 것 같지 않은 관광 분야 대북 진출에 국내 업계가 초미의 관심을 기울이기 시작한 것은 지난 11월 중순께부터이다. 당시 중국을 방문한 국내 업계와 북방 관련 협회 관계자들에게 북한 측이 나진·선봉을 중심으로 한 북한 관광과 관련한 제안을 동시 다발로 쏟아내기 시작했기 때문이다. 그때부터 국내에는 서로 다른 두 루트로부터 북한 관광 개발과 관련한 제안이 '폭주'해 들어 왔다.

하나는 북한 당·정·군의 다양한 사업 창구로부터 한국의 사업 파트너에게 공식으로 제안이 이루어지고 있는 경우이다. 여러 방면으로 들어오고 있는 이들의 제안을 정리하면 크게 다음과 같은 내용이 된다. 첫째, 북한 당국은 내년 3월 초부터 초청장만 있으면 한국 사람도 나진·선봉 관광이 가능하도록 전면 개방할 것이다. 따라서 나진·선봉을 중심으로 한 연길-훈춘-나진·선봉-칠보산-백두산 관광 루트 개발을 위해 한국 측과 협의할 용의가 있다. 둘째, 이를 위해 북한의 관광 관련 당국인 조선국제여행사가 한국의 관광 관련 당국과 회담하기를 원한다. 셋째, 북한은 당국 간 회담에서 남북 합작여행사를 중국에 세우는 문제를 진지하게 협의할 용의가 있다 .

이 같은 제안이 사실이라면 최근 업계 관계자들이 흥분할 이유가 충분하다. 우선 남북 당국자 회담을 그토록 반대하는 북한이 비록 관광 분야에 한정되지만 당국 간 회담을 희망하고 있다는 점부터가 새롭다. 여기서 한걸음 더 나아가 남북 합작 여행사 설립 제안은 그동안의 남북관계사에서 전혀 볼 수 없었던 새로운 내용이다. 이런 획기적 내용 때문에 일부 관계자들은 북한 측 제안이 남측을 교란하기 위한 작전일 수도 있다고 의심하기도 한다. 그러나 상당수 대북 실무자들은 단순히 작전이라고 치부하기보다 이번에는 뭔가 있는 것 같다고 보기도 한다.

관광 사업 추진, 노동당 공식 결정인 듯

그것은 북한 측이 전례 없을 정도로 현실적 접근법을 구사하고 있기 때문이다. 한 사례로, 이번에 북한이 한국 관광객에게 요구하는 리베이트 수준이 1인당 미화 백 달러(약 8만원) 정도에 그치고 있다는 점이다. 실무자들에 따르면, 북한의 이 같은 요구 조건은 북한 방문조건으로 터무니없이 높은 비용을 요구하던 과거에 비하면 대단히 합리적인 수준이라고 한다.

두 번째로 한국 당국이 북한 방문의 전제 조건으로 내걸고 있는 초청장과 신변 안전 담보 각서에 대해 개인 베이스가 아닌 단체 베이스로 일괄적으로 신속하게 처리해 줄 수 있다는 입장을 밝혔다. 이 또한 막판에 신변 안전 담보 각서 발급을 질질 끌면서 방북 자체를 무산시킬 것이라는 한국 측의 일부 우려를 불식시키기 위한 조처로 보인다.

마지막으로, 북한은 그들이 이번에 제의한 연길-훈춘-나진·선봉-칠보산-백두산 루트를 지난 9월부터 외국인에게 개방하겠다고 공식으로 천명해 왔다는 점이다. 특히 9월21일 북경에서 열린 나진·선봉 투자설명회에서 김응렬 북한 대외경제협력추진위원회 부위원장은 '나진·선봉 관광객들을 위해 백두산·금강산·칠보산 등 북한 내 다른 관광 명소들을 공개할 용의가 있다'고 발표했다. 내년 3월 초부터는 한국도 그 대상에 포함될 것이라는 사실이 이번에 밝혀진 것이다.

그동안 국내의 대북 실무자들에게 전달된 북한 측 제의 내용을 추적하는 과정에서 북한의 이 같은 제안이 정무원 수준이 아닌 노동당의 공식 내부 결정에 따른 것이라는 점을 확인하게 됐다. 북한 측으로부터 현재와 같은 제안의 골격이 흘러나오기 시작한 것은 대체로 지난 11월 초부터다. 당의 공식 결정이 정무원 산하 국가관광지도총국에 전달된 것은 지난 11월10일이나 11일이라는 사실이 밝혀졌다. 국가관광지도총국은 이 같은 당의 지시에 따라 지도총국 산하 조선국제여행사에 실무 작업 착수를 지시했고, 조선국제여행사는 한국 측과 사업 채널을 유지하고 있는 당·정·군의 각 기관에 한국 관광객 모집 사업에 참여하라고 요청한 것으로 추정된다. 서울의 한 대북 소식통은 "나진·선봉 지대를 남한 측 협력을 받아 관광단지로 개발하겠다는 계획은, 북한의 대외 개방 일정과 관련된 중대한 사안이다. 따라서 정무원 차원이 아닌 노동당의 직접 결정이 없으면 추진이 불가능하다"고 지적했다.

노동당의 이 같은 결정은 지난 8월 이후 북한이 일관되게 추진해온 나진·

선봉 정책의 연장선에서 이루어진 것으로 분석된다. 북한은 93년 나진·선봉 지대에 대한 외국인 출입 규정을 제정하면서 외국인에 대해서는 입국사증 없이도 자유롭게 관광할 수 있도록 허용했다. 그러나 한국 사람에 대해서는 아무런 언급이 없었다. 그러던 중 지난 8월 비록 미국 국적이기는 하지만 한국인으로서는 최초로 카자흐스탄 대통령 경제특보인 방찬영 박사에게 사증 없이 초청장만으로 입국을 허용했다. 당시 방찬영 박사는 "백화룡 나진·선봉 경제특구위원장을 비롯해 평양에서 온 고위 관계자들에게 이 지역 개발을 위해서는 사회간접시설이 없어도 가능한 관광 분야부터 우선 개발할 필요가 있고, 이를 위해서는 남한과 협력하는 것이 필수 불가결하다고 설득했다"고 한다.

방박사의 이 같은 설득에 대해 처음에 거부감을 보이던 북한 관계자들도 결국 그의 조언에 수긍하는 듯한 태도를 보였다고 한다. 방박사의 조언이 어느 정도 영향력을 미쳤는지 알 수 없으나, 북한은 노동당 결정 사항으로 지난 9월4일 한국 사람에 대해서도 나진·선봉 지대를 사증 없이 방문할 수 있도록 허용하는 조처를 내부적으로 결정한 바 있다. 이어 10월10일부터 연변에서 열린 투자 세미나에 참석한 60여 한국 기업인들에게 나진·선봉 관광을 허용하는 조처를 취했으나 우리 정부가 불허해 무산됐다.

북한 관광과 관련한 또 다른 제안은, 중국 단동을 중심으로 활동 하고 있는 중국 여행사들로부터 나오고 있다. 현재 단동 지역에는 단동과 북한 신의주를 연결하는 관광 코스에 중국 여행사 4~5개가 투입되어 있는데, 얼마 전부터 이 여행사들이 단동-신의주 코스에 한국인 관광객을 모집하기 시작한 것이다. 이 코스는 사증 없이 중국인 공민증만 있으면 간단한 입국 수속을 밟고 무사통과 할 수 있다. 따라서 중국 여행사들의 그 같은 제안은 이러한 입국 수속의 편리함을 적극 활용해 비공식으로 한국인 관광객의 북한 방문을 가능하게 하겠다는 것이다.

중국 여행사 통해 평양 왕복까지 가능

현재 단동을 중심으로 한 중국 여행사들은 세 가지 코스의 북한 여행을 제안한다. 첫째는 1일 코스로 신의주 시내를 버스로 일주하는 방식이다. 이 경우 한국인은 중국인 신분으로 위장해야 하고 버스에서 내려도 안 된다. 두 번째는, 신의주에서 1박을 하는 경우이다. 숙소는 시내의 초대소 등을 이용하고, 북한 측 가이드의 철저한 통제를 받아야 한다.

이 두 가지 유형은 사실 그동안 중국을 방문한 한국인들에게 이미 상당한 정도로 알려져 왔다. 실제로 이를 이용해 북한을 다녀온 사람도 상당수라고 한다. 그런데 최근에는 여기서 한 걸음 더 나아가 단동에서 신의주를 거쳐 평양까지 갔다 오는 대담한 방식이 중점적으로 나오고 있다. 즉 단동-신의주-남포-평양-묘향산 6박7일 코스로, 여태까지 중국인들이 주로 이용해온 코스이다. 최근에 이를 한국 관광객들에게도 공개하겠다는 제안인 것이다.

연길에서 출발하는 나진·선봉 루트가 당이 공식으로 추진하는 것이라면, 단동 루트는 비공식으로 이루어지고 있다. 최소한 인민무력부나 국가보위부 수준애서 암묵적 동의가 없으면 불가능한 일이다. 이런 이유로 최근 업계에서는 "나진·선봉 개방과 운영은 정무원이 신의주는 인민무력부가 주체이다"라는 설이 나돌고 있다. 정무원이 주도한 나진·선봉 개발이 지지부진해지자, 인민무력부가 신의주 개발을 카드로 삼아 경쟁적으로 나서고 있다는 것이다.

북한은 왜 지금 관광이라는 민감한 카드를 꺼낸 것인가. 기본적으로는 관광에 대한 북한의 인식 변화를 들 수 있다. 관광공사 윤창운 조사연구실장에 따르면, 북한은 80년대 이전까지만 해도 관광을 자본주의의 대표적인 타락한 모습으로 여겨 왔다. 그러나 80년대 이후 외화벌이의 중요한 수단으로 인식이 변하기 시작해 남포 와우도, 원산 송도원, 통천 시중호 등을 외국인 전용 관광 구역으로 지정했다. 최근에는 이런 인식이 더욱 심화돼 국가 주요

기관들이 앞 다투어 뛰어들기에 이른 것이다.

두 번째는 나진·선봉 지대의 경우 관광이 지역 개발의 촉매로 자리매김 되기 시작했다는 것이다. 북한이 다양한 호조건을 제시했음에도 불구하고 나진 선봉에 대한 외국인 투자는 저조하다. 따라서 투자 분위기 조성용으로 관광이 활용되기 시작했다는 지적이다. 이 경우 북한 관광의 가장 큰 시장이라고 할 수 있는 한국에 대해 북한이 눈을 돌리기 시작했다는 것은 어쩌면 자연스러운 움직임이라고 할 수 있을 것이다.

마지막으로 최근의 정세와 관련된 부분이다. 관광 개발과 관련한 북측의 적극적인 자세 전환은 96년의 대외 개방 일정과 밀접히 관련돼 있다는 분석도 나온다. 최근 한반도에너지개발기구와의 협상이 갑작스레 타결된 데서 알 수 있듯이, 북한의 대서방 관계 개선은 나름의 일정대로 차근차근 진행되고 있다.

대서방 관계 개선에서 유일하게 걸림돌이 있다면 바로 남북관계이다. 쌀 회담 이후 남북관계가 계속 경색돼 서방 국가들이 마음 놓고 북한에 진출하기 어렵게 만든다. 대북 진출에 가장 적극적인 독일의 사례에서도 분명하게 나타난다. 이인석 대한무역투자진흥공사 프랑크푸르트 무역관 관장은 "현재의 남북 간 경색 국면이 독일의 대북 진출에 장애로 작용하고 있다"고 지적했다. 그에 따르면, 독일의 북한 진출은 한국의 대북 정책 테두리를 벗어나기 어렵다는 것이다.

한국의 완고한 자세가 북한의 대서방 관계 개선에 장애로 작용한다면 북한으로서도 이를 완화하기 위한 노력을 기울일 필요가 있다. 더구나 항간의 예측대로 96년 3월 미국 연락사무소의 평양 진출과 김정일 권력 승계가 내부적으로 준비되고 있다면 그 필요성은 더욱 커진다. 따라서 체제에 상대적으로 부담이 없으면서 실질적으로 도움이 되는 관광분야의 당국자 회담 및 남북 협력이 상황을 타개할 묘수로 등장했을 것이라는 분석이다.

북한의 이런 제안에 대해 민간의 대북 실무자들은 매우 긍정적이다. 중국 방문 당시 북한 측 파트너로부터 관광 관련 제안을 받았다는 북방권교류협의회 정해운 사무총장은 "최근 북한 전문 학자들 사이에서 이제는 우리 대북 정책을 정경분리 원칙으로 전환할 시점이 되었다는 주장이 점점 대세를 이루고 있다. 협회 차원에서 성사 방안을 신중히 연구하고 있다"고 밝혔다. 관광공사의 유세준 북한 1과장은 "북한의 제안에 대해 공사 차원에서 지대한 관심을 가지고 있다. 통일원의 북한 주민 접촉 승인이 나면 곧바로 북한 당국자와 접촉을 시도할 계획이다"라고 말했다. 그러나 성사 가능성에 대해서는 낙관보다 비관이 더 많은 것도 사실이다. 총선을 앞두고 있는 정부가 위험부담이 따를 수밖에 없는 대북 협상에 적극 나설 것 같지 않다는 것이 비관론의 주된 이유이다.

(1995. 12. 28)

2. 나진·선봉 가시마 공단 프로젝트(1996)

96년 정세 개요

96년 대내외 정치 일정과 목표

96년 북한 대내외 정책의 최대 목표 역시 김정일이 성공적으로 권력을 승계하는 것이었다. 그러기 위해서는 대미관계 개선의 상징인 연락사무소를 96년 6월까지 개설하고 미국의 추가 경제제재 완화, 8월까지 미국기업의 북한 진출을 이끌어낸다는 계획을 세웠다. 두 번째는 상중통치가 끝나는 7월 이후 김정일 시대에 맞는 인물들을 전진 배치하는 것이었다. 그러기 위해 정무원부터 시작해 당과 군까지 대대적인 인사개편을 추진했다.

세 번째는 대일·대중·대러 관계 개선이었다. 대일 관계는 7월 김일성 주석 탈상 때 일본이 조의를 표명하면 미국 연락사무소 개설과 연동해 북·일 연락사무소 개설도 급진전될 가능성이 있었다. 권력 승계 이후 중국 강택민 주석의 방북 가능성도 있었다.

네 번째 경제 여건 개선인데 95년 12월 경수로 협상 타결 결과 경수로 자금 일부가 본격적으로 움직이기 시작해 숨통이 트일 가능성이 높았다. 이 같은 조건들이 만족스럽게 이뤄지면 당 창건 기념일인 96년 10월10일 당 대회를 통해 권력을 승계한다는 계획이었다.

남북관계는 다른 조건들에 비해 비중은 낮았지만 북미 관계를 원활하게 하기 위한 분위기 조성용으로 일정 수준으로 유지할 필요는 있었다. 6월로 예정된 북미 연락사무소 협상과 연동해 남북 관계의 성패 여부를 4월까지 결정하겠다는 것이 당시 북측의 생각이었다.

미국의 북한 연착륙 계획

95년 연말부터 미국의 대북정책 방향이 뚜렷해졌다. 1995년은 미국이 과거 전쟁을 치뤘던 베트남과 수교를 한 해이다. 미국과 베트남은 1993년 외교관계 수립을 위해 본격적으로 접촉했다. 94년 2월 베트남에 대한 미국의 무역금지조치가 해제됐고 95년 1월 상호연락사무소가 개설됐다. 그리고 7월 11일에 국교정상화를 하기에 이르렀다. 미국은 그 여세를 몰아 북한과의 관계도 정상화하려 했던 것이다.

95년 12월 조셉 나이 국방차관보가 워싱턴 아시아협회에서 북한을 압박하는 정책을 재고해야 한다고 연설한 것이 시작이었다. 그 연설을 계기로 대북정책에 관여하는 미국 고위 당국자들 사이에서 북한 연착륙이라는 개념이 등장했다. 그것은 세 가지 요소로 구성됐다. 첫째, 북한에 대한 미국의 정책은 지원을 기조로 한다. 둘째, 한국이나 일본 등의 사전 동의를 필요로 하지 않는다. 셋째, 미국이 주도권을 가지고 추진한다.

냉전 이후 동북아에서 어떤 역할을 할지 한때 혼란스러워 하던 미국이 한반도의 통일까지 염두에 둔 장기 대전략을 수립하고 주변국들에게 선택을 강요하고 있다는 평가가 나왔다. 미국은 95년 연말부터 늦어도 96년 9월까지는 북미 간 쟁점 사항을 모두 타결하겠다는 계획을 세워둔 것으로 알려졌다. 그래야 10월에 김정일의 권력승계가 가능해지고, 미국도 11월 대선에서 북한 카드를 활용할 수 있다.

북미 관계 정상화를 위해서는 거쳐야 할 과정이 있었다. 그 첫 번째가 전쟁 과정에서 사망하거나 실종된 미군유해(MIA)와 실종자(POW) 문제다. 두 번째는 북한 미사일의 해외수출 중단과 감축 문제 등의 현안이다. 이들 현안과 북미 연락사무소, 미국의 대북 제재완화와 경제협력, 남북대화, 평화협정 등을 어떤 순서와 방식으로 자리매김할 것인가가 중요한 과제였다. 늦어도 3,4월께에는 북미 간에 미군 유해, 미사일, 연락사무소 등 쟁점 사항에 대한 논의를 시작해야 한다. 보통 외교적 쟁점을 타결하는 데 소요되는 기간을 6개월로 보기 때문이다.

북미 군부 접촉과 화력발전소

미국이 96년 9월까지 북한과 관련한 모든 쟁점을 타결하겠다는 야심찬 계획을 세울 수 있었던 것은 극비리에 진행된 북미 군부 접촉에서 얻은 자신감도 영향을 미쳤다. 94년 10월의 제네바회담이 핵문제를 다룬 것이었다면 95년 6월 쿠알라룸푸르 준 고위급회담에서 경수로 문제가 타결되면서 핵 문제는 일단락됐다. 핵문제 해결 이후 두 번째 단계는 바로 군사 문제의 해결이었다.

북미관계를 개선하려면 한국전쟁에서 총부리를 겨누고 싸웠던 양국 군부 간의 문제부터 해결하지 않으면 안 된다. 양측은 쿠알라룸푸르 회담 직후부터 접촉을 시작했다. 95년 8월까지 예비회담을 통해 안건과 협상창구를 정하고 9월에 장성급 회담 형식으로 진행하려고 했다. 그러다 1차 무산되고 미국 측 요청으로 다시 접촉이 재개돼 11월 하순 평양에서 극비리에 이뤄졌다. 북미 군부 접촉은 양국이 핵문제를 넘어 본격적인 관계개선 단계로 접어들었음을 보여주는 상징적인 회동이었다.

북한 군부는 북한 GDP의 20~40%를 차지하는 군사경제 부분의 실질적인 대주주였다 따라서 이들이 반대세력이 되지 않게 하려면 대미 협상 과정에서 이들의 손실을 보전하고 이권을 찾아줄 필요가 있었다. 군부 접촉 과정에서 북한 군부가 손실 보전의 일환으로 미국 측에 화력발전소를 지원해줄 것을 요청했다는 얘기가 나왔다. 매우 의미심장한 대목이 아닐 수 없다.

북한 화력발전소와 관련한 용역은 스탠턴 그룹이 중심이 돼 조사·연구 작업이 진행돼 왔다. 북한 군부가 미국 측에 화력발전소 지원을 요청한 것은 이미 스탠턴 그룹과 군부 사이에 묵계가 성립됐기 때문일 것이라는 분석이다. 또 앞으로 있을 북한 권력 내의 나눠 먹기 게임에서 화력발전소는 군부 몫으로 할당되었음을 의미하는 것일 수도 있다. 이 점은 북미관계에서 북한 군부의 역할 찾기와 관련해 상당히 중요했다.

화력발전소는 북한 군부의 주요 수입원이었던 미사일 등 무기 수출을 상쇄할만한 새로운 수입원으로 여겨졌다. 국제 금융기구의 대북 차관 운영권 일부를 군부에 떼어주는 방식이 이와 관련해 주목받았다. 뒤에서 언급할 내용이긴 하지만 일본종합상사의 나진선봉 진출 계획이 군부가 일으킨 잠수함 침투사건으로 무산된 것과 관련해서도 생각해볼 여지가 있다.

미국은 왜 한국 대신 일본을 대북 진출 파트너로 삼았나

미국의 대북정책이 95년 말을 기점으로 북한에 대한 정치·경제적 지원을 통한 변화 유도 쪽에 초점이 맞춰지면서 한국 정부에도 한·미 공조를 요구하는 메시지가 계속 전달됐다. 미국 입장에서는 96년의 북미관계 일정상 늦어도 4월께부터는 북한과의 관계를 일사천리로 진행하지 않으면 안됐다. 그러나 96년 4월 총선을 앞둔 한국 정부는 대북 강경책이 총선에 유리하다고 판단했다. 그래서 미국의 대북 공조 요구에 제대로 반응할 수 없었다. 여기서 그치지 않고 미국이 아닌 제3국 채널을 통해 북측에 남북대화를 타진하기도 했다. 또한 96년 4월 클린턴 대통령 방한을 계기로 남북한과 미중의 4자회담을 제안하며 한국의 입지를 마련하기 위해 부심하기도 했다.

한미 공조가 엇박자를 내면서 96년 초부터 북한 문제에 대한 미·일 공조가 모습을 드러내기 시작했다. 96년 1월에 결정된 일본의 대북 쌀 및 중유 대금 지원도 미국 측이 한국에 요청했다가 안 되자 일본에 부탁해 성사된 것이다.

일본은 대북 경수로 사업에서 미국이 돈을 낼 수 없는 처지임을 잘 알고 있었다. 그래서 일본이 돈을 내는 대신 대북 정책에서 미국의 협조를 끌어낸다는 포석이었다. 자금력을 바탕으로 한반도에너지개발기구(KEDO) 내에서 자국의 입장을 강화하는 것 외에도 북한과의 미사일 협상에서 일본의 입장을 관철하기 위해 미국과의 공조를 활용했다.

북한 문제만큼은 한·미 공조를 통해 접근한다는 것이 미국의 기본 입장이었으나 한국과 공조가 제대로 이루어지지 않자 일본과 공조를 대안으로 검토하기 시작한 것이다. 일본은 북한 문제에 대한 한·미 공조가 와해되고, 미·일 공조 체제로 대체될 때 일본의 한반도 발언권이 최상의 상태를 맞게 될 것으로 보고 외교력을 집중했다.

북미 미사일 협상과 일본의 전면 등장

일본이 대북 협상 전면에 등장하는 것은 구조적으로 북미 미사일 협상과 맞물린다. 북한 미사일 문제는 미국뿐 아니라 일본에도 주요 관심사이기 때문이다. 북한 미사일의 사거리가 미국 본토 타격에는 미치지 못하던 당시만 해도 미국의 주요 관심사는 중동 수출을 막는 것이었다. 그 뒤 사거리가 늘어나 미국 본토가 위협을 받으면서 북한의 대륙간탄도미사일(ICBM) 저지에 관심이 집중된다. 반면 일본은 일본 본토를 사정거리로 하는 북한의 노동미사일의 생산 배치를 막는 것이 주요 관심사일 수 밖에 없다. 일본은 북한 노동 미사일과 대포동 미사일의 생산을 통제하는 데 관심을 가지고 있다. 생산을 통제하는 것은 수출을 중단시키는 것보다 훨씬 어렵다. 어쨌건 일본은 미국이 미사일 문제를 중동 수출 통제에 국한할 경우 이를 좌시하지 않겠다는 입장을 이미 간접으로 통고했다. 95년에는 북한과 군사 협의를 할 용의도 밝힌 바 있다.

따라서 북한과 미국이 미사일 협상을 시작하는 시점에 일본도 북한과의 협상 전면에 나서겠다는 계획이었다. 이 경우 한국 정부가 이를 제지할 명분이 상당히 약화될 수밖에 없다. 미사일 문제는 결국 북한과 미국 중심으로 이루어져 온 동북아 질서 재편 구도가 북한·미국·일본 3자가 주도하는 구도로 넘어가는 분기점이 될 가능성이 매우 높았다.

4월24~25일 제네바에서 북한과 미국간에 미사일 회담이 열린 것을 시작으로 6월10~14일에는 한국전 참전 미군 유골 발굴 관련 합의서가 채택됐다. 유골작업은 7월과 9월에 각각 한 번씩 진행하기로 했다. 유골 발굴 작업에 필요한 일체 장비와 물자 등은 미국이 대며 모든 비용을 충분히 보상하기로 했다. 7월10~31일 사이에는 제1차 미군유해 공동발굴조사가 진행됐다. 7월11일 KEDO와 북한은 경수로 공급협정 이행을 위한 3개 부속 의정서(특권면제 및 영사보호, 통신, 통행부문)에 공식 서명했다.

북일 간의 공식적 움직임은 우선 쌀 문제부터 시작됐다. 인도지원은 국교관계가 없는 국가들이 쉽게 교섭을 시작하기 위한 방편이다. 95년 북한이 일본에 식량 지원을 요청하면서 시작된 북일 접촉이 96년에도 계속 이어졌다. 96년 6월1일 일본의 하시모토 총리가 대북 식량 지원 의사를 표명하고 6월11일 잠정적으로 6백만 달러를 지원하겠다고 결정했다.

그러나 이는 겉으로 드러난 부분일 뿐이었다. 식량 지원 이면에서 북일 간에 큰 그림이 그려지고 있었다. 그 일단이 7월14일부터 있었던 김정우 북한 대외경제협력추진위원회 위원장의 도쿄 방문 기간 중 포착됐다. 김 위원장의 도쿄 방문은 9월에 나진선봉에서 열기로 한 투자 설명회를 위해서였다. 당시 필자도 도쿄 록본기 국제문화회관에서 열렸던 설명회 자리에 참석했는데 김정우 팀과 일본 종합상사 간에 비밀리에 협의 중이던 일본의 대북 진출 구상을 밝혀 낼 수 있었다.

일본종합상사의 가시마 공단 프로젝트

김 위원장은 방일 기간 일본의 3대 종합상사인 미쓰이·미쓰비시·스미토모와 접촉했다. 나진·선봉 지대의 승리화학연합기업소 재가동 문제를 집중 협의하기 위해서였다. 승리화학연합기업소는 당시 원유 공급이 중단돼 가동하지 못하는 상태였다. 일본 종합상사들이 승리화학연합기업소에 원유를 안정적으로 공급해 줄 경우 북한이 양산하고 있는 철광석과 비철금속으로 그 비용을 상계하겠다는 것이 김정우가 제시한 안이었다. 또한 승리화학연합기업소와 원유 공급 협정을 체결한 일본 종합상사에 대해서는 석유 정제와 나프타 분해 등 연관 산업에 대한 독점적 진출권을 보장하겠다는 다소 파격적인 제안도 제시했다.

승리화학연합기업소 투자 유치는 빙산의 일각에 불과했다. 그 뒤에는 더 큰 그림이 있었다. 일본이 북한에 지급할 수교배상금을 가지고 도쿄 인근 가시마 공단의 석유화학 공장들을 북한의 나진선봉 지역으로 이전한다는 충격적인 내용이었다. 가시마 공단은 일본 경제가 중공업에서 중화학공업으로 전환하는 과정에서 중요한 역할을 한 곳이지만 그 이후 환경파괴와 공해 문제 등으로 골칫덩어리가 됐다. 공단 이전 대상지인 우암지역은 비파도와 더불어 나진·선봉의 2대 관광지 가운데 하나였다. 96년 9월의 투자설명회에서 도요엔지니어링 측이 공개한 설계도에 따르면 이 지역을 중심으로 중화학공단이 들어서고, 여기에 가시마의 일본 공해 기업들이 대거 몰려오게 돼 있었다.

당시의 북·일 교섭 내용은 65년 한·일 경협 당시 울산석유화학단지·포항제철·마산수출자유지역 사례를 모델로 삼았을 가능성이 매우 높았다. 나진·선봉 지대는 승리화학을 중심으로 한 석유화학단지와 여타 수출 공단을 통한 경공업단지(울산과 마산을 합친 형태) 형태로 진출하고, 제철산업은 나진·선봉 바로 아래에 있는 청진 김책제철소를 중심으로 진출하는 방식이다. 청진의 김책제철소나 청진 밑의 원산공업지대에 대해서는 이미 북한 측도 일본에 대해 다양한 제안을 해온 바 있다. 일본도 관동 지역인 니가타·도요마·교토·도쿄 등과의 지리적 근접성을 감안해 이 지역 진출을 선호해 왔다.

일본이 한국에 진출할 때 포항 울산 마산 등 일본과 가까운 동해안을 축으로 했듯이 북한 진출 역시 나진 선봉 청진 원산 흥남 함흥 등 북한의 동해안을 대상으로 할 가능성이 높았다. 남북 양측의 경제권이 일본에 분할 지배된다는 것을 의미한다. 북한 동해안은 일본의 '환동해 경제권'의 일부로 편입될 가능성이 높았다.

북한은 상대적으로 체제 유지에 부담이 덜한 동해안 쪽을 먼저 개발하고, 그 파급력을 이용해 서해안 쪽을 개발한다는 전략을 추진했다. 동해안 지대가 중공업 위주로 포진한 데 비해 서해안 지대는 농업 지대나 경공업 지대가 중심이 되고 있다. 서해안 지대는 중국 대련에 이미 가 있던 일본 자본들이 진출할 가능성이 높았다. 원래 대련은 일제 때부터 일본이 개발한 지역이다. 중·일 국교 정상화 이후 일본 자본이 집중 진출하면서 일본의 중국 내 거점으로 변모했다. 일본은 대련 지역을 중국의 동북 3성에 진출하는 전초 기지로 삼아오기도 했다.

따라서 대련에 진출한 일본 기업이 서해만 건너면 되는 북한 서해안 지역에 관심을 가질 것은 불을 보듯 뻔했다. 또한 이 지역은 주로 일본의 규슈나 오사카 등 관서 지역 자본들이 진출할 대상지로서도 유력했다. 결국 북한의 동해안이 환동해 경제권에 포함되듯이 북한의 서해안은 '환서해 경제권'의 일부로 포함될 가능성이 매우 높았다. 과거 한국이 그랬듯이 북한 역시 일본 경제의 하부 단위로 편입될 위험성이 높아졌다. 한국 재계의 처지에서 보자면 '그동안 느긋하게 있다가 뚜껑을 열자마자 정신없이 당하는' 꼴이 될 가능성이 매우 높았던 것이다.

일본의 나선 진출 침몰시킨 북한 잠수함 사건

북한은 일본 종합상사를 통한 나진 선봉 개발을 위해 96년 9월13~14일 나진 선봉에서 국제 투자 및 기업 토론회를 개최했다. 그런데 행사 직후 뜻밖의 사건이 터졌다. 9월18일 북한군이 잠수함을 이용해 무장간첩 26명을 강릉으로 침투시키려 한 것이다. 당시의 국제 정세에서 북한 군부가 굳이 잠수함 침투 사건을 일으킬 이유가 없었다는 점에서 발생 경위가 미스테리였다. 더구나 바로 직전 나진 선봉 개발을 위한 외국 자본 투자를 유치하기 위해 설명회를 개최한 마당에 북한 잠수정이 무장인원을 싣고 한국 동해안에 상륙한 이 사건을 어떻게 설명할 수 있을까. 다만 군부가 대외 개방에 대해 회의적이었다는 점, 더구나 나진 선봉 투자 포럼이 일본 자본의 대거 유입을 위한 것이었다는 점을 감안하면 전혀 이해 못할 바는 아니다. 나진 선봉이 일본 자본에 넘어가는 것을 반대하는 군부의 의도적 도발이었을 가능성을 배제하기 어려운 것이다.

특히 북한 군부가 미군과의 접촉에서 화력발전소를 지원해줄 것을 요청해 온 것과 이 사건이 연관돼 있을 가능성도 배제할 수 없다. 북한 군부의 화력발전소 지원 요청은 미국의 스탠턴 그룹과 사전 조율됐을 가능성이 높았다. 그런데 나진선봉 개발을 추진한 북한의 개방파는 이를 일본 종합상사를 끌어들여 하려 했기 때문에 군부의 이해관계와 상충이 벌어졌을 가능성이 있는 것이다. 어쨌든 나진 선봉 개발의 한 정점을 찍었던 투자 설명회는 잠수함 사건이라는 일격을 맞고 역사의 무대 뒤로 사라져 버리고 말았다.

2.1. 베일 벗는 '평양 북·미 장성급 회담'

지난해(95년) 12월26일 납북 7개월 만에 우성호 선원들이 판문점을 통해 귀환했다. 86우성호는 지난해 5월 중국에서 인천항으로 돌아오다 항로 착오로 서해에서 북한 경비정에 의해 납포됐다. 이 과정에서 사상자가 발생하고 선박이 파손되는 불행한 사태가 벌어졌다. 이날 8명의 선원 중 5명만이 송환되고 숨진 3명은 화장되어 유골로 돌아왔다. 북한은 지난해 12월22일 우성호 선원을 돌려보내겠다고 발표했다. 당시 이 결정을 주도한 것은 바로 친 김정일 파 군부라고 한다. 지난해 11월 하순 미군 고위급 장성들과 평양에서 비밀회동한 이들이 대외적인 유화조처의 일환으로 이 같은 결정을 이끌어낸 것이다.

한편 북한은 1월3일 애틀랜타 올림픽에 참가하겠다고 공식 확인했다. 아래 기사는 북한의 우성호 송환 등 유화 제스처의 배경에 대해 설명한 것이다.

친 김정일 파 군부, 미군과 고위급 회동 후 우성호 송환

우성호 송환으로 유화 제스처…휴전선 병력 배치해 권력 장악 시간 확보

북한이 우성호를 전격 송환한 것은 친 김정일파 군부의 결정에 의한 것이라고 서울의 대북 소식통들이 전했다. 한 북한 소식통은 "지난 12월22일 북한의 우성호 선원 송환 발표는 노동당 중앙위가 아닌 친 김정일파 군부 세력이 결정했다는 정보를 입수했다. 군부의 이 같은 결정은 북한 군부가 대외 정책 방향을 전략적 유화 노선으로 정립하기 시작했다는 것을 의미한다"고 말했다.

북한은 또한 우성호 송환을 사전에 미국에 통보했을 가능성이 매우 높은 것으로 알려졌 다. 최근 미국을 방문한 북한 인사들이 얼마 안 있어 북한 측이 어떤 유화 조처를 단행할 것이라는 사실을 계속 흘려왔으며, 우성호 송환은 이 같은 북한의 선제적 유화 조처의 일환으로 취해졌다는 지적이다. 결국 우성호 송환 결정이 북한과 미국, 좀 더 범위를 좁혀보면 북한 군부와 미국 군부의 사전 교감에 따른 것일 가능성이 매우 높다는 것이다. 북한 정보 소식통들은 이와 관련해 북한과 미국의 군 고위층이 지난해 11월 하순께 평양에서 비밀 회동을 한 사실을 지적한다. 당시 이 회동은 미·북한 관계 개선을 앞두고 적대 관계에 있는 당사자들이 서로에 대한 입장을 새롭게 조율할 필요 때문에 이루어진 것으로 알려지고 있다.

정무원 개편 끝나면 군·당 개편 돌입

북한 군부로서는 미국과의 관계 개선을 앞두고 바람직한 군부의 역할을 모색하기 위한 자리였다고 볼 수 있다. 이 같은 회동이 있은 뒤 바로 한 달 만에 당시 미군 고위층과 막후 접촉을 주도한 친 김정일 파 북한 군부가 우성호 송환을 결정한 것은 결국 북한 군부가 최근 일련의 과정을 통해 전략적 유화 노선으로 대외 정책 방향을 정립했음을 의미한다고 해석되는 것이다.

최근 휴전선 근처 북한군 동향이 심상치 않아 남북 간에 긴장이 고조되고 있다는 보도가 잇따랐다. 이에 대해 대북 소식통들은 북한군이 지난해 10월 이후 휴전선 근방으로 전진 배치된 것은 사실이나, 그 배경이 남침 위협과는 거리가 멀다고 설명한다. 북한군의 최초 이동 동기는 남측의 독수리 훈련에 대한 맞대응 차원이었다. 그 뒤 원대 복귀가 지연되는 것은 현재 진행되고 있는 북한 내부의 대대적인 체제 정비 과정을 은폐하기 위해서라는 지적이다.

북한 내부의 체제 정비 과정은 김정일의 순차적인 권력 장악 과정과 긴밀하게 연결돼 있다. 지난해 9월까지 군부 장악을 마친 김정일은 미국과 군사접촉을 주선함으로써 북한 군부의 새 역할 모색이라는 2단계 군부 대책을 추진하고 있다. 그와 동시에 정무원에서부터 대대적인 내부 체제 개편에 들어갔다는 것이다.

정무원의 인사 개편 소식은 9월 이후 북한을 방문한 방문객들을 통해 알려지기 시작했다. 최근에는 일부 기능이 마비될 정도로 심각하게 진행되고 있는 것으로 알려졌다. 정무원 개편이 끝나면 곧 군·당 개편에 돌입할 것이라고 한다. 북한으로서는 자칫 내부 혼란으로도 비칠 수도 있어 시간을 확보할 필요가 있다. 군부대 전진 배치를 통해 시간을 벌고 있는 것이다.

그동안 대남 관계에서 강경 일변도였던 북한이 최근 들어 합작 여행사 설립을 제의하거나 우성호 송환을 결정하는 것 등을 통해 강온 배합 전략으로 전환하고 있음을 주목해야 한다고 지적한다. 북한의 진정한 의도는 이러한 대남 유화 제스처를 통해 미·북한 관계의 걸림돌을 제거하겠다는 것이다. 그렇지만 남북 관계 개선의 돌파구로 활용할 여지는 충분하다는 것이다.

(1996. 1. 4 / 1. 11)

북한은 매년 연말 그 다음해의 주요 대내외 정치 일정을 미리 만든다. 95년 연말에 만들어진 96년도 대내외 정치 일정을 입수했다. 96년 북한의 최대 목표는 김정일의 성공적인 권력 승계이다. 이를 위한 대내외 요건으로 대미 관계, 인사개편, 기타 대외관계, 경제 여건 개선 등을 목표로 세부 일정이 마련됐다.

남북대화, 4월까지가 고비

96년 북한 정치 일정… 권력 승계는 10월 당 대회에서

올해 남북대화는 4월이 고비가 될 것으로 보인다. 북한 측이 남북대화 가능성을 타진하는 시기를 4월까지로 한다는 내부 방침을 세웠기 때문이다. 4월까지 남북한이 서로 대화 분위기를 조성하는 데 성공할 경우 남북대화가 정상회담으로 이어질 가능성도 있다. 그러나 이때까지 분위기 조성에 실패할 경우 그 나머지 기간 동안 대화는 매우 어렵게 될 것이다. 실제로 북한은 지난해 연말, 이 같은 목표에 따라 대화 분위기를 조성키 위해 노력하기로 방침을 정한 것으로 알려지고 있다. 지난해 연말 해외에 나온 북한의 고위 인사는 국내 기업인들에게 "우리가 먼저 보여줄 것이다. 조금만 기다리면 곧 알게 된다"라면서, 북한이 남북대화 분위기 조성을 위한 조처를 취할 것임을 암시하기도 했다. 그의 발언이 있고 난 며칠 뒤 북한은 전격적으로 우성호 송환을 발표했다.

올해 들어서도 북한은 한국 측의 태도와 상관없이 남북대화와 관련한 유화 제스처를 계속 보내고 있다. 2002년 월드컵 공동 개최 의사를 국제축구연맹에 흘리는가 하면, 최근 방북한 도모토 아키코 일본 참의원 의원을 통해 4차 남북대화를 곧 시작하고 싶다는 의사를 표명했다.

북한은 그들의 이 같은 '노력'에 대해 한국이 화답할 수 있는 시한은 4월까지라고 내부 방침을 정했다. 4월까지 기다리다 한국 측이 성의 있는 노력을 기울이지 않을 경우 올해 안에는 정상 회담을 비롯해 더 이상의 대화가 불가능하다는 방침이다.

북한 측의 이 같은 방침은, 그들이 지난해 연말 내부적으로 작성한 96년도 대내외 정치 일정 때문이다. 북한은 매년 연말 그 다음해의 주요 대내외 정책 일정을 미리 만든다. 최근 국내의 북한 정보 소식통들을 다각적으로 접촉한 결과 금년 1년 동안의 북한 월별 정치 일정의 윤곽을 포착했다. 이 정치 일정에 따르면, 북한의 올해 대내외 정책의 최대 목표는 역시 김정일이 성공적으로 권력을 승계하는 것이다.

북한은 김정일이 권력을 승계할 대내외 요건으로 다음 네 가지를 든다. 첫째, 가장 중요하게 여기는 것이 바로 대미 관계 개선이다. 김정일의 권력 승계는 바로 대미 관계 개선을 상징적으로 나타낼 연락사무소 개설 시기와 직결된다고 할 수 있다. 올해 정치 일정에서는 6월로 목표를 삼고 있다. 지난 1월 초 입수한 정보에 따르면, 이미 미·북한 간에 6월 초 연락사무소 개설을 비밀리에 합의했다는 소식도 있다. 연락사무소 개설과 함께 북한에 대한 미국의 경제 제재 추가 완화가 묵시적으로 이루어지고, 북한은 미국 기업의 북한 진출을 허용할 계획인 것으로 알려지고 있다. 연락사무소 개설이 상황에 따라 6월까지 어려울 경우 늦어도 8월까지는 끝내겠다는 것이 북한 측 복안이다.

두 번째가 바로 대내 정비, 즉 인사 개편과 주민 교육이다. 지난해에 이어 북한 내부에는 대대적인 인사 개편 바람이 일 것으로 관측되고 있다. 정무원에 대한 인사 개편이 지난해에 이어 현재도 계속되고 있으며, 2월의 김정일 생일을 전후해 정점에 달할 것으로 관측되고 있다. 이 같은 인사 개편은 올 7월을 기해 상중(喪中) 통치가 끝나감에 따라 새로 도래하는 김정일 시대에 맞는 인물들을 전진 배치하기 위해 필연적으로 뒤따라야 할 조처로 해석되고 있다.

인사 개편은 두 가지를 동반할 것이다. 하나는 그동안 사상적으로 해이해진 인물들에 대한 대대적인 숙청이다. 이는 상부 단위와 하부 단위에서 동시에 진행될 예정인데, 벌써 숙청될 기미를 눈치 챈 고위급 인물 가운데 상당수가 해외 망명 등을 꾀하고 있는 것으로 알려져 있다.

인사 개편의 또 다른 측면은 새로운 인물이 떠오른다는 점이다. 이미 구시대 인물 중 김달현·한시해가 전면에 나서리라 점쳐지고 있고, 이형철·김문성·김병홍 등 새로 부각되는 인물들의 움직임도 주목해야 할 것이다. 인사 개편은 정무원에서 시작해 당으로 옮겨졌다가, 5월이나 6월께 군부 개편을 마지막으로, 7월의 김일성 주석 탈상 이전에 마무리하겠다는 복안이다. 탈상이 끝나자마자 김정일 체제 진용을 갖추고 새 시대를 맞겠다는 것이다.

권력 승계의 세 번째 조건은 여타 대외 관계, 즉 대일 관계·대중 관계·대러 관계를 개선하는 일이다. 특히 대일 관계는 미국의 연락사무소 개설과 연동해 올해 상당히 활발하게 전개될 것으로 예상되고 있다. 여기서 주목되는 것이 북·일 연락사무소이다. 이미 북한과 일본 사이에 북·일 연락사무소 개설과 관련한 실무적인 논의가 비밀리에 시작되었다는 정보가 있다. 특히 7월의 김일성 주석 탈상 때 일본이 북한 측에 정식 조의를 표명하게 될 경우 북·일 연락사무소 개설 논의가 급진전할 가능성이 매우 높다.

그 다음 주목해야 할 점이 바로 북한과 중국 관계다. 현재 북·중 관계는 미국과 중국의 미묘한 관계 때문에 표면화하지 않고 있으나, 곧 다가올 춘절(음력 1월1일)과 김정일의 생일을 계기로 접촉이 시작될 것으로 관측된다.

특히 주목해야 할 것은 김정일이 권력을 승계한 이후 강택민 주석이 북한을 방문할 가능성이 높다는 점이다. 이미 중국은 지난해 북한 측에 강주석의 북한 방문 의사를 표명했으나 북한 측이 당시 상중이라는 점과 권력 승계가 이루어지지 않았다는 점을 들어 거절한 바 있다. 권력 승계가 이루어질 경우 강주석의 방문 및 김정일과의 정상회담을 거부할 명분이 없는 것이다. 북·중 정상회담이 이루어지기 위해서는 관례상 6개월 전인 4월께부터 양측 간에 실무 협상이 이루어지지 않으면 안 된다.

북한과 러시아 관계도 올해 새롭게 정립될 것으로 보인다. 미·북한 관계의 진전과 러시아의 새로운 한반도 정책에 따라 올해 안에 양국 관계를 개선하기 위한 협의가 진행될 것으로 분석되고 있다.

월드컵 공동 개최 거론은 대화 의사 표시

권력 승계의 네 번째 조건은 경제 여건 개선이다. 올해는 북한 경제에 서방의 자금이 본격적으로 유입되기 시작하면서 서서히 숨통이 트이기 시작하는 해가 될 것이다. 특히 지난해 12월 타결된 경수로 협상 결과 경수로 자금 일부가 본격적으로 움직이기 시작할 것으로 보인다. 올해 3월부터는 관광 상품 개발을 중심으로 한 나진·선봉 개방이 본격화한다. 특히 북한은 이 지역에 대한 관광객 유치를 목표로 3월부터 한국 사람들에게 무비자 입국을 허용할 것으로 알려지고 있다.

김정일의 권력 승계는 이 같은 네 가지 조건이 올 해의 정치 일정 속에서 만족스러울 정도로 이루어졌다고 판단될 경우 올해 10월10일 당 창건 기념일을 기해 당 대회라는 형식으로 치를 가능성이 높다. 지난해에는 3년 상이라는 명분으로 올해로 넘길 수 있었지만, 3년 상이 끝나는 올해는 더 이상 권력 승계를 미룰 명분이 없다. 최근 김정일이 공개 석상에 모습을 나타내기 시작했고, 또한 2월의 김정일 생일을 위한 준비가 벌써 시작되고 있는 것도 승계 분위기 조성과 관련된 것으로 지적된다. 승계 형식으로는 80년 6차 당 대회 이후 중단된 7차 당 대회를 통해 이루어질 가능성이 매우 높은데, 최근 몇몇 지방에서 당 대회를 겨냥한 새로운 인물 교체 움직임이 나타나기도 했다. 대개 당 대회는 6개월 전부터 하부 단위의 준비가 진행되는 것을 고려할 때 4월께면 구체적인 윤곽이 드러날 것이다.

북한의 대내외 정치 일정을 볼 때 남북 관계는 김정일의 권력 승계 요건에서 누락되어 있다는 점을 발견하게 된다. 그것은 그만큼 북한이 남북대화의 비중을 다른 조건들에 비해 낮게 보고 있기 때문이다. 다만 미·북한 관계를 원활하게 하기 위한 분위기 조성용으로 일정 수준의 관계는 필요하다는 것이 북한 측 판단이다. 북한이 남북 관계의 성패 여부를 4월까지 결정하겠다는 것은, 6월로 예정된 미·북한 연락사무소 협상과 연동해, 이를 원활하게 하기 위해서는 그 전에 남북관계를 원만하게 유지해둘 필요성이 있기 때문이다. 그러나 그때까지 대화 분위기가 제대로 만들어지지 않을 경우 더 이상 효용성이 없다고 판단하는 것이다. 따라서 전문가들은 북한 측이 지난 1월 월드컵 공동 개최 의사 및 4차 회담 재개 의사를 밝힌 것은 나름대로 어느 선까지는 실질적인 대화 노력을 기울이겠다는 의사 표시였던 것으로 해석하고 있다. 특히 월드컵 공동 개최에 대해서는 중계 수수료 및 방송 장비 마련 등 실질적인 이익이 따르기 때문에 매우 적극적인 의사를 가지고 있는 것으로 알려져 있다.

올해 한반도 정세는 거의 전적으로 북한의 대내외 정치 일정과 매우 깊은 연관을 맺고 있다고 할 수 있다. 북한의 월별 대내외 정치 일정의 윤곽을 공개한다.

미·일 연락사무소 개설되면 한국만 '무기력'

1월. 내외적으로는 김정일 생일 준비가 본격화하고 있다. 또 당과 정무원 인사 개편 과정에서 새로운 인물들의 등장이 목격되고 있다. 대외적으로는 대남 관계에서 유화 제스처가 주목된다. 월드컵 공동 개최와 남북회담 재개 요구는 대화 분위기 조성을 위한 사전 탐색이다. 또 최근 한반도에너지개발기구(KEDO) 회의를 평양에서 개최하는 것에 북한 측이 긍정적인 모습을 보이고 있는 것도 궁극적으로는 대남 관계를 풀기 위한 제스처이다. 대일 관계에서는 북·일 연락사무소 개설을 위한 협의가 비밀리에 시작되었다.

2월. 가장 큰 일은 김정일의 생일이다. 생일을 전후해서 주민 교화를 위해 '자애와 사랑'이라는 김정일 시대의 새로운 슬로건에 대한 주민 교육이 시작된다. 또 이 슬로건을 집행하는 과정에서 정무원 경제 부문에 대한 인사 개편이 단행될 것이다. 이와 관련해 김달현의 재등장 여부가 주목되고, 김문성 대외경제협력추진위원회 서기장 등 새로운 인물의 활약상이 돋보이게 될 것이다. 대남 관계에서는 종교계와 학계, 그리고 적십자 등 민간 부문에서의 남북대화가 활발하게 전개될 것이다.

3월. 월드컵 공동 개최 문제를 논의하기 위한 남북 대화 자리가 마련될 가능성이 매우 높다. 북한 측도 이때쯤 필요성을 느낄 것이고, 이런 자리가 마련되면 남북대화 재개 문제가 자연스럽게 타진될 것이다. 또 북한은 나진·선봉 지대를 한국 사람들에게도 개방하겠다는 방침을 3월에 천명하게 될 것이다. 북한은 쌀 문제 등에서 한국과 교착 상태에 빠질 것이나 미국과의 대화 분위기 조성을 위해 유화 제스처를 계속할 것이다. 대내적으로는 정무원에 대한 인사를 계속해 새 인물이 계속 등장한다. 대미 관계에서는 현재 진행되고 있는 한국전쟁 당시의 MIA(미군 실종자)와 POW(미군 포로) 논의가 본격화한다. 또 북한은 전략상 평화협정 문제를 들고 나올 것이다.

4월. 북한은 4월까지 정상회담을 포함해 남북대화에 대한 결론을 내고자 한다. 따라서 1, 2월의 대남 유화 제스처에 대해 한국 정부가 성의 있는 태도를 보일 경우 남북 간에 정상회담 문제를 둘러싸고 내부 협의가 깊숙이 이루어질 가능성이 있다. 한국의 총선도 이 같은 논의의 변수가 될 수 있다. 대미 관계에서 북한은 4월까지 연락사무소 개설을 위한 기술적인 문제를 완전하게 해결한다는 기본 원칙을 세워두고 있다. 4월에 주목할 것은 중국과의 관계이다. 10월의 권력 승계 이후 강택민 주석과 정상회담을 하기 위해서는 4월부터 준비에 착수해야 하기 때문이다. 한국의 선거를 전후한 시기에 일본의 경제대표단이 북한에 파견되어 북·일간 연락사무소 문제를 깊이 논의할 가능성이 매우 높다. 또 4월 이전에 러시아와 관계 개선을 위한 움직임이 본격화할 것이다.

5월. 앞의 사안들의 진행 과정을 조정하기 위한 완충기가 될 것이다.

6월. 북한 내부에서 주목할 것은 군부 인사이다. 정무원과 당에 이은 군부 인사는 김정일 체제 구축을 위한 마지막 수순이고, 적어도 7월의 탈상 이전까지는 끝내야 한다. 대미 관계는 6월 이후 정점에 도달한다. 7월에 안되면 늦어도 8월까지는 해결되어야 10월 승계에 지장이 없다. 따라서 이를 전후한 시기에 북한 측이 대폭 양보할 가능성이 있다. 남북대화도 이때까지 잘되면 고위급 접촉 등을 통한 정상회담 이야기가 꽃을 피울 것이다. 그러나 남북 관계는 7월의 김일성 탈상을 계기로 또다시 조문 문제가 불거질 가능성이 높다. 한국 측이 조문하지 않을 경우 이로 인해 다시 경색될 가능성이 매우 높다. 7월에 김일성 탈상을 전후해 김일성 시대를 마감하고 김정일 시대를 여는 대규모 행사가 있을 것이다. 7~8월은 북한에서 선동의 달이다. 미·북한 간의 인적 교류도 전해에 비해 비교가 안 될 정도로 많아질 것이다.

9~10월. 10월10일 당 창건 기념일에 7차 당 대회를 통해 김정일이 권력

을 승계한다는 계획이다. 권력 승계 직후 강택민 주석의 북한 방문 및 북·중 정상회담이 이루어질 가능성이 매우 높다. 그런데 우리와 관련해 주목할 것은 권력 승계를 전후한 시기에 일본의 연락사무소가 평양에 진출할 가능성이 있다는 점이다. 특히 일본이 김일성 탈상에 조문을 표할 경우 그 시기는 더욱 앞당겨질 것이다.

미국에 이어 일본 연락사무소까지 평양에 진출하게 되면 동북아시아에서 한국의 국제적 지위는 형편없이 추락하게 된다. 미·일의 연락사무소가 평양에 들어가기 이전과 이후 북한을 둘러싼 한국과 미·일의 위상은 천지 차이가 되리라는 것이 북한 전문가들의 한결같은 지적이다. 미·일과 북한의 관계가 연락사무소를 통한 일상적인 업무 협조 차원으로 가까워지는 것에 비해 한국은 대화나 정보 통로 하나 없이 무기력한 모습을 보일 수밖에 없게 된다. 따라서 이런 사태가 오기 전에 한국도 최소한 북한 땅에 연락사무소 하나라도 두기 위해 최선의 노력을 기울일 필요가 있다.

(1996. 2. 8)

95년 12월7일자 '미·북한 군 장성 평양 극비 회담' 기사에 대한 후속 기사이다. 당시에는 미처 파악하지 못한 내용까지 추가 확인해 그 상세한 전말을 다뤘다. 북미 관계의 전개 과정에서 94년 10월의 제네바회담이 핵문제를 다룬 것이었다면 95년 6월 쿠알라룸푸르 준 고위급회담에서 경수로 문제가 타결되면서 핵 문제는 일단락됐다. 95년 11월 하순 평양에서 있었던 북한과 미국의 군부 접촉은 양국이 핵문제를 넘어 본격적인 관계개선 단계로 접어들었음을 보여주는 상징적인 회동이었다. 양측의 회동은 쿠알라룸푸르 회담 직후부터 시작되어 95년 8월까지 예비회담을 통해 안건과 협상창구를 정하고 9월에 장성급 회담 형식으로 진행하려고 했다. 그러다 1차 무산되고 미국 측 요청으로 다시 접촉이 재개돼 11월 하순 평양에서 극비리에 이루어졌다. 양측의 군부 고위층이 만나 그때까지 제기됐던 제반 쟁점들의 가닥을 잡는 분수령이 되었던 것이다.

북미관계에서 핵문제 해결 이후 두 번째 단계의 핵심은 바로 군사 문제의 해결이었다. 북한과 미국 관계는 미국과 베트남 관계와 마찬가지로 과거 총부리를 서로에게 겨눴던 관계다. 따라서 관계를 개선하려면 총부리를 겨눈 당사자 사이의 문제부터 해결하지 않으면 안 된다. 그 첫 번째가 전쟁 과정에서 사망하거나 실종된 미군유해(MIA)와 실종자(POW) 찾기다. 베트남과 수교 과정에서 미국이 제일 처음 했던 것이기도 하다. 북미 간에는 이 문제 외에도 당시 북한 미사일의 해외수출과 감축 문제 등의 현안이 있었다. 이들 현안과 연락사무소, 제재완화와 경제협력, 남북대화, 평화협정 등을 어떤 순서와 방식으로 자리매김할 것인가가 중요한 과제였다.

반미항전을 자신들의 존립기반으로 해왔던 북한 군부가 이 과정에서 새로운 역할을 찾는 것도 매우 중요했다. 북한 군부는 북한 GDP의

20~40%를 차지하는 군사경제 부분의 실질적인 대주주였던 만큼 이들이 반대세력이 되지 않게 하려면 손실을 보전하고 이권을 찾아줄 필요가 있었다. 그 일환으로 이 기사에서는 북한 군부가 미국 측에 화력발전소를 지원해줄 것을 요청했다는 얘기가 나온다. 매우 의미심장한 대목이 아닐 수 없다. 이 화력 발전소 문제는 부시 정부로 넘어가 경수로 대신 북한에 제공할 발전소 형태로 등장하기도 하고 6자회담 시기에는 북측의 에너지 보전 요구에 대한 미국 측 안의 형태로도 등장한다.

즉 화력 발전소가 미국 측 안으로 등장할 때 마다 미국은 은연중에 그 수혜자인 북한 군부를 의식하고 있다는 것을 이 기사를 통해 알 수 있는 것이다. 그런 의미에서 이 기사는 90년대 이후 북미 관계의 출발 단계를 이해하게 하는 매우 중요한 자료라 할 것이다.

"정보계통 미 예비역 준장과 이하일 당 군사부장이 평양 군부 접촉 주역"

16인 군사위원회가 대미 접촉 주도…미국 측에 화력발전소 지원 요청

한국전 참전 미군 유해 송환 문제를 둘러싸고 1월11~13일 하와이에서 있은 미·북한 군사 접촉은, 미국 측의 철저한 실무적 협상 전략과 북한 측 정치 공세가 맞서 타협점을 모색하는 데 일단 실패한 것으로 알려졌다. 이번 협상에서 미국 측은 협상 안건을 미군 유해 문제에 한정해 평화협정 체결 등 협상 수위를 정치 차원으로 높이려는 북한 측 협상 전략을 차단한 것으로 전해진다. 양측 입장이 정면충돌해 일단 협상이 결렬된 상태이나 회담이 이대로 끝나는 것은 아니다. 앞으로 있을 본격적인 협상을 위한 출발점이라는 견해가 우세하다. 협상 직후 미국 측도 "가능한 한 북한과 군사 채널을 유지하기를 바란다. 어떤 식으로든 돌파구가 열릴 것이다"라며 낙관적 입장을 보였다.

하와이 회담이 일회성으로 끝나기 어려운 것은 이 회담이 지난해 6월부터 약 6개월간 수면 아래에서 진행돼온 군부 접촉 결과에 따른 것이기 때문이다. 이번 협상은 그동안의 비공식 접촉을 공개 협상으로 전환하기 위한 신호탄에 불과하다. 또한 이번 회담은 지난해 11월 말의 미·북한 장성급 고위 접촉과도 직접 연동돼 있다. 미군의 장성급 협상 팀이 지난해 11월 중순께 예비 실무 접촉을 거쳐 11월 말께 극비리에 평양에 들어가 북한 군부의 핵심 실세 그룹과 미·북한 군사 현안에 대해 협의한 바 있다. 협의 내용 중에는 미군의 주요 관심사인 미군 유해 송환 문제를 비롯해 미국 군부와 북한 군부의 향후 역할 조정 및 경제 협력 문제가 포함되어 있었다고 한다. 이번 하와이 군부 접촉은 당시 논의된 내용 중 일부인 미군 유해 송환 문제를 공식적으로 다루기 위한 첫 모임이다. 당시 논의됐던 내용이 상당수 베일에 가려져 있으나, 앞으로 미·북한 관계 개선 과정과 연계돼 표면화하리라는 사실은 불을 보듯 뻔하다.

북한 군부가 '우성호 송환' 결정

지난해 11월 말 평양에서 있었던 미·북한 장성급 회동은 지난해 6월부터 시작된 일련의 양국 군부 접촉의 하이라이트였다고 볼 수 있다. 약 6개월간 밀고 당기는 실무 협상을 거쳐 좁힌 내용을 중심으로 장성급 인사들이 만나 물꼬를 트기 위한 것이었기 때문이다. 북한 군부가 이 접촉 이후 대외 정책을 전환할 조짐을 보인 첫 조치가 바로 우성호 송환 결정이다. 우성호 송환은 특이하게도 노동당이 결정했다기보다는 '우성호를 잡은' 군의 결정에 따른 것이었다고 한다. 즉, 북한 군부가 미국 군부와 가진 고위 접촉 이후 미국 측에 보낼 긍정적 메시지로 우성호를 선택한 것이다. 이는 앞으로의 접촉을 원활하게 하기 위한 분위기 조성용이었던 것이다.

11월 말 장성급 접촉과 관련한 보도 이후에도 베일에 싸인 이 접촉의 실체를 규명하기 위해 취재를 계속해 왔다. 그 결과 몇 가지 사실이 더 밝혀졌다. 우선 당시 평양에 들어갔던 미군측 인사는 정보 계통에서 근무하는 예비역 준장이었던 것으로 확인됐다. 미군 측이 현역 장성을 내세우지 않은 이유는 이 사실이 드러날 경우의 위험부담을 고려한 때문이다. 정보 계통 인물이 들어간 것은, 그동안 군부 접촉을 추진한 그룹이 미군 내에서도 정보파트 쪽이었기 때문이다. 미국 측은 북한 군부와 예비 접촉을 벌이던 지난해 11월17일께 이 사실을 한국 군부에도 통보했다고 한다.

우리 측이 어떤 반응을 보였는지는 알려지지 않고 있으나, 96년도 국방 정책을 발표하면서 하와이 회담 이외의 미·북한 군부 간 직접 접촉은 반대한다는 내용을 삽입한 것을 보면, 내심 심각하게 바라보았음을 알 수 있다. 이 같은 내용 외에 중요한 사실이 몇 가지 더 있다.

16인 군사위원회, 대미 접촉 주도

미국 측이 북한 군부와 계속 접촉한 결과 현재 북한 군부를 실질적으로 장악하고 있는 핵심 실세그룹의 실체가 밝혀졌다. 미국 측이 최근 확인한 바에 따르면, 현재 북한 군부는 '16인 군사위원회'라는, 친 김정일 파 군부 핵심 그룹이 완전 장악하고 있다. 이 16인 군사위원회는 김일성 주석 사망 후 김정일이 군부를 장악하는 과정에서 김정일에 대한 충성심이 확실한 인사들이다. 그의 대내외 정책 노선을 충실히 추종하는 군부 내 핵심 인물들로 구성돼 있다. 현재로서는 군사평의회 같은 일사 분란한 조직이라기보다는 김정일의 정책 노선을 추종하고 집행하기 위한 일종의 비상위원회 성격이 강한데, 다소 산발적인 모습을 보이고 있다. 16인 군사위원회가 알려진 초기에는 군내의 혁명 2세대 그룹이 주축이 되어 군부 세대교체의 의미를 띠고 있을 것으로 관측되기도 했다. 그러나 구성원 중 혁명 1세대인 백학림 사회안전부장이 포함돼 있는 것이 알려지면서 1세대와 2세대가 혼재한 것으로 파악되고 있다.

중요한 것은 이 16인 군사위원회가 바로 북한 군부에서 미국과 군사 접촉을 주도하는 추진력이 되고 있다는 것이다. 이 같은 사실은 16인 군사위원회 핵심 인물인 이하일 당 군사부장이 지난해 11월 말 미·북한 장성급 접촉의 북한 측 파트너였다는 사실에서도 확인된다. 사실 미국 측은 북한 군부와 접촉을 시작한 초기부터 이하일 군사부장을 그 첫 번째 대상으로 지목해 왔다고 한다. 이 군사부장이 35년생으로 만경대혁명학원과 김일성군사종합대학을 졸업한 혁명 2세대 군부 핵심실세로 지난 92년 당 군사부장에 임명된 이래 조명록 총정치국장, 김영춘 총참모장과 더불어 군부 내 실세 3인방 중 한 사람이기 때문이다. 그가 책임지고 있는 당 군사부는 당중앙위원회 군사위원회의 상설 기구이다. 평화 시 북한 군부의 실질적 최고 사령부여서 김정일의 군부 장악을 뒷받침하는 핵심 요직이라 할 수 있다. 이처럼 현재 북한 군부의 대미 접촉은 김정일을 정점으로 한 국한 군부 내 최고 실세 그룹의 결단에 의해 추진되고 있다는 점이 명확해진 것이다.

미·북한, 매주 한 번꼴 접촉

11월 말 미·북한 장성급 접촉의 주요 의제는 크게 미군 유해 송환 문제, 양측 군부의 역할 찾기, 경제 협력으로 나뉜다. 이는 다시 군사(미군 유해) 정보(역할 찾기) 경제(경제 협력) 영역으로 구분할 수 있는데, 미군 유해 송환 문제만이 현재 알려졌다. 나머지 정보 및 경제 영역은 베일에 가려 있다. 그런데 11월 말 협상이 이루어질 즈음 정보 소식통들 사이에 북한 군부가 미국 군부에 화력발전소를 지어 달라고 요청했다는 얘기가 나돌기 시작했다. 이 같은 정보는 북한 정보통들 사이에 대단한 관심을 끌었다.

북한 군부는 왜 군부와 무관해 보이는 화력발전소 지원 문제를 끄집어냈을까. 여기에는 복잡한 문제가 얽혀 있다. 첫째로 관심을 끄는 것은 미국 스탠턴 그룹과의 관계이다. 현재 북한의 화력발전소와 관련한 용역은 스탠턴 그룹이 중심이 돼 조사·연구 작업이 진행되고 있다고 알려졌다. 북한 군부가 미국 측에 화력발전소 지원을 요청한 것은 이미 스탠턴 그룹과 군부 사이에 묵계가 성립됐기 때문일 것이라는 분석이다.

또 앞으로 있을 북한 권력 내의 나눠 먹기 게임에서 화력발전소는 군부 몫으로 할당되었음을 의미하는 것일 수도 있다. 이 점은 미·북한 관계에서 북한 군부의 역할 찾기와 관련해 상당히 중요하다. 즉, 앞으로 미·북한 군사 협의는 미군 유해 송환 문제 이후 장거리 미사일 수출 문제와 생산 감축 문제 등 군비 감축 문제를 필연적으로 다룰 수밖에 없다. 그런데 문제는 이러한 무기 수출이 바로 북한 군부의 주요 자금원이라는 점이다. 따라서 미국 측이 협상을 진행시키기 위해서는 무기 수출을 상쇄할 만한 새로운 수입원을 북한 군부에 제시하지 않으면 안 된다. 앞으로 있을 국제 금융기구의 대북 차관 운영권 일부를 군부에 떼어주는 방식이 이와 관련해 주목받고 있다. 화력발전소 문제와 연동돼 북한 권력 내에서 암묵적 동의가 이루어졌을 가능성이 있다는 것이다.

장성급 접촉의 다른 내용들은 지난해 6월부터 있었던 미·북한 비공식 접촉의 쟁점들을 통해 간접 추정할 수밖에 없다. 미·북한 비공식 접촉의 역사는 어쩌면 핵문제가 시작된 93년부터라고 해야 할 것이다. 그러나 핵문제 이외의 쟁점에 대한 양측 협의가 본격화하기 시작한 것은 지난해 6월 쿠알라룸푸르 회담에서 경수로 협상의 타결로 핵문제가 일단락된 이후부터라고 볼 수 있다.

미국이 북한에 한국전 참전 미군 유해 송환 문제를 비공식 제의한 것은 지난해 6월 전후였다. 이 같은 사실은 지난해 9월 북한군 판문점 대표단 수석대표인 이찬복 중장이 북한을 방문한 셀리그 해리슨 카네기재단 수석 연구원에게 밝힘으로써 명확해졌다. 당시 북한 측은 미국에 경제 제재를 추가로 완화해 달라고 집요하게 요구했다. 지난해 8월 LA국제경영연구원이 주최한 '북한 투자 세미나'에서 한성렬 유엔주재 북한대표부 공사는 경제 제재 추가 완화, 북한 해외 자산 1천4백만 달러 동결 해제, 제3국 은행에서의 북한 달러 결제 허용, 미국 기업인들의 대북 직접 투자 및 무역 허용 등을 관계 개선의 전제 조건으로 미국 측에 요구했다. 이에 대해 데이비드 브라운 미국 국무부 한국과장은 한국전 참전 미군 유해 및 실종자 문제를 조사하기 위한 조사단 파견 협조, 미사일 등 대량 학살 무기 수출 전면 금지를 포함한 국제 테러금지, 남북 대화, 인권 문제 개선 등을 북한 측에 요구했다. 그동안 핵과 경수로 문제에 가려 있던 양측의 상호 관심사가 이제 전면에 등장하기 시작한 것이다.

이 문제들을 논의하기 위한 양측의 고위 협상 채널도 바로 같은 시기에 가동되기 시작했다. 북한 측에서는 유엔주재 북한대표부가 중심이 되었고, 미국 측은 국무부가 중심이 되었다. 양측은 거의 매주 한 번꼴로 뉴욕과 워싱턴을 오가면서 빈번하게 접촉했다고 한다.

이름 밝히기를 꺼리는 한 정보 소식통에 따르면, 당시 양측의 협의 안건은 크게 네 가지였다고 한다. 첫째는, 한반도에너지개발기구(KEDO)협상 문제이다. 한국이 중심 역할을 맡는 문제로 난항을 보이던 이 협상은 쿠알라룸푸르 회담 이후 북한 측 추가 비용 요청으로 또다시 어려움을 겪고 있었다. 두 번째 안건은 서로의 협상 조건을 어떤 순서로 타결할 것인가 하는 문제, 세 번째는 이 과정에서 무엇을 주고 무엇을 받을 것인가 하는 것이며, 마지막이 군사 접촉 창구 개설 문제였다. 전체적으로 보아 6월부터 8월까지는 북한과 미국 양측이 협상 안건들을 정리하고, 양측 협상 창구를 정비하는 시기였다고 볼 수 있다.

협상 창구 정비와 관련해 북한 측은 당시 심한 내부 몸살을 앓고 있었다. 특히 한반도에너지개발기구 협상에서는 외교부·대외경제협력추진위원회·군이 치열한 경쟁을 벌이고 있었다. 6월 이전까지만 해도 군은 외교부와 대외경제협력추진위원회의 전향적인 대외 교섭에 제동을 거는 역할을 주로 해왔다. 그러나 6월부터 미·북한 군부 접촉이 시작되면서 군의 태도는 상당히 누그러지기 시작했다. 대미 협상이 대세를 이루고 있는 가운데 군부도 독자적인 역할을 찾기 시작했기 때문이다.

6월부터 8월 사이에 빈번하게 이루어졌던 미·북한 비공식 군부 접촉은 주로 북경과 평양을 무대로 하여 이루어진 것으로 알려졌다. 미국 측은 주로 북경대사관의 군사 및 정보 담당 요원들이 주축이 되었고, 북한 측 당군사위원회 고위 인사들이 주축이 되었다.

당시 북경주재 미국대사관의 대북 접촉 요원들은 대사관이 아닌 본국 정부의 직접 지휘를 받아 움직인 것으로 알려졌다. 또 판문점 군사정전위원회 창구를 이용한 영관급 군사 접촉도 10여 차례 넘게 이루어졌다. 그리고 유엔주재 북한대표부와 미국 국무부 라인도 간접 채널로 이용되었다.

[95년 9월 이후 미·북간 쟁점별 역할 분담 <표1>]

	북한	미국
UNDP	대외경제협력추진위원회	국무부
KEDO	외교부	국무부
군사접촉	군	군+정보기관
경제제재완화	외교부	재무부·국무부
무기수출	군	군
군비감축	군	군+국무부
평화협정	당	정부전체
남북대화	당·정·군	국무부

[95년 9월 이후 미·북간 쟁점별 역할 분담 <표1>]

순서	한국	북한	미국
1	MIA	연락사무소	MIA/POW
2	남북대화	MIA	연락사무소
3	무기수출	평화협정	무기수출
4	연락사무소	무기수출	군비감축
5	군비감축	군비감축	남북대화
6	평화협정	남북대화	평화협정

이 시기에 특기할 것은 쌀 문제를 중심으로 한 남북 대화와 미·북한 비공식 접촉의 상관관계이다. 즉 쌀 회담이 시작된 6월부터 8월까지가 바로 미·북한 비공식 접촉이 진행되던 시기라는 점을 볼 때, 당시 남북 대화는 미·북한 대화의 분위기 조성용으로 미국이 북한 측에 요구해 이루어졌을 가능성이 매우 높다. 그리고 3개월간의 접촉 결과 미·북한 협상이 상당히 진전됨에 따라 더 이상 쌀 회담의 효용성이 없어지자 자연스럽게 폐기된 것으로 분석된다.

지난해 9월은 미·북한 비공식 접촉이 분수령을 이룬 시기라고 정보 소식통들은 지적한다. 9월은 북한 정권 처지에서 여러 모로 중요한 시기였다. 우선 김정일의 군부 장악이 거의 끝내기 단계에 들어갔다. 이는 김정일이 이 시기를 기점으로 지난 1년간 전개한 군부대에 대한 현지 지도를 중단하고 당이나 정무원 쪽 활동을 강화한 것으로도 입증된다. 16인 군사위원회가 결성된 것도 이 시기이고, 또한 군부가 미국과 협상하면서 새로운 역할 찾기에 나서기 시작한 것도 이 때라고 할 수 있다. 정권 차원에서는 김일성 주석 사망 1주기를 보낸 뒤 김정일의 전면 등장을 상정한 대내외 정치 일정을 새롭게 확정한 시기이기도 하다.

미·북한간 현안, 7월 이전에 타결될 듯

지난해 9월은 또한 미·북한 협상의 세부적인 안건과 부처별 역할 분담이 명확하게 이루어진 시기이기도 하다(〈표1〉참조). 이 중 평화협정 문제는 미국 처지에서는 한국과의 외교 관계를 고려해야 하는 만큼 관련 부처 전부의 공감대가 필요했다. 마찬가지로 북한에게도 남북대화 문제는 당·정·군이 모두 관련되어 있다. 예를 들어 우성호 문제는 군, 대남 전략은 당(조평통), 나진·선봉 개방은 정무원이다. 따라서 3자가 모두 동의해야 대남 정책에 변화가 생길 수 있는 것이다.

이 시기에 가장 중요한 것은 우선 한반도에너지개발기구(KEDO)에 대한 북한의 내부 방침이 확정되었다는 점이다. 북한 전문가들은 북한이 국제관례까지 무시하면서 추가 비용을 대라고 억지를 부린 이유는, 이를 빌미로 국제금융기관으로부터 차관을 끌어들이기 위한 것이었다고 본다. 어떤 명분으로든 일단 국제 금융기관의 차관이 개입하기 시작하면, 이것을 확대하기는 그리 어려운 문제가 아니다. 그리고 국제 금융기관들은 한 기관이 움직이기 시작하면 다른 기관들도 연쇄적으로 같이 움직이는 속성을 가지고 있다. 따라서 12월의 한반도에너지개발기구 협상이 북한 측이 애초에 내세운 조건들에서 상당히 후퇴하는 선에서 타결되는데도, '만족스럽게 타결되었다'는 반응을 보인 것은, 따지고 보면 이 목표를 달성하는 데 성공했기 때문인 것으로 분석된다.

군부 접촉과 관련해서는 각각의 쟁점별 타결 시기 및 순서 문제가 본격 논의되기 시작했다. 사실 어쩌면 이 문제야말로 남북한과 미국 등 관련 3국간의 공식 및 비공식 힘겨루기 양상의 대부분을 차지한다고 해도 지나치지 않을 정도로 중요한 사안이고, 앞으로의 미·북한 협상 과정에서 끊임없이 제기될 문제이기도 하다. 지금까지 협상 과정에서 드러난 3국의 입장을 정리해 보면 대략 〈표2〉의 내용과 같다.

미국은 우선 연락사무소 이전에 미군 유해 송환과 미군 전쟁 포로(POW) 문제를 해결하고 연락 사무소가 들어간 다음에 무기 수출, 군비 감축, 남북 대화를 순차적으로 처리한 뒤 평화협정을 체결하자는 것이다. 전형적인 선행론인 셈이다. 이에 대해 북한은 연락사무소 개설과 동시에 평화협정을 체결하면서, 미사일 수출 통제 및 군비 감축 문제를 함께 협의해 나가자는 일괄 타결론을 주장하고 있다.

9~12월 비공식 협상 과정에서도 각 협상 쟁점 타결 순서를 둘러싸고 양측이 힘겨루기를 하는 양상이 포착되기도 했다. 지난해 9월 셀리그 해리슨 미국 카네기재단 수석 연구원이 북한 방문 후 폭로한 미·북한 군부 접촉 내용도 그 가운데 하나다. 당시 해리슨씨가 인터뷰한 북한군 이찬복 중장은 지난해 5월부터 영관급 회동을 10여 차례 한 이후 9월에 양측 장성급 접촉이 성사 단계에 이르렀으나 한국 측 반대로 무산됐다며 분통을 터뜨렸다고 했다. 그런데 실제 내막은, 지난해 6월께부터 시작된 미·북한 비밀 군부 접촉이 일정 단계에 돌입하자 북한 측이 지난해 8월 몇 단계를 뛰어넘어 평화협정 체결을 들고 나왔고, 이에 놀란 한국 측이 미국 측에 강력히 항의함에 따라 미·북한 접촉이 일시 중단 상태에 빠질 수밖에 없었던 데서 연유한 것이다. 당

시 미국 측은 미군 유해 송환 문제를 먼저 다루고 미사일 수출 통제 문제를 언급하는 단계에서 북한 측이 평화협정 체결을 들고 나오자 매우 난처해 한 것으로 알려졌다. 한국 측의 강경 반대로 일단 주춤할 수밖에 없었던 미·북한 군부 접촉은 10월 한 달 다시 물밑으로 잠겼다가 11월 들어 장성급 접촉 형태로 다시 재개되었다.

장성급 접촉의 표면상 이슈가 주로 미군 유해 송환과 경제 문제에 초점이 맞추어진 것도 한국 측의 반발을 의식한 제스처일 수도 있다.

어쨌든 11월 협상 이후 북한 군부의 우성호 송환 결정, 그리고 1월의 하와이 군부 접촉 등으로 미·북한 접촉이 순항하는 것을 보면, 그동안의 비공식 접촉을 통해 쟁점별 타결 순서나 주고받을 내용에 대해 어느 정도 공감대가 이루어졌을 가능성도 있다. 이와 관련해 주목해야 할 점이, 1월3일 북경주재 주창준 북한대사가 김정일이 공식 등장하는 시기를 김일성 주석의 대상 직후인 올 7월 이후로 못 박은 점이다. 이는 다시 말해 7월 이전까지 미·북한간 현안을 타결하겠다는 것을 선포한 것이나 다름없다. 현재 예상으로는 하와이 회동으로 인해 표면화하기 시작한 미군 유해 문제와 가능하다면 미군 전쟁 포로 문제까지를 연락사무소와 연동해 7월 이전에 타결하고, 그 직후 김정일이 권력을 승계하는 방식이 유력한 것으로 알려지고 있다. 물론 이 과정에서 북한에 대한 미국의 경제 제재 추가 완화가 묵시적으로 뒤따를 것이고, 미국기업의 북한 진출도 자유로워질 가능성이 매우 높다. 그 다음 무기 수출 통제와 군비 감축 문제는 연락사무소가 들어간 이후 평화협정 및 수교 문제와 연계해 다룰 가능성도 많다. 이 같은 현안이 타결되면 한반도 정세는 크게 바뀔 것이다.

7월 이전의 일정에서 관심을 끄는 문제가 바로 미군 전쟁 포로와 남북 대화 문제이다. 우선 전쟁포로 문제는 한국전 당시 북한군에 포로로 잡혀 현재까지 생존해 있는 사람들의 송환 문제이다. 만약 한 사람의 전쟁 포로라도 돌아오게 할 수 있다면 대선을 앞둔 클린턴에게는 엄청난 호재가 된다.

북한 체면 살려줘야 남북대화 가능

그다음 남북 대화와 관련한 사항이다. 남북대화에서 현재 한국은 주도권을 상실했다. 자칫하면 미국과 북한이 평화협정이라는 마지막 관문을 앞에 두고 지금까지 그래왔던 것처럼 분위기 조성용으로 남북 대화를 형식적으로 끼워줄 때까지 기다려야 할지도 모른다.

그러나 북한 전문가들은 남북 대화가 반드시 비관적인 것만은 아니라고 말한다. 체면만 살려주면 북한이 일정정도 대화에는 긍정적으로 나올 가능성이 높기 때문이다. 우선 한국이 일차적 조처로 대우의 남포공단 투자를 정부 차원에서 보장하고, 나진·선봉에 투자한 기업인의 자유 왕래를 허용하는 등 경협 활성화 조처를 취하고, 현 정권뿐 아니라 차기정권까지 북한에 위협을 가하지 않겠다고 약속한 뒤 미국을 통해 고위급 회담을 요구하면 성사될 가능성이 높다고 지적한다. 그 다음 2단계 조처로서 북한의 노후화한 기계 설비 중 우리가 무상으로 대체할 수 있는 것은 무상으로 제공하고, 미국의 연락사무소가 평양으로 들어갈 즈음 대한무역투자진흥공사(코트라) 사무소의 나진·선봉 진출을 허용하여 남북 정상회담 이후에 평양에 한국의 연락사무소가 들어가는, 순차적이면서도 실리를 추구하는 방식을 택할 것을 제안하고 있다.

(1996. 1. 25)

95년 6월 쿠알라룸푸르 회담에서 경수로 문제가 타결된 이후 핵문제 이외의 현안에 대한 북미 접촉이 본격화됐다는 것은 앞에서 언급했다. 이때부터 미국은 미군 실종자(MIA), 연락사무소, 미사일 수출 및 생산 통제 문제 등 현안과 관련해 북한 내 영향력 있는 인사들에 대한 집중 공략에 나섰다. 일종의 외곽 두들기기이다.

그러나 북한 사회의 대주주인 김정일 비서가 가지고 있는 불안감을 달래지 않고는 앞으로 나아가는 것이 어렵다는 사실을 알게 된다. 따라서 김정일 비서를 안심시키기 위한 미국의 접근 책이 다양하게 검토된다. 그 일환으로 북한이 제기한 잠정협정 체결과 북미 미사일 협상이 제2의 패키지 딜로 검토됐다는 내용이 나온다.

그런데 북한과 미국이 미사일 협정을 시작하면 그때가 바로 일본이 북미협상에 끼어드는 시점이 된다. 이 기사에서는 "일본의 실제 의도는 미·북한 간에 미사일 문제가 제기되는 시점을 일본이 북한과의 협상 전면에 나서는 시기로 삼겠다는 것이다. 이 경우 한국 정부가 이를 제지할 명분은 상당히 약화될 수밖에 없다. 미사일 문제는 결국 북한과 미국 중심으로 이루어져 온 동북아 질서 재편 구도가 북한·미국·일본 제3자가 주도하는 구도로 넘어가는 분기점이 될 가능성이 매우 높다"라고 표현하고 있다. 90년대 말 북미 미사일 협상이 본격화되던 시기에 막후에서는 일본의 역할에 대한 논의가 많았다. 그 단초가 바로 이때 마련된 것임을 알 수 있다. 왜 그렇게 되는지는 기사에서 설명하고 있다. 96년 3월 미국 로스앤젤레스와 뉴욕을 방문해 북한 유엔대표부 관계자들과 미국의 대북 전문가들을 폭넓게 인터뷰해서 쓴 기사다.

미국, '김정일 달래기' 나섰다

1~2월 물밑 갈등 딛고 경제 제재 완화·미사일 수출·잠정 협정 등 일괄타결 모색

바로 얼마 전까지 미국에게 북한은 별 볼 일 없는 국가였다. 극동의 조그마한 사회주의 국가, 미국의 맹방인 한국의 적국으로서만 의미를 가지는 나라가 바로 북한이었다. 인구·자원·시장 등 미국의 관심을 끌 만한 경제 가치는 거의 없어 보였다.

그러나 지난 몇 년간 지루한 핵 협상을 통과한 이후 오늘날 북한의 존재감은 미국의 북한 전문가들 말을 통해서도 여실하게 확인할 수 있었다. 워싱턴에서 미국 정부의 한반도 정책 자문위원으로 활동하고 있는 오공단 박사의 얘기는 최근 미국의 북한 열기를 실감케 한다. 오 박사에 따르면 올해 초부터 워싱턴 정가의 관심은 단연 '북한 설득하기'에 모아졌다. 어떻게 하면 고집불통에다 변칙 플레이까지 능한 북한을 미국이 희망하는 방향으로 끌어낼 수 있는가를 둘러싸고 토론이 거듭되었다는 것이다. "지난 1월부터 북한 관련 크고 작은 세미나 및 공식 비공식 회의가 적어도 1주일에 서너 차례 열렸다. 그 중 두 번 정도가 공개회의라면 한 번은 비공개 회의였다고 할 수 있다"라고 오박사는 말했다.

이런 회의에 참석하는 사람들은 대북 정책과 관련해 국민적 합의를 이룰 필요가 있는 모든 분야 사람이 거의 망라된다. 즉 국무부·국방부·중앙정보부·에너지부 같은 관련 부처를 비롯해, 대북 사업에 관심을 가지고 있는 다국적 기업 관계자, 의회 관계자, 언론사 기자가 머리를 맞댔다.

신년 초부터 워싱턴 정가가 북한 열기로 달아오른 데에는 나름의 이유가 있다. 오 박사는 이를 다음과 같이 설명한다. "제네바 회담 타결 이후 워싱턴에서는 북한 문제는 한시름 놓았다는 분위기가 팽배했다. 그러다 보스니아 사태가 터지자 뒷전으로 밀려나기도 했다. 그런데 지난해 연말부터 사정이 달라지기 시작했다. 미국을 방문하기로 한 북한 고위 인사나 학자 들이 사전 통고 없이 약속을 어기는 일이 늘어나면서 뭔가 잘못되고 있다는 조짐이 나타나기 시작했다." 미국을 방문하기로 한 북한 고위 인사가 갑작스럽게 방문을 취소해버린 사태는 올해 초에도 발생했다. 워싱턴과 로스앤젤레스에서 2월에 있을 예정이던 북한 투자 세미나에 참석하기로 한 이형철 북한 외교부 미국 담당 국장 등 고위 대표단의 미국 방문이 갑작스럽게 취소된 것이 대표적이다.

공수표 된 '연락사무소 개설' 김영남 친서

그러나 그런 이유들만으로 워싱턴 정가의 부산한 움직임을 설명하기에는 뭔가 부족한 것이 사실이다. 미·북한 관계에서 항상 지나쳐서는 안 되는 부분이 바로 드러나지 않은 부분이다. 그것은 바로 북한과 미국 간에 초미의 관심사가 되고 있는 연락사무소 개설과 관련한 문제이다. 연락사무소 개설과 관련해 북한은 미국에 중요한 약속을 했었다. 그리고 별다른 설명 없이 그것을 지키지 않았다. 지난해 11월 북한 김영남 외교부장은 뉴욕의 북한대표부를 거쳐 미국 국무부에 다음과 같은 친서를 전달했다. 즉 96년 3월1일 평양과 워싱턴에 미국과 북한 연락사무소를 동시에 개설하자는 내용이었다.

북한에서 김영남 외교부장은 미국이 인식하기론 적어도 외교 분야에서는 '절대적'인 인물이다. 북한이 당면한 위기를 외교 교섭을 통해 해결해야 한다고 믿고, 저항 세력인 군부를 제압할 수 있는 힘을 가지고 있는 인물이기도 하다. 그런 김영남이 보낸 친서였다면 그것은 당연히 김정일 비서의 내락을 받은 것이다. 미국 국무부가 이를 북한의 공식 입장으로 받아들이고 곧바로 실무대책반까지 구성한 것은 당연한 조처였다.

올해 1월 뉴욕의 북한대표부와 협의하는 과정에서 미국 국무부는 불안한 징조를 발견하기 시작했다. 연락사무소 개설이 김영남의 약속처럼 3월1일 이루어지지 못할지도 모른다는 징후들을 포착한 것이다. 이를 계기로 '국무부가 북한에 당했다'는 분위기가 국무부 내에 형성되기 시작했다. '감히 미국 국무부를 물 먹이다니' 하는 감정적인 대응도 나타나기 시작했다. 바로 이것이 지난 1월부터 시작돼 2월 워싱턴 고위전략회의 직전까지 미국과 북한의 외교 당국 사이에 전개되었던 '총성 없는 전쟁'의 발단 부분이다.

미국 국무부의 감정적 대응은 곧바로 실력 행사로 이어졌다. 1월말 북한 뉴욕대표부 한성렬 공사 등에 대해 미국 내 다른 지역 출장 불허 조처가 떨어졌다. 거의 같은 시기에 국무부는 북한에 대해 또 다른 치명적 공격을 가했다. 그동안 미국이 주도해 준비해오던 '바세나 협정' 초안에서 규제 대상국에 북한을 포함해 버린 것이다. 바세나 협정이란 일명 '新코콤(COCOM대공산권수출통제위원회) 협정'이라 불리는 것으로, 국제적인 테러 국가에 대해 재래 무기와 이중사용 물자 및 기술 수출을 통제하는 협정이다.

지난해 12월 네덜란드 바세나에서 미국이 주도해 결성한 뒤 28개국이 회원으로 가입했다. 그 규제 대상국에 이란·이라크·리비아와 함께 북한을 포함한 것이다. 북한 측은 이번 규제 대상국에서 쿠바가 빠지고, 당연히 빠질 것으로 생각했던 자신들이 포함된 것에 상당히 충격을 받은 것으로 알려졌다.

미국의 거듭된 보복에 북한도 격렬하게 맞섰다. 우선 북한 외교부는 당초 발단이 된 김영남 친서 내용을 지키지 못한 이유를 해명해야 했다. 지난 2월말 박길연 유엔주재 북한대사가 난데없이 북한 군부가 대외 개방의 발목을 붙잡고 있다는 취지의 발언을 한 사실을 상기해볼 필요가 있다. 이 말은 3월1일 연락사무소 개설이 무산된 것이 군부의 반대 때문이라는 뜻을 함축하고 있는 것이다. 이 같은 간접적인 해명과 더불어 북한은 특히 바세나 협정에 북한이 포함된 데 대해 격렬하게 저항했다. 미국 유수의 두뇌집단인 국제경제연구소(IIE·소장 프레드 버그스테인)와 LA국제경영연구원이 공동 주최해 워싱턴과 로스앤젤레스에서 2월에 열기로 한 북한 투자 세미나에 이형철 외교부 미국 담당 국장 등 고위 대표단의 참석을 취소한 것이다.

지난 1월과 2월에 전개되었던 북한과 미국 간의 물밑 전쟁은 전혀 예상치 못했던 일이었다. 이 전쟁에 대해서는 미국의 전문가들조차 대단히 당혹해하는 분위기다.

'대주주' 김정일을 설득해야 풀린다.

바세나 협정에 대해 북한이 투자 세미나 거부라는 형태로 반응하면서 미국 측도 사태를 진정시킬 필요를 느끼기 시작했다. 특히 올해 대통령 선거를 치러야 하는 미국으로서는 북한과 갈등이 오래 지속되는 것은 결코 바람직하지 않다. 또 한 가지, 미국은 북한이 왜 3월1일에 연락사무소를 개설하겠다고 약속하고도 이를 지킬 수 없었는지 그 이유를 규명할 필요가 있었다.

북한의 항의로 투자 세미나가 무산된 직후 워싱턴에서는 한반도 정책에 관련하는 미국 정부의 고위 실무자들을 중심으로 '한반도 정책 고위실무회의'가 열렸던 것으로 알려지고 있다. 현재 이에 대해서는 한반도 문제에 관여하는 각 부서 고위 실무자들이 참석했다는 사실만이 전해질 뿐 구체적인 참석 인원은 베일에 가려 있다. 그러나 이 회의에서 결정된 사항들은 96년 미국의 북한 정책 및 한반도 정책의 근간을 이룰 가능성이 매우 높은 것으로 알려지고 있다. 이름 밝히기를 거부한 한 정보소식통은 "이 회의의 가장 큰 결론은 미국이 그동안 외곽 두들기기 위주로 진행해온 대북 접근 방식을 대폭 전환해 김정일에 대한 직접 설득 쪽으로 방향을 선회하기 시작했다는 점이다"라고 지적했다.

미국이 핵문제 이외의 미·북한 간 현안에 눈을 돌리기 시작한 것은 지난해 6월 쿠알라룸푸르 회담 직후부터였다. 이때부터 미국은 미군 실종자(MIA), 연락사무소, 미사일 수출 및 생산 통제 문제 등 현안과 관련해 북한의 영향력 있는 인사들에 대한 집중 공략에 나섰다. 그동안 막후에서 진행해 온 군부 접촉 등이 바로 그 같은 시도의 연장선에서 이루어진 것이다. 그러나 김영남 친서 사건에서 보듯 결국 북한 사회의 실질적인 대주주인 김정일 비서의 마음을 돌려놓지 못하는 한 미국의 의도대로 북한을 움직이기는 불가능하다는 것이 입증되었다. 연락사무소 문제처럼 이미 결정된 사실이 별다른 설명 없이 번복되곤 하는 것은 결국 김정일 비서가 가지고 있는 불안감을 반영하고 있다는 분석이 대두한 것이다. 김정일의 처지에서 미국 연락사무소는 권력승계 식을 장식해줄 외교적 성과라는 측면이 있다. 반면 북한의 심장부인 평양이 미국의 시야에 노출된다는 위험성을 동시에 안고 있는 것이다.

"김정일을 제2의 차우셰스쿠로 만들지는 않겠다"

김정일 비서를 중심으로 한 북한 지도부가 가지고 있는 불안감은 그 뿌리가 매우 깊다. 북한 지도부는 물론 아직까지는 현재의 위기 상황을 타개할 만한 자신감을 잃고 있지는 않다고 한다. 그러나 그 자신감은 시간이 갈수록 '자신은 있다. 그러나…'하는 식으로 유보적인 태도로 바뀌고 있다. 무엇보다도 경제 문제를 해결할 방법이 마땅치 않다는 것이 제일 큰 문제다. 여름은 그런대로 넘긴다 해도 겨울에 다시 닥칠 식량 문제 등 대안이 선뜻 서지 않는 난제가 산적해 있다.

또 현실적으로 김정일 비서 이외에 대안이 없으나, 김 비서 체제 구축은 상당한 희생을 치를 수밖에 없다. 당·정·군에 대한 대대적인 숙청 작업이 요구되는 것이다. 이를 김정일 비서의 생일인 2월15일부터 김일성 주석의 생일인 4월15일 사이에 끝내야 4월15일부터 7월 탈상까지의 기간을 유훈 통치의 마지막 절정기이자 김정일 비서 체제가 등장하는 준비 기간으로 활용할 수 있다.

지난 2월 워싱턴에서 있었던 한반도 고위실무회의의 초점은 바로 이 같은 북한 지도부의 불안감을 달래는 한편 북한을 미국이 유도하는 방향으로 끌어내기 위한 방법론을 모색하는 데 초점을 맞추었던 것으로 알려지고 있다. 당시 회의에서 나온 대책을 한마디로 압축하면 '김정일 비서가 미국의 요구 사항을 들어준다면 김 비서가 제2의 차우셰스쿠가 되는 상황은 결코 발생하지 않도록 하겠다'는 점을 김 비서에게 직접 '확신' 시켜 주겠다는 것이다. 미국의 설득은 다음과 같이 이루어질 가능성이 매우 높다.

'한국이 오늘날과 같은 풍요한 사회를 건설하게 된 것은 바로 미국이 도와주었기 때문이다. 북한도 미국의 말을 듣는다면 미국이 도울 수 있다. 우선 부담감이 없는 종교단체의 원조에서 시작해 민간단체의 원조로, 그리고 금융 지원으로 발전할 수 있다. 지난 80년대 말과 90년대 초에 있었던 옛 소련과 동유럽 사회주의권의 변혁 과정을 살펴보라. 거기에는 두 가지 유형이 있다. 루마니아 형과 여타의 옛 소련 및 동유럽 형이다. 루마니아 형이 폭력으로 체제를 전복한 것이라면 옛 소련·동유럽 형은 평화적인 이행이었다. 정권 담당자 처벌도 없었다. 김정일 비서가 미국의 말을 듣는다면 제2의 차우셰스쿠가 되는 사태는 결코 없을 것이다. 실권을 그대로 인정할 수도 있다. 다만 사회체제만큼은 자유 시장 경제체제로 바꿔야 한다.'

그동안의 대북 접근 방식인 외곽 두들기기에서 중앙 돌파로 전략이 바뀜에 따라 김정일 비서를 직접 설득할 거물급 인사 방북이 다시 거론되고 있다. 빌리 그레이엄 목사와 카터 전 대통령이 대표적인 인물이다. 특히 카터 대통령의 재방북에 대해서는 지난 1월 말 박길연 북한대사가 카터센터를 직접 방문해 북한의 식량난에 대해 카터 대통령에게 도움을 청하는 등 이미 접촉이 시작되었다.

이 같은 접근 방식 변화뿐 아니라 미·북한 간의 실질 현안에 대해서도 한 걸음 더 나아가고 있다. 북한을 미국 테러지원국 명단에서 제외하는 문제와 대북 경제제재 추가 완화 문제가 그 대표적 사례다. 오공단 박사는 "그동안의 빈번한 회의를 거쳐 현재 이 문제에 대해서는 워싱턴 정계에서 공감대가 이루어졌다"라고 말했다. 즉, 여태까지는 북한에게 선행 조건을 요구해 왔던 데 비해 지금은 북한이 이 문제들을 해결하기 위해서는 어떤 방법을 사용하면 되는지, 그 방법론을 구체적으로 가르쳐 주면서 따라오게 하겠다는 것이다.

구체적인 문제 해결 방식은 미·북한 간에 새로운 '패키지 딜(일괄 타결안)' 형태를 취할 가능성이 매우 높다. 여기서 주목해야 할 점이 지난해 연말의 하와이 유해 송환 협상에서부터 최근까지 제시된 양측의 현안들이다. 하와이 유해 송환 협상에서 북한 측은 미군 실종자와 평화협정 체결을 맞바꾸자고 요구했다고 한다. 그러나 북한도 미국이 평화협정을 미군 실종자와 맞바꾸는 것은 불가능하다는 사실을 알고 있다. 따라서 지난 2월22일 외교부 담화를 통해 평화협정 대신 잠정 협정을 맺자고 주장함으로써 목표치를 미국이 받아들이기 쉽도록 한 단계 낮추었다. 그 다음은 미사일 수출 통제와 관련한 협상을 미국 측에 제의해 이미 4월24~25일 제네바에서 회담을 갖기로 되어 있다. 다시 말해 북한 측 일괄 타결안이 미사일 수출 통제와 잠정 협정을 맞바꾸는 형태로 현실적으로 조정되었음을 의미하는 것이다.

미사일 문제 계기로 일본도 협상 전면 나설 듯

미국은 미국대로 북한의 미사일과 맞바꿀 선물 꾸러미로 경제 제재 완화나 테러지원국 해제 문제를 포함해, 북한이 미사일을 수출해 벌어들이는 외화를 보전해 주는 방법을 강구하고 있는 것으로 알려지고 있다. 미국이 냉전 이후 옛 소련 및 동유럽과 해왔던 군축협상의 모델, 즉 소련 및 동유럽의 위험한 무기들을 돈을 주고 사오는 방식이 북한에도 적용되는 것을 의미한다. 이처럼 4월로 예고된 미사일 협상은 잠정 협정 체결을 정점으로 한 미·북한 간의 또 다른 일괄 타결안이 될 가능성이 매우 높다.

또 한 가지 주목할 것은 일본의 움직임이다. 북한 미사일 문제는 미국뿐 아니라 일본에도 주요 관심사이다. 북한 미사일의 사거리가 미국 본토 타격에는 미치지 못하던 당시만 해도 미국의 주요 관심사는 중동 수출을 막는 것이었다. 그 뒤 사거리가 늘어나 미국 본토가 위협을 받으면서 북한의 대륙간탄도미사일(ICBM) 저지에 관심이 집중된다. 반면 일본은 일본 본토를 사정거리로 하는 북한 노동미사일의 생산 배치를 막는 것이 주요 관심사 일 수 밖에 없다. 이 문제는 수출을 통제하기보다 훨씬 어렵다. 어쨌건 일본은 미국이 미사일 문제를 수출 통제에 국한할 경우 이를 좌시하지 않겠다는 입장을 이미 간접으로 통고했고, 이와 관련해 지난해 북한과 군사 협의를 할 용의가 있음을 밝힌 바 있다.

일본의 실제 의도는 미·북한 간에 미사일 문제가 제기되는 시점을 일본이 북한과의 협상 전면에 나서는 시기로 삼겠다는 것이다. 이 경우 한국 정부가 이를 제지할 명분은 상당히 약화될 수밖에 없다. 미사일 문제는 결국 북한과 미국 중심으로 이루어져 온 동북아 질서 재편 구도가 북한·미국·일본 제3자가 주도하는 구도로 넘어가는 분기점이 될 가능성이 매우 높다.

뉴욕과 로스앤젤레스의 북한 전문가들을 통해 알 수 있는 사실은, 현재 미국의 정책 결정자 및 여론 주도층의 불만이 북한에게만 쏠려 있는 것은 아니라는 점이다. 한마디로 표현해 한국이나 북한이나 똑같다는 말이 거침없이 쏟아져 나오고 있다. 혹자는 "북한은 아예 안한다고나 하지, 한국은 말로는 한다고 하면서 실제로는 안한다"라면서, 남북대화에 대한 한국 정부의 언행 불일치를 비판하기도 했다.

미국인들은 'Charity is not thanked(자선은 감사를 바라고 베푸는 것이 아니다)'라는 말로 한국 정부의 경직된 태도를 비판했다고 한다. 또 한국의 정치 지도자들이 총선에 휘말려 당면한 민족 문제를 등한히 하는 것도 미국 측의 따가운 눈총을 받고 있다. 워싱턴 정가에서는 '남쪽의 두 김 씨가 싸우느라 북쪽의 또 다른 김 씨가 소외되어 있다'는 야유성 농담이 회자되고 있기도 하다. 이런 상황에서 한국 정부가 '제발 총선 전에는 대북 관계를 참아 달라'고 미국 측에 부탁했다는 소문도 떠돌고 있다. 미국은 미국대로 한국 정부에 시한을 설정해 통보했다는 얘기도 들리고 있다. 즉 5월까지 한국 정부가 남북대화와 관련해 구체적 행동을 취하지 않을 경우 미국은 단독으로라도 대북 관계 개선에 나설 수밖에 없다는 것이다.

(1996. 3. 21)

2.2. 북한 연착륙 전략 굳힌 미국, 독자노선 걷는 한국

북미관계는 96년 4월 중순께부터 미사일 협상과 한국전 참전 미군 유해(MIA) 송환 협상, 그리고 한반도에너지개발기구(KEDO)와 북한과의 후속 협상 등 중요한 협상이 집중됐다. 북미 대화에 남북관계를 연계하는 한국 정부 전략은 더 이상 작동하기 어렵게 됐다. 미국은 지난해 연말부터 북한의 국제무대 등장을 지원해 연착륙시키겠다는 방향으로 나아가고 있는데 한국은 4월 총선을 앞두고 대북 강경 기조에서 벗어나지 못하고 있기 때문이다. 2월13일 국내 일부 언론이 김정일 전처 '성혜림' 망명설을 보도하면서 사실 확인도 제대로 안된 추측성 보도들이 난무해 이런 분위기에 기름을 끼얹었다. 대북 분야에 몸담은 미국 측 실무자들도 점차 지쳐갔다. 북한의 요구 중 한국에 피해가 가는 일에 대해 수수방관하거나 한국 대신 일본을 대북 진출의 파트너로 삼고자 하는 흐름도 나타나기 시작했다. 이 기사는 김영삼 정부 들어 북한 문제를 둘러싸고 한미관계에 균열이 발생하고 미국이 한국 대신 일본을 대북 진출 파트너로 삼으려는 흐름이 어떻게 나타났는가를 밝힌 첫 기사로서 중요한 의미가 있다.

미·북 협상 앞두고 한·미 공조 파탄 위기

한국의 대북 강경책이 주원인… 미·일 공조 급부상 가능성

지난 3월14일 뉴욕에 있는 북한 유엔대표부는 축하 분위기로 들떴다. 뉴욕 대표부에서 대미 관계를 담당한 전 직원에 대해 1계급 특진이 결정됐기 때문이다. 이와 더불어 북한 외교부는 거의 10년 동안 유엔 주재 대사로 활동해 온 박길연 대사를 외교부 내 미국 담당부서로 전보 발령했다. 1계급 특진을 겸한 전보 발령이므로 영전이라고 해야 할 것이다.

북한 외교부가 갑작스럽게 박 대사 전보 발령 및 대표부 직원들에 대한 승진을 발표하게 된 것은 몇 가지 이유에서이다. 가장 직접적인 것은 그동안 대미 협상 과정을 성공적으로 추진해온 대표부 직원들에 대한 사기 진작이다. 그러나 무엇보다 중요한 것은 미국과의 협상이 새로운 전기를 맞게 됨에 따라 여기에 임하는 북한의 분위기를 미국 측에 전달할 필요성 때문이라고 할 수 있다.

북한과 미국은 4월 중순께부터 미사일 협상과 한국전 참전 미군 유해(MIA) 송환 협상, 그리고 한반도에너지개발기구(KEDO)와 북한과의 후속 협상 등 중요한 협상들을 앞두고 있다. 이중에서도 미사일 협상은 제2의 제네바 협상으로 불릴 정도로 미·북한 관계에서 차지하는 비중이 높다. 이 같은 대회전을 앞두고 북한 측은 일선 협상 실무진을 교체함으로써 '새 술은 새 부대에 담겠다'라는 각오를 미국 측에 보인 것이다. 박대사의 본국 귀임이 5월로 예정되어 있는데도 이 사실을 두 달 가량 앞당겨 발표한 것도 미국 측에 이 같은 메시지를 전달하기 위한 의도라고 볼 수 있다. 특히 박 대사에 대해서 미국은 3월1일 연락사무소 개설과 관련한 식언 때문에 내심 꺼림칙하게 생각하던 차였다. 이런 기미를 눈치 챈 북한이 큰 협상을 앞두고 미국을 배려한 측면도 있다고 할 수 있다.

4월의 3대 협상에 대해 북한 유엔대표부는 대단히 낙관적인 분위기이다. 사안 별로 미국과 상당한 사전 교감이 있는 듯 '모두 잘될 것'이라는 말을 흘리고 있다. 최근 북한이 이들 협상 의제 외에도 정전협정 무력화를 소리 높여 외치면서 이번 기회에 어떤 식으로든 정전 체제를 다른 형태로 전환하겠다는 결의를 다지는 것만 보아도 무엇인가 감을 잡고 움직인다는 인상을 준다.

북한 외교 당국자들이 이처럼 4월 대회전을 앞두고 뭔가 자신감에 차있는 것과는 대조적으로 한국 외교는 그동안 도피처 구실을 해주던 총선 기간이 서서히 끝나감에 따라 어쩔 수 없이 이들 난제에 정면으로 부닥칠 수밖에 없게 되었다. 그리고 그 앞날은 매우 불길하기만 하다. 우선 공로명 외무부장관이 특별한 현안도 없이 중국 방문에 이어 서둘러 미국 방문길에 오른 것 자체가 석연치 않아 보이는 것이 사실이다. 공장관이 미국을 방문한 가장 큰 목적은 4월로 다가온 미·북한 미사일 협상을 앞두고 미국의 입장을 타진하고 남북대화와 연계할 가능성을 탐색하기 위한 것이었을 텐데 결과적으로는 말도 꺼내 보지 못한 꼴이 되었다. 미·북한 협상의 모든 현안에 남북대화를 연계한다는 것은 한국 외교의 유일한 전략이다. 그런데 한국 외무부가 이처럼 중요한 사안을 앞두고 남북대화 연계를 자진해 철회했다. 이로서 미국 측의 완강한 입장을 충분히 알 수 있다.

경수로 추가 비용, 한국이 모두 낼 판

한국의 대북·대미 정책 담당자들이 앞으로 겪어야 할 수모는 아직 시작조차 되지 않은 것인지도 모른다. 어쩌면 아직도 정부의 외교 당국자들은 우리의 공조 파트너인 미국이 도대체 지금 무슨 생각을 하는지 짐작도 못하고 있을 수도 있다. 최근 몇 달 동안 미국의 대북 정책 담당자들은 한국에 대한 그들의 시각과 입장을 전면적으로 바꿔왔다. 이들의 동향에 정통한 국내 한 소식통이 전하는 최근 미국 측 분위기는 대단히 충격적이다. 이 소식통이 전하는 바에 따르면, 4월의 미·북한 협상에서 한국의 외교 당국자들은 다음과 같은 분야에서 북한의 도전과 미국의 수수방관이라는 곤혹스러운 사태에 직면하게 될 것으로 보인다.

첫째로 한반도에너지개발기구 협상과 관련한 부분이다. 4월 둘째 주에 열릴 예정인 이 기구와 북한간의 경수로 공급을 둘러싼 후속 협상에서 북한 측이 예정에 없던 추가 비용 문제를 거론할 것이다. 현재 북한 측이 거론하리라 예상되는 액수는 20억 달러이다. 추가 비용을 요구하는 명분은 알려지지 않고 있다. 그런데 주목할 것은, 명분이 있든 없든 북한의 이 같은 추가 비용 요구에 대해 미국이 적극 방어하지 않고 방관하는 쪽으로 입장을 정리했다는 것이다. 북한의 무리한 주장에 대해 현실적으로 이를 제어할 힘을 가진 나라는 미국밖에 없다. 그러나 미국의 입장이 이에 대해 '나 몰라라' 쪽으로 결정되었다면 한국이 곤혹스런 처지에 처할 가능성이 높다.

두 번째가 정전협정과 관련한 부분이다. 지금까지 미국은 북한의 평화협정 체결 주장에 대해 한국이 배제된 상태에서는 협상하지 않겠다는 입장을 분명히 해왔다. 또 미국과 이 문제를 협의하기 위해서는 남북대화를 선행하라는 조건을 달아 왔다. 그런데 4월 협상에서는 이 원칙이 변할 가능성이 매우 높다. 당장 북한이 주장하는 평화협정 체결은 아니겠지만 협상조차 안한다는 기존 입장에서 상당히 후퇴할 것으로 예상된다. 이와 관련해 미국은 그 책임의 상당 부분을 이미 한국에 돌리고 있다. 한국이 남북대화를 위해 어떠한 노력도 하지 않는데 미국이 언제까지나 기다릴 수는 없다는 것이다.

정전협정 무력화라는 문제는 사실상 북한과 미국 간의 미사일 협상과도 긴밀하게 연동되어 있다. 미사일 협상은 그 자체만으로도 정전체제 무력화의 출발점이 될 수 있다는 점에서 주의를 요한다. 즉 미국과 북한이 미사일이라는 군사 문제를 둘러싸고 제3국에서 따로 접촉한다는 사실 자체가 판문점에서의 군사 접촉을 유일한 창구로 하고 있는 정전협정 체제를 무력화하기 위한 의도로 해석된다.

정전협정 무력화는 북한이 최근 주장하기 시작한 잠정 협정의 초기 단계를 의미한다고 할 수 있다. 북한이 최근 내놓은 잠정 협정은, 물론 궁극적 목표인 평화협정의 전 단계이기는 하지만, 평화협정과 결정적인 차이점을 가지고 있다. 평화협정을 위해서는 그 전에 군축 문제라는 커다란 산을 넘어야 하지만, 잠정 협정은 군축 문제 이전이라도 체결이 가능하다는 점이다. 평화협정 체결을 궁극 목표로 하면서도 미국을 현실적인 토론장으로 끌어들이기 위한 북한 측 교묘한 틈새 작전이 주효하게 작용하고 있는 것이다.

그렇다면 최근 미국이 한국에 대해 이처럼 강경 입장을 보이는 배경은 무엇인가. 그것은 지난해 연말 이후 북한 문제를 둘러싼 한·미간 입장 차이가 이제 협상으로는 수습 불가능한 상태까지 악화했다는 점에서 연유하는 것이다. 특히 미국은 한국이 뚜렷한 대안도 제시하지 않으면서 미국과 공조 체제를 구축하는 데 성의를 보이지 않는 점을 불만스럽게 생각해온 것으로 알려지고 있다. 미국 정부는 지난해 연말 이후 북한의 국제무대 등장을 적극 지원한다는 쪽으로 정책 기조를 조정해 왔다. 이때부터 미국의 고위 관리들이 북한 정책과 관련해 연착륙(소프트 랜딩)이라는 개념을 부쩍 사용하기 시작했다. 또한 지난 2월8일 윈스턴 로드 국무부 동아태 담당 부차관보는 워싱턴에 있는 '21세기 한미위원회' 연설에서 '북한과 접촉 확대'를 미국의 정책 기조로 삼겠다고 천명하기도 했다.

이처럼 최근 미국의 북한 정책이 북한에 대한 정치·경제적 지원을 통한 변화 유도 쪽에 맞춰져 있는 데 비해, 한국의 대북 정책은 그동안 총선을 겨냥한 강경 기조를 벗어나지 못해 왔다. 특히 성혜림 사건 등 외교 상식으로는 납득하기 곤란한 행태가 한국 언론의 지면을 장식하는 비정상적인 사회 분위기는 미국의 연착륙 전략과 근본적으로 맞지 않는 것이다.

미국은 그동안 한국에 대해 공식·비공식으로 미국의 대북 정책을 설명하고 협조를 요구해온 것으로 알려졌다. 그러나 이에 대한 한국의 대응이 신통치 못한 것으로 결론을 내리게 되면서 감정이 크게 상했다고 한다. 일부 관측통들은 최근 미국 중앙정보국 국장에서부터 게리 럭 주한 미군 사령관에 이르기까지 주요 인사들이 북한 체제 붕괴와 관련한 발언을 한 것도 실제로는 한국 정부에 대한 경고 메시지였다고 해석하기도 한다. 즉 '북한이 현재와 같은 상태에서 갑작스럽게 무너지거나 아니면 자포자기 상태에서 남침하게 될 경우 해를 입는 것은 한국이다. 그러니 그 전에 미국과 손잡고 대책을 세워야 된다'는 메시지라는 것이다. 그러나 이에 대해서도 한국 정부는 총선용 공안 분위기를 조성하고 체제 홍보 수단으로 활용하는 데 그쳤던 것이다. "최근 미국 측 분위기를 보면 대단히 심각하다. 이제는 그렇게까지 우리말을 안 듣겠다면 한번 당해 봐라 하는 속마음까지 내비치고 있다"라고 앞의 소식통은 말했다.

미·일 공조로 한반도 발언권 격상 노리는 일본

미국과의 공조 체제 파탄은 한국 외교가 4월을 앞두고 맞게 될 최대 시련이 될 것이다. 문제는 여기에서 끝나지 않는다. 최근 들어 더욱 걸음이 빨라진 일본의 대북 접촉도 한국의 대북 정책 담당자들을 곤혹스럽게 하는 요인으로 작용할 것이다. 특히 주목할 것은, 일본의 움직임이 한·미 공조 체제의 균열 양상과 정비례하고 있다는 점이다. 다시 말해 일본은 북한 문제에 대한 한·미 공조 체제가 와해되고, 이것이 미·일 공조 체제로 대체될 때 일본의 한반도 발언권이 최상의 상태를 맞게 될 것으로 보고 외교력을 집중하고 있다. 이미 올해 초부터 북한 문제에 대해 한·미 공조 대신 미·일 공조가 서서히 모습을 드러내고 있기도 하다. 올해 1월에 결정된 북한에 대한 일본의 쌀 및 중유 대금 지원도 미국이 한국에 요청했다가 안 되자 일본에 부탁해 성사된 것이다.

일본은 대북 경수로 사업에서 미국이 돈을 낼 수 없는 처지임을 잘 알고 있다. 따라서 일본이 돈을 내는 대신 대북 정책에서 미국의 협조를 끌어낸다는 포석이다. 자금력을 바탕으로 한반도에너지개발기구 내에서 자국의 입장을 강화하는 것 외에도 일본은 북한과의 미사일 협상에서 일본의 입장을 관철하기 위해 미국과의 공조를 활용하고 있다. 그동안 북한 문제만큼은 한·미 공조를 통해 접근한다는 것이 미국의 기본 입장이었다. 그러나 한국과의 공조 체제가 제대로 이루어지지 않는 상황에서 일본과의 공조 체제를 대안으로 검토하지 말라는 법은 없다.

총선 이후 한국 외교의 또 하나 난관은 바로 남북 관계이다. 최근 들어 미국과 일본의 발 빠른 움직임에 긴장한 정부가 총선 직후 획기적인 대북정책을 발표하겠다고 분위기를 잡고는 있지만 전도가 그리 밝은 것은 아니다. 물론 남북 접촉은 일정 정도 북한 측도 필요성을 느끼고 있기 때문에 성사가 가능할 것이다. 그러나 그것을 넘어 정상회담으로까지 발전하기 위해서는 반드시 통과해야 할 관문이 있다. 김일성 주석에 대한 조문 문제이다. 북한은 정상회담 전제 조건으로 조문 파동에 대한 김영삼 대통령의 공식 사과를 요구하고 있다. 그러나 국내 보수 여론을 의식해야 하는 정부가 북한의 이 같은 요구를 수용하기는 매우 어려울 것이다. 따라서 총선 이후 남북 간에 일정한 접촉이 이루어진다 해도 조문 문제가 다시 불거질 6,7월께 남북관계는 다시 팽팽한 긴장 상태로 돌아서게 될 것이다.

총선 이후 한국 정부는 미국·일본·북한 등 어느 하나 만만치 않은 상대들과 쉽지 않은 외교게임을 펼쳐야 할 처지이다. 더군다나 한때 우리와 공조 체제를 이루었던 미국과 일본이 이제는 북한과 '실리 연합'을 하고 있는 듯한 새로운 상황에 직면하고 있기도 하다.

(1996. 4. 11)

96년 4월 북미 간에 미사일 협상과 한국전 참전 미군 유해(MIA) 송환 협상, 그리고 한반도에너지개발기구(KEDO) 협상 등 3대 협상을 앞두고 북한군이 갑자기 판문점 공동경비구역에 난입해 무력시위를 벌였다. 그때 여러 기자들이 참여해 특집기사를 작성했는데 그 중의 한 부분으로 참여해 쓴 기사다. 무력시위와 북한 군부의 의도에 대해서는 보다 심층적인 기사를 추후 게재했다. 기사 내용 중 "북한의 시위는 클린턴 대통령의 방일을 앞두고 미·일 양국이 준비하는 '미·일 신 안보 공동 선언'의 명분을 한층 뚜렷하게 해줄 것이다. 여학생 성폭행 사건으로 존폐 위기에 몰려 있는 오키나와 미군기지의 존속 명분에 대해 미국은 최근 한반도 정세의 불안정성을 그 근거로 들이대 왔다. 따라서 클린턴의 방일·방한을 앞두고 전개된 북한군의 무력시위는, 주일 미군과 주한 미군의 존속 명분을 강화하는 근거로 작용할 것이다"라고 한 부분은 특히 음미해볼 대목이다. 북한과 미국은 동북아 구도에서 서로 대립하는 세력이었지만 또 한편으로는 서로가 서로를 필요로 하며 은연중에 도움을 줄 수도 있는 위치에 있었다는 점을 염두에 둘 필요가 있다. 이 시점에 이미 양측은 고위급 군부 채널까지 확보한 상태였다. 북한의 돌발적 군사 행동 중 결과적으로 미국의 가려운 곳을 긁어준 사례는 그 뒤로도 여러 차례 등장한다.

북한 '무력시위' 파문…20억 달러 노린 으름장

北, 미국에 간접 압력… 경수로 추가 비용 챙길 듯

현재 한반도를 둘러싸고 펼쳐지는 주변국들의 움직임은 모두 복선을 몇 겹씩 깔고 있다고 보면 틀림없다. 얼마 전 일본이 갑자기 독도 문제를 끄집어낸 배경이 실제로는 한·일 관계를 일시적으로 냉각시킨 다음 그 틈을 이용해 북일 수교회담을 재개하기 위한 '성동격서' 전략이었던 것처럼, 최근 북한이 판문점에서 벌이고 있는 무력시위 역시 이와 똑같은 전략적 유형을 보여주고 있다.

북한의 판문점 무력시위를 군사 측면으로만 해석하는 것은 대단히 우둔한 판단이다. 그들이 판문점 공동경비구역 안으로 들여보냈다는 무장 군인 2백여 명만으로 전쟁이 가능한 것도 아니며, 무력 도발을 원했다면 별도로 군대가 이동했어야 한다. 한미연합사 측도 분명히 밝혔듯이 현재까지 그런 징후는 전혀 보이지 않고 있다. 오히려 북한은 거의 같은 시기에 북경에서 제4차 남북 쌀 회담을 무조건 열자고 요구해 왔다.

한국의 민감 대응 막으려 쌀 회담 동시 제의

한편으로 무력시위를 하면서 다른 한편으로 대화를 요구하는 북한의 행태는 전형적인 화전 양면 전술이다. 판문점 무력시위에 한국 정부가 지나치게 민감하게 대응하는 것을 막기 위한 조처라고 해석할 수도 있다. 즉 한국 정부가 군사적으로 과민하게 대응해 긴장의 파고가 자신들의 계산 범위를 넘는 것을 막기 위한 예방 조처로 읽히는 것이다.

그렇다면 북한이 자신들의 무력시위에 초청하고자 한 주요 관객은 누구인가. 미국 외교 당국과 여론이 그 대상이다. 시기적으로 북한의 무력시위가 뉴욕에서 약 3주 예정으로 열리고 있는 한반도에너지개발기구(KEDO)와 북한 간의 경수로 공급을 위한 후속 의정서 협상과 4월 말께로 예정된 북한과 미국의 미사일 협상 직전에 이루어졌다는 점에 주목해야 한다. 현재의 한반도 정전체제가 대단히 불안정하다는 점을 미국 여론 주도층에 보여주고자 한 것으로 읽히는 대목이다. 미국 외교 당국으로 하여금 북한과의 평화협정 협상에 임하도록 압력을 넣겠다는 것이다.

두 번째로, 북한의 무력시위는 미국 외교 당국의 입지를 다각도로 넓혀주는 효과를 가진다. 북한의 시위는 클린턴 대통령의 방일을 앞두고 미·일 양국이 준비하는 '미·일 신 안보 공동 선언'의 명분을 한층 뚜렷하게 해줄 것이다. 여학생 성폭행 사건으로 존폐 위기에 몰려 있는 오키나와 미군기지의 존속 명분에 대해 미국은 최근 한반도 정세의 불안정성을 그 근거로 들이대왔다. 따라서 클린턴의 방일·방한을 앞두고 전개된 북한군의 무력시위는 주일 미군과 주한 미군의 존속 명분을 강화하는 근거로 작용할 것이다.

정전협정을 평화협정으로 전환하는 문제와 미·북한 군사 접촉 필요성에 대해서도 미국 외교 당국의 입지는 상당히 넓어졌다고 볼 수 있다. 정전협정을 평화 협정으로 대체하자는 북한의 주장에 대해 미국은 한국과의 동맹관계 때문에 당장 수용할 수는 없지만 북한과 접촉을 확대하기 위해서는 반드시 넘어야 할 산이라는 점을 잘 인식하고 있다. 북한은 미국의 이런 딜레마를 고려해 지난 2월 평화협정 체결 주장을 잠정협정 체결 주장으로 한 차원 낮추기도 했다.

정전협정 폐기 및 평화협정 체결 주장은 북한이 언제든지 꺼내들 수 있는 전략 카드이다. 전략 카드란 최종 목표와 단기 목표를 동시에 추구하고 있다는 점에 유의해야 한다. 현재까지 북한의 전략적 목표는 비교적 뚜렷이 드러났으나 구체적인 단기 목표가 무엇인지는 잘 드러나지 않은 것 같다. 그러나 이 문제 역시 베일에 가린 것이 아니라 아직 아무도 주목하지 못했을 뿐이다. 이와 관련해, 최근 북한을 방문하고 돌아온 한반도에너지개발기구(KEDO)의 우메즈 일본 측 사무차장이 지난 4월2일 야마자키 다쿠 일본 자민당 정조회장과의 회담에서, 북한이 경수로 건설과 관련한 추가 비용을 한반도에너지개발기구 측에 요구해 왔다고 밝힌 사실을 주목할 필요가 있다.

그에 따르면 북한은 경수로 건설 예정지인 함경남도 신포지역의 주민 5백 세대 중 이미 1백40세대를 다른 지역으로 옮겼는데 이 이전 비용을 요구해 왔다는 것이다.

경수로 추가 비용 문제와 관련해서는 이미 지난 호에서 '북한이 경수로 협상과 관련해 추가 비용을 요구할 방침을 내부에서 확정했으며, 그 금액은 20억 달러에 이를 것'이라고 보도한 바 있다. 우메즈 사무차장이 밝힌 주민 이전 비용은 이 20억 달러의 일부분일 가능성이 매우 높다.

무력시위는 경수로 협상 때 재미 본 수법

북한은 판문점 주변에서 거칠게 행동함으로써 한반도에너지개발기구 협상에서 20억 달러를 추가 요구하는 분위기를 조성할 공산이 크다. 북한은 지난해 10월에도 뉴욕 협상에서 한국 측의 부대비용 부담 거부로 난항에 봉착했을 때 비무장지대에서 무력시위를 벌여 이를 정면 돌파한 적이 있다. 당시 북한군의 비무장지대 전진 배치 소동을 한 차례 겪은 이후 한반도에너지개발기구 협상은 12월의 공급 협정 체결까지 쾌속으로 진행된 바 있다. 이번에도 북한은 판문점 사태를 무마하기 위해 파견될 미국 측 협상 팀에게 20억 달러라는 거액을 추가로 요구할 가능성이 매우 크다.

마지막으로 주목해야 할 것은 북한의 판문점 무력시위가 대북 정책을 둘러싸고 한·미 공조체제가 난조를 보이고 있는 시점에 정확히 맞춰 진행됐다는 점이다. 최근의 한·미 공조 난항은 주로 총선을 의식한 한국 정부의 대북 강경 정책에서 기인한 것이라 할 수 있다. 올해 대선을 앞둔 미국으로서는 클린턴 대통령의 외교 치적을 홍보하기 위해서라도 북한과의 관계에서 눈에 띄는 성과를 올릴 필요가 있다. 그런데 한국 정부의 대북 강경책이 발목을 잡고 있는 것이다. 미국 측은 최근 한·미 공조 체제에 대한 그들의 다양한 제안을 한국 측이 제대로 받아들이지 않고 있는 데 대해 대단히 감정이 상한 것으로 알려지고 있다.

지난 호 기사에서 '미국은 한국이 미국과 보조를 맞추려 하지 않을 경우에 미국이 무엇을 할 수 있는가를 보여주려고 하고 있다. 그 내용 중에는 경수로 협정과 관련한 20억 달러 추가 비용 문제, 정전체제 무력화 문제, 그리고 미사일 협상을 통한 북한과의 잠정협정 초기 단계 진입 문제가 포함될 것이다'라고 보도했다. 최근 진행되고 있는 사태는 공교롭게도 당시 지적한 세 가지 상황 중 첫 번째와 두 번째 상황이 터져 나오기 시작한 것을 의미한다. 다시 말해 현재 진행되고 있는 북한군의 판문점 시위나 경수로 추가 비용 문제는 미국의 의도적인 수수방관을 그 배경에 깔고 있을 가능성이 아주 높다는 것이다.

총선이 끝나자마자 한국 정부는 미국 측의 거센 압력에 시달리게 될 것이다. 한국 총선 기간에 미국이 한국 정부를 도와주었던 것처럼 이제는 북한 문제에서 한국이 미국을 도와줄 차례라는 압력에 직면하게 될 가능성이 매우 높은 것이다.

(1996. 4. 18)

※판문점 무력시위

4월4일 조선인민군 판문점 대표부 대변인이 비무장지대(DMZ) 의무포기 선언을 하며 다음과 같은 조치를 발표했다. ① 조선인민군 측은 정전협정에 의한 군사분계선과 비무장지대 유지 및 관리와 관련한 임무를 포기함. ② 조선인민군 측은 상기임무를 포기하는데 따른 조치로서 판문점공동경비 구역과 비무장지대 출입 우리 측 인원·차량들에 식별표지를 착용치 않도록 할 것임.

다음 날인 4월5일 북한의 전금철 대북 쌀 지원을 위한 북경 회담 단장이 제4차 남북 쌀 회담 개최를 촉구함과 동시에 이날 북한군 1개 중대가 판문점 공동경비

구역에 1차 진입했다. 이들은 18시경 진입해 20시30분경 철수했다. 다음 날인 4월6일 북한군 260여명이 판문점 공동경비구역에 2차 진입했다. 19시경 진입해 22시20분경 철수. 다시 4월7일 북한군 230여명이 판문점 공동경비구역에 3차 진입했다. 20시7분 진입, 22시35분 철수.

4월6일 김영삼 대통령은 국가안전보장회의를 소집해 "우리 군은 한·미간의 확고한 군사공조체제를 바탕으로 북한의 어떠한 도발도 즉각 격퇴할 수 있는 능력과 자신감을 갖추고 있다"고 말하고 철통같은 대북경계태세를 갖추라고 지시했다. 4월9일 유엔안보리는 북한의 DMZ 도발을 긴급의제로 채택했다.

북한은 정전협정 체제를 무력화하기 위한 다양한 조치와 제안을 통해 무력시위를 예고한 바 있다. 2월22일 북한 외교부는 북·미 잠정협정체결을 제의하며 다음과 같이 발표했다. ① 조선반도에서 무장 충돌과 전쟁위험을 제거하고 정전상태를 평화적으로 유지하기 위하여 조미 사이에 잠정협정이 체결되어야 함. ② 잠정협정을 이행·감독하기 위하여 판문점에 군사정전위원회를 대신하는 조미 공동 군사기구가 조직·운영되어야 함. ③ 잠정협정을 채택하며 조미 공동 군사기구를 내오는 문제를 토의하기 위하여 해당 쪽에서 협상이 진행되어야 함.

3월8일에는 북한 군 판문점 대표부가 평화보장 체계수립 관련 '비망록'을 발표했다. "미국 측이 우리의 협상제의에 응해 나오지 않고 시간을 끌 경우 우리는 낡은 정전체제를 새로운 장치로 바꾸기 위한 최적의 주동적인 조치를 취하는 데로 나갈 것"이라고 했다. 3월12일 북한 이삼로 주 태국 대사는 북·미 평화회담 성사 때 한국이 옵서버 자격으로 참가할 수 있도록 검토하겠다고 발언했다. 3월29일 북한 김광진 인민무력부 제1부부장은 평화보장체제 제안 거부와 관련 "남조선당국자는 최근 우리의 군사적 모험 가능성과 예측 불가능한 위험을 연발하면서 남북한 문제는 군사적 힘에 의한 해결만이 가능하다고 폭언하였다"며 "우리의 대응책에는 군사분계선 비무장지대의 지위를 더 이상 유지할 수 없게 된 상황에 따르는 조치들이 포함될 것"이라고 위협했다.

클린턴 정부의 대북 정책 변화 과정에는 베트남과의 수교라는 성공 사례가 있다. 과거 전쟁을 치렀던 미국과 베트남 관계는 1993년 외교관계 수립을 위한 본격적인 접촉이 시작된 이래 1994년 2월 베트남에 대한 미국의 무역금지조치가 해제됐고 1995년 1월 상호연락사무소가 개설된 데 이어 7월 11일에 국교정상화까지 이루어졌다.

이 기사에는 95년 12월 조셉 나이 당시 국방차관보가 워싱턴의 아시아협회 연설에서 압박 일변도의 대북 정책을 재고하자는 연설로 대북 정책 전환을 가져왔다고 한 대목이 나온다. 이를 계기로 미국 고위 당국자들 사이에서 북한에 대한 연착륙이라는 개념이 나타나기 시작했는데 이는 첫째, 북한에 대한 미국의 정책은 지원을 기조로 한다. 둘째, 이 과정에서 한국이나 일본 등 관계 국가들의 명확한 사전 동의를 필요로 하지 않는다. 셋째, 이 정책은 미국이 주도권을 가지고 추진해 나간다 등의 내용이라고 한다. 이때부터 미국이 한반도의 통일까지 염두에 둔 장기 계획 아래 움직이기 시작했다는 평가가 나왔다.

조셉 나이에 의한 대북 정책 전환이 이뤄졌던 1995년은 미국이 베트남과의 외교 교섭에서 괄목할만한 성공을 거둔 해이기도 했다. 북한과 거의 비슷한 조건에서 시작한 베트남과의 교섭이 바로 그 해 1월 연락사무소를 거쳐 7월11일 국교 수립에까지 도달했는데, 이런 성과가 대북 정책에서의 자신감으로 이어졌을 것이다.

그런데 막상 한국의 김영삼 정부와는 협조가 안 되고 사사건건 충돌이 발생한다. 필자는 당시 김영삼 대통령의 정치권 최측근 인사에게 그 점에 대해 물어본 적이 있다. 김영삼 정부가 왜 그렇게 미국과 사사건건 부딪히는가라고 물었더니 그의 대답이 당시로서도 너무 엉뚱하게 들려 지금도 뇌리에 선명하다. 김영삼 대통령이 야당 정치인 시절 외교를 주체적으로 해야 한다는 생각이 강했는데 그가 생각하는 주체적 외교란 미국이 하라는 대로 끌려가지 않는 것이었다는 것이다.

미국의 북한 연착륙 계획에 독자 노선으로 맞선 한국

96년 9월까지 북미관계 서두른 미국, 싱가포르·유엔·중국 통해 대북 접촉 모색한 한국

총선 기간에 있었던 정부의 서투른 외교 때문에 한국은 경수로 추가 비용 20억 달러를 뒤집어쓰게 될 가능성이 매우 높아지고 있다. 경수로 추가 비용 20억 달러 설은 취재를 거듭할수록 그것에 얽힌 한·미간 그리고 미·북한간의 복잡한 역학 관계 변화와 함께 실체가 더 뚜렷하게 드러나고 있다. 북한이 현재 뉴욕에서 진행되고 있는 한반도에너지개발기구(KEDO) 협상에서 추가 비용 20억 달러를 요구할 것이라는 점에는 의문의 여지가 없는 것 같다. 정보소식통들은 이 문제가 이미 북한 내부에서 정책으로 확정된 상태라고 잘라 말한다. 한 소식통은 "북한은 어떤 행동을 하기 전에 미리 치밀한 각본을 준비한다. 20억 달러 추가 요구도 이미 각본이 정해져 있다고 봐야 한다"라고 말했다.

북한, 공로명 장관 방중 시점에 20억 달러 요구 확정

미국 정부의 한반도 정책 결정에 깊숙이 관여하는 워싱턴 한반도 전문가는 전화 인터뷰에서 "북한이 추가 비용을 요구할 것이라는 점에는 거의 의심할 여지가 없다. 북한은 반드시 요구할 것이다. 그것도 협상 과정에서 깎일 것까지 예상해 되도록 많이 요구할 것이다"라고 지적했다. 그는 현재 북한이 미국이나 일본 한국과의 모든 협상을 돈 문제로 연결하려는 경향을 보이고 있다고 지적하기도 했다. 예를 들어 지난 1월 하와이에서 있었던 한국전 참전 미군유해(MIA) 송환 협상 역시 돈 문제 때문에 결렬되었다고 한다. 북한은 당시 1백 27구를 송환하는 대가로 4백만 달러를 요구했는데, 미국이 백만 달러만 내겠다고 해 협상이 결렬되었다는 것이다.

북한이 추가 비용을 요구할 가능성에 대해서는 정부 당국자 역시 부인하지 않고 있다. 경수로 문제를 전담하는 외무부 산하 경수로기획단 관계자는 "경수로 총 비용 40억 달러는 예상치에 불과하다. 추후 협의 과정에서 얼마든지 추가 비용이 발생할 수 있다"라고 말했다. 정부의 이런 입장과 관련해 일부에서는 정부가 이미 북한 측으로부터 추가 비용 압력을 받고 있으면서도 총선 분위기 때문에 발표를 못한 것이 아닌가 하는 지적도 나오고 있다. 얼마 전 북한을 방문하고 돌아온 한반도 에너지개발기구의 우메즈 일본 측 사무차장이 이미 북한 측 추가 비용 요구 사실을 발표한 바 있으니, 이 방문단의 일원으로 북한을 다녀온 우리 측 최영진 사무차장도 북한 측으로부터 똑같은 요구를 받지 않았겠느냐 하는 지적이다.

북한이 대외 협상 과정에서 갑작스럽게 과도한 요구 조건을 내세우는 것이 이번이 처음은 아닐 것이다. 그런데 이번 경우는 우리 측의 공조 태세가 분열돼 문제가 심각하다. 그동안 북한에 공동으로 대응해온 미국이 이번에는 한국과 공조할 의사를 포기하고 있을 뿐 아니라, 거꾸로 북한과 이미 상당한 정도의 사전 협의가 있었던 것으로 알려지고 있기도 하다.

정보 소식통들에 따르면, 20억 달러 추가 비용 요구 계획이 확정된 것은 3월23일께라고 한다. 날짜는 한국의 공로명 외무부장관이 3월20일부터 4박5일간 중국 방문 일정에 들어가 있던 시간과 일치한다. 대만 문제를 둘러싸고 중국과 신경전을 벌인 미국은 같은 편이라고 생각했던 한국이 미묘한 시점에 외무부장관을 중국에 보낸 것을 대단히 불쾌하게 생각했다는 것이다. 그러나 한편으로는 공장관의 중국 방문 하나만 가지고 미국이 오랜 우방인 한국과의 공조를 저버리게 되었다고 볼 수는 없을 것이다. 그보다는 지난해 연말 이후 미국의 대북정책이 뚜렷하게 모습을 드러내기 시작하면서 북한 문제를 둘러싼 한·미간 갈등이 누적되어온 결과라는 지적이다.

미국의 대북 정책에 대해 일본 방위청 방위연구소 다케사다 히데시 연구실장은 전화 인터뷰에서 "지난해 12월 조셉 나이 당시 국방차관보가 워싱턴의 아시아협회 연설에서 북한을 압박하는 정책을 재고해야 한다는 취지의 연설을 한 것을 시작으로 윤곽이 나타나기 시작했다"라고 지적했다. 조셉 나이 차관보의 이 연설을 계기로 대북 정책에 관여하는 미국 고위 당국자들 사이에서 북한에 대한 연착륙이라는 개념이 나타나기 시작했다. 다케사다 실장에 따르면, 이 연착륙이라는 개념은 다음과 같은 세 가지 요소로 구성되었다고 한다. 첫째, 북한에 대한 미국의 정책은 지원을 기조로 한다. 둘째, 이 과정에서 한국이나 일본 등 관계 국가들의 명확한 사전 동의를 필요로 하지 않는다. 셋째, 이 정책은 미국이 주도권을 가지고 추진해 나간다. 다케사다 실장은 "냉전 이후 한때 미국은 동북아시아에서 어떤 역할을 맡아야 할지 혼란스러운 모습을 보이기도 했다. 그러나 지금은 뭔가 대전략을 수립해 놓고 주변국들에게 미국의 전략을 따를 것인지 아닌지 선택을 강요하고 있다. 북한 정책에 대해서도 미국은 한반도의 통일까지 염두에 둔 장기 계획 아래 움직이기 시작했다"라고 지적했다.

지난해 연말 이후 한·미간에 촉발한 갈등의 불씨 역시 다케사다 실장이 지적한 미국의 새로운 한반도 전략과 대북 정책 일정을 한국 측이 이해하지 못했거나, 아니면 한국이 거기에 동의하지 못했던 데서 빚어진 것일 수도 있다. 특히 올해의 대북 정책 일정과 관련해 미국은 이미 지난해 연말 늦어도 올해 9월까지는 미·북한 간의 모든 쟁점 사항을 타결하겠다는 계획을 세워둔 것으로 알려지고 있다. 그래야 10월에 김정일 승계가 가능해지고, 미국도 11월 대선에서 북한 카드를 활용할 수 있기 때문이다. 이런 일정을 충족시키기 위해서도 늦어도 3,4월께에는 미·북한 간에 미군 유해, 미사일, 연락사무소 등 쟁점 사항에 대한 논의를 시작해야 한다. 보통 외교적 쟁점을 타결하는 데 소요되는 기간을 6개월로 보기 때문이다.

YS, 비선 조직 가동해 북한 접근 시도

지난해 연말부터 미국이 한국에 주지시키고자했던 것은 바로 이점이었다. 미국도 올해 정치 일정상 늦어도 4월께부터는 북한과의 관계를 일사천리로 진행하지 않을 수 없는 상황이므로 그 전에 한·미간 공조 체계를 갖출 필요가 있다는 메시지를 계속 전해온 것이다. 그러나 총선 기간에 북한에 강경책을 쓰는 것이 유리하다고 판단한 한국 정부는 미국의 이러한 요구에 제대로 대응할 수 없었다. 또한 한국 정부는 여기서 그치지 않고 이 기간에 미국이 아닌 제3국 채널을 통해 남북대화 재개 움직임을 보이기도 했다.

그 대표적인 것이 싱가포르를 통한 대화 재개 움직임이었다. 지난 2월 말 김영삼 대통령은 태국에서 열린 아셈(아시아유럽정상회의)에 참석하기 전 싱가포르를 2박 3일 일정으로 방문했다. 당시 싱가포르 고촉동 총리에게 남북 정상회담을 포함해 남북대화를 중재해 달라고 부탁했다는 것이다. 한국이 싱가포르를 주목한 이유는, 지난해 하반기에 김정일 비서의 신임이 두터운 이삼로라는 인물이 태국 대사로 전격 발령된 이후 아시아국가 가운데 태국과 싱가포르가 북한과 활발하게 경제 협력 움직임을 보이고 있는 것에 착안한 인상이 짙다. 김 대통령의 요구에 따라 지난 3월 싱가포르 경제사절단이 북한을 방문해 남북대화 중재에 나서기도 했다. 이 같은 움직임은 그동안 언론에 보도되지 않았으나, 일부 북한 정보 소식통들 사이에서 사실로 확인된 바 있다. 또한 아셈 직후 한국 정부는 갈리 유엔 사무총장에게 남북대화 중재를 부탁하기도 했다. 지난 3월20일부터 시작된 공로명 외무부장관의 중국 방문은 이처럼 한국 정부가 미국이 아닌 제3국을 통해 독자적 대북 채널을 확보하려고 노력한 결정판이었다고 할 수 있다.

한국의 독자 채널 구축 노력은 이처럼 제3국을 통한 중재뿐 아니라 대통령 최측근의 비선을 통한 대북 접근 시도까지 병행한 것이었다. 지난해 12월 한승수 전 청와대 비서실장 라인으로 알려진 데이비드라는 미국인이 한국 측의 부탁을 받고 평양을 극비 방문한 것이라든가, 4월6일 비밀리에 평양을 방문한 진로그룹 박영수 부회장과 이충원 LA 지사장의 경우도 이 같은 시도 가운데 하나인 것으로 알려지고 있다.

지난해 연말 이후 한국 정부가 어떤 이유로 미국과 공조하는 대북 접근 노력을 포기하고 제3국 또는 독자 채널을 통한 대북 접근을 시도해 왔는지는 불분명하다. 문제는 한국과 공조해 북한 문제를 풀고자 했던 미국으로서는 한국 정부의 이 같은 태도를 이율배반으로 보았다는 점이다. 이에 따라 3월 중순께부터 한·미 공조에 대한 미국의 입장 역시 다음과 같이 단순 명쾌하게 정리되기 시작했다. 즉 '앞으로 한국이 대북관계를 독자적으로 하겠다면 한국의 현안에 미국은 관여하지 않겠다. 마찬가지로 한국 역시 북한과 관련한 미국의 현안에 관여해서는 안 된다'라는 것이다. 3월 중순께 있었던 것으로 보이는 미국의 이 같은 입장 정립이 바로 북한의 경수로 추가 비용 요구와 미사일 회담을 비롯해 미국과 북한이 군사 접촉을 강행한 배경이 된 것이다.

경수로 추가 비용 문제에 대한 미국의 입장에는 다음과 같은 두 가지 측면이 있다. 하나는 앞서 말한 미국의 최근 입장이 그대로 투영되고 있다는 점이다. 사실 그동안 경수로 문제와 관련해 미국은 북한의 불만을 계속 억누르는 역할을 해왔다. 다른 문제와 달리 경수로 비용에 대해 북한은 당연히 받을 것을 받는 것이라는 입장이다. 보상액 역시 주는 쪽이 결정하는 것이 아니라 받는 쪽이 결정해야 한다는 것이다. 이런 논리에 따라 북한은 그동안 한·미·일 3국이 제시한 40억 달러에 대해 내심 불만을 가져왔고, 기회가 있을 때마다 이를 인상하겠다는 의지를 피력해 왔다. 그러나 그동안은 협상 대표를 맡은 미국이 이를 강력히 억제해 왔기 때문에 표출하지 못하다가 미국이 최근 억제 역할을 하지 않겠다고 한 발짝 뒤로 물러설 기미를 보이자 20억 달러 추가 비용 문제를 들이대기 시작한 것이다.

미국은 여기서 한 발짝 더 나아가 앞으로 한반도에너지개발기구 협상을 미국이 맡지 않고 한국이 주도할 수 있게 해주겠다는 의사까지 보이고 있다고 한다. 3월19일 뉴욕에서 열린 한반도에너지개발기구 집행이사회에서 한국전력이 경수로 사업에 명실상부한 법적 주계약자로 선정되었는데, 이것은 한국이 경수로사업의 주도권을 행사하게 되었다는 긍정적인 측면과 함께 미국의 외곽지원 없이 북한의 추가 비용 요구를 한국이 전부 떠안아야 하는 부담을 동시에 지게 된 것을 의미한다.

우리 처지에서 또 한 가지 부담스러운 것은, 미국이 추가 비용 문제에 대해 단순히 수수방관만 하고 있겠느냐 하는 것이다. 이미 추가 비용 결정 과정에 3월23일 미·북한 간에 막후 절충이 되어 있다는 사실에서도 알 수 있듯이, 이 문제에 관한 한 미국은 이미 북한과 사안 별로 공조하고 있다는 혐의가 대단히 짙다. 또한 미국은 한국이 추가 비용을 부담하지 않겠다고 버틸 경우 경수로 협상을 깨서는 안 된다는 명분으로 한국에 강한 압력을 넣을 가능성도 있다. 극단적인 경우에는 일본이 돈을 내도록 할 테니 한국은 주도적 위치를 포기하라고 압력을 넣을 수도 있다. 이래저래 한국은 난처한 처지에서 벗어나기 어렵게 되어 있다.

경수로 추가 비용 문제가 '한국 문제는 한국이 알아서 하라'는 미국의 최근 논리를 근거로 하고 있다면, 미사일 회담을 비롯한 미·북한간 군사 접촉은 '미국 문제는 미국이 알아서 하겠다'는 논리를 그 근거로 하고 있다. 북한이 미사일을 중동에 수출하는 문제는 전 세계적인 안전 보장과 관련된 문제이기 때문에 한국의 과제라기보다는 미국의 과제이다. 그러나 그동안 미국은 한국이 배제된 북한과의 군사접촉이 평화협정 협상의 빌미가 될까 우려해 남북대화를 전제 조건으로 연계해 왔다. 또한 평화협정에 대한 미국의 강경한 입장을 북한도 알기 때문에 사실 북한은 평화협정 카드를 중·장기 과제로 미루어 왔다. 그런데 미국이 지난 3월의 막후 접촉에서 남북대화라는 전제 조건 없이 미사일 회담을 제의하자, 북한은 이를 평화협정 주장을 앞당길 호기라고 파악하게 된 것이다. 북한군의 판문점 무력시위 역시 미국의 입장 변화를 간파한 북한 측 계산된 행동이었다.

등거리 외교·독자노선, 상처만 남겨

지난해 연말 이후 한국 정부가 북한 문제를 둘러싸고 미국과 공조하기를 외면한 결정은 이유야 어쨌든 경제적 손실 뿐 아니라, 북한과의 살얼음판 같은 외교 게임에서 엄청난 후퇴를 가져왔다고 볼 수밖에 없다. 전문가들은 현재 한반도를 둘러싸고 전개되는 국가 간의 치열한 외교 게임이 이미 한국 정부의 서투른 등거리 외교나 감정적 독자 노선을 허용치 않고 있다고 진단한다. 엄밀하게 따져 볼 때 김영삼 정부는 정권 출범 이후 민족문제를 자주적으로 풀 수 있는 좋은 기회를 세 번이나 놓쳐 왔다. 93년 초 북한이 핵확산방지조약(NPT)을 탈퇴하면서 남측에 제기한 특사 교환 요구를 묵살한 것, 두 번째는 김일성 주석의 돌연한 사망으로 정상회담 기회가 사라진 것, 세 번째는 김주석 사망 후 조문 문제에 대해 정부가 현명하게 대처하지 못함으로써 남북 간 감정의 골을 깊게 만든 것 등이다.

한국 정부가 이처럼 대북 정책에서 방향을 잡지 못하고 우왕좌왕하는 동안 미국은 제네바 회담 타결 이후 북한과의 접촉을 전면적으로 확대해 이미 한반도 문제에 깊숙이 발을 들여놓게 되었다. 정부가 진정 민족 문제를 자주적으로 풀겠다는 의지가 있었다면 미국이 한반도 문제에 구조적으로 개입하기 전에 남북 간 직접대화를 통해 돌파구를 찾았어야 옳았다. 시기도 명분도 놓친 상태에서 이미 굳어진 주변 환경을 무시하고 혼자 나서겠다는 것은 외교적 자충수가 될 수밖에 없다.

(1996. 4. 25)

2.3. 북한 군부는 왜 4자회담 반대했나

북한이 년 초부터 정전협정 체제의 무력화를 위해 여러 움직임을 보이다 급기야 판문점 무력시위에까지 이르렀다. 1996년 4월16일 김영삼 대통령과 클린턴 미 대통령은 제주도에서 한미 정상회담을 개최하고 남북한과 미·중이 참여하는 4자회담을 제의했다. 그런데 클린턴 대통령이 정상회담을 위해 제주도에 도착한 4월16일 봅 칼린 미 국무부 부과장이 평양에 들어가 있었음이 확인됐다. 미국 대통령의 한국 방문에 맞춰 국무부 관계자가 평양을 방문해 막후 조율한 것은 미국 외교의 새로운 유형으로 지적됐다.

한미 정상 4자회담 제안 때 봅 칼린 미 국무부 부과장 비밀 방북

미·북은 소극적, 중국은 개입 저울질…소외된 일·러 반발로 '6자회담' 될 수도

제주도 한·미 정상회담에서 한반도에 평화를 구축하는 방안으로 제시된 4자회담 제안에 대해 북한이 처음의 반대 입장에서 '신중 검토' 쪽으로 선회한 것은 미국의 막후 조정에 의한 것으로 알려지고 있다. 4월18일 북한 외교부 대변인은 조선중앙통신과 가진 기자회견에서 4자회담에 대한 최초의 반대 입장을 뒤엎고 '현실성 여부를 신중하게 검토하겠다'라는 논평을 발표했다. 이는 같은 시기 평양을 극비 방문한 미국 국무부 고위 관계자와 북한 지도부가 막후 절충한 결과라는 지적이다.

미국, 남북한 '등거리 접근' 시작

외교 소식통들이 지목하는 미국 국무부 고위 관계자는 봅 칼린 국무부 부과장이다. 그는 클린턴 대통령이 제주도를 방문한 4월16일 미국 한 대학의 한반도 전문가와 함께 4박5일 일정으로 평양을 극비 방문했다. 칼린 부과장의 이번 평양 방문은 클린턴 대통령의 한국 방문에 따른 메시지 전달 및 한반도에너지개발기구(KEDO) 협상과 베를린 회담 내용을 사전 조율하기 위한 것이지만, 4자회담에 대해서도 북한 측과 조율한 것으로 알려지고 있다. 칼린 부과장의 이번 평양 방문과 관련해 최근 〈요미우리신문〉은 서울 소식통을 인용, 칼린이 4월20일 평양을 방문해 북한 측과 4자회담에 관해 논의할 것으로 보도했는데, 이와는 달리 칼린 부과장은 이미 클린턴 대통령이 제주도를 방문한 날 평양에 들어가 있었다.

칼린 부과장의 평양 방문과 관련해 외교 소식통들은 "한·미 정상회담 직후 4자회담 반대 입장을 피력한 북한의 손성필 러시아대사와 이삼로 태국대사는 북한 당국의 대외 창구 노릇을 하는 인물이다. 이들을 통해 발표된 공식 입장이 이틀 뒤인 18일 번복된 것은 북한이 칼린 일행과 접촉한 결과라고 해석할 수밖에 없다"라고 지적하고 있다.

이번에 평양을 방문한 봅 칼린 부과장은 국무부 내에서 군사문제 전문가로 널리 알려진 인물이다. 최근에는 베를린에서 전개된 미·북한 미사일 협상에도 깊이 관여하고 있는 것으로 알려졌다. 이들의 이번 방북은 일단 방북 시기와 형식에서 매우 이례적인 것으로 받아들여지고 있다. 방북 시기 면에서 미국 대통령의 한국 방문에 맞춰 국무부 관계자가 평양을 방문한 것은 미국 외교의 새로운 유형으로 지적되고 있다. 남북한에 대해 등거리 접근을 시작했음을 뜻하기 때문이다. 특히 이들의 방북 목적 중에는 클린턴 대통령의 한국 방문에 대한 북한 지도부의 불만을 누그러뜨리기 위한 것도 포함된 것으로 알려져 남북한 관계에 대한 미국의 변화된 시각을 반영하고 있기도 하다. 또한 미국 정부의 공식 입장을 반영하는 국무부 관계자가 비공식 막후 절충을 위해 직접 나섰다는 점 역시 예사롭지 않다. 그동안 미국 행정부 인사 이외의 인물이 거중 조정에 동원된 사례는 있지만, 국무부 고위 당국자가 직접 나선 일은 전례가 없어 북한 측도 의외로 여기고 있다는 것이다.

전후 사정으로 미뤄볼 때 4자회담에 대한 미국 측의 거중 조정 방향은 궁극적으로는 한국 정부의 기대에 미치지 못할 것으로 일단 지적되고 있다. 아무리 미국이 조정한다 해도 북한 당국의 원칙적 입장까지 변화시키기에는 한계가 있을 것이기 때문이다. 미국 역시 북한 권력 내에 미국의 개입에 반대하는 세력이 엄존하고 있다는 점을 의식하지 않을 수 없는 상황이다.

여기서 한 걸음 더 나아가 4자회담에 대한 미국의 입장 역시 한국이 주장하는 '남북한 선 대화 및 미국·중국의 사후 보장'이라는 방식에 대해서는 내심 탐탁지 않게 여기고 있는 것으로 알려지고 있다. 이번 한·미 정상회담에서 우리는 4자회담 제안에 역점을 둔 데 비해 미국은 앞으로 미·북한 관계 개선에 한국이 더 이상 제동을 걸지 못하도록 한국 측으로부터 보장을 받는 데 역점을 두었다는 사실에서도 이점은 명확하게 인식되고 있다.

미국은 이미 지난해부터 북한과 다양한 수순으로 접촉을 확대해 왔기 때문에 미·북한간 채널 이외에 번거로운 국제회의를 열어야 할 필요성을 느끼지 못하고 있다. 이 점에 대해서는 북한 측 역시 마찬가지이다. 이런 전후 맥락에서 볼 때 4자회담에 대한 미국의 거중 조정은 클린턴 대통령의 체면 유지 선에서 그칠 가능성이 매우 높다는 것이 외교가의 중론이다. 내심이야 어떻든 클린턴 대통령이 한국까지 와서 공식 합의한 4자회담을 북한이 반대하는 것은 대선을 앞둔 클린턴 대통령의 처지에서는 모양이 좋지 않기 때문이다. 북한은 미국의 거중 조정을 의식해 일단 강경 반대 입장을 피력하기 보다는 새로운 제안을 내놓아 4자회담은 사실상 무력화하는 방법을 택할 듯하다.

이와 관련해 외교 소식통들은 4월16일 북한의 이삼로 태국 주재 대사가 말한 '북한과 미국이 직접 협상하고 한국이 옵서버로 참여하는 방안'이 대안으로 제시될 가능성이 크다고 분석한다. 이 방안은 남북한의 직접 대화와 미국·중국의 사후 보장이라는 한국 측 안에 정면 배치되는 것으로, 우리로서는 받아들일 수 없는 것이다.

북한이 한 걸음 더 양보한다면, 한국이 주장하는 선 남북대화 요구를 일단 수용하는 방식도 가능할 것이다. 남북대화에 대해서는 북한도 미·일과의 접근을 가속화하고 한국으로부터 경제 협력을 받아내야 하기 때문에 잠정적으로 그 필요성을 느끼고 있다. 특히 경제 협력과 관련해 북한은 최근 문제가 되고 있는 경수로 추가 비용 20억 달러를 한국으로부터 받아내기 위해서도 남북대화의 필요성을 잠정적으로 느끼고 있을 가능성이 매우 높다. 경수로 추가 비용과 관련해 최근 입수된 새로운 정보에 따르면, 북한은 이미 추가 비용으로 설정한 20억 달러에 대해 구체적인 세목까지 마련하고 있는 것으로 알려지고 있다. 그것은 △ 현재 신포지역에 있는 약 5백여 세대 주민의 이주비 및 정착금 명목 △ 경수로 건설 과정에 동원될 북한 노동자의 인건비를 높게 책정 △ 신포-평양간 송·배전 시설 및 도로 건설과 관련해 국제 금융기관으로부터 약 16억 달러를 융자받고자 하는데 그 재정 부담을 한국이 질 것 △ 군사 항구인 신포에 선박이 출입할 경우의 입항비 등으로 이를 모두 합하면 약 20억 달러가 된다는 것이다.

4자회담과 관련한 한국의 선 남북대화 요구에 대해 북한이 일단 이를 수용한다 해도 그것이 본질적인 문제 해결에까지 이어질 가능성은 거의 없다. 현재까지 입수된 정보에 따르면, 북한이 남북대화에 응한다 해도 한국이 요구하는 고위급 수준이 아닌 낮은 차원의 대화를 고집할 가능성이 높다. 그것도 7월8일 김일성 주석 3주기 탈상에 즈음해 조문 문제를 다시 들고 나옴으로써 파탄시킬 가능성이 크다. 자신들의 필요 범위와 필요한 시기 내에서의 대화만 인정하려 할 것이라는 점이다.

한국 정부가 그동안의 외교적 궁지를 벗어나 주도권 행사 차원에서 던진 4자회담 제안은 이처럼 미국의 표면적인 거중 조정 및 북한의 유화적 움직임에도 불구하고 그 내면으로 들어가면 성사될 가능성이 매우 희박하다고 할 수 밖에 없다. 더군다나 4자회담의 또 한 당사자이자 한국 정부가 내심 원군으로 기대하는 중국 역시 이 문제에 대해 입장을 적극 개진하기 어려운 상황이다. 중국은 최근 강택민 주석의 친서를 통해 4자회담에 대한 적극 지지 입장을 우리 정부에 보내온 것으로 알려지고 있다. 그러나 중국이 4자회담이라는 틀을 통해 한반도 문제에 깊이 개입하려 할 경우, 중국·대만의 양안 문제에 대해 불간섭을 내세워 왔던 기존의 입장과 마찰을 빚게 된다. 한반도에 대한 미국의 영향력을 저지하기 위해 4자회담에 적극 개입하고 싶지만, 이를 계기로 미국이 중국·대만 문제에 개입할 명분을 줄 수 있다는 점이 딜레마로 작용하고 있는 것이다.

한국, 외교적 센세이셔널리즘에 집착

이 같은 이유로 4자회담은 관련 당사국들의 소극적 입장 때문에 성사 가능성이 현재로서는 희박하다. 오히려 앞으로 우려되는 것은, 한국 정부가 이 문제를 들쑤셔 러시아·일본 등 소외된 국가들의 움직임이 활발해질 가능성이 높다는 점이다. 일본은 4자회담에서 제외되었다는 명분을 내걸고 북한에 대한 접근을 더욱 가속화하는 움직임을 보일 수 있다. 이 경우 우리 정부가 이를 제지할 명분이 거의 없다. 러시아는 자국이 한반도 문제에서 소외된 것에 극렬 반발해 기존 6자회담 주장에 불을 붙이려 할 것이다. 만약 이해 당사국들이 연합한다면 경우에 따라서는 우리 의도와 상관없이 4자회담이 아닌 6자회담으로 떠밀려 갈 확률이 높다.

이런 위험성 때문에 현재 외교가에서는 정부의 4자회담 주장이 한반도 문제에 대한 외교 주도권 확보라는 명분에 사로잡혀 실익을 고려하지 않고 나온 정책이라는 비판도 만만치 않게 제기되고 있다. 한반도 문제의 주도권 확보란 단순한 주장에 의해서 되는 것이 아니다. 이를 관철할 수 있는 실질적 외교 카드를 확보하고 있거나, 아니면 우리 입장과 보조를 같이하는 국가와의 확실한 연대를 전제로 해야 한다. 엄혹한 국제적 외교 게임의 틀 속에서 이런 여건을 조성하지 않고 불쑥 4자회담을 제시함으로써 아무런 실익 없는 외교적 센세이셔널리즘에 집착하고 있다는 비판이다.

(1996. 5. 2)

96년 상반기 내내 북한군의 동태가 심상치 않았다. 4월4일 일방적으로 'DMZ규정' 준수 의무 포기 선언을 한 북한군은, 판문점·비무장지대·연평도 근해 등에서 연거푸 무력시위를 벌였다. 여기에 5월23일 미그19기 이철수 조종사 귀순 사건까지 겹쳐, 북한군의 동향이 초미의 관심사로 떠올랐다. 북한군의 도발은 군사적 의미뿐 아니라, 한·미 양국 정상의 4자회담 제안에 대한 북한 지도부의 교묘한 대응 측면에서도 해석할 수 있다. 북한군의 움직임을 4자회담에 대한 북한 지도부와 군부의 대응이라는 관점에서 정리했다.

군부 동원한 북한 지도부의 성동격서

잇단 무력시위는 '한국 배제, 미·북한 대화' 구도로의 역전 노린 것

김일성 주석 사망 후 북한 전역을 사실상 통제하고 있는 북한 군부가 4자회담을 바라보는 입장이 드러나고 있다. 지난 4월16일 제주도 한·미 정상회담에서 한반도 평화 문제 해법으로 4자회담이 제안된 이래 북한 군부가 자기들의 입장을 대외적으로 공표한 적은 없다. 그러나 최근 북한 소식에 정통한 국내의 북한 전문가들은 다양한 경로를 통해 북한 군부가 4자회담에 대해 극히 부정적인 인식을 가지고 있음을 확인하였다.

국내의 한 대북 소식통은 "북한 군부는 4자회담이 의제가 뚜렷하지 않은데다 특히 군부가 거부감을 가지고 있는 남북대화를 근간으로 하고 있다는 점 때문에 대단히 부정적인 태도를 보이고 있는 것으로 확인되고 있다"라고 전해 왔다.

'한국 배제, 미·북한 대화' 구도 유도

이 소식통은 특히 남북대화에 대한 군부의 거부감과 관련해 김일성 사망 이후 미·북한 접촉이 활발하게 전개되면서 군부의 주적(主敵)개념이 '반미항전'에서 '대남봉쇄'로 방향을 전환해 왔기 때문이라고 지적했다. 또한 김정일 등장 이후 북한 군부는 '남한은 미국의 앞잡이이기 때문에 군부의 최대 관심사인 군사 문제 해결과 평화협정 체결은 미국과 협의해야 한다'는 입장을 더욱 강화해 왔다고 한다. 이를 볼 때 평화 문제 논의를 남북대화를 통해 다루도록 명문화한 4자회담에 대해 실질 당사자인 북한 군부가 거부 반응을 보이는 것은 충분히 상정해 볼 수 있다는 지적이다.

이 같은 군부의 거부감에 맞설 만한 세력이 현재 북한에 존재하지 않는다는 점도 남북대화를 근간으로 한 4자회담의 전망을 어둡게 하는 요인이 되고 있다. 사실 북한 내부에 대남 경협에 깊은 관심을 가지고 있는 개방파 인사들이 없는 것은 아니다. 그러나 이들 역시 경협 등 한정된 범위를 뛰어넘는 본격적인 남북대화에 대해서는 군부의 통제력을 벗어나기가 매우 어려운 상황이다.

그동안 남북한과 미국의 외교 당국을 대치 선으로 해서 전개된 4자회담 공방은 북한 군부라는 제3의 요소가 등장함으로써 대단히 복잡 미묘한 상황으로 돌입하고 있다. 이 외교 게임의 본질은 4자회담 자체에 부정적 인식을 가지고 있는 북한 지도부가 미국과의 관계를 의식해 불투명한 입장을 고수할 수밖에 없는 외교부의 입장을 감안한 끝에 강경파인 군부를 동원하여 찬물을 끼얹게 하는 전형적인 양동작전 성격을 띤 것이라고 볼 수 있다.

북한 지도부가 군부를 이 외교 게임의 틀 속으로 끌어들인 이유는 4자회담 국면에서 초래된 수세적 상황을 4자회담 이전의 국면, 즉 '한국을 배제한 미·북한 대화' 구도로 재역전시키기 위한 시도라고 볼 수 있다. 그 대표적 시도가 최근 비무장지대에서 잇달아 일어난 소규모 무력시위이다. 즉 지난 5월

17일 경기도 연천군 일대 비무장지대에서 벌어진 북한군 소규모 병력 남하 사건과 5월23일 서해 연평도 근해에서 벌어진 북한 고속 경비정 남하 사건은 군부를 동원해 4자회담 구도를 무너뜨리기 위한 북한 지도부의 정치적 계산을 배경에 깔고 있는 것으로 분석된다.

북한군의 잇단 도발 행위는 지난해 10월의 북한군 전진 배치 사건이래, 지난 4월 초에는 대규모 무장 병력 비무장지대 난입 등 간헐적으로 계속되어 왔다. 이 사건들은 현재의 군사정전 체제를 무력화해 평화협정 체결에 유리한 조건을 조성하기 위한 전술적 행위라는 공통점을 가지고 있다. 최근 발생한 두 사건은 그 이전 사건들에 비해 또 다른 특징을 보여준다. 동원된 병력의 수나 무력시위 기간이 그 전보다 축소된 것이다.

지난해 10월 북한군 전진 배치 사건 당시에는 미사일 부대 1개 소대가 비무장지대 안으로 남하해 들어와 당시 한미연합사 측을 초긴장 상태로 몰아넣었다. 4월 초 난입 사건 때는 박격포로 중무장한 병력이 며칠 동안 농성을 벌여 세계의 이목을 집중시켰다. 그러나 5월17일의 경우에는 첫 시도에서 북한군 병사 3명이 공포탄을 쏘며 남하했고, 두 번째 시도에서는 장교가 낀 병사 7명이 동원되는 데 그쳤다. 5월23일의 서해안 무력시위는 북한 측에서 남하한 고속 경비정 5척과 우리 측 경비정 6척이 3백m까지 근접하는 긴장된 상황이 벌어졌지만 별다른 불상사 없이 끝났다.

국제 여론 의식해 소규모 도발

최근의 두 차례 무력시위에서 북한 측이 소규모 병력을 동원해 짧은 시간에 치고 빠지는 전술을 택한 이유는 전술 목표가 극히 한정된 것이었기 때문이라는 분석이 가능하다. 즉 대규모 병력을 투입할 경우 국제 여론을 환기하는 효과는 크겠지만 현재 활발하게 전개되는 미·북한간 각종 협상에 지장을 초래할까 우려했을 것이다. 국제 여론이 북한을 한반도 긴장의 주범으로 낙인찍는 것도 바람직하지 못하다고 판단했을 법하다. 또 김일성 탈상을 앞둔 현재 시점이 김일성 시대를 마감하고 김정일 시대의 개막을 본격 준비해야 할 시기라는 점도 고려되었을 법하다. 이런 민감한 시기에 필요 이상의 긴장 상태를 조성하는 것은 도움 될 것이 없기 때문이다.

따라서 북한 지도부는 군부 무력시위를 동원하되 그 파장이 필요 이상으로 확대되지 않고 소기의 목적만을 달성할 수 있는 범위에 국한시켰다고 판단된다. 이번 무력시위는 한국의 대북 대화 공세를 차단하는 데 한정된 것이다. 북한은 과거에도 한국의 대북 대화 공세를 차단하기 위해 돌발적인 강압 행위로 응대한 사례가 있다. 지난해 6월의 쌀 회담 후 벌어졌던 인공기 게양 사건과 삼선 비너스호 억류 사건이다. 이 두 사건은 결과적으로 '쌀은 받되 남북 간 대화는 안 된다'는 북한의 전술적 목표에 활용되었다.

이번 무력시위를 북한 지도부가 군부를 동원해 4자회담 무력화 전략을 편 것으로 보는 것도 바로 이런 맥락에서다. 무력시위를 통해 4자회담의 근간이 되는 남북대화에 찬물을 끼얹는다면 그것은 결국 4자회담 구도 전체의 무력화로 이어질 것이 뻔하기 때문이다. 반면 무력시위 규모를 미국과의 대화에 영향을 주지 않을 정도로 조정함으로써, 궁극적으로 '한국 배제, 미·북한 대화'라는 4자회담 이전의 구도로 역전시키는 것을 동시에 노렸다고 볼 수 있다.

일련의 무력시위 이후 전개되는 상황들 역시 북한의 의도가 적중한 듯한 인상을 준다. 우선 한국 정부의 대북 대화 공세는 최근 발생한 미그19기 조종사의 귀순 사건까지 더해져 주춤하고 있는 데 반해, 미국의 북한 접근은 리처드슨 하원의원 방문, 카터 전 대통령의 북한 쌀 지원 발언 등으로 계속 진전되고 있다. 이런 와중에 북한은 지난 5월24일 〈로동신문〉사설을 통해 5

월13, 14일 제주도 한·미·일 3국 고위급 회담에서 제안된 '4자회담에 대한 남북한과 미국의 3자 설명회'를 공식 거부했다.

이처럼 그 뒤 전개된 상황까지 고려해 북한군 무력시위의 궁극적 목표를 다시 한 번 검토해 보면, 거기에는 날카로운 '암수(暗手)'가 숨어 있다는 점을 발견하게 된다. 그것은 바로 북한의 한·미 이간책이다. 무력시위로 인해 대북 대화 공세가 무력화된 한국 정부는 당연히 미국에 대해서도 대북 접근 속도를 늦추어 달라고 요청할 수 있다. 그러나 미국은 대북 접근을 늦출 만큼 이번 시위를 심각하게 보지 않을 수 있다. 따라서 이번 시위를 계기로 한·미간에 미·북한 접근 속도에 대한 이견이 발생하게 되면, 이는 다시 한·미 관계 악화 요인으로 등장할 수 있다는 것이다. 이 한·미 관계 이간이야 말로 무력시위의 최종 목표라고 북한 전문가들은 지적하고 있다.

군부, 위상 제고·역할 찾기 안간힘

북한 군부가 북한 권력 내에서 '남북 대화 배제, 미·북한 대화' 구도에 대한 최대 강경 세력으로 등장한 배경에는 주적 개념의 변화 등 정치·군사적 명분 외에도 대미 관계 개선이 대세로 굳어진 오늘의 북한 현실에서 살아남기 위한 생존 전략이 밑바탕에 깔려 있다. 김정일이 북한군의 대세 흐름을 완전히 장악한 지난해 9월 이전까지만 해도 북한 군부는 대미 관계에 대해 명확한 입장을 정립하지 못했던 것으로 파악된다. 대미 관계를 주도해온 외교부에 대한 소외 의식에서 이에 대한 반발 세력으로 작용해온 측면이 강했다.

그러나 지난해 9월을 지나면서부터 대미관계에 대한 북한 군부의 태도나 입장이 전향적으로 정리되기 시작한 것으로 알려졌다. 한 대북 소식통은 김정일의 2단계 군부 장악 전략이 성공한 결과라고 지적했다. 즉 1단계에서는 군부를 자신의 휘하로 통일하고, 2단계에서는 대미 관계에서 새로운 역할을 모색하게 하는 전략의 결과라는 것이다.

대미 관계 개선을 대세로 받아들인 상태에서 북한 군부는 이에 걸맞은 새로운 위상과 역할 찾기에 골몰하지 않을 수 없게 된 것이다. 아는 곧 북한 군부가 자신들의 생존이 앞으로 미국과의 협상 여하에 좌우되는 것으로 인식하게 되었다는 것을 의미한다. 그 대표적인 사례가 미·북한 간 유해 협상으로 시작된 미사일 및 생화학무기협상 등이다.

이들 협상에 대한 북한 군부의 최종적인 전략 목표는 여전히 평화협정 체결과 이에 연동된 주한 미군 철수이다. 최근 북한 내에서도 외교부나 당을 중심으로 일부 다른 목소리가 나오고 있고, 또 북한 군부 역시 한국 주둔 미군보다는 오히려 동북아 주둔 미군에 더욱 신경을 쓰는 새로운 흐름이 나타나고 있기는 하다. 그러나 주한 미군 철수가 여전히 북한 군부의 전략 목표라는 점에는 변함이 없는 것으로 알려지고 있다.

전략 목표라는 것이 항상 그렇듯이, 그것을 달성하는 것도 중요하지만 그것을 계속 주장함으로써 여러 부문에서 양보를 얻어낸다는 기능적 역할 또한 중요하다. 유해 송환 역시 마찬가지이지만, 특히 미사일과 생화학무기 협상의 경우에 미국으로부터 어느 정도 반대급부를 받아낼 수 있는가가 군부의 초미의 과제가 되고 있다.

미사일이나 생화학무기 수출이 북한 내에서 독립된 경제권을 이루고 있는 북한 군부의 주요 자금원이었다는 점에서 볼 때, 앞으로 이들 협상의 결과는 군부의 경제적 생존 문제를 좌우하게 될 것이다. 이처럼 북한 군부가 미국과의 협상에 자신들의 생존을 걸고 있는 상황에서 한국이 협상 구도를 헤집고 들어와 혼란스럽게 하는 것에 대해 거부 반응을 보이는 것은 충분히 짐작해 볼 수 있는 일이다.

김일성 주석 사망 이후 권력 과도기에 북한 사회를 실질적으로 통제해 온 군부는 이밖에도 자체적으로 해결해야 할 난제들을 떠안고 있다. 북한 군부에는 한국처럼 제대나 은퇴라는 개념이 없다. 군부 지도부에 혁명 1세대와 2세대가 혼재 돼 있어 세대 간 갈등 소지가 항상 있다. 대미 관계에서도 군사접촉은 대체로 인정하나, 연락사무소 개설에 대해서는 우려하는 시각이 계속 남아 있다. 또한 권력 과도기의 사회 통제 역할을 어느 시점까지 계속할 것인가 하는 문제 역시 내부적인 쟁점으로 등장하고 있다고 한다. 김정일이 군부를 중시함으로써 당과 정무원의 소외 구조가 심해지면서 권력 내 갈등 요인으로 비화할 조짐도 있다. 현재 북한 전역을 강타하고 있는 식량난을 군도 똑같이 겪고 있다는 점도 군부의 어려움을 가속화하는 요인이 되고 있기도 하다.

(1996. 6. 6)

4월16일 한미정상이 4자회담을 제안한 데 대해 손성필 주러 북한대사는 당일 "조선반도 평화보장 문제는 우리와 미국사이에 결정되어야 할 문제인데 미국 측이 왜 갑자기 4자회담 제안을 내놓았는지 그 취지와 목적이 명백하지 않다"라며 거부 의사를 표명했다. 반면 일본의 하시모토 총리는 4월16일 당일 4자회담 제의에 대한 지지 의사를 표명해 눈길을 끌었다.

4자회담에 부정적이던 북한은 5월 들어 완화된 입장을 보였다. 5월7일 북한 외교부가 미국에 4자회담에 대한 구체적 설명을 요구한 데 이어 5월20일 강석주 외교부 제1부부장은 "4자회담은 아직 검토 중으로 미국의 설명을 기다리고 있으며, 수용할 수 있으면 받아들일 것"이라고 언급했다. 그러자 그 다음 날인 5월21일 미 국무부가 북한에게 4자회담 관련 남·북·미 3자 접촉을 제의했다. 6월26일 미국과 북한은 4자회담 공동 설명회와 관련해 실무 접촉을 가졌다. 아래 기사는 북한 권력 내 제 세력이 4자회담을 둘러싸고 각자의 이해득실에 따라 어떤 입장을 취하는지를 추적한 것이다. 북한 내부에서 권력이 작동하는 메커니즘을 이해할 수 있을 것이다

北 권력 갈등에 4자회담 '휘청'

군부·외교부 적극 반대…남북대화 계기로 당이 주도권 쥘까 우려

북한이 4자회담에 소극적인 태도를 보이는 것은 김일성 사망 후 북한 권력을 3분하고 있는 당·정무원·군부 간에 4자회담과 관련하여 현격한 견해 차이가 발생했기 때문인 것으로 지적된다. 특히 권력 과도기에 급속하게 영향력을 확대해온 정무원 산하 외교부와 군부는 4자회담으로 인해 남북 관계가 긴급한 현안으로 떠오르게 될 경우 자신들이 쌓아온 기득권이 당쪽으로 다시

넘어가게 될 것을 두려워한다는 것이다. 따라서 현재 북한 권력 구도에서 외교부와 군부는 기득권 수호 차원에서 4자회담을 강경하게 반대하는 반면, 남북 대화의 필요성을 강력하게 주장할 만한 세력은 북한 권력 구조 내에 존재하지 않기 때문에 소극적 내지는 부정적으로 나타날 수밖에 없다는 것이다.

4자회담에 대한 북한의 반응은 국내외 언론에게 초미의 관심사였다. 이 문제를 제대로 파악하기 위해서는 북한의 현 권력 주체들이 각각 4자회담에 대해 어떠한 이해관계를 가지고 있는지 짚어볼 필요가 있다. 북한 전문가들은 김일성 주석 사망 후 북한의 권력 구도가 기존의 당 우위 유형에서 벗어나 과제 중심의 새로운 권력 주체들이 등장하는 현상을 보여 왔다고 한다. 또 이들 권력 주체 간에 대내외 정책의 주도권을 둘러싸고 치열한 내부 갈등이 전개되어 왔다고도 한다.

신 권력 주체가 등장한 것은 김정일 시대를 준비하는 과정에서 나타난 북한의 대내외 현안과 긴밀하게 연관되어 있다. 먼저 대외적 현안으로 북한은 그동안의 고립 상태를 벗어나 국제무대에 진입하는 것을 김정일 시대 출범의 최대 과제로 삼아왔다. 이런 과제를 풀 첩경으로 설정된 것이 바로 대미 관계를 포함한 서방과의 관계 개선이고, 이 과제를 해결하는 과정에서 새로운 권력 주체의 하나로 등장한 것이 바로 정무원 산하 외교부와 대외경제위원회라고 할 수 있다.

권력 갈등 제1막, 외교부와 대외경제위 맞대결

외교부와 대외경제위원회를 중심으로 한 전문가 그룹이 북한의 대외 현안을 해결하는 과정에서 등장한 권력 집단이라면, 군부의 등장은 권력 재편기에 예상되는 사회 혼란을 방지하기 위한 과정에서 필연적으로 나타난 현상이라고 할 수 있다. 일반적으로 사회주의 국가 체제에서 군은 당의 군대라는 개념에 따라 당의 통제에 따르게 되어 있다. 그러나 김일성 주석 사망 후 김정일 비서는 사회 혼란을 방지하고 자신의 권력 승계를 순조롭게 하기 위해 군부를 권력 전면에 전진 배치했다.

상대적으로 당의 역할이 축소된 가운데 지난 1~2년간은 외교부와 대외경제위, 그리고 군부 간에 대내외 정책 현안을 둘러싸고 주도권 쟁탈전이 벌어진 시기였다. 이들 간의 역할 재조정이 이 기간 북한 권부의 골칫거리이기도 했다.

권력 갈등의 제1막은 외교부와 대외경제위원회의 주도권 다툼 양상으로 나타났다. 표면상 외교부는 외교 현안을 담당하고 대외경제위원회는 경제 현안을 담당하는 것으로 되어 있다. 그러나 북한의 경제 재건은 서방 국가들이 적극 참여하지 않고는 불가능하기 때문에 이들과 교섭하는 데 누가 주도권을 행사할 것인가라는 문제가 대두한 것이다.

이 권력 갈등의 제1막은 매우 싱겁게 끝이 나고 말았다. 미국과의 핵 협상을 계기로 교섭을 성공적으로 이끌어낸 외교부가 대외 교섭 과정에서 별 다른 성과를 올리지 못한 대외경제위원회를 누르고 승리를 거둔 것이다. 현재 외교부는 대미 교섭에서 외교 현안뿐 아니라 경제 현안까지 포괄해 담당하고 있고, 대외경제위원회는 동남아시아를 제외한 아시아권, 즉 중국·일본과의 교섭 일부를 담당하는 식으로 역할 분담이 이루어진 것으로 알려지고 있다.

권력 갈등의 제2막은 외교부와 군부 사이의 대립으로 나타났다. 외교부가 주도하는 대미 관계 개선이 자칫 잘못하면 반미 항전이라는 군부의 존립 명분을 퇴색시킬 우려가 있었기 때문으로 관측된다. 또 외교부의 독주를 방치할 경우 권력 구도 내에서 주도권을 상실할지 모른다는 군부의 위기의식도 밑바탕에 깔려 있었으리라는 지적이다.

대미 관계를 둘러싼 외교부와 군부 간의 갈등은 지난해 6월 쿠알라룸푸르 회담 이후 미국 군부와 북한 군부 사이에 직접 접촉이 본격화하면서 새로운 국면을 맞았다. 미국 군부와 직접 접촉하면서 북한 군부는 대미 관계 개선이 더 이상 거스를 수 없는 대세라는 점을 인정하게 되었다. 따라서 이를 거부해 정치적 부담을 지기보다는 그 속에서 새로운 역할을 모색함으로써 군부의 이익을 적극 추구하기 시작했다는 것이다. 여기에는 핵문제가 해결 된 이후 미·북한 간에 남아 있는 현안의 대부분이 군사 관련 사항이기 때문에, 미국과의 교섭을 어떤 방향으로 이끌어 가느냐에 따라 자신들의 입지가 결정된다는 절박한 문제의식도 작용했던 것으로 전해진다. 북한 군부가 대미 교섭을 자신들의 최우선 과제로 설정하게 됨에 따라, 북한 권력 구도 내에서 대미 관계 개선이 외교부와 군부의 공통 관심사로 떠오른 것이다.

한·미 정상이 제의한 4자회담은 공교롭게도 북한 권력 내 이들 신 주체 세력들이 대미 교섭이 가장 긴급한 현안 과제라고 인식을 같이하고 있는 상황에서 제시되었다. 문제가 복잡하게 된 것은 한·미 양국이 제안한 4자회담의 실질적인 구도가 미·북한 대화가 아닌 남북대화를 주축으로 하고 있다는 점에서 비롯됐을 것으로 전문가들은 보고 있다. 이 같은 구도는 대미 교섭을 최우선 과제로 인식하고 있는 외교부와 군부에는 혼선을 불러오는 것으로 비칠 수밖에 없었던 것이다.

남북 관계는 노동당 산하 조평통 소관

게다가 4자회담을 수용해 남북대화가 현안으로 등장하게 될 경우 외교부와 군부가 그동안 대미 교섭에서 쌓아온 정국 주도권이 당으로 옮겨가게 될 것을 두려워했으리라는 점도 지적된다. 현재 북한의 권력 3주체 중 남북 관계는 노동당 산하 조국평화통일위원회(조평통)의 소관 사항이다. 따라서 남북대화가 긴급한 현안으로 등장하게 되면 자연스럽게 조평통을 중심으로 한 당의 발언권이 강화될 수밖에 없다. 그렇게 될 경우 외교부나 군부는 그동안 힘겹게 쌓아온 주도권을 상실할 수밖에 없게 된다.

외교부의 입장은 4자회담이 제안된 4월16일 손성필 모스크바 대사와 이삼로 태국 대사가 반대 입장을 표명함으로써 비교적 솔직하게 드러났다. 그러나 이틀 뒤인 18일 외교부 성명에서는 '신중하게 검토 하겠다'는 입장으로 선회했고, 그 뒤에는 '미국의 설명을 들어야 겠다'는 식으로 한 발짝 물러섰다. 미국의 체면을 고려하지 않을 수 없는 외교부의 처지에서 비롯한 것으로 분석된다. 또한 국가의 공식 입장을 대변하는 외교부가 한쪽 방향으로 입장을 천명해 버릴 때 나타날 수 있는 국제적 입지 축소를 우려했던 것도 주요한 요인으로 지적된다.

북한 지도부는 이 기간에 군부라는 제3의 요소를 활용해 외교부의 난처한 처지를 극복하려 애쓰기도 했다. 지난 5월17일과 5월23일 있었던 군부의 소규모 무력시위가 바로 그것이다. 북한 군부가 외교부의 난처한 처지를 감안해 4자회담의 골자인 남북대화에 찬물을 끼얹기 위해 의도적으로 자행한 행위로 보인다.

이에 비해 당은 상대적으로 매우 혼란스러운 모습을 보여 왔다. 당의 반응은 당 기관지인 〈노동신문〉 사설의 논조 변화를 통해 간접으로 확인된다. 초기에는 4자회담이 자신들의 입지에 유리하게 작용할지 불리하게 작용할지 저울질하는 모습을 보이다가 최근에는 중립적 태도를 견지하고 있다. 초기에는 미국의 진정한 의도에 대한 정보가 없어 헷갈리다가, 미국도 4자회담에 대해서는 한국의 체면을 고려해 움직이고 있을 뿐 그리 적극적이지 않다는 것을 확인하면서 중립적 태도로 전환하게 되었다는 지적도 있다.

현재 북한에는 과거 정무원 산하 무역부 부장을 지낸 김달현 같은 인물이 존재하지 않는다. 그동안의 남북대화가 별 성과를 거두지 못함에 따라 대남 유화파가 설 자리가 거의 사라져 버렸기 때문이다. 기껏 당 산하 조평통 정도가 남북대화에 관심을 가질 수 있으나 조평통은 진정한 관계 개선보다는 공작 차원에서 움직이는 집단이다. 그나마 실패했을 경우의 위험 부담 때문에 대화를 적극 '담보'하지 못하고 있다. 북한식 용어로 담보란 일의 성사에 목숨을 거는 행위를 의미하기 때문이다.

(1996. 6. 27)

2.4. 나진·선봉 일본에 넘어간다.

북한과 일본의 접촉은 95년 북한이 일본에 식량 지원을 요청하면서 시작됐다. 이 관계는 96년에도 계속 이어졌다. 6월1일 일본의 하시모토 총리가 대북 식량 지원 의사를 표명하고 6월11일 잠정적으로 6백만 달러를 지원하겠다고 결정했다. 당일 권오기 통일원 장관이 300만 달러 상당의 대북 식량 지원 방침을 발표한 것과 대비된다.

인도지원은 국교 관계가 없는 국가들이 쉽게 교섭을 시작하기 위한 방편이다. 북일 간에도 일본의 대북 식량 지원 이면에서 큰 그림이 그려지고 있었다. 그 일단이 7월14일부터 있었던 김정우 북한 대외경제협력추진위원회 위원장의 도쿄 방문 기간 중 포착됐다. 김 위원장의 도쿄 방문은 9월에 나진 선봉에서 열기로 한 '국제 비즈니스 포럼' 설명회를 위해서였다. 당시 필자도 도쿄 록본기 국제문화회관에서 열렸던 설명회 자리에 참석했다. 그리고 도쿄에 계속 머물며 김정우 팀과 일본 종합상사들의 이면 접촉을 계속 취재했다. 이 과정에서 북일 간에 수면 하에서 진행된 일본의 대북 진출 큰 그림이 드러났다.

北 최대 정유공장 살리려 일본에 손짓

방일 중인 김정우 대외경협위원장, 종합상사들과 접촉하며 승리화학기업소 재가동 모색

9월에 있을 '나진·선봉 지대 국제 비즈니스 포럼' 설명회를 위해 7월 14~26일 김정우 북한 대외경제협력추진위원회 위원장이 일본을 공식 방문했다. 김 위원장은 방일 기간 일본의 주요 종합상사들과 비공개 접촉을 가졌는데 그 내용의 일부를 입수했다. 김 위원장 측과 접촉한 한 소식통에 따르면, 김 위원장은 일본의 3대 종합상사인 미쓰이·미쓰비시·스미토모와 접촉해 나진·선봉 지대의 승리화학연합기업소 재가동 문제를 집중 협의하려 하고 있다. 미쓰비시 측과는 지난 주말 비공개 협의가 끝난 상태다.

이 소식통에 따르면 김 위원장은 일본 종합상사들이 현재 원유 공급이 중단되어 가동하지 못하고 있는 승리화학연합기업소에 원유를 안정적으로 공급해 줄 경우 북한이 양산하고 있는 철광석과 비철금속으로 그 비용을 상계하겠다는 방안을 제시한 것으로 알려졌다. 일본 종합상사들은 국제적인 원유 딜러를 겸하고 있기도 하다. 승리화학연합기업소와 원유 공급 협정을 체결한 일본 종합상사에 대해서는 석유 정제와 나프타 분해 등 연관 산업에 대한 독점적 진출권을 보장하겠다는 다소 파격적인 제안도 제시한 것으로 알려졌다.

북한 측이 이처럼 파격적인 조건을 제시한 이유에 대해 이 소식통은 "단일 프로젝트 베이스로 일본 종합상사들과 협의할 경우 투자 타당성 조사에 신중한 일본 기업들이 선뜻 응하지 않을 가능성이 있기 때문"이라고 지적했다. 즉 연관 산업까지 일괄적인 안으로 제시해 이들의 투자 욕구를 자극하기 위한 전략이라는 것이다.

미쓰이 물산, 적극적인 반응 보여 관심 집중

북한 측의 이 같은 제안에 대한 일본 종합상사들의 반응은 아직 확인되지 않고 있다. 현재 일본 종합상사들은 북·일 수교 교섭과 북한의 채무 불이행 때문에 종합상사 단위의 북한 진출에 대해서는 소극적인 입장이라는 것이 일본 내 전문가들의 대체적인 의견이다. 그러나 미·북한 관계 개선 일정에 따라 북·일 수교 교섭 재개도 시간문제로 다가온 상황을 감안한다면 종합상사의 본격 진출 시기가 앞당겨질 수 있다는 관측도 만만치 않다.

한 예로 미쓰이 물산은 김정우 위원장과의 공개 면담 일정을 잡는 등 적극적인 움직임을 보인 것으로 확인되고 있다. 7월15일 투자설명회가 열린 도쿄 록본기 소재 국제문화회관 현장에서 확인한 바에 따르면, 김정우 위원장의 도쿄 내 숙소였던 록본기의 국제문화회관이 미쓰이 회장의 개인 소유라는 얘기가 있다. 방일 기간 미쓰이 본사와의 공식 면담은 물론 미쓰이의 자회사인 도요엔지니어링·신화물산 등과 두 차례 공식 면담 일정까지 잡혀 있다.

무엇보다도 9월의 나진·선봉 투자 포럼을 앞두고 투자 분위기가 상승 무드를 타고 있는 시점에서 승리화학연합기업소라는 북한의 최고 관심 사업체를 놓고 일본 종합상사들과 협의를 진행하고 있다는 점에 주목할 필요가 있다는 지적도 제기되고 있다. 승리화학연합기업소는 의주에 있는 봉화화학공장과 더불어 북한의 양대 정유회사이다. 북한이 처리할 수 있는 원유 처리량 연간 3백50만t 중 봉화화학공장이 약 1백50만t을 처리해온 반면 승리화학연합기업소는 약 2백만t을 처리해 왔다. 그러나 중국산 원유를 처리하고 있는 봉화화학공장이 현재까지 약 백만t 처리 능력을 유지하고 있는 데 비해 옛 소련과 중동산 원유를 처리해온 승리화학기업소는 지난 몇 년간 가동이 중지되어 왔다. 중동산 원유는 주로 이란과 리비아로부터 백만t 정도 공급되어 왔는데 80년대 초 이란·이라크 전쟁이 끝난 이후 이란산 원유 공급이 격감하기 시작하면서 타격을 받기 시작했다. 옛 소련으로부터 들여오던 원유 약 백만t도 소련이 해체된 이후 한때 6만t까지 줄어들었다가 94년부터 전면 중단되기에 이른 것이다.

한국 기업 참여 가능성은 원천 배제

승리화학기업소의 재가동 문제는 현재 석유 부족으로 침체 상태에 빠진 북한 산업시설의 가동과 직결된다. 원유 정제 후 발생하는 나프타 분해산업이 경공업의 출발점이 되는 석유화학산업 육성에 필수적이라는 점에서도 중요하다.

북한은 그동안 승리화학기업소 재가동을 위한 외자 유치에 필사적이었다. 94년부터는 미국의 스탠턴그룹과 집중적인 협의를 벌여 한때 외자 유치의 성공 사례로 평가되기도 했다. 그러나 스탠턴그룹과의 합작은 북한 당국이 기대했던 만큼 진행되지 못했던 것으로 알려졌다. 그 첫째 이유로는 국제 석유 메이저들의 방해가 거론되고 있다. 석유 메이저들 역시 스탠턴그룹과 마찬가지로 승리화학연합기업소에 눈독을 들이고 있기 때문이다. 두 번째 이유는, 북한이 외화대신 제시한 철광석· 비철금속 등의 대금 상환 방법에 대해 스탠턴그룹이나 미국계 석유 메이저들이 위험 부담 때문에 선뜻 나서지 못하고 있다는 점이 거론된다.

북한이 스탠턴그룹과의 사업 진행과 병행해 일본 종합상사들을 떠올리게 된 것도 바로 이런 내부 사정 때문이다. 이번에 김 위원장이 접촉하려고 하는 일본 3대 종합상사는 국제적으로 원유 딜러 사업을 겸하고 있을 뿐 아니라 비철금속의 국제 유통망에도 큰 지분을 가지고 있다. 한 예로 스미토모상사는 최근 국제적으로 구리 파동을 일으킬 정도로 비철금속의 국제 유통을 장악하고 있다. 일본 종합상사들의 이 같은 속성으로 원유 대금과 철광석·비철금속의 상계라는 조건이 받아들여질 여지가 있다고 북 측이 판단했을 가능성이 크다.

국내에서는 석유화학이 주력 업종인 LG그룹이 그동안 승리화학연합기업소 재가동 문제에 관심을 보여 왔던 것으로 알려지고 있다. 김정우 방일단의 한 관계자가 이에 대해 부정적인 입장을 밝혔다고 한다. LG그룹의 기업 규모로는 감당하기 어렵고, 북한의 국책 기업인 승리화학연합기업소를 한국 기업에 맡길 수는 없기 때문이라고 한다.

(도쿄. 1996. 8. 1)

일본 록본기 국제문화회관에서 있었던 나진선봉 투자설명회를 계기로 북한이 내밀하게 추진해온 경제개혁과 대외개방 인재양성 계획들로 시야를 넓혀 취재했다. 이 기사는 80년대 말 소련 동유럽 사태 직후부터 북한이 체제개혁을 위해 어떻게 움직여 왔는지를 보여준다. 89년 김정일 비서의 지시로 김수용 김일성대 경제학부 교수가 좌장이 된 비밀 브레인 팀이 결성돼 전 세계 40여 개국의 특구를 조사해 경제 회생책의 일환으로 만든 게 바로 나진선봉 경제특구였다. 그러나 이들의 관심은 나진선봉에만 국한되지 않았다. 그보다는 지대 바깥에 있는 국내 산업 구조를 어떻게 자본주의 세계 시장과 접목할 것인가가 주요 관심사였다. 그렇게 하기 위해서도 나진선봉 특구의 성공이 절실했다. 그들에게 주어진 시간은 95년부터 시작해 3년 뿐. 그 안에 승부를 봐야했다. 96년은 그들에게 사활을 건 시기였다. 그 해법을 일본과의 관계에서 찾을 수밖에 없었다는 점이 못내 아쉬운 점이라 할 것이다. 아래 기사는 1996년 7월 김정우의 일본 방문을 계기로 이루어진 약 2주간의 도쿄 출장을 계기로 북한의 경제 회생 전략이 어떤 과정을 통해 추진돼 왔는지를 종합 정리한 것이다.

북한 '붉은 자본가' 시대 연다

김정일 '경제 비밀 조직' 7년째 가동, 자본주의 인재 천명 양성

북한은 사회주의권이 무너진 89년 말~90년 초부터 경제 회생 전략을 마련하기 위해 김정일 비서 직속으로 극소수 전문가팀을 비밀리에 가동해온 것으로 최근 밝혀졌다. 이와 동시에 북한은 외교 고립 문제가 해결되고 경제 회생 전략이 본격 가동될 때를 대비해 자본주의 경제 및 무역에 정통한 인재 천여 명을 양성해온 것으로 밝혀지고 있다.

북한이 김정일 비서 직속으로 비밀 전문가팀을 가동해 왔다는 사실은 94년 한국으로 망명한 조명철 전 김일성종합대학 경제학부 교수(현 대외경제정책연구원 신분야연구실 책임연구원)에 의해 최근 알려졌다. 조명철 박사는 인터뷰에서 북한의 대외 개방 정책 브레인이 여러 기관과 조직에서 차출한 경제 전문가들로 구성된 일종의 컨소시엄 형태를 띠고 있다고 밝혔다. 조박사는 이들 전문가 집단이 결성된 배경에 대해, 89년 말~90년 초께 김정일이 전세계 경제 특구 40여 개를 조사해 대안을 제출하라는 특별 지시를 내리면서 이 과업을 달성하기 위해 각 기관의 경제 전문가들이 차출된 것이 계기가 되었다고 지적했다. 당시 김일성종합대학 경제학부와 인민경제대학 교수, 대외경제위원회 위원과 무역 전문가 등 경제 전문가 5명 가량이 일종의 컨소시엄을 이루게 되었는데, 이들은 그 후 김정일 비서 직속으로 활동하면서 현재 국제적 관심사가 되고 있는 나진·선봉 경제 특구 계획을 입안하고 실천하는 일을 주도했다고 한다.

김수용 교수, 비밀 두뇌 조직의 중심인물

그는 이 비밀 브레인 집단의 대표적인 인물로 지난 7월 중순 일본에서 열린 나진·선봉 투자 설명회에 김정우 대외경제협력추진위원회 위원장을 수행하고 방일한 김수용 김일성종합대학 경제학부 교수를 지목했다. 김수용 교수는 89년 말께 비밀 전문가팀이 결성될 때 김일성종합대학을 대표해 이 팀에 합류한 중심인물이다. 그동안 김정일의 지시를 받아 홍콩·마카오·심천·상해 같은 경제 특구와 미국·일본의 자본주의 시장 경제 현황을 조사해 왔고, 이를 토대로 나진·선봉 특구에 대한 이론·실무 작업을 추진해온 인물로 평가되고 있다. 지난 7월15일 도쿄 록본기 국제문화회관에서 열린 투자 설명회에서도 김 교수는 김정우 위원장의 모두 발언에 이어 나진·선봉 특구의 구체적 투자 현황 및 투자 기업들에 돌아갈 혜택을 세부적으로 발표해 눈길을 끌었다.

조 박사는 김일성종합대학 교수 시절 김수용 교수와 절친한 사이였다고 한다. 그는 자신이 중국 천진의 남개 대학에 교환 교수로 파견되어 있던 시절 김 교수가 홍콩과 중국의 경제 특구를 방문하고 들른 길에 "중국의 경제 특구를 다 돌아보았지만 별것 아니었다. 공화국도 앞으로 5년이면 따라잡을 수 있다"라고 자신 있게 말한 사실이 특히 인상에 남는다고 말했다. 당시 김정일의 비밀 브레인 팀에는 현재 대외경제위원회 부위원장인 임태덕도 끼어 있었던 것으로 그는 기억한다.

조 박사는 브레인들의 역할이 나진·선봉 경제 특구에 국한된 것이 아니라는 사실을 특히 강조했다. 즉 나진·선봉 정책은 북한 지도부의 경제 회생 전략의 한 부분에 지나지 않는다. 더 궁극적인 회생 방안은 지대 바깥에 있는 국내 산업 구조를 어떻게 자본주의 세계 시장과 접목할 것인가 하는 점이라는 것이다. 따라서 브레인들의 역할 역시 궁극적으로는 나진·선봉 경제 특구 바깥의 국내 산업 구조와 자본주의 세계 시장을 접목하는 방안을 마련하는 데 있다는 것이다.

북한 지도부의 경제 회생 전략의 궁극적 목표가 나진·선봉을 넘어 북한 산업 구조를 재편성하는 데 있다는 사실은 국내 극소수 북한 전문가들의 시각과도 상당히 일치한다. 그동안 국내 일부 북한 전문가들은 "나진·선봉은 90년대 북한의 경제 회생 전략에서 하나의 표상이다. 이를 성공시키고 그 다음 단계로 나아가겠다는 것이 북한 지도부의 복안이다"라고 주장해 왔다. 이들이 주장하는 그 다음 단계란 그동안 국내 언론이 지적해 왔듯이 개방 지역을 확대하는 식이 될 수도 있다. 즉, 현재 거론되는 남포·신의주·원산 등으로 개방 지역을 확대한다는 것이다.

그러나 이에 대해서는 반론도 제기된다. 이들 지역은 이미 북한 당국에 의해 개방 지역으로 지정되었기 때문에 또다시 이를 확대한다는 것은 논리적 모순이라는 것이다. 한 북한 전문가는 국내의 논의 중에는 특구와 개방 지역을 혼동하는 모습도 엿보인다고 지적했다. 즉 나진·선봉은 말 그대로 경제 특구로서, 이미 김일성 주석에 의해 '공화국 안의 또 다른 공화국' 또는 '나진·선봉은 우리 땅으로 생각하지 말라'는 등의 유훈에 따라 규정된 특수 지역이다. 반면 나진·선봉처럼 본격적인 자본주의 경제 특구는 아니지만 외국 자본의 투자에 대해 선별적으로 개방되어 있는 지역이 바로 특구와 변별되는 개방구이다. 현재 논의되는 원산·남포·신의주가 바로 이에 속한다.

따라서 현재도 이들 지역에는 외국 자본 투자가 선별적으로 허용되는 만큼, 북한 지도부의 다음 단계 전략이 개방구 확대라는 것은 커다란 의미가 없다는 지적이다. 결국 북한의 다음 단계 전략은 전면적인 경제 개방의 형태로 진행될 가능성이 높다는 것이 이 전문가들의 주장이다. 이와 관련해 한 북한 소식통은 "북한 측 인사들이 하는 말 중에 내년 말을 주목하라는 얘기가 자주 등장한다. 이는 다시 말해 북한이 경제를 전면 개방하는 시기를 내년 말로 보고 있다는 암시인 것이다"라고 말했다.

이번에 일본을 방문한 김정우 위원장 일행의 한 관계자 역시 이와 비슷한 말을 하고 있어 주목된다. 김정우 방일단의 핵심 인사와 접촉한 한 소식통은 방일단의 한 인사로부터 내년이 고비라는 말을 들었다고 전했다. 이 소식통에 따르면, 북한은 나진·선봉 정책의 성패 여부를 판단하는 기간을 3년으로 잡고 있다고 한다. 나진·선봉 정책이 대외에 공표된 것은 91년 12월이지만 92,93년은 법률과 제도 정비, 내부 합의 도출 등으로 소요했고, 대외적으로는 핵 문제 등으로 인해 외국자본 유치가 불가능했던 점을 고려해 이 기간에 포함하지 않는다. 북한이 설정한 3년 시한은 구체적으로는 94년 10월 제네바 회담으로 핵 문제가 타결된 시점 이후부터 계산된다. 그래서 본격적인 출발기를 95년으로 잡고 올해와 내년까지 합쳐 3년으로 보고 있다는 것이다.

"나진·선봉에 목숨 걸었다"

북한 지도부가 이처럼 나진·선봉의 성과에 집착하는 이유에 대해 또 다른 북한 전문가는 "김일성 주석의 유훈이자 90년대 김정일 시대의 정책 방향을 가늠할 한 표상이기 때문이다"라고 말했다. 이것을 북한 내부의 권력 관계와 연결해 해석하면, 나진·선봉은 김일성 주석의 유훈에 따라 추진해온 것이기 때문에 핵 문제 등 대외 관계가 엄혹했던 시절에도 북한 내 개방파가 강경파의 반대를 극복하고 여기에 치중할 수 있었다. 그러나 미국과의 관계 개선 등으로 국제적 긴장이 해소된 이후에도 나진·선봉지구에서 일정한 경제성과를 거두지 못할 경우 북한 내 개방파의 입지는 대단히 어려워진다. 강경파가 득세해 또다시 나진·선봉 정책이 비판의 도마에 오르게 되면 김정일을 중심으로 한 핵심 브레인들이 구상하는 김정일 시대의 전면적 대외 개방 정책은 꽃을 피우기 전에 시들 가능성이 있다.

이런 이유로 인해 북한 내 개방파가 올 9월 나진·선봉 지대에서 열기로 되어 있는 국제 투자 포럼에 기울이는 노력은 거의 필사적이라고 할 수 있다. 김정우 방일단의 핵심 인사는 이에 대해 "9월 투자 포럼에 목숨을 걸고 있다"라는 표현을 사용했다고 한다. 지난 7월15일 도쿄 롯본기 국제문화회관에서 열린 나진·선봉 투자 설명회에서도 이 같은 열기는 충분히 감지할 수 있었다. 이 날 모두 발언에 나선 김정우 위원장은 나진·선봉 정책이 김일성 주석의 유훈과 김정일 비서의 적극적인 뒷받침에 의해 추진되고 있다는 말을 거듭 강조하면서 9월 포럼에 참석해 달라고 호소했다. 이어 연단에 오른 김수용 교수도 "9월 포럼 이전까지 나진·선봉 지대에 투자 계약을 맺은 외국 기업에는 개척자 기업으로 인정해 세제 감면 등 특혜를 부여하겠다"라는 파격적인 조건을 제시하기도 했다.

나진·선봉 특구가 일정한 성과를 거둔 이후 북한의 대외 개방 정책이 전면 개방 형태가 될 수밖에 없는 이유는, 그렇게 하지 않고는 북한 경제가 회생할 가능성이 희박하기 때문이다. 이미 알려져 있는 바와 같이 북한의 경제 정책은 '자립적 민족경제 건설 노선'으로 요약된다. 이는 경제 구조의 대외 의존 가능성을 극력 차단하기 위한 자력갱생 원칙에 입각해 추진해온 것이다. 이에 따라 90년 북한 경제의 대외 의존율은 28%밖에 되지 않는 등 비교적 양호한 모습을 보이고 있었다. 그런데 문제는 사회주의권이 무너지면서 바로 이 28% 대외 의존 부분이 북한 경제에 아킬레스건으로 등장하게 된 것이다. 그것은 이 28% 부분이야말로 대부분 북한이 자력으로 조달이 불가능한 석유·식량과 제철용 코크스 등 산업 가동에 절대 필요한 부분들이기 때문이다.

소련·중국과 동유럽 등 사회주의권과 무역이 가동되고 있을 때는 물물 교환 형태로 이들 자원을 조달할 수 있었다. 그러나 사회주의권 붕괴와 소련·중국 등의 경화 결제 요구가 있은 뒤 이런 행복한 시절에 종말이 왔다.

이때부터 북한 경제에는 이른바 식량·에너지·생필품·원자재·외화 부족이라는 이른바 5대난이 숙제로 제기되어 왔다. 조명철 박사에 따르면, 이 5대난 중 당시 북한 지도부가 생각한 '중심 고리'는 외화였다고 한다. 외화만 있으면 나머지는 모두 바깥에서 사오면 되는 것이다.

결국 80년대 말~90년대 초부터 북한 지도부가 고심해온 경제 회복 전략의 핵심은 외화를 획득하기 위한 방안을 모색하는 것이었다고 볼 수 있다. 이 중 경제 정책으로서 의미를 떨 수 있는 방안 가운데 하나가 나진·선봉 경제 특구이다. 즉 나진·선봉 특구를 가동해 획득한 외화를 가지고 부족한 식량과 원자재, 설비투자용 재원을 마련하겠다는 복안인 셈이다.

여기에 그동안 국내의 논의가 놓친 부분이 또 하나 있다. 그것은 나진·선봉지대 바깥의 북한 산업 구조에 대해서도 북한이 기존의 자급자족을 위한 내수형 산업 구조를 수출주도형 산업 구조로 개편해 왔다는 사실이다. 이는 나진·선봉 경제 특구가 성공할 가능성이 불투명할 뿐더러 이것만 가지고는 북한이 앞으로 필요로 하는 외화 총량을 마련하기가 매우 어렵다는 판단 때문이었다.

내수 기업, 수출 기업으로 전환

북한이 수출주도형 경제 구조로 전환하기 시작했다는 사실에 대해서는 일본의 북한 전문가들도 대단히 의미 있는 변화라고 주목하고 있다. 일본 게이오 대학 오코노기 마사오(小此木政夫) 교수는 최근 북한 경제에서 가장 주목할 사실이 수출주도형이라는 말을 사용하기 시작한 것이라고 말했다. 조명철 박사에 따르면 수출주도형 경제 구조는 두 가지 형태로 진행되어 왔다. 하나는 기존 내수형 기업들이 수출용 상품 생산을 병행하도록 하는 조처이다. 이런 움직임은 이미 80년대 중반부터 본격적으로 진행해 왔다.

최근에는 여기서 한 걸음 더 나아간 형태가 나타나고 있다. 그것이 바로 내수용 제품을 생산하는 기업을 수출 상품을 생산하는 기업으로 전환하는 것이다. 대표적인 사례가 92,93년께 수출품 전문 생산 공장으로 방향을 선회한 평양 시내의 선교피복공장을 들 수 있다. 이 공장은 공장 이름까지 선교수출품피복공장으로 바꾸었다. 내수형 기업을 수출 기업으로 전환하는 것은 이처럼 한두 사례에 그치는 것이 아니라 북한 전역에 걸쳐 진행되고 있다고 조 박사는 지적했다.

국내의 한 북한경제 전문가는 북한이 산업 구조 내부 논리로 인해 개방으로 나가지 않을 수 없다고 주장한다. 다시 말해 맨 처음 발단은 외화 부족을 해결하기 위한 것이었을지 모르지만, 외화를 획득하기 위해서는 북한 상품을 자본주의 시장에 내다 팔아야 한다. 그러나 자본주의 시장은 사회주의 시장과 달리 상품의 질과 가격에서 경쟁력을 갖추기를 엄격하게 요구한다. 이런 조건을 충족시키기에는 북한의 산업 시설이 너무 낡았고 기술 수준도 낙후해 있다. 이를 해결하기 위해 우선 나진·선봉 특구에서 벌어들인 외화를 재투자하겠지만, 결국 본격적인 대외 개방을 통해 외국 자본과 기술을 전국 각지의 공장과 기업 단위로 받아들이지 않으면 안 된다는 것이다. 그는 "처음부터 대외 개방을 생각하지는 않았을지 모르나, 외화를 획득하기 위해서는 수출을 해야 하고 수출을 위해서는 다시 외화가 필요한 구조이기 때문에 대외 개방이 불가피하다고 본다"라고 말했다

그런데 놀라운 사실은 북한 지도부가 이미 80년대 말~90년대 초부터 이 같은 흐름을 예측이나 한 듯이 그에 대한 나름의 준비를 해왔다는 사실이다. 그 가장 구체적인 징표가 인재 양성이다. 도쿄에서 만난 한 북한 전문가는 이와 관련해 매우 주목할 사실을 밝혔다. 즉 89년 김정일 비서로부터 자본주의 실무에 밝은 인재를 매년 1백50명씩 10년 동안 1천5백 명을 양성하라는 특별 지시가 떨어져 그동안 이 작업을 착착 진행해 왔다는 것이다. 이 같은 지시에 따라 김일성종합대학에서 자본주의 국가와의 무역을 전문으로 가르치는 대외경제학과가 89년에 만들어졌고, 현재 그 강좌장이 바로 김정일 대외 개방 정책의 핵심 브레인인 김수용 교수이다.

탈정치적 '신세대 무역 일꾼'들 등장

이 대외경제학과와 더불어 김일성대학의 재정 금융학과와 국제관계 대학

등에서도 자본주의 무역 실무 일꾼을 양성하고 있다. 또한 김일성대학측은 지난해부터 주로 조총련계 경제 전문가들을 초빙해 자본주의 무역 특강을 실시하기도 했다. 조명철 박사에 따르면, 이 같은 대외무역 전문가 양성은 이미 80년대 초반부터 일부 진행되었다는 사실이 확인되고 있다. 즉 북한의 고급 경제 간부 양성 기관인 인민경제대학이 82년 무역학과를 처음 개설해 본격적인 대외 무역 일꾼을 양성하기 시작했다는 것이다.

김일성대학의 대외경제학과가 첫 졸업생을 배출하기 시작한 때는 93년이라고 알려져 있다. 한국의 대북 교역 담당자들이 북한의 이 신세대 무역 일꾼들을 본격적으로 접촉하기 시작한 것은 지난해 중반 이후부터이다. 그 전부터도 해외에 나와 있는 북한 무역상사들에 세대교체 현상이 나타나기 시작하더니 이때부터는 본격적으로 포착되기 시작했다는 것이다. 한 대북 교역 실무자는 "이들은 그 이전에 접했던 무역 일꾼들과 많은 차이를 보이고 있다. 그전의 일꾼들이 30~40대였던 데 비해 20대 초반으로 젊어졌고, 그 전 인물들이 무역 실무에는 어둡고 정치사상적 성향이 강했던 반면 이들은 무역 실무에 밝고 탈 정치적이다"라고 말한다.

금년 들어와서는 여기서 한 단계 나아간 새로운 개념이 등장했다. 금년 초부터 일부 북한 정보통들 사이에 떠도는 '붉은 자본가'라는 개념이다. 붉은 자본가란 중국이 시장 경제를 도입하는 과정에서 자본주의 국가들에 파견해 시장 경제를 배워오게 한 일단의 요원들을 의미한다. 그런데 북한 역시 91년께부터 주로 유럽 각국에 20,30대 경제 엘리트들을 보내 본격적으로 '붉은 자본가' 훈련을 받게 했다는 것이다. 이들은 주로 김일성대학과 만경대혁명학원 출신으로 사상적 기반이 튼튼한 엘리트들이다. 파견 방식은 일단 해외에 나가 있는 북한대사관이나 영사관 무역대표부 그리고 북한이 가입되어 있는 국제기구에 파견 형식을 취하고 난 뒤 본격적인 현지 적응 훈련을 거쳐 현지에 뿌리를 내리는 방식이었다고 한다.

북한, 본격 개방 앞두고 체제 정비 돌입

이들의 현지 적응 방식은 각양각색이다. 회사를 차린 인물이 있는가 하면, 현지에서 결혼해 정착한 사람, 심지어는 마피아의 일원으로 들어간 경우도 있다. 또 이 과정에서 사기를 당하는 등 온갖 고초를 겪기도 했는데, 한마디로 말해 '당하면서 많이 배웠다'는 것이다. 이들의 숫자 역시 만만치 않다. 91년에 파견된 인물이 2백50명이고, 94년까지 합치면 약 천명에 이른다고 한다. 이와 관련해 한 북한 소식통은, 지난 3월부터 북한 측 인사들의 입에서 자본주의를 이해하고 실천할 수 있는 인재 천명만 있으면 북한은 망하지 않는다는 말이 공공연히 나오고 있다고 밝혔다.

이 붉은 자본가들의 동향과 관련해 주목할 만한 움직임이 최근 포착되었다. 지난 3월께 북한 당국이 해외에 나가 있는 이들에게 본국 귀환령을 내린 것이다. 이번 소환령에는 해외에서 획득한 재산을 개인 재산으로 인정해주는 파격적인 조처도 따랐는데 5월 말 현재 80여 명이 귀환한 것으로 확인되고 있다.

왜 북한 당국은 이 시점에 이들을 소환했을까. 지난 3월의 소환령에는 과거 국내외 정세가 어려울 때의 소환령과는 또 다른 의미가 있을 것이다. 한 가지 가정할 수 있는 것은, 나진·선봉 지대 요원으로 파견하기 위한 것으로 볼 수 있는데, 최근 밝혀진 바에 따르면 나진·선봉에는 별도의 지대 관리 요원을 양성하는 전문학교 형태의 교육기관이 들어설 예정이라고 한다. 그렇다면 남는 것은 현재 북한 전역에서 일고 있는 수출 제품 생산 공장들밖에 없다. 북한 전역의 수출 제품 생산 공장이 줄잡아 천개는 넘을 것이므로, 공장마다 자본주의 무역 실무에 밝은 요원이 필요할 것이다. 따라서 이들을 국내에 소환하기 시작했다는 것은 북한이 본격적 개방을 앞둔 내부 체제 정비에 들어갔음을 의미한다고 볼 수 있다.

(1996. 8. 8)

북일 양측이 그려온 큰 그림이 드러났다. 96년 7월 김정우 대외경제협력추진위원회 위원장의 방일을 좇아 일본 출장 취재를 하던 중 현지의 소식통으로부터 단서를 포착한 뒤 취재해 작성한 기사다. 일본이 북한에 지급할 수교배상금을 가지고 도쿄 인근 가시마 공단의 석유화학 공장들을 북한의 나진선봉 지역으로 이전한다는 충격적인 내용이었다. 이 기사는 9월 나진선봉에서 있었던 투자설명회에서 일본 측에 의해 정식으로 발표되면서 사실로 확인됐다. 이로서 일본이 북한을 통해서 무엇을 하고자 하는지 그리고 그것을 어떤 방식으로 추진하려고 하는지가 밝혀졌다. 일본의 대북 접근 패턴이 드러난 것이다. 평상시는 수면 하에서만 움직이다 결정적인 순간이 오면 일제히 모습을 드러내는 이 같은 패턴은 그 후로도 여러 차례 등장했다.

나진·선봉, 일본에 넘어간다

북한, 가시마 공단 모델 삼아 도요엔지니어링과 설계 협의

나진·선봉은 일본에 넘어가는가. 북한이 나진·선봉 자유무역지대의 장기 발전 방향과 관련한 설계 프로젝트를 일본 회사에 위탁한 것으로 알려져 충격을 주고 있다. 또한 북한과 일본 회사 간의 교섭 과정이 사실상 북·일 수교 배상금과 연동된 일본 종합상사들의 북한 진출과 깊이 연관된 것으로 밝혀져, 북한 진출에 관심을 가져온 국내 재계 관계자들이 촉각을 곤두세우고 있다.

재계 관계자들은 북한이 나진·선봉 지대 구상을 일괄 타결 방식으로 일본 종합상사들에게 넘겨줄 가능성에 대해 우려를 금치 못하고 있다. 나진·선봉 지역의 장기 발전 설계가 이미 일본 측에 일괄적으로 넘어갔다는 사실은 지난 7월24일께로 추측되는 김정우 대외경제협력추진위 위원장의 '도쿄 발언'에서 드러나기 시작했다. 13박14일 동안의 일본 체류 막바지에 김정우 위원장은 조총련계 상공인들과의 비공개 회합에서 "앞으로 나진·선봉 지대를 일본의 가시마 공단과 같은 중화학 공업단지로 개발해 나가겠다"라고 폭탄선언을 했다고 한다.

김 위원장 발언을 접한 재계 소식통들은 북한이 그동안 나진·선봉 발전 모델과 관련해 한 번도 거론한 적이 없는 지명을 갑자기 거론하고, 그것도 일본의 한 지역 공단을 모델로 하겠다고 선언한 데 대해 당혹감을 금치 못했다. 그동안 북한이 나진·선봉을 싱가포르와 같은 방식으로 개발하겠다는 얘기는 몇 차례 한 적이 있지만, 일본의 한 지역 공단을 모델로 하겠다고 구체적으로 밝힌 적은 한 번도 없었다.

김 위원장 발언에서 또 한 가지 특기할 점은 나진·선봉을 중화학공업단지로 육성하겠다는 대목이다. 이것 역시 그동안 국내에 막연히 알려져온 중계수송단지 또는 경공업단지라는 이미지와는 대단히 다른 시각을 드러낸 것이다.

김 위원장 발언의 진상을 추적해 온 재계 소식통들은 발언이 즉흥적으로 나온 것이 아니라 장기간에 걸친 북·일 간의 협의에 기초한 것이고, 발언 시점 역시 고도의 계산에 따른 것이라는 점을 확인하게 되었다. 또한 이를 추적하는 과정에서 김 위원장 발언에 숨어 있는 많은 연결고리들이 속속 드러나기 시작했다. 나진·선봉의 가시마형 개발과 관련해 미쓰이물산 계열의 도요엔지니어링이라는 회사가 첫 번째 단서로 등장했다. 도요엔지니어링은 김정우 위원장이 지난번 일본 방문 기간에 바쁜 일정에도 불구하고 두 차례나 비공식 회합을 가져 이 회사와 북한과의 관계가 관심의 대상으로 떠오른 바 있다. 그런데 바로 이 회사가 나진·선봉 가시마형 개발의 설계 주체로 지목된 것이다.

가시마형 개발과 도요엔지니어링의 상관 관계가 최초로 분명하게 밝혀진 것은 아이러니컬하게도 일본 재계 관계자의 정보 제공에 의해서였다. 김 위원장 방일 당시 그의 행적을 추적해온 국내의 재계 관계자에게 일본 측 관계자는 다음과 같은 내용을 전했다. "김 위원장이 도요엔지니어링을 집중적으로 만난 것은 나진·선봉의 설계 프로젝트 문제를 협의하기 위한 것이다. 북한은 현재 나진·선봉을 가시마 공단 방식으로 개발하겠다는 목표를 세우고 있는데, 도요엔지니어링이 바로 가시마 공단 초기 설계 과정을 맡았던 회사이다."

도요엔지니어링은 어떤 회사인가

재계 소식통을 통해 이런 내용을 전해 듣고 진위 여부에 대한 역추적 작업에 나섰다. 우선 7월 중순 도쿄 취재 당시 만났던 총련계 상공인과 전화로 접촉해 김정우 위원장이 가시마 공단과 관련한 발언을 한 일이 있는지 확인했다. 그 총련계 상공인은 김 위원장의 방일 내막에 대해 매우 정통한 인물로 도쿄에서 만났을 때 △일본 종합상사 중 특히 미쓰이물산이 북한에 대한 설비 진출과 관련해 김 위원장과 협의를 진행하고 있으며 △미쓰이물산의 다미회사(자회사)인 도요엔지니어링은 그동안 나진·선봉 지역에 대해 여러 차례 현지 조사를 벌였고 그 결과를 9월의 투자 포럼에서 발표할 예정이라고 말한 바 있다.

이번 전화 접촉에서 그는 가시마 공단 설계와 도요엔지니어링과의 관계에 대해 답변하기를 회피했다. 그러나 김 위원장이 총련계 상공인 모임에서 나진·선봉을 가시마형으로 개발하겠다고 발언한 사실에 대해서는 확인해 주었다. 총련계의 극소수 관계자들 사이에서는 이미 이런 구상이 이전부터 화제가 되어 왔다는 사실도 전해 주었다. 또한 9월 중순 나진· 선봉에서 열리는 국제 투자 포럼에서 나진·선봉과 가시마 공단의 관계에 대한 발표가 있을 것임을 암시하기도 했다.

북한이 일본 기업에 나진·선봉 설계 프로젝트를 이미 넘겨줬다는 사실은 중국에서도 확인되었다. 취재진은 국내의 북한 소식통을 통해 북한과 접한 중국의 변경 자치주 고위 관계자들 역시 이 사실을 지난해부터 알고 있었다는 사실을 파악하였다. 이 소식통이 중국 정보 관계자들을 통해 확인한 바에 따르면, 지난해 북·일 간에 막후에서 전개된 수교 교섭의 최대 쟁점은 앞으로 북한에 지급될 일본 수교 배상금의 북한 내 투자 우선순위 문제였다고 한다. 이 교섭 과정에서 북한은 특히 수교 배상금과 연동된 나진·선봉의 기간산업 발전 방안에 관한 일체의 설계 프로젝트를 일본 측에 넘겨주었고, 이를 도요엔지니어링이 담당하게 되었다는 것이다.

가시마와 관련된 김 위원장 발언의 사실 여부 및 도요엔지니어링과의 상관관계에 대해 대략의 윤곽을 확인한 취재진은 국내외 일본 전문가 및 북한 전문가 들을 통해 도요엔지니어링이 과연 어떤 회사이며, 북한과 도요엔지니어링의 접촉이 그동안 어떻게 이루어져 왔는지 하나씩 짚어 나갔다. 도요엔지니어링은 61년 미쓰이 물산에 소속된 작은 설계 회사로 출발했다. 60년대 초부터 시작된 도쿄 인근 가시마 임해공업단지 개발에 깊숙이 참여한 이후 도요엔지니어링이라는 이름으로 미쓰이로부터 분가해 나왔다고 한다. 도요 측이 가시마 공단 설계에 깊숙이 개입하게 된 것은 이 회사의 주업종이 석유화학 플랜트 분야이기 때문이라는 사실도 확인했다.

현재 이 회사는 석유화학 플랜트 설계 및 시공 분야에서는 일본에서도 선두 그룹에 속하고 있다. 오래 전부터 한국에도 진출해 국내의 굵직굵직한 석유화학공단 건설에 참여한 경험이 있다는 사실도 밝혀졌다. 특히 도요엔지니어링은 일본 기업 중에서도 북한 진출에 대단히 높은 관심을 보여 왔다. 그것은 바로 이 회사의 최고 경영자가 한국계라는 사실과 밀접한 관련이 있을 것으로 추정되기도 한다.

미쓰이물산, 북한에 필요한 분야 모두 보유

북한이 도요엔지니어링과 접촉하기 시작한 것은 94년 제네바 회담 타결 이후 일본 기업들에 대한 본격적인 조사에 착수하면서부터인 것으로 알려지고 있다. 북한은 90년 가네마루 신 전 부총리와 체결한 3당 공동선언 이후 일본 수교 자금 활용 방안에 대해 면밀한 연구를 진행한 바 있다.

김일성종합대 교수 출신인 조명철 박사(대외경제정책연구원 선임연구원)에 따르면, 당시 북한 측은 제철·석유화학·전자·가전·첨단 산업 순으로 수교 자금을 투입한다는 복안을 마련했다고 한다. 핵문제가 타결되어 정치외교적 숨통이 트이게 되자 북한은 이런 투자 우선 순위에 적합한 일본 기업들에 대한 조사 및 접촉에 나서게 된 것이다. 조총련 상공인들이 이 과정에서 매우 중요한 역할을 했던 것으로 알려지고 있다.

미쓰이물산이 북한 측의 유력한 협력 기업으로 지목된 것도 이런 맥락에서였다. 미쓰이물산은 북한이 필요로 하는 거의 모든 분야를 포괄하고 있을 뿐 아니라, 70년대 초 북한과의 무역에서 막대한 채권을 갖게 되었다는 점에서 북한과 연고가 깊은 회사이기도 하다. 재계 소식통들은 도요엔지니어링과 북한의 관계 역시 북한과 미쓰이물산 관계라는 큰 테두리 안에서 진행되는 것으로 이해하고 있다. 특히 도요엔지니어링은 지난해 일본 신문에 북한과 관련된 무역 프로젝트를 진행 중인 것으로 보도되어 북한 관련 사업자들의 이목을 집중시키기도 했다.

최근 일본의 한 정보 소식통은 총련계 상공인의 말을 인용해 북한-도요엔지니어링-가시마 공단 으로 이어지는 3각 관계의 성격을 밝혀줄 결정적인 제보를 해왔다. 즉 나진·선봉 지대를 가시마 공단 방식으로 개발한다는 최초의 아이디어가 도요 측으로부터 제시되었다는 사실이다. 지난해 말 도요엔지니어링 관계자들이 나진·선봉 지대를 조사한 일이 있는데, 그 조사 결과를 북한 측에 설명하는 자리에서 △나진·선봉의 지리적 위치나 규모 등을 살펴볼 때 일본의 가시마 공단 과 매우 유사하므로 개발 방향도 여태까지 고려해온 중계 수송·경공업 위주보다는 가시마와 같은 중화학공업단지로 개발하는 것이 바람직하다고 제안했다는 것이다. 이 총련계 상공인은 김정우 위원장의 도쿄 발언이 바로 북한 측이 도요엔지니어링의 제안을 받아들여 긴밀한 협의가 진행됐기 때문에 가능했다고 말하기도 했다.

그렇다면 나진·선봉을 가시마형으로 개발한다는 것은 무엇을 의미하는가. 가시마 공단은 도쿄에서 태평양 쪽으로 약 80㎞ 떨어진 이바라키 현의 조그마한 반도이다. 60년대 초반까지만 해도 이곳은 주로 농업과 수산업 등 1차 산업 위주의 매우 낙후한 지역이었다. 이 지역이 일본의 대표적 중화학공업단지로 개발되기 시작한 것은 61년 공단 조성 계획이 입안되면서부터이다. 당시 일본 정부는 일본 경제의 고도산업화가 기계공업을 중심으로 한 중공업 위주로 이루어지면서 석유화학 분야가 상대적으로 취약하다는 것을 문제점으로 느꼈다. 따라서 석유화학을 포함한 중화학공업으로 전환하는 것이 당면 과제로 떠올랐고 이를 위한 석유화학공단 설립을 모색하게 되었다.

가시마가 유력한 후보지로 떠오르게 된 것은 원유를 해외에서 들여와야 하는 일본의 실정에 맞게 이 지역이 태평양에 접한 임해 지역이라는 점과 넓은 대지와 풍부한 용수 조건을 갖추고 있다는 점 때문이다. 이로써 가시마 공단은 일본 경제가 중공업에서 중화학공업으로 전환하는 과정에서 초기 공단의 모델 역할을 맡게 되었다.

가시마 공단의 이와 같은 지리적·역사적 내력이 나진·선봉 지역과 매우 흡사하다는 점을 발견하기란 그리 어려운 일이 아니다. 가시마와 마찬가지로 나진·선봉 역시 북한의 동북 해안에 위치함으로써 임해공업단지 조건을 갖추고 있고, 광대한 토지 등 공단 입지조건을 가지고 있다. 무엇보다 중요한 것은 60년대 일본의 경제 개발 과정과 북한의 현재 상황이 매우 유사하다는 점이다. 현재 북한 산업 구조의 문제점 역시 60년대 일본과 마찬가지로 중공업 위주 발전 전략에서 어떻게 중화학공업 전략으로 전환할 것인가 하는 점이다. 북한의 공업 발전사는 같은 사회주의권인 소련이나 동유럽과는 매우 다르다. 소련과 동유럽이 중공업과 석유화학 산업을 결합한 중화학공업화 전략을 기본으로 했던 데 비해, 북한은 석유화학산업이 배제된 중공업 위주 전략으로 일관했다. 이는 자력갱생 원칙에 따른 주탄종유(主炭從油) 정책 때문이었다.

석유화학산업은 일상생활에 필수품인 플라스틱 제품을 생산하는 기초가 된다. 따라서 경공업산업 전체를 선도한다. 북한의 경우 산업화 과정에서 석유화학산업이 제대로 성장하지 못함으로써 인민 생활의 질이 떨어질 수밖에 없었다. 지난 3년간의 경제계획 완충기 동안 경공업 제일주의를 주창해온 북한이 경공업의 견인차가 될 석유화학산업에 눈을 돌린 것은 매우 자연스러운 일이다.

북한, 일본 종합상사와 원유 공급 문제 협의

북한이 현재의 조건에서 석유화학산업을 발전시킬 수 있는 지름길은 원유 공급이 중단되어 가동 정지 상태인 나진·선봉 지대의 승리화학공장을 재가동하는 것이다. 그리고 여기서 한 걸음 더 나아가 승리화학공장을 중심으로 나진·선봉 지대 자체를 석유화학공업단지로 개발하는 것이 가장 합리적일 것이다. 김정우 위원장이 방일 기간에 미쓰이·미쓰비시·스미토모 등 3대 종합상사와 비밀리에 접촉해 승리화학공장 재가동을 위한 원유 공급 문제를 협의했다는 사실과도 전후 맥락이 일치하는 것이다. 즉 김정우 위원장이 일본 방문 기간에 미쓰이·미쓰비시·스미토모 등 일본의 3대 종합상사들과 비밀리에 접촉한 것은 도요엔지니어링과 협의해 나진·선봉을 석유화학공업단지로 개발하겠다는 복안을 굳힌 뒤 그 실질적인 내용을 이루는 승리화학공장 가동 문제 역시 일본 종합상사에 의뢰해 해결하겠다는 복안에서 나온 것이라고 볼 수 있다.

북한 측으로서는 일본 종합상사가 진출할 경우 수교 배상금을 통해 자금 문제를 해결할 수 있기 때문에 다른 어떤 방안보다도 실현 가능성이 높으리라고 판단했을 것이다. 우연의 일치인지는 알 수 없으나 60년대 일본이 청구권 자금과 엔 차관을 이용해 한국과 중국에 진출할 때도 제철과 석유화학 등 중화학공업 분야가 첫 번째 타깃이었다는 점 역시 눈여겨볼 필요가 있다. 65년의 한·일 경협 유형이 30여 년 지난 96년 현재 북한과 일본 간에 되살아나고 있는 것이다.

(1996. 9. 12)

위 기사에 딸린 기사. 일본의 북한 진출 전략을 전체적으로 조망했다. 96년 당시 불거진 것은 나진·선봉에 가시마의 석유화학 단지가 옮겨가는 것이었지만 중장기적으로는 나진·선봉 밑에 있는 청진 일대의 제철 산업도 표적이 될 것으로 전망됐다. 북한 서해안 쪽도 대련에 진출한 일본 자본에 의해 타깃이 될 거로 봤는데 실제로 2013년 5월14일부터 17일까지 이지마 이사오(飯島勳) 일본 내각관방 참여(参与, 특별보좌관)가 특사 자격으로 전격적으로 방북했을 때 평양 인근 남포에 일본의 전자산업단지를 조성하는 안을 비밀리에 제안했던 것으로 알려졌다.

일본, 남북한 경제 '분할 지배' 야심

북한 동·서 개발 일본이 맡을 공산 커… 남북한 경제권 분할 지배 의미

일본 종합상사나 기업들이 북한 진출에 어느 정도 열의를 가지고 있는지에 대해 국내에서는 아직도 의견이 분분한 편이다. 일본 자본이 북한 산업을 지배할까 우려하는 시각이 있는가 하면, 일부에서는 북한의 정치적 불안정이나 사회간접자본 미비 등을 이유로 일본 기업의 진출이 쉽지만은 않을 것이라는 다소 느긋한 시각도 있다.

이 같은 상반된 견해는 일본 현지의 북한 전문가들이나 조총련계 상공인들 역시 마찬가지이다. 7월 중순 일본 현지 취재 때 만난 일본의 북한 전문가들 역시 비슷한 분포로 견해 차이를 보였다. 특히 일본 기업의 해외 진출은 대단히 신중하게 이루어지기 때문에 북한 진출에서도 마찬가지 양상을 보일 것이라는 지적이 많았다.

신중론을 바탕에 깔면서도 대다수 전문가들은 일본의 수교 배상금이 북한에 지불되는 시점이 되면 상황이 급변할 것이라는 점에는 대부분 견해를 같이한다. 현재 배상금 액수에 대해서는 약 70억 달러 선이 유력하다. 일본 기업들은 내심 북한에 진출해 이 중의 약 80%를 회수하겠다는 목표를 세우고 있다는 것이다.

65년 한·일 경협 유형이 북한 개발 모델 될 듯

수교 자금이 연동되었을 때, 일본 기업의 대북 자세가 어떻게 변화할 것인가 하는 점은 일본에서 발행되는 월간 정보지 〈선택〉 95년 4월호에 극명하게 드러났다. 이 잡지는 65년 한·일 협정 당시 일본 측은 한국에 5억 달러를 지불하고 그 후 30년간 한국과의 무역에서 약 천억 달러 이익을 보았다고 지적한다. 마찬가지로 북한에 지불될 수교 배상금에 대해서도 일본은 이를 부담으로 여기는 것이 아니라 일본 기업이 북한에 진출할 절호의 기회로 여기고 있다는 것이다. 이 잡지는 일본 기업의 이러한 '혼네(本音·속마음)'를 '북한은 일본 자본의 마지막 처녀지' 또는 '비경'이라는 말로 표현하면서, 북한 산업 선점을 둘러싸고 한국 재계와 일본 재계의 경쟁이 시작되었다고 토로했다.

일본의 북한 전문가들이 지적하는 또 한 가지 공통점은, 향후 일본 기업의 북한 진출 유형은 65년 한·일 국교 정상화 당시의 한국 진출 유형과 유사할 것이라는 주장이다. 나진·선봉 지대를 가시마 공단 과 같은 중화학공업단지로 개발하겠다는 최근 움직임과 관련해 국내 재계 소식통들이 연상하는 것도 바로 이 '65년 한·일 경협 유형'이다. 65년 당시 일본 청구권 자금이 우선적으로 진출했던 분야 역시 제철과 석유화학이 연동된 중화학 분야였다. 제철 분야에서 대표적인 것이 바로 포항제철이고, 석유화학에서 대표적인 것이 바로 울산석유화학단지라고 할 수 있다. 포항제철 설립 당시에도 일본은 청구권 자금 진출 이전에 투자 타당성 조사에서 기초 설계에까지 깊숙이 개입했다.

이처럼 개별 기업 단위에서는 부담이 되는 중화학공업 등 기간산업 분야는 청구권 자금 등 일본 정부 자금과 연동해 진출하는 대신 일본의 민간 자본은 전자나 섬유 등 경공업 위주로 진출하는 양상을 보이기도 했다. 한국의 경우 마산수출자유지역이 대표적이다. 이러한 일본 자본의 한국 진출 유형은 국교 정상화 이후 중국 진출에서 비슷한 형태로 재현되기도 했다.

이런 경험에 비추어볼 때 나진·선봉을 가시마 공단 같은 석유화학공업단지로 개발하겠다는 최근 북·일 교섭 내용은 65년 한·일 경협 당시 울산석유화학단지·포항제철·마산수출자유지역 진출 방안을 모델로 삼았을 가능성이 매우 높다.

즉 나진·선봉 지대는 승리화학을 중심으로 한 석유화학단지와 여타 수출공단을 통한 경공업단지(울산과 마산을 합친 형태) 형태로 진출하고, 제철과 관련해서는 나진·선봉 바로 아래에 있는 청진의 김책제철소를 중심으로 진출하는 방식이다. 청진의 김책제철소나 청진 밑의 원산공업지대에 대해서는 이미 북한 측도 일본에 대해 다양한 제안을 해왔고, 일본도 관동 지역인 니가타·도요마·교토·도쿄 등과의 지리적 근접성을 감안해 이 지역 진출을 선호하는 입장이다.

한국에 대한 경제 진출이 일본과 가까운 동해안 지구, 즉 포항 울산 마산 축으로 전개되어 왔듯이 일본의 북한 진출 역시 나진 선봉 청진 원산 흥남 함흥 등 북한의 동해안을 축으로 진출할 가능성이 높다. 이는 남북한의 처지에서 보면 남북 양측의 경제권이 일본에 분할 지배된다는 것을 의미하고, 일본 처지에서는 북한의 동해안을 '환동해 경제권'의 일부로 편입한다는 것을 의미한다.

또한 북한의 경제 회생 전략에서 보자면, 'V자형 개발'의 한 선인 동해안 축을 일본이 장악해 들어온다는 것을 의미하기도 한다. 여기서 말하는 V자형 개발이라는 것은, 북한의 공업지대를 동과 서로 나누었을 때 그 모양이 V자형을 그린다는 점에서 연유하는 것이다.

북한은 상대적으로 체제 유지에 부담이 덜한 동해안 쪽을 먼저 개발하고, 그 파급력을 이용해 서해안 쪽을 개발한다는 전략을 추진하고 있다. 그렇다면 V의 또 다른 선인 서해안 축은 어떻게 될 것인가. 동해안 지대가 중공업 위주로 포진한 데 비해 서해안 지대는 농업 지대나 경공업 지대가 중심이 되고 있다. 이 지대 역시 앞으로 일본 자본의 적극 개입이 우려된다.

서해안 지대 진출과 관련해 주목되는 것은 중국 대련에 진출해 있는 일본 자본들이다. 원래 대련은 일제 때부터 일본이 개발한 지역인데, 중·일 국교 정상화 이후 일본 자본이 집중 진출하면서 일본의 중국내 거점으로 변모했다. 일본은 그동안 대련 지역을 중국의 동북 3성에 진출하는 전초 기지로 삼아오기도 했다.

따라서 대련에 진출한 일본 기업이 서해만 건너면 되는 북한 서해안 지역에 대해 관심을 가질 것은 불을 보듯 뻔하다. 또한 이 지역은 주로 일본의 규슈나 오사카 등 관서 지역 자본들이 진출할 대상지로서도 유력하다. 결국 북한의 동해안이 환동해 경제권에 포함되듯이 북한의 서해안은 '환서해 경제권'의 일부로 포함될 가능성이 매우 높다. 과거 한국이 그랬듯이 북한 역시 일본 경제의 하부 단위로 편입될 위험성이 높아지고 있다.

한국 재계의 처지에서 보자면 '그동안 느긋하게 있다가 뚜껑을 열자마자 정신없이 당하는' 꼴이 될 가능성이 매우 높은 것이다.

나진 선봉에 대한 일본 자본 진출 관련 기사가 모두 사실로 밝혀졌다. 9월13~15일 열리는 '나진·선봉 국제투자 포럼'에서 발표할 도요엔지니어링의 〈나진·선봉 자유경제 무역 지대 투자 촉진 안내서〉를 입수해 그 내용을 소개한다.

일본 자본의 나진·선봉 개발 설계도 입수

도요엔지니어링 자료 입수/'가시마型' 계획 '투자 안내서'에 드러나

나진 선봉 지대를 일본의 가시마 공업단지를 모델로 한 중화학 공업단지로 개발하기 위해 북한과 일본의 종합상사가 극비 작업을 전개해 왔다는 기사(96년 9월12일자)를 뒷받침할 결정적 자료가 입수되었다. 최근 입수한 이 자료는 나진·선봉의 가시마형 개발을 위한 설계를 담당하고 있는 것으로 알려진 일본 미쓰이물산 계열의 도요(東洋)엔지니어링과 신와붓산(新和物産)이 공동 제작한 〈나진·선봉 자유경제 무역 지대 투자 촉진 안내서〉이다.

20쪽의 소책자인 이 안내서 첫머리에서 김정우 북한 대외경제협력추진위원회(대경협) 위원장은 인사말을 통해, '나진·선봉의 투자 촉진을 위해 대경협이 도요엔지니어링과 신와붓산에 의뢰해 이 안내서를 작성했다'라고 밝힘으로써, 도요엔지니어링사가 북한 측과 긴밀히 협의해 이 자료를 만들었음을 분명히 했다. 도요측은 이 소책자를 9월13~15일 열리는 '나진·선봉 국제 투자 포럼'에서 투자 타당성 보고의 일환으로 발표할 예정인 것으로 알려졌다.

나진·선봉 개발과 관련해 이 소책자는 나진·선봉과 가시마 공단의 관계를 문서로 처음 확증해 보여주고 있다는 점에서 중요한 의미를 띠고 있다. 이와 관련해 우선 주목할 것은, 나진·선봉의 발전 전망에 대해 기존 중계수송·관광·경공업 기지뿐 아니라 특히 중공업(엄밀하게는 석유화학기지로 보아야 한다) 지대로 발전할 가능성을 최초로 언급했다는 점이다.

중공업지대 입지와 관련해 이 소책자는 '광대하면서 평탄한 임해 지대가 있고, 풍부한 수자원이 존재해 장래성이 엿보인다'고 지적했다. 특히 나진·선봉 지대에서는 우암공단 주변의 동번포 서번포 지역이 유망하다고 적시했는데, 이 지역에 중공업기지가 건설될 경우 중국·러시아·일본·동남아시아에까지 석유제품·석유화학제품과 화학비료를 공급할 기지로서 커다란 장래성이 엿보인다는 것이다.

가시마 공업단지와 인구·지형 비슷

나진·선봉을 중공업기지로 개발한다는 구상이 일본의 가시마 공단을 모델로 한 것이라는 점은 바로 그 다음 대목에 구체적으로 나타나 있다. '유사한 발전 사례로서 1960년대에 개발이 시작된 가시마(鹿島) 임해공업단지가 거론되고 있다. 당시 가시마 개발 계획은 2백㎢를 계획 지역으로, 2백㎢를 관련 지역으로 하여 개발 전 총인구 15만7천명을 1975년까지 30만 인구로 성장시킨다는 목표로 추진되었다'(7월의 도쿄 투자 설명회에서 김수용 김일성대 교수는 나진·선봉의 인구를 현재의 14만에서 앞으로 30만까지 늘리겠다고 발표한 바 있다).

도요엔지니어링이 나진·선봉의 우암 지역을 가시마 공단과 똑같이 개발하겠다는 결정적 증거는 바로 이 책자 15~16쪽에 실린 가시마 지역과 우암 지역을 비교한 그림이다. 이 그림을 통해 우암 지역을 가시마 공단과 똑같이 개발하겠다는 계획을 보여주고 있다. 가시마 공단의 경우 선박이 내륙에 진입하도록 바다에서 내륙까지 수로를 뚫었는데, 우암공단도 똑같이 바다에서 내륙 호수까지 수로를 뚫어 앞으로 공단이 들어설 경우 항구로 활용하겠다는 것이다.

소책자 16쪽에는 '임해형 석탄 화력복합 발전 설비' 상상도가 아무런 설명 없이 실려 있다. 그러나 이 석탄 화력 발전소의 내력은 60년대 가시마 공단 건설 과정을 추적해 보면 쉽게 알 수 있다. 당시 가시마 공단에 전력을 공급하기 위해 '동경전력화력발전소'를 세웠는데, 우암 지역에 건설할 예정인 복합 화력 발전소 역시 동경전력화력발전소를 모델로 했음이 분명하다.

소책자에는 나와 있지 않지만 공단 개발을 위한 기업 접촉 과정 역시 매우 비슷한 모습을 보이고 있다. 60년대 가시마 공단 개발은 공단 개발 초기 이바라키 현의 이와가미 지사가 당시 일본의 3대 독점 기업인 미쓰비시·미쓰이·스미토모와 비밀리에 만나 세 회사를 공단에 입주케 만든 것이 기폭제가 되었다. 이 과정이 비밀리에 이루어진 것은 주민 이주나 공해 문제, 그리고 특정 기업에 대한 특혜 등으로 주민들의 저항이 거셌기 때문이다.

김정우, 일본 기업과 개발 논의

지난 7월 중순 일본을 방문한 김정우 위원장 역시 일본 방문 기간에 이들 세 종합상사, 미쓰비시·미쓰이·스미토모와 극비리에 접촉한 것으로 알려졌다. 당시 김정우 방일단과 이들의 접촉 내용이 나진·선봉의 승리화학정유공장 재가동 문제를 협의하기 위한 것이라고 보도했으나, 그 뒤 밝혀진 내용들을 종합해 보면 더 커다란 흑막이 존재했던 것이다. 즉 가시마 공단 개발 당시 스미토모가 제철 분야, 미쓰비시가 석유화학 분야, 미쓰이가 부동산 분야에 각각 나누어 진출했던 것처럼, 이들의 북한 진출 역시 승리화학공장의 재가동뿐 아니라 나진·선봉 및 청진까지 포함한 북한의 동북해안 지구를 거대한 중화학 공업지대로 개발하는 문제를 협의했을 가능성이 매우 높다. 일본 자본의 나진·선봉 진출과 연동해 앞으로 귀추가 주목되는 지역은 나진·선봉 바로 밑의 청진 지역이다. 현재 자유무역항인 청진에는 북한 최대 제철소인 김책제철소가 있다.

북·일 수교와 연동해 협의할 가능성

이 점까지 고려해 유추해 보면, 현재 북한과 일본 종합상사는 김책제철소를 중심으로 해서 청진을 금속제철 등 중공업 기지로 개발하고, 우암지역 일대를 중심으로 한 나진·선봉 지역을 석유화학 단지로 개발해, 양자를 묶어 중화학공업 단지로 개발하겠다는 마스터 플랜을 추진하고 있을 것으로 해석된다. 우암공단 개발이 마스터플랜의 일부분이라는 사실은 도요엔지니어링측이 작성한 소책자에도 암시되어 있다. 즉 도요측은 이 책자에서 '(북한) 대경협의 협력 하에 96년 3월 이 지대의 공업화를 주목적으로 작성한 '나진·선봉 자유경제 무역지대 개발 기본 구상계획'(비공개)에 준하여 엔지니어의 관점에서 작성되었다'고 기술함으로써 아직 발표되지 않은 마스터플랜이 존재함을 밝혔다.

도요엔지니어링이 작성한 이 소책자는 그동안 수면 아래서 진행되어온 일본자본의 나진·선봉 진출 계획이 이제 단순한 계획 단계를 지나 구체적인 추진단계에 돌입했음을 암시하는 것이라 할 수 있다. 이 같은 사실은 9월13~15일의 투자 포럼에 참석하는 일본 측 면면을 통해서도 확인된다. 최근 입수된 정보에 따르면 2백50여 명에 이르는 일본 측 참가자 중에는 미쓰비시상사, 미쓰비시종합연구소, 스미토모상사, 미쓰이물산 계열의 도요엔지니어링과 신와붓산, 후지쓰·마루베니 등 일본의 대표적 종합상사들과, 외무성·운수성 관리를 포함하는 일본 정부 관리 15명이 포함되어 있다고 한다. 이 참석자 명단에 세 종합상사와 외무성 관리까지 참석하고 있다는 것은 이번 기회에 북·일 수교 문제까지 연동해 구체적으로 협의하겠다는 복안으로 추측된다.

이번 투자 포럼을 계기로 그동안 수면 아래서 추진된 일본 자본의 나진·선봉 개발 구상이 이제 결정적 전환점을 맞을 것으로 예상된다. 북한이 최근 한국 측 참석자를 선별 수용하겠다고 통보해온 것도 사실은 한국이 없어도 개발할 수 있다는 자신감에서 나온 행동일 가능성이 크다. 한국 정부나 재계는 이제 한국의 도움 없이는 나진·선봉을 개발할 수 없을 것이라는 기존 시각을 교정해야 할 때가 왔다.

중화학 공단 들어서면 심각한 환경 파괴 불러

가시마 방식으로 나진·선봉을 개발하겠다는 도요엔지니어링의 개발 계획은 북한 측에서 볼 때 상당한 문제점을 가지고 있다. 우선 우암지역은 북한의 애초 구상에서는 비파도와 더불어 나진·선봉의 2대 관광지 가운데 하나이다. 이 지역을 중심으로 중화학공단이 들어서고, 여기에 가시마의 일본 공해 기업들이 대거 몰려오게 되면 심각한 환경 파괴가 우려된다.

북한의 기존 공단 개발 계획에는 현재 승리화학공장과 가까운 관곡공업단지에 석유화학공단을 건설하겠다는 계획이 있는데, 이 경우 우암공단 개발과 중복된다는 문제가 있다. 따라서 전문가들은 우암공단의 환경 파괴 문제, 그리고 관곡공단과의 중복 투자 문제 등을 고려할 때 북한이 일본 자본을 들여온다 하더라도 우암 지역보다는 오히려 선봉항 바로 뒤쪽 시가지를 석유화학공단으로 개발하는 것이 바람직하다고 지적한다. 이 경우 주민 이주 문제나 선봉항 준설 문제, 그리고 용수 공급 문제 등이 있을 수 있다. 그러나 승리화학공장과 가깝고 선봉항을 원유 수송항으로 활용할 수 있다는 이점이 있기 때문에 충분히 검토해볼 가치가 있다는 지적이다.

(1996.09.12)

2.5. 잠수함 사건의 미스테리

9월13~14일 나진·선봉에서 열린 국제 투자 및 기업 토론회는 북한의 개방파가 심혈을 기울여 준비한 행사였다. 그런데 행사 직후 뜻밖의 사건이 터졌다. 9월18일 북한이 잠수함을 이용해 무장간첩 26명을 강릉으로 침투시키려 한 것이다. 잠수함 사건은 상당히 미스테리하다. 북한을 둘러싼 당시의 국제적 상황과 매칭이 안된다. 특히 바로 직전 나진 선봉에서 투자 유치를 위한 국제 포럼이 열렸다는 점에서 보면 더욱 그렇다. 북한이 나진 선봉 개발을 위해 외국 자본 투자를 유치하기 위해 설명회를 개최한 마당에 북한 잠수정이 무장인원을 싣고 한국 동해안에 상륙하는 이 상황을 어떻게 설명할 수 있을까. 당시 군부가 대외 개방에 대해 회의적이었다는 점, 더구나 나진 선봉 투자 포럼이 일본 자본의 대거 유입을 위한 것이었다는 점을 감안하면 이해 못할 바는 아니다. 나진 선봉이 일본 자본에 넘어가는 것을 반대하는 군부의 의도적 도발이었을 가능성을 배제하기 어려운 것이다.

나진 선봉 진출을 위해 북한 개방파와 오랜 기간 작업해왔고 투자 설명회라는 형식으로 공론화 과정을 거치려던 일본 측도 사건의 원인 파악을 위해 발 빠르게 움직였다. 사건 직후 평양을 방문했던 일본 〈마이니치 신문〉의 시게무라 도시미츄 논설위원 인터뷰를 통해 일본의 관점에서 본 북한 상황을 탐문했다.

“정찰국 책임 회피로 김정일도 제때 파악 못했다”

한반도 전문가 시게무라 도시미츄 인터뷰

북한 잠수함 사건으로 한반도 긴장이 최고조에 달했던 지난 9월 하순 평양을 방문한 일본 〈마이니치신문〉 시게무라 도시미츄(重村智誆) 논설위원(51)은 잠수함 사건은 북한군의 군사 정찰 과정에서 일어난 것으로, 사태 초기 군의 책임 회피로 김정일에게 제대로 보고가 이뤄지지 않았다고 했다. 김정일 역시 경과를 제대로 파악하지 못해 외교적 대응이 지연됐다는 것이다. 잠수함 사건 이후 북측의 보복 위협에 대해서는 92년 김일성 주석이 더 이상 한국에 대해 어떠한 테러도 하지 말라는 특별 지시를 내린 적이 있다면서, 미국도 북측에 강력하게 경고를 보내고 있기 때문에 실현 가능성이 희박하다고 지적했다. 그는 또한 북한이 외교적 수습책의 하나로 머지않아 남북 대화를 요구하고 나올 가능성이 매우 높다고 밝혔다. 평양 방문 기간에 노동당·외교부 고위 관리들과 면담한 그는 잠수함 사건 이후 평양측이 국내 보도를 일절 자제하는 등 사건 최소화를 위해 노력하는 모습을 보였다고 하기도 했다.

70년대 중반부터 일본 언론인으로서는 불모의 영역과 다름없던 북한 취재를 시작해 일본에서 손꼽히는 한반도 전문가로 인정받는 그는 남북 양측이 불신을 해소하기 위해서라도 하루빨리 91년 기본합의서 정신으로 되돌아갈 필요가 있다고 강조했다. 시게무라 위원은 10월15일 연세대 사회발전연구소가 주관하고 KBS와 〈마이니치신문〉이 후원한 ‘한·중·일 국민의식 조사 발표회’의 일본 측 발표자로 내한했다. 다음은 시게무라 위원과 나눈 대화 내용이다.

북한 방문 시기와 목적은 무엇인가?

9월21일부터 28일까지 주로 평양·판문점·묘향산 등을 둘러보았다. 취재

목적은 아니고 일본과 북한 관계에 대해 의견을 교환하기 위해서였다.

주로 누구와 만났나?

노동당 비서급 인물과 외교부 부부장급이다. 요청이 있었기 때문에 이름을 밝힐 수는 없다.

잠수함 사건에 대한 그들의 반응은?

군부의 일이라며 말하기를 피하는 분위기였다. 군부 외에는 그 경위를 자세히 아는 사람이 별로 없는 것 같았다. 다만 당과 외교부 관리들은 이 사태를 외교적으로 잘 해결해야 한다는 태도였다.

잠수함 사건 이후 평양의 분위기는 어떤가?

관영 매체는 이 사태를 일절 보도하지 않았다. 북한 지도부 역시 이번 사태를 최소화하기 위해서는 대중을 자극하지 말아야 한다고 판단했기 때문이다.

그러나 판문점 군사정전위 회의 등에서는 보복 위협을 계속해 왔는데.

그것은 언어적 수사일 뿐이다. 이번 사태로 잠수함 승조원들이 많이 죽었는데, 김정일로서도 그들을 위해 뭔가 했다는 것을 보여주지 않으면 안 된다.

앞으로 더 이상 '보복' 조처가 없다는 것인가?

그렇다고 본다. 대외적으로 공표는 안됐지만 미국과 북한 관계가 본격화하기 직전인 92년 김일성 주석이 앞으로 한국에 대한 테러를 일절 금지한다는 특별 지시를 내린 적이 있다. 또 미국도 뉴욕에서 북한과 접촉해 무력 행동을 못하도록 압력을 가하고 있다.

김 주석이 그런 지시를 내렸다는 것은 국내에 알려진 바가 없다. 설사 그런 지시를 내렸다 해도 그 뒤 상황이 바뀔 수 있는 것 아닌가?

김 주석의 지시는 당시 내가 직접 확인했다. 북송 재일 교포 중 노동당 작전부나 연락부에 배치된 사람들이 있다. 이들이 일본의 친지들에게 김 주석의 특별 지시로 앞으로는 한국에 대한 테러나 무장 간첩 파견이 없을 것이라고 말한 사실을 확인했다. 북한에서 김 주석 지시는 어떤 상황에서도 어길 수 없는 것이다.

최덕근 영사 사건은 어떻게 된 것인가?

나도 북측 요원들의 소행일 것으로 보나, 시기적으로 우연의 일치일 수도 있다고 생각한다. 최 영사는 하바로프스크 근무 당시 벌목공 망명에 깊이 개입돼 북측 요원들로부터 눈엣가시처럼 인식돼 왔다. 이번 사건과 우연히 겹치게 된 것이다. (최덕근 영사는 블라디보스토크 주재 한국 영사관에서 근무하던 1996년 10월1일 퇴근길에 자신의 아파트 계단에서 숨진 채 발견됐다. 최 영사의 시신에서는 북한 공작원들이 독침에 사용하는 독극물 성분이 검출됐다.)

잠수함 침투 목적과 관련해 한국에서는 테러나 요인 암살설도 나돌고 있다.

나는 그렇게 보지 않는다. 단순한 군사 정찰 목적이었다고 본다.

군사 정찰에 잠수함까지 동원할 필요가 있나?

그것은 한국 군사력에 대한 북한의 위기감을 몰라서 하는 소리다. 이번에 동원된 한국군 군사 장비에 대해서도 평양에서 만난 고위급 인사들은 "남한의 국산 장비가 놀라울 정도로 현대화됐다"며 "이렇게 가다가는 언젠가는 밀고 올라오는 것 아니냐"라며 불안해했다.

사람을 보내 목측 관찰을 한다고 해서 제대로 된 정찰이 가능하겠나?

사실 사진 몇 장 찍어간다고 해서 별 것은 아니다. 그러나 중국이나 러시아가 한국의 군사 정보를 주지 않는 상황에서 사진이라도 있어야 안심이 된다는 게 저쪽의 심리 상태다.

이 사건을 조용히 매듭짓고자 했다면 초기에 우리 정부에 통보했어야 하는 것 아닌가?

그것을 결정할 사람은 김정일 비서밖에 없는데 군 정찰국이 책임을 회피하려고 보고를 제대로 안한 것 같다.

북한은 이 사태를 어떻게 매듭짓고자 하나?

북한은 지금 이 사건으로 인해 미국이나 일본과의 관계 개선이 지연될 것을 우려하고 있다. 이 사건을 빌미로 한국이 미국과 일본의 대북 관계 개선 노력에 제동을 거는 것을 막기 위해서라도 한국과 대화가 불가피하다고 인식하고 있다.

남북 대화는 어떤 순서로 이루어질 것 같은가?

우선 한국 측을 약간 놀라게 하기 위해 동해안에서 미사일 발사 등 군사 훈련을 할 것이다. 그 뒤 대화를 요구하고, 이와 병행해 카터 씨의 재방북을 추진하는 외교 노력을 병행할 것이다. 또한 4자회담에 대해 긍정적 반응을 보이며 실무 접촉을 하자고 요구할 수도 있다.

미사일 발사라면 최근 얘기가 나오고 있는 노동 1호 미사일을 말하나?

북한이 노동 1호 미사일을 가지고 있다는 증거는 어디에도 없다. 미국 정보 당국도 인정하고 있는 사실이다. 그럼에도 북한이 어떤 미사일이라도 발사하게 되면 한국·미국·일본의 군당국자들은 이를 노동 1호 미사일이라고 발표할 것이다. 이는 자기들의 이해관계 때문이다.

식량난과 권력 승계 지연 등 최근 북한 상황에 대해 말해 달라.

식량난에 대한 우려는 많이 극복된 것 같다. 올해 작황이 지난해보다 좋으리라는 기대감이 있다. 인민들 사이에는 올 2~3월의 가장 어려운 시기도 극복했다는 자신감이 생겼다. 권력 승계가 지연되고 있는 이유는 김정일이 군부나 정무원의 외교·경제 부문 인사까지는 장악했으나 당에 대한 물갈이가 지연되고 있기 때문이다.

(1996. 10. 31)

잠수함 사건은 남과 북의 위기관리 능력을 시험한 돌발 사건이었다. 군사정권 시절에도 유지됐던 남북 간 비밀 접촉 통로가 문민정부를 자처한 김영삼 정부에서는 전혀 가동돼지 않았다. 문민정권 이후 한국의 보수정권은 북한을 자존심 경쟁의 대상으로 보고 버릇을 고쳐줘야 한다는 생각이 강하다. 그러다 보니 남북 간에 발생한 문제를 스스로 해결하지 못한다. 이번에도 미국이 윈스턴 로드 차관보를 한국에 보내고 거의 비슷한 시기에 밀사를 평양에 보냈다. 그리고 북한에서는 이형철 미주국장을 미국에 보내 북미 간 채널로 이 문제를 다루기 시작했다. 한국은 이 과정에서 또 다시 소외됐다.

'제3국 중재'가 체질화된 남북관계

돌발 상황 관리 위해 남북 채널 필요

북한 잠수함 사건으로 남북 긴장 상태가 최고조에 달했을 때 국내의 한 대북 사업가는 당혹스런 경험을 했다. '무장 공비 소탕'과 '천배 만배 보복' 발언이 오고가는 살벌한 상황에서 현재 진행 중인 북측과의 소규모 사업을 잠시 중단해야 하는 것이 아닌가 하고 생각하던 차였다. 그런데 북측 파트너로부터 뜻밖의 말을 들은 것이다. 간접 채널을 통해 그와 연결된 북측 상사원은 "잠수함 사건은 우리와 전혀 상관없는 일이다. 사업을 계속했으면 한다"라고 연락해 왔다.

북측 파트너의 그 다음 얘기가 걸작이었다. "우리는 괜찮지만 그쪽이 불편하면 잠시 사업을 유보해도 좋다"는 식으로 이쪽을 배려하는 태도를 보였던 것이다. 결국 이 사업가는 심혈을 기울여 추진해 오던 사업을 일시 중단함으로써 막대한 손해를 보게 되었지만, 일을 중단한 사유는 '저쪽' 사정 때문이 아니었다. 정부가 대북 사업을 자제해 달라고 요청해 왔기 때문이다.

돌발 사건으로 남북 간에 긴장 상황이 벌어질 때마다 북한과 사업을 하는 사람들은 간이 콩알만 해진다. 상담이 잘 진행되다가도 상황이 발생하면 모든 것이 중단돼 그동안 들였던 노력과 자금이 물거품이 되기 때문이다. 이번에도 예외가 아니었다. 재계 일각에서는 허탈과 한숨을 넘어 분노하는 목소리도 들린다. 최근 열린 통일 관련 심포지엄에서 재계의 한 중진 인사가 "기업은 죽으란 말이냐"라며 분통을 터뜨린 사례가 재계의 위기의식을 반영했다고 볼 수 있다.

미사일 오기는 상황에서도 대화 채널은 필요

남북 간에 어떠한 채널도 없는 상태에서 경협이라는 실낱같은 연결 통로마저 폐쇄해 버리는 정부의 단선 대응은 실망감을 넘어 위기관리 능력마저 상실하는 것이 아닌가 하는 걱정으로 이어지고 있다. 적대 진영으로 대립해 있는 남북 분단 상황에서 긴장 국면은 결코 새로운 것이 아니다. 역대 정권은 긴장 국면마다 남북 간 비밀 접촉 통로를 통해 수위를 조절해 오곤 했다. 그런데 '전두환 정권' 시절에도 유지되었던 남북 접촉 통로가 '문민정부' 들어서는 눈을 씻고 찾아보려 해도 보이지 않는 기현상이 몇 년째 계속되고 있다. 현재의 남북 관계를 '단군 이래 최악'이라고 하는 이유가 바로 여기에 있다.

우리 스스로 위기관리 능력을 상실한 상태에서 미국이라는 제3의 중재자를 통해 사태를 진정시킨다는 유형은 이번에도 어김없이 반복되었다. 최근 북한 외교부 이형철 미주국장의 전격적인 미국 방문에 정부의 관련 부처들이 바짝 긴장했다. 이형철이라는 거물급 관리가 등장한 것이 새로울 뿐, 미국에 의존하는 위기관리 방식이 반복되었다는 점에서는 전혀 새로울 것이 없다.

잠수함 사건 발생 이후 상황을 더듬어 보면 초기에 상황을 순조롭게 풀어갈 여지는 분명히 있었다. 과거 중국민항기 사건이 한·중 수교를 앞당기는 기폭제였고, 미국 공군기 추락 사건이 미·북한 간 군사 접촉의 서막이 된 것처럼, 이번 사건 역시 남북 대화의 시발점이 될 수도 있었다고 아쉬움을 토로하는 전문가들도 있다. 물론 잠수함 무단 침입이라는 군사 도발 행위에 대해 군을 중심의 상황 대처는 당연하다. 그렇지만 미사일이 오갈 때도 대화 채널을 열어두었던 중국·대만 사례에서 보듯이 또 다른 차원의 위기관리가 진행되었어야 한다는 것이다.

북한이 보여 온 일련의 대응을 면밀히 살펴보면 여지가 없었던 것은 아니다. 사태 발생 초기 약 1주일간 북한은 이례적으로 침묵을 지켰다. 당시 정보 관계자들에 따르면 북한은 단파 방송을 통해 남파 승조원들에게 '어떻게 하든 사태를 최소화하라. 민간인은 절대 살상하지 말라. 최대한 북으로 귀환하라'는 지령을 내렸다고 한다. 또한 후일담이기는 하지만, 북측과 접촉한 해외 정보 관계자들에 따르면, 당시 북한의 당과 정부의 일부 인사들은 한국이 잠수함 승조원들을 포로로 잡아 북측에 대화를 요구해올 경우 오히려 남북 대화에 활로가 열릴 수도 있다는 희망 섞인 기대감도 가졌다고 한다. 이 사태가 오히려 북한 내 대남 강경파들을 설득할 명분이 될 수도 있다고 보았다는 것이다.

그러나 군의 작전 상황이 생중계되고 저쪽 요원들의 시체가 여과 없이 그대로 드러나는 등 험악한 상황이 전개됐다. 북한 내부에서 군부를 중심으로 강경 분위기가 자리 잡자 북도 선택의 기로에 몰렸던 것으로 보인다. 침묵으로 일관할 것인가, 아니면 역공을 취할 것인가. 침묵으로 일관하면 중재자를 끌어들이기 어렵다는 판단으로 후자가 선택되었다.

10월2일 판문점 군사정전위원회 회의에서 북한 측 박임수 대좌가 보여준

모호한 행동에서 이 점을 읽을 수 있다. 그는 '보복 하겠다'는 폭탄선언과 함께 유엔사 측 대표 에시돈 옴즈 대령에게 단 둘이 할 말이 있다며 비공개 회의를 요청했다. 유엔사 측은 할 말이 있으면 공식석상에서 하라며 거절했다고 하는데, 이면에 숨은 양측의 심중을 읽을 필요가 있다. 박임수가 미국 측에 전달하고자 했던 것은 사태 최소화를 위해 미국이 중재에 나서 주기를 요청하는 내용이었을 것이다. 미국 측은 밀실에서 그런 대화를 나누는 것은 오해 받을 소지가 있다고 판단했을 것이다.

잠수함 사태 초기 관망하던 미국이 개입하려는 움직임을 보이기 시작한 것은 북측의 위협 발언이 나온 직후라는 점을 유념해야 한다. 윈스턴 로드 미국무부 동아태 차관보가 2박 3일 일정으로 한국을 방문한 때는 10월10일이다. 그 이면에 드러나지 않은 또 하나의 움직임이 있었다. 윈스턴 로드의 한국 방문 한 주 전인 10월 초 미국의 밀사가 평양을 비밀리에 방문했던 것이다. 미국 측의 철통같은 보안으로 어떤 인물이 움직였는지는 밝혀지지 않았다. 다만 국내외 정보 소식통들은 이런 사실을 확인하고 촉각을 곤두세웠다.

그같은 움직임이 포착된 바로 며칠 뒤 북한은 "남한에 대해 보복하겠다는 것은 테러를 하겠다는 것이 아니다. 합법적 수단을 통해 보복하겠다는 것이다"라며 국면을 전환할 기미를 보이기 시작했다. 이런 전후 사정을 통해 10월 초 이미 일부 소식통들 사이에는 잠수함 국면이 10월 말이면 진정될 것이라는 예측이 나돌았다.

이형철 미주국장의 미국 방문이 발표되기 며칠 전인 지난 주 초에는 북한이 잠수함 국면을 타개하려고 4자회담을 위한 3자 설명회를 제안할 것이라는 정보가 떠돌았다. 또한 최근 정부 고위 당국자에게 확인한 바에 따르면, 정부도 이미 윈스턴 로드 차관보 방한 때 미국으로부터 거의 동일한 내용을 통보받고 대책 마련에 부심해온 것으로 알려졌다. 이런 점으로 미루어볼 때 3자 설명회 방식의 국면 타개책은 이미 지난 10월 초에 미·북한 간의 다양한 채널에서 교감이 이루어졌던 것으로 보인다. 그 뒤 이형철 방미까지 이어진 과정은 정해진 수순을 밟은 것이라고 볼 수 있다.

언제까지 제3국 중재에 기댈 것인가

이형철 방미를 계기로 북한은 한국과 미국에 각각의 요구 조건을 내놓고 이를 타결 지으려 할 것이다. 미국에 대해서는 3자 설명회를 수락하는 대신 경제 제재를 해제하고 식량을 지원하라고 요구할 것이다. 그러나 미국은 남북 문제가 먼저 풀리지 않는 한 이를 받아들이기 어렵다. 한국에 대해서는 잠수함 승조원들의 시신을 반환하라는 것이 될 것이다. 우리 정부가 요구하는 사과 및 재발 방지 약속에 대해서는 미국을 통한 간접 방식이 되거나 아니면 거부할 수도 있다.

만약 북한이 우리 측 요구에는 응하지 않고 3자 설명회와 시신 반환을 교환하자고 나오면 우리는 국내적인 명분과 국제적인 이목 사이에서 딜레마에 봉착하게 된다. 미국과 남북한이라는 한반도의 3각 구도에서 보면, 최근 맞교환거리가 마땅치 않아 답보 상태를 보인 미·북 대화가 이번 사태를 계기로 다시 활성화하고, 남북 대화는 더욱 멀어지게 됐다고 할 수 있다.

우리 문제를 우리가 풀 수 없어 제3자 중재가 차선책으로 받아들여질 수밖에 없지만, 언제까지나 이런 상태는 곤란하다. 더구나 남북 간 돌발 상황이 전쟁 불안감으로 확산되는 특수 상황에서는 위기관리를 위해서도 남북 접촉 채널을 반드시 확보해야 한다.

(1996. 11. 7)

김경호씨 가족 탈북 사건이 한국 사회에 큰 충격을 줬다. 12월9일 집단 탈북 사상 최대 규모인 일가족 17명이 김포공항을 통해 입국했다. 이를 계기로 한국 사회에 또다시 북한 체제 붕괴론이 확산됐다. 그러나 당시 평양에 사무실을 두고 있던 세계식량계획(WFP) 측은 북한의 식량난이 심각한 상황이지만 체제 붕괴로까지 이어지지 않는다는 특별보고서를 이미 내부용으로 작성해 둔 상태다. 이 보고서를 입수해 북한 식량난 실태를 점검했다.

식량 사정 어렵지만 체제 붕괴까지는 아니다

유엔 세계식량계획 '북한 특별 보고서'

'북한의 내년 식량 사정은 올해보다 훨씬 심각하겠지만, 식량난 때문에 체제가 붕괴할 가능성은 매우 희박하다.' 최근 입수한 유엔 산하 세계식량계획(WFP) 특별 보고서는 이렇게 밝혔다. 공신력 있는 국제기구가 가장 최근에 작성한 이 보고서는 북한의 식량난이 심각해질 경우 체제가 붕괴할지 모른다는 예측들이 전혀 맞지 않았다고 지적하고, '올해 식량 배급이 1인당 2백g이라는 최악의 상황으로 떨어졌을 때조차 북한 체제는 의연히 작동하고 있었다'라고 밝혔다. 극심한 식량난에도 불구하고 북한이 체제를 유지할 수 있었던 것은 나름의 효율적인 배급 제도가 작동하고 있기 때문이라는 것이다.

북한 식량난 실체에 가장 접근한 보고서

그러나 이 보고서는 '그동안의 식량 부족으로 북한 주민의 영양 상태가 이미 현저하게 나빠졌고, 올해 곡물 생산량 역시 지난해보다 줄었다. 따라서 97년에 북한은 대단히 심각한 식량 위기를 맞게 될 것'이라고 전망하면서,

국제 사회의 대대적인 지원이 절실하다고 밝혔다. 'WFP 특별 보고서'는 대외 발표용이 아닌 내부 보고용으로 지난 12월6일 작성되었다. 최근 김경호 씨 일가의 집단 탈북 사태 이후 북한 식량난에 대한 국내의 논의는 북한의 어려움을 돕자는 차원보다는 북한의 붕괴가 임박했다는 위기감 조성 차원으로 엉뚱하게 비화하고 있다. 이런 상황에서 북한 식량난의 실태를 객관적으로 조명하기 위해 세계교회협의회(WCC) 박경서 아시아국장을 통해 이 보고서를 입수했다. 박국장은 전화 인터뷰에서 "국제 기구만의 원조로는 이제 한계에 다다랐다. 한국 정부가 동포애 차원에서 적극 나서야 한다"라고 호소했다.

세계식량계획은 현지에 조사단을 파견하고 북한 관리들과 인터뷰하고 북한의 공식 자료를 활용하는 등 다양한 방법을 동원해 이 특별 보고서를 작성했다. 이 보고서는 북한의 실태를 가장 가까운 거리에서 보고 작성한 것으로써, 그동안 무분별하게 난무했던 온갖 억측을 잠재울 수 있을 것으로 보인다.

그동안 국내 기관이나 외국 기관의 북한 식량난 분석은 객관적인 자료와 현장 접근이 어려워 대부분 추측에 의거했다. 그리고 이들 추측은 여러 가지 미진한 구석을 남겨 놓았다. 예컨대 쌀과 벼를 구분하지 않았고, 식용·사료용·산업용·비축용을 구별하지 않았다. 내년도 부족분에 대해서도 자력이나 외국 기관의 원조로 조달할 수 있는 양과 조달할 수 없는 양이 각각 얼마인지 알지 못한다. 더군다나 배급 체계가 어떤 영향을 미치고 있는지, 북한이 마련하고 있는 긴급 구난 체계가 무엇인지 따위를 종합해 고려하지 않고 부족량만 강조함으로써, 식량 위기를 인도적 차원의 문제로 보기보다는 정치적으로 악용한다는 비판을 받을 소지가 있었다.

그렇다고 WFP 보고서가 북한의 식량난 실태를 완벽하게 보여준다고는 할 수 없다. 이 보고서 역시 조사 기간이 짧고, 몇몇 표본 지역만을 조사했다는 점에서 한계가 있다. 그러나 지난해 홍수 피해 이래 평양 사무소에 조사 요원을 7~8명 상주시키고 있는 가장 공신력 있는 국제기관이 가장 최근에 작성한 보고서라는 점에서 그 의의는 작지 않다. 보고서의 주요 부분을 가감 없이 싣는다.

보고서 구성:전체 11쪽으로 되어 있다. 표지에는 '북한의 곡물 수확 및 식량 공급에 대한 식량농업기구(FAO)·세계식량계획(WFP) 조사단 특별 보고서'라고 되어 있다. 제목 밑에 12월6일이라는 작성 일자가 적혀 있고, 우측 상단에는 'for official use only'라고 명시해 내부용 자료라는 점을 분명히 밝혔다. 구성은 ①개관 ②경제적 배경 ③농업 부문 상황 ④96년 곡물 생산량 ⑤식량 공급 상황 등 모두 다섯 장으로 되어 있다.

조사 시기·방법·지역:조사 시기는 10월19일~11월2일로 약 보름이다. 조사 지역은 황해 남·북도, 강원도, 평안남도, 평양을 포함한 중요 농업 지역이다. 이 지역들은 북한 농업 생산의 60% 정도를 담당하는 곡창 지대로, 지난 7월의 홍수 때 가장 큰 피해를 본 곳이기도 하다. 조사는 북한 관계 부처 및 북한에 소재하는 유엔 산하 기관 관계자들과의 인터뷰, 공식·비공식 자료 이용 등으로 이루어졌다.

96년 곡물 생산량:96년 한 해 북한의 주식인 벼와 옥수수의 전체 수확량은 4백95만6천t이다. 이 중 벼는 2백63만5천t, 옥수수는 2백32만1천t이다. 벼를 도정해 쌀로 바꾸면 그 양은 1백97만6천2백50t으로 줄어든다. 따라서 쌀과 옥수수를 합친 곡물 생산량은 4백30만t이다. 여기서 다음 두 가지 점을 감안해야 한다. 첫째, 지난 7월의 홍수로 이미 약 30만t의 곡물 피해를 보았다는 점이다. 세계식량계획은 홍수 피해 직후인 지난 8월 현지 조사에서 약 37만3천t 피해가 있을 것으로 예상했다. 그런데 이번 조사 결과 실제

피해량은 30만t 정도로 당초 예상보다 20% 가량 줄었다. 둘째로 고려해야 할 것은, 지난 8~9월 식량 위기 때 옥수수를 비상식량으로 50% 정도 소비했다는 점이다.

따라서 전체 곡물 생산량 4백30만t에서 두 가지 조건으로 인한 손실분을 빼면 북한이 96년 11월~97년 10월에 실제로 소비할 수 있는 양은 2백84만t밖에 안 된다(반면 통일원은 3백70만t으로 추산하고 있다).

97년 곡물 부족량 1백83만4천t

이 같은 계산은 북한의 재배 면적과 토지 비옥도, 단위 면적당 곡물 생산량을 근거로 한 것이다. 북한의 전체 쌀 재배 면적은 58만ha이고, 옥수수 재배 면적은 62만5천ha이다. 이 토지를 비옥도에 따라 상·중·하 급으로 나누고, 여기에 각각의 단위 면적당 생산량을 곱한 것이다. 쌀 재배 면적은 북한 당국의 집중적인 수해 복구 노력으로 지난해와 별 차이가 없지만, 옥수수 재배 면적은 지난해보다 2만8천ha(4%)가 줄었다.

97년 북한이 필요로 하는 곡물 수요량:식용으로 필요한 양은 3백79만8천t이다. 이 같은 수치는 97년 중반 북한 인구를 2천2백74만명으로 보고, 하루 칼로리 섭취량의 75%를 쌀과 옥수수로 충당한다고 할 때, 1인당 1년 쌀 소비량은 백㎏, 옥수수 소비량은 67㎏이 된다. 이를 모두 합친 것이 총수요량이다. 일반적으로 곡물의 전체 수요량은 식용뿐 아니라 사료용·산업용·종자용에 보관 과정에서 손실되는 양과 유엔이 권고하는 1개월치 비축분까지 전부 포함해야 한다. 97년에 사료용으로 필요한 곡물은 60만t으로, 지난해 1백40만t의 절반에도 못 미친다. 그 이유는 지난 8~9월의 극심한 식량 위기 때 가축의 절반 정도가 식용으로 도살되었기 때문이다. 이 밖에 산업용·종자용·창고 손실분 64만5천t과 유엔이 정한 1개월 비축분 31만6천t까지 모두 더하면 내년도 북한의 전체 곡물 필요량은 5백35만9천t이다.

반면에 공급할 수 있는 양은 2백99만5천t이다. 이것은 올해 생산량 2백83만7천t에 재고분 15만 8천t을 더한 것이다. 따라서 총수요량에서 총공급량을 뺀 내년도 곡물 부족분은 2백36만4천t이 된다. 이 가운데서 북한이 광물자원을 제공하는 대가로 외국에서 들여올 수 있는 양 50만t과 외국이 원조하기로 약속한 3만t을 빼면, 아무런 대책 없이 부족한 양은 1백83만4천t이다(통일원은 약 3백만t 정도 부족할 것으로 보고 있다).

보고서는 또 올해 곡물 수확량을 가지고는 앞으로 7개월밖에 견딜 수 없다고 평가했다. 나머지 5개월분은 어떤 방식으로든 외국에서 들여가야 한다. 따라서 외국의 지원이 없을 경우 내년 7~9월에 북한이 최악의 식량 위기를 맞게 될 것으로 예상했다.

주민에 대한 식량 공급 현황: 시기에 따라 식량 공급 양에도 차이가 있다. 즉 추수 직후에는 일시적으로 배급량이 늘었다가 식량 재고가 바닥으로 떨어지는 7~9월에는 극심한 부족 현상을 겪는 것이 보통이다. 지난해에도 추수철인 10월에는 일시적으로 4백50g에서 5백g으로 배급량이 늘었다. 이 때문에 주민들은 어느 정도 체력 보강이 가능했다. 그러나 올해 7~9월에는 1인당 2백g으로 떨어져 최악의 상황을 맞았다. 올해도 추수가 끝난 뒤 지금까지는 하루 평균 4백50g 정도 배급이 이루어져 일시적으로 숨통이 트였지만, 이것이 언제까지 계속될지는 알 수 없다.

효과적 배급 제도가 아사 사태 막아

각종 통계를 종합해 볼 때, 지난해 11월부터 올해 10월까지 북한이 소비한 곡물은 3백44만t으로 추정된다. 한 사람한테 하루 평균 4백27g, 1천5백37kcal에 해당하는 양이다. 참고로 유엔이 기아를 면할 수 있는 최저치로 정한 것은 하루 4백58g이다. 정상적인 생활이 가능하기 위해서는 최소한 6백50g을 먹어야 한다. 따라서 지난해와 올해 북한 주민의 평균 식량 섭취량은 유엔이 기아를 막기 위해 정한 최소치에도 못 미친다. 더군다나 7~9월의 하루 배급량 2백g은 공기밥 한 그릇 정도밖에 안 되는 것이어서 연명하기 힘든 살인적 수준이다. 또 내년도 곡물 공급량 2백99만5천t에서 식용은 1백63만4천t이다. 이를 북한 인구 2천2백74만명의 하루치 식량으로 계산하면 1백96.87g으로 2백g이 못된다.

북한 주민의 영양 상태: 올해 곡물 배급이 전반적으로 줄었고, 특히 지난 7~9월에는 하루 2백g(7백kcal) 정도로 떨어졌다. 따라서 주민 전체가 심각한 영양 실조 위기를 맞고 있다고 할 수 있다. 특히 성인 중에서도 농촌 지역 노인들의 경우 영양 결핍으로 인한 체중 감량이 급속하게 진행되고 있다. 현재 기아로 인해 질병을 앓거나 사망 위기를 맞고 있는 사람들에 대한 정확한 수치는 구할 수 없지만, 탁아소와 작업장에 나타나지 않는 어린이와 어른들이 점차 늘고 있는 추세이다.보고서 내용 중 이 부분은 극히 민감하다. 현재 소문으로 떠돌고 있는, 아사자가 존재한다는 사실에 대해 세계식량계획은 비록 간접이기는 하지만, 국제기구로서는 처음으로 이를 공식 언급했다. 이 부분을 원문 그대로 옮기면 다음과 같다. Although data on trends in morbidity and mortality were not available, there has been an increase in the absence of children from nurseries and adults from work.

97년 북한 주민들은 96년보다 훨씬 심각한 영양 부족 사태를 맞을 것이다. 이미 많은 주민이 오랫동안 식량 부족으로 고통 받아 왔고, 그동안 쓸모 있던 비상수단들도 점차 효력을 상실할 것이기 때문이다.

식량 배급 체계와 다양한 비상 수단: 그동안 주민에게 공급된 식량을 양으로만 따진다면 북한 주민 전체가 이미 심각한 영양실조 위기에 빠졌을 것이다. 그러나 효과적인 배급 제도와 다양한 비상수단이 극도의 건강 악화를 막아주고 있다. 식량농업기구 산하에 있는 세계식량계획은 이미 북한이 심각한 식량난을 겪을 것이라고 예상한 바 있다. 그런데도 전국적으로 광범위한 기근 사태가 벌어지지 않고 있는 것은 배급 제도가 잘 갖춰져 있기 때문이다. 식량이 부족하면 부족한 대로 전 국민이 골고루 고통을 분담하고 있는 것이다. 모든 가족 구성원은 도시든 농촌이든 다양한 배급 체계에 편입되어 있다. 보통 배급은 두 달에 한 번 이루어지고, 배급량은 중앙이 그때그때 결정한다. 유아와 어린이들에게는 가정을 통하지 않고, 탁아소를 통해 배급한다. 따라서 식량 부족으로 체제가 붕괴될 것이라는 과거의 억측들은 전혀 들어맞지 않았다. 평균 배급량이 하루 7백g에서 2백g으로 떨어져도 북한 체제는 끄떡없이 작동하고 있다.

함경도·평안북도는 2~3월에 위기 올 듯

식량난에 대처하는 다양한 비상수단들도 식량 위기를 누그러뜨리는 데 기여했다. 현재 이 메커니즘에 대해서는 정확한 정보가 차단되어 있다. 여기에는 재일 조총련이나 외국이 지원하는 경우도 있고, 개인이 자기 소득이나 저축을 갖고 암시장에서 구하는 경우도 있다. 국경 지역에서는 중국이나 일본 등과 밀무역을 통해 식량을 구하고, 일부 기관과 공장은 독자적으로 식량 공급 루트를 확보하고 있다. 과일이나 나무뿌리·버섯·채소 따위를 이용하고, 가축을 도살해 육류를 공급 받기도 한다. 또 한 가지 지나칠 수 없는 것은, 각 가정에서 아이들한테는 최대한 많이 주고 어른들한테는 최소한의 양만 분배하는 정책이 이루어지고 있다는 점이다. 그러나 분명한 것은 내년에 식량 사정이 더욱 악화할 것이기 때문에 이 같은 비상수단들이 한계를 드러낼 것이라는 점이다. 따라서 97년에 북한은 외국의 대규모 원조에 기댈 수밖에 없는 형편이다.

이 보고서는 몇 가지 문제점을 안고 있다. 우선 북한의 곡창 지대를 주로 조사하다 보니 정작 식량 문제가 가장 심각한 함경도와 평안북도 산간 지역 주민들에 대해서는 언급하지 않았다. 또 내년 7~9월에 가장 심각한 위기가 닥칠 것이라고 하지만, 이것은 북한 전체가 그렇다는 것이고, 이미 배급이 중단되다시피 한 함경도·평안북도 산간 지대는 내년 2~3월에 1차적으로 최악의 위기를 맞을 가능성을 지나쳤다.

(1996. 12. 26)

10 차례의 북미회담과 북한의 사과로 일단락된 잠수함 사건

96년의 한반도 정세를 얼어붙게 만들었던 잠수함 사건은 12월 초중반부터 10여 차례 열린 북미 접촉을 통해 해결의 실마리를 찾았다. 12월 초까지만 해도 남북은 신경전을 이어갔다. 12월5일 김영삼 대통령은 통합방위중앙회의에서 북한의 사과 없이 대북 지원은 불가하다고 표명했고 그 이틀 후인 7일 북한 조평통 대변인은 잠수함 및 유해 송환을 촉구했다. 그러던 중 12월9일 미국과 북한이 잠수함 사건 및 미·북 쌍무 문제 협의와 관련한 실무접촉을 시작했다. 이어 12월11일 2차 접촉이 이어졌고 16일에 있었던 3차 접촉부터 북한의 잠수함 침투사건에 대한 사과방법과 수위에 대해 구체적으로 논의하기 시작했다.

12월17일 4차 접촉이 이뤄진 날 유종하 외무장관은 대북 경수로 사업의 정상화를 위해 북한의 사과가 필수라고 언급했다. 12월19일 5차 접촉, 12월20일 6차 접촉이 이뤄졌고 당일 권오기 통일부총리는 잠수함 사건이 해결되면 식량 지원을 검토하겠다고 밝혔다. 북미간 접촉은 12월28일 10차 접촉까지 속개됐다.

12월29일 미국은 북한과의 식량 거래를 허가했다. 이날 북한 외교부는 다음과 같은 사과 성명을 발표했다. "외교부 대변인은 위임에 의하여 막심한 인명피해를 초래한 1996년 9월 남조선 강릉해상에서의 잠수함 사건에 대하여 깊은 유감을 표시한다. 조선민주주의인민공화국은 그러한 사건이 다시 일어나지 않도록 노력하며 조선반도에서의 공고한 평화와 안정을 위하여 유관측들과 함께 힘쓸 것이다."

당일 통일원 대변인은 "북한이 뒤늦게나마 사과성명을 통해 시인·사과, 재발방지 노력을 다짐한 것을 다행으로 생각한다"는 입장을 밝혔다. 또 유종하 외무장관은 기자회견에서 “북한의 사과 성명은 수락할 만한 수준”이라고 평가했다.

12월30일 북한은 조선중앙통신을 통해 4자회담 공동설명회에 참가할 용의가 있다는 뜻을 밝혔다. 즉 “양측은 회담에서 경수로 계획 이행문제, 양측간 미해결문제, 4자회담 공동설명회, 잠수함사건 등을 건설적 분위기 속에서 논의했다”며 “미국 측은 공화국에 대한 제재완화 추가조치와 식량제공을 약속했다. 우리 측은 폐연료 저장재개를 허용할 용의가 있으며, 4자회담 공동설명회를 경청할 용의가 있음을 밝혔다”라고 했다.

3. 북한 석유를 잡아라(1997)

97년 정세 개요

97년 북한 국내외 스케줄과 미·중·일 주도권 경쟁

96년 연말 잠수함 사건이 북한의 사과 표명으로 종결됨에 따라 97년은 비교적 가벼운 기분으로 출발했다. 김영삼 대통령은 1월1일 신년사에서 올해는 남북관계에서도 화해와 협력의 전기가 오길 진심으로 바란다고 말했다. 1월3일 미국 행정부는 북한의 잠수함 침투 사과 표명에 따라 미국 곡물회사 카길 사의 50만 톤 규모 대북 식량 거래를 허가했다. 1월7일 김영삼 대통령은 연두 기자회견에서 북한 측에 4자회담에 호응할 것을 다시 촉구했다.

북한 권력 핵심부가 96년 12월 초에 이미 97년 4월 김정일의 권력 승계를 비밀리에 결정하고 내부 준비 작업에 들어갔다는 소식이 들어왔다. 당시 북한 대내외 정책 1순위는 식량 부족 해결이었다. 그러려면 김정일 권력 승계를 앞당겨서라도 대미관계를 해결해야 했다. 북미 사전 접촉으로 미국이 97년 3월1일 평양에 연락사무소를 개설함과 동시에 북한에 식량 지원이라는 선물을 주고 4월에 김정일이 권력을 승계하는 것으로 양해가 됐다는 얘기도 있었다.

이에 따라 북한 진출을 둘러싼 중국 일본 등 주변국들의 물밑 경쟁도 치열할 것으로 예상됐다. 중국은 96년 8월 북대하 회의에서 북한에 대한 개입을 강화한다는 방침을 세웠다. 북한 역시 대미 관계의 완급 조절 카드로 중국을 활용하고자 했다. 일본은 자신들의 국익이 배제된 채 미중경쟁이 진행되는 것은 용납할 수 없다는 입장이었다. 일본 기업 또한 막대한 수교 배상금에 눈독을 들였다. 북미 교섭에 대해 일본은 '미국이 가면 일본도 간다'는 입장을 철저하게 고수했다.

잠수함 사건의 여진이 가시기 전인 96년 12월 일본은 북한과 세 차례 비밀 협상을 감행했다. 당시의 교섭에서 북한과 일본은 대단히 중요한 합의에 도달했다. 수교 이전이라도 일본의 대북 지원이 다양한 형태로 이루어질 수 있다는 것이었다.

미국·중국·일본의 대북 주도권 경쟁을 한마디로 요약하면 누가 먼저 유리한 거점을 확보할 것인가 하는 점과 북한 권력 핵심부 내에 자국을 지지하는 세력을 얼마나 확보할 수 있는가에 초점이 맞춰졌다. 미국·중국·일본의 북한 진출이 '다채널 다 거점 시대'로 돌입하는 데 반해 한국은 '무 채널 무 거점' 상태를 벗어나기 어려웠다.

당시 한국의 전략은 △4자회담을 성사시킨 후 궁극적으로는 미중을 배제한 남북대화 체제(즉 4-2 체제)로 전환하고 △한반도에너지기구(KEDO) 활용 △대북 경협을 통한 채널 확보 등을 통해 북한과 접촉하는 것 등으로 요약할 수 있었다. 북한은 △5월께 한국에 대북 쌀 지원을 전제로 한 남북 비밀 대화를 촉구하고 △이것이 성사될 경우 7,8월께 정상회담을 논의하기 위한 남북회담을 요구해올 것으로 점쳐졌다. 그러나 이는 △차기 정권을 겨냥한 주도권 확보 △미·일 등의 북한 지원을 촉진시키기 위한 전략적 고려일 가능성이 컸다.

황장엽 망명과 4자회담, 대북 쌀 지원 무산

그러나 돌발 변수가 발생했다. 97년 2월 불거진 황장엽 망명 사건이 상반기 정세를 집어 삼키는 블랙홀로 작용했다. 또한 4자회담이 북미관계 발목을 잡았다. 한국이 4자회담 개최에 완강한 입장이었기 때문에 미국도 동맹에 대한 배려 차원에서 북미관계와 관련한 모든 사안을 4자회담에 연계했다. 전통적으로 미국 민주당 정권은 동맹국의 입장이 자신들과 다르더라도 동맹을 존중하는 태도를 보여왔다. 반면 북미관계 현장에서 뛰는 실무 단위들의 불만이 쌓여갔다. 결국 이것이 97년 중반 이후 대북 진출에서 한국이 아닌 일본을 파트너로 삼는 코리아 패싱의 원인이 됐다. 더 나아가서는 그해 말 한국이 외환위기에 빠지는 것을 미국이 방치하게 하는 원인이 되기도 했다.

이런 요인들 외에도 97년 상반기 식량 공급이 북한 측 예상대로 이뤄지지 않았던 것도 상반기 정세가 예상대로 진행되지 못하게 했다. 북한과 카길 간의 식량 공급 협상이 대금 지급 방식을 둘러싼 이견 때문에 무산되고 일본의 대북 쌀 지원도 때마침 터진 요코타 메구미 납치사건 보도로 인해 무산됐다. 따라서 식량 확보를 전제로 했던 97년 상반기의 권력승계 계획도 순연됐다. 결국 97년 10월 당 총비서로 추대되는 방식으로 변경됐다.

당의 실세그룹이 군부를 개방 확대 대열에 동참시킨 방법

97년 2월 발생한 황장엽 씨 망명 사건은 북한 권부의 심상치 않은 동향을 상징하는 사건으로 비춰졌다. 그러나 당시 정보 소식통들은 황장엽 망명을 96년 말부터 시작된 북한 권력 내 인사 태풍에서 파생한 것으로 보아야 한다는 입장이었다. 황 사건의 직접적인 배경은 그 배후로 지목된 김덕홍 여광무역총회사 사장이 돈 문제와 실적 문제 등으로 인해 경질될 위기에 몰려 있었던 것과 관련되어 있다. 다만 황 사건이 당·정·군 세대교체를 앞당기도록 김정일이 결심하게 한 효과는 있었다고 한다. 권력 승계에 앞서 당·정·군 세대교체를 마무리해야 한다는 판단에 따라 2월16일 김정일 생일에서 4월25일

조선인민군 건군 65주년 기념일 사이를 '거사 기간'으로 삼았다는 것이다.

인사의 큰 방향은 당·정·군 공히 김정일 친위 세력의 대거 등장으로 요약된다. 당에서 새롭게 떠오른 당료 그룹과 세대교체를 통해 올라온 군부 실세 그룹이 김정일 권력을 떠받치는 두 축이 되었다. 당의 신실세 그룹은 나이로 볼 때 실무자급이 40대, 책임자급이 50대 초반을 넘지 않는다. 이들은 광복 이후 세대라는 자부심과 국제 감각, 개방 지향적 성향이 특징이다. 북한을 위기에서 구출할 세력은 자기들밖에 없다는 강한 긍지도 가지고 있었다. 반면 군부의 신실세 그룹은 체제 혼란기에 사회통제 세력으로 전면에 등장했다. 따라서 양 세력은 개방 확대론과 신중론이라는 이질적인 요소를 내포하게 됐다.

김정일 권력의 양대 축이라 할 당과 군의 이질성 문제는 앞으로 출범할 김정일 시대의 딜레마로 여겨졌다. 96년 1월에 보고 된 개방 확대 방안에 대해 당 중앙위가 몇 달이 지나도록 결론을 내지 못했던 것도 당과 군의 실세 그룹 간의 논쟁이 결론을 내지 못했기 때문이다. 이런 내부 논쟁에서 당료그룹의 개방 확대론이 대세를 장악했다. 군부 역시 개방이라는 대세를 반대한 것은 아니다. 개방 흐름 속에서 군부의 몫을 보장하라는 '이익 집단'으로서의 요구가 강했다.

당이 북한 경제력의 45%(통치 영향력은 65%)를 차지한다면, 군부는 35%(정무원은 15%)를 차지하고 있다. 당·군 갈등의 핵심은 바로 개방에 따른 이익 분배 문제였던 것이다. 당의 실세 그룹은 교묘한 방법으로 이 문제를 일거에 해결하려 했다. 그것이 바로 '북미 장성급 접촉'의 배후 진상이다. 북한 군부로 하여금 미국과의 고위급 군사 채널을 담당하게 함으로써, 군부에 역할을 부여하고, 그 과정에서 나타날 경제 이권을 배분해주는 방식을 택한 것이다.

미국은 7월20일~22일 대통령 특사 자격으로 북한을 방문할 레이니 전 주한 미 대사의 방북 길에 샘 넌 전 상원군사위원장을 동행시키기로 했다. 그는 재임기간 미국 군부의 입장을 반영해온 반북 보수 정객이었다. 극과 극은 서로 통한다. 미국 군부 입장을 대변하는 그 같은 보수적 인물이야말로 북한 군부의 협상 파트너가 될 수 있었던 것이다. 당의 신 실세 그룹은 미국 군부를 통해 북한 군부의 호전성을 통제하는 이이제이(以夷制夷) 수법을 구사한 것이다.

원산 남포로의 개방 확대 움직임

북한 권부가 몇 개월간의 논쟁을 거쳐 정리한 김정일 시대 '신경제 개발 계획'의 골자가 드러났다. 북한 권부가 신경제 계획이라는 가치 아래 새롭게 조성하려는 '자유 무역 경제구'에 중국 이외의 서방국가들과도 깊숙이 투자 협의를 진행해 온 것으로 알려졌다. 이 자유 무역 경제구는 원산과 신포 등 북한 동북 해안의 광범위한 지역에 건설될 예정이었다, 당시 이 지역을 '동북자유무역경제구'라고 명명했다. 중심 도시인 신포는 경수로 도입과 함께 개방구로 전환될 것이 이미 예견된 곳이다. 역내 대표적 공업 도시인 원산 역시 북한 내부에서는 개방구라고 불려 왔다. 이들 지역을 연계한 지역 개발 전략이 태동하려는 것이다.

북한이 이 지역 전체를 자유 무역 경제구로 할 것인지, 아니면 신포·함흥·원산 등 거점 도시를 점으로 연결하는 개발 방식을 택할 것인지 당시로서는 불분명했다. 다만 분명한 것은 이처럼 넓은 지역을 자본주의 경영 기법 도입을 전제로 한 자유무역 경제구로 새롭게 지정하고, 외국 기업들과 투자 협의까지 진행하고 있는 것은 북한 내 변화의 크기를 시사한다는 점이다..

북한 권부가 동북자유무역경제구에서 시행하려는 지역 개발 전략은 한국의 마산·이리 수출 자유 지역과 비슷한 '수출가공형 보세구역 전략'이라고 할 수 있다. 이 점에서는 한 지역 전체를 경제 특구로 지정한 나진·선봉과도 차이가 있다. 보세구역은 구역 안에서 활동하는 국내외 수출 기업들에게는 여러 가지 면세 혜택이 주어지지만 구역을 벗어나면 혜택에 제한이 가해진다. 마산·이리에서 시작해 중국에서 꽃피운 보세구역형 수출 드라이브 전략을 북한도 도입하려 한 것이다.

원산 말고 또 다른 자유무역지구 후보지가 바로 남포였다. 남포 역시 자유무역지구로 지정돼 북한 서해안 개발의 중심축으로 개발될 것으로 보였다. 원산·남포 추가 개방 문제가 떠오르게 된 것은 나진·선봉 지대의 부진과 관계가 있다. 북한 권력 핵심부가 나진·선봉이라는 기존 경제 특구 정책만으로는 경제 회복이 불가능하다는 판단을 하게 된 것은 96년 9월 잠수함 사건 이후부터였다. 96년 7월에 행해진 김정우 대외경제협력추진위원회 위원장의 일본·홍콩 방문, 그리고 9월의 나진·선봉 국제 투자 세미나 때까지만 해도 나진 선봉 개발에 대해 일정한 기대감이 있었다.

9월 세미나에는 불참했지만 한국 기업도 어쩔 수 없이 나진·선봉으로 몰려들 수밖에 없고, 그러면 그것을 발판으로 해외 자본을 유치할 수 있으리라고 본 측면도 있었다. 한국 기업의 투자 세미나 참가가 무산된 이후 북한이 이안 데이비스 유엔개발계획(UNDP) 북경 사무소장 주선으로 10월에 한국기업만을 위한 투자 세미나를 따로 준비하려 했던 것도 그 때문이었다. 그러나 잠수함 사건이라는 돌발 변수로 인해 10월 투자 포럼은 무산되었다. 결과적으로 한국 기업의 나진·선봉 진출 역시 당분간 기대하기 힘들게 됐다.

북한 권력 핵심부가 나진·선봉 이외의 대안 마련에 착수한 것도 바로 이 시기이다. 96년 10월께 북경에서 북한 고위층과 면담한 국내의 한 대북사업자는 그로부터 충격적인 제안을 받았다. "나진·선봉은 이제 한계에 도달했다.

정무원을 중심으로 남포 개발 청사진을 작성 중이다. 투자 지역 변경을 신중히 검토해 보라"는 것이었다. 같은 시기에 북한은 재일 조총련에 원산항 개발 청사진을 의뢰했다.

북한 정무원이 97년 1월 △남포·원산에 보세가공 구역을 설치하고 △경수로 예정지인 신포시를 개방 특구로 개발하며 △나진·선봉과 연동해 청진항을 개방하기로 하는 개방 확대 방안을 작성해 당 중앙위에 보고했다는 소식이 확인되기도 했다.

당시 대표적 개방파인 연형묵 전 총리와 김달현 전 부총리를 김정일 권력 승계 후 권력 전면에 등장시켜 그들로 하여금 이 같은 정책을 펼쳐나가도록 할 계획이었던 것으로 알려졌다. 97년 내내 이들의 복귀 관련 소식이 이어졌다. 그러나 끝내 이들의 복귀는 이뤄지지 못했다. 차후 밝혀진 바에 의하면 당시 김달현 총리 건강에 상당히 문제가 있었다고 한다.

'워싱턴 한반도 고위 전략회의'의 선택

북한과 독자 채널 구축에 실패한 김영삼 정부는 북미 대화에 남북대화를 끼워 넣는 식으로 동북아 질서재편 과정에서 소외되지 않기 위해 안간힘을 써왔다. 96년 4월 클린턴 대통령의 방한을 계기로 남북한과 미중에 의한 4자회담을 적극 제안한 것도 한국과의 개별 접촉을 꺼리는 북한을 대화 테이블로 끌어내기 위한 고육지책이었다.

그러나 97년 7월이 되면 4자회담으로 발이 묶인 미국의 대북 협상팀의 불만이 끓어올랐다. 그들의 적나라한 육성이 7월 중순 워싱턴에서 열린 '워싱턴 한반도 고위 전략회의'에 울려 퍼졌다. 이 회의는 국무부·국방부·중앙정보국(CIA)·국방정보국(DIA)·의회·학계 등에서 대북 정책에 관여하는 고위 실무자들이 참여하는 비공개 회의로 미국 대북 정책의 실질적 최고 결정 기관이라고 할 수 있다. 97년 7월 회의 분위기는 전례 없을 정도로 격렬했다고 한다. 96년부터 97년 상반기까지 진행된 미국의 북한 진출 정책이 예상치 못했던 부작용을 파생하면서 전략의 실효성 문제가 도마 위에 올랐기 때문이다.

특히 4자회담을 위한 예비회담이 97년 8월5일로 예정되고 이 회의에 중국이 참여하게 된 '불상사'에 대해 집중 성토가 있었다고 한다. 그동안 이 문제를 다루어 온 국무부와 국방정보국 관계자들에 대한 책임 추궁도 있었다. 4자회담에 대해 미국이 한국 다음으로 적극적인 것으로 비쳐졌기 때문에 이런 분위기를 의아하게 여길 수도 있다.

4자회담에 대해 미국이 적극적이라는 것은 겉모습일 뿐이다. 한반도 정책 실무를 담당하는 국무부와 국방부 인사들은 중국을 4자회담 테이블에 끌어들이는 것에 대해 실제로는 대단한 거부감을 보여 왔다. 북한과 대화 채널을 개설하기 위해 미국은 94년부터 3년 동안 온갖 공을 들여왔다. 그런데 중국이 어느 날 갑자기 '입장료'도 없이 끼어들게 됐다. '죽 쒀서 개 준 꼴'이 되어 버린 것이다.

미국은 한국이 중국을 끌어들이기 위해 그토록 애를 써온 이유가 미국을 불신했기 때문이라고 봤다. 그래서 그동안 미국의 북한 진출 정책이 한국의 불만을 지나치게 키워 놓았다는 점이 쟁점이 되었다. 불안감을 느낀 것은 한국만이 아니다. 북한은 북한대로 부담을 느껴 왔다. 대표적인 것이 평양 연락사무소 개설 문제이다. 실무 절차까지 다 끝났다는 연락사무소가 아직도 개설되지 못하고 있는 이유는 무엇인가. 북한은 초기에는 미국 연락사무소 개설을 김정일의 치적으로 활용하고자 했다. 그러나 시간이 지나면서 앞으로 미국의 북한 내 거점(post)이 될 연락사무소를 안방인 평양에 내준다는 것에 불안감을 가지기 시작했다.

미국의 일방적인 북한 접근 전략이 중국을 자극해, 중국이 러시아와 새로운 파트너십을 건설하게 되었고, 북한과의 군사 동맹을 강화하게 만든 것도 반성의 초점이 되었다. 특히 97년 출범한 클린턴 2기 행정부는 1기 행정부와 달리, 중국과 불필요한 마찰을 피하고 새로운 협력 관계를 모색한다는 이른바 '건설적 개입 전략'을 공식화하고 있다. 미·중 간의 새로운 분위기도 감안할 필요가 생긴 것이다.

논쟁은 주로 중앙정보국과 국방정보국 사이에 벌어졌다. 미국의 북한 정책은 주로 국방부 산하 국방정보국이 담당하고 있다. 미국이 북한 문제를 군사 문제로 인식하기 때문이다. 국방정보국은 '북한의 사회주의 체제를 무너뜨려 자본주의 시장 경제 질서로 전환시키겠다'는 붕괴 시나리오를 정책의 기조로 삼고 있다. 중앙정보국은 국방정보국의 이같은 강경 일변도 정책이 앞서와 같은 부작용을 낳았다고 주장했다. 중앙정보국은 북한의 지정학적·전략적 위치를 중시한다. 따라서 보다 정치적이고 전략적인 접근을 강조한다.

며칠을 두고 전개된 난상 토론의 결론은 이랬다. 미국의 북한 정책이 몇몇 성과에도 불구하고 일부 부작용을 초래한 까닭은 미국이 혼자 모든 것을 다 하려 했기 때문이다. 따라서 앞으로는 미국과 호흡을 맞출 파트너를 선택해 동반 진출하는 방식을 택해야 한다. 그 파트너는 누구인가. 바로 일본이다. 왜 한국이 아니고 일본인가.

김영삼 정부 이래 북한 정책을 둘러싼 한·미간 갈등사가 그 해답이다. 미국은 김영삼 정권 초기부터 한국 정부에게 북한에 동반 진출하자고 종용해 온 것으로 알려졌다. 결과적으로 이같은 시도는 실패로 끝났다. 북한의 김영남 외교부장도 얼마 전 "다음 정권이라면 몰라도 현 정권과는 대화하지 않겠다"고 말했지만, 사실 미국의 북한 실무자들 역시 비슷한 심정이다.

미국 대북관계 실무자들은 지난 96년 한·미간 갈등이 계속 드러날 때 "한국이 미국의 속마음을 헤아리지 못하고 계속 제동을 걸면, 미국은 일본과 손잡고 한반도 현안을 풀어 나갈 수밖에 없다"고 수차례 경고했다. 이제 그 경고가 현실로 나타난 것이다. 워싱턴 7월 회의는 바로 미국이 북한·한반도 정책에서 한국과의 파트너십을 포기하고, 일본을 새로운 협력자로 끌어들인 분수령이 되었던 것이다.

그리고 일본이 떠오르는 계기가 된 97년 8월21일 북·일 수교 회담의 막전막후에서 미국의 고위 외교 채널이 결정적인 중재 역할을 한 사실이 확인되기도 했다. 미국의 거듭된 중재 끝에 8월21일 북경에서 열린 북·일 수교 회담은 현안으로 제시된 일본인 처 고향 방문 및 북·일 수교 회담 본회담 조속 개최라는 극적인 합의를 이루어냈다. 당시로서는 대단히 놀랄 만한 사건이었지만 실제로는 예정된 순서였다.

일본 대북 접근의 단기 목표는 북한 내 거점 확보

북한 문제에 관한 한 일본은 다양한 카드를 손에 쥐고 있다. 북한이 절실히 필요로 하는 수교 자금과 매년 3백만t 이상 남아도는 쌀 등을 활용해 다양한 정책을 펼 수 있다. 따라서 일본이 무엇부터 시작할지, 또 어느 방향으로 선회할지 예측하기 어렵다.

우선 일본은 '일본 인맥'을 북한에 심는 데 주력할 것으로 보인다. 이와 관련해 유의해 보아야 할 것이 북·일 간에 구체적 합의에 도달한 일본인 처 고향 방문 문제이다. 북한내 1천8백여 명(그 중 절반은 이미 사망했다고 함)에 이른다는 일본인 처의 고향 방문이 계속 이어질 경우 그들 가운데 상당수가 일본의 북한 인맥, 또는 일본과 북한 간의 직접적인 메시지 전달 통로가 될 수 있으리라는 분석이 나오고 있다. 이것은 마치 중국이 북한에 살고 있는 화교들을 북한에 개입할 수단으로 유효적절하게 활용하고 있고, 또 한국이 중국의 조선족을 예비군으로 가지고 있는 것과 비견될 수 있을 것이다.

일본은 그동안 마땅한 북한 채널이 없어 고심해 왔다. 조총련이 그 역할을 담당해 왔으나, 일본은 조총련을 친일본 세력으로 보지 않는다. 96년부터 조총련이 주선하는 정당 간 교섭 창구를 폐쇄하고 정부 간 교섭으로 북한 채널을 일원화한 것도 바로 이런 점이 배경에 깔려 있다고 보아야 한다. 이런 와중에 일본인 처 고향 방문 문제가 등장한 것은 눈여겨 보아야 할 대목이다.

북·일간 수교 회담 본회담 타결은 과거 한·일 교섭 사례에서 보듯 상당한 기간을 필요로 한다. 따라서 관심의 초점은 일본이 수교 협상이라는 과정을 유지하면서, 단기적으로 획득하고자 하는 목표가 무엇인가 하는 점이다. 이와 관련해 미국이 일본을 앞세우는 형태로 전환한 것을 감안할 때 일본 연락사무소가 먼저 진출할 가능성도 배제할 수 없다.

일본의 단기적 목표 중 아직 부각되지 않은 것이 북한에 지역 거점을 확보하는 문제이다. 수교 교섭의 반대급부로 북한 내 특정 지역을 일본의 세력 거점화할 가능성이 매우 높고, 북한은 북한대로 최근 일정 지역을 외국에 위탁해 대리 개발하는 전략을 일부 흘리고 있다. 이 점에서 양자의 이해가 일치할 수도 있다.

이 경우 첫 번째로 지목되는 곳이 원산이다. 국내 한반도 전문가들 사이에 원산 문제가 떠오른 계기가 있었다. 97년 7월 말~8월 초 일본 내각조사실 조사팀이 극비리에 원산 지역을 상세히 조사했다는 정보가 입수된 것이다. 이 조사는 극도의 보안 속에 이루어졌다. 따라서 겉으로는 내각조사실 명의가 아니었다. 그러나 내각조사실의 자금과 계획에 의해 추진된 것이 분명하다고 한다.

내각조사실은 일본의 대표적인 국가 정보 조직이다. 이 조직은 웬만해서는 직접 표면에 나서지 않는 것으로 알려져 있다. 그러나 96년 김정일의 건강에 대한 의문이 제기되었을 때, NHK에 자금을 지원해 김정일을 촬영한 비디오 테이프를 정리 분석하는 등 중대 사안에서 직접 나서는 경우가 종종 있다. 내각조사실이 직접 원산을 조사했다는 것은 이 문제가 일본의 북한 정책에서 중대 사안으로 떠올랐음을 반증한다.

일본이 원산에 관심을 가질 수밖에 없는 이유는 역사·경제·문화·외교안보 차원 등 수없이 많다. 일제시대 원산은 한반도 내 일본의 대표적인 공업·상업 거점 도시였다. 미쓰비시·미쓰이 등 일본 굴지의 재벌 회사들이 원산에서 현지 공장을 운영했다. 현재도 니가타 항과의 사이에 만경봉호가 운항되고 있다. 북·일간 해상 교통로의 중심항구라고 할 수 있다.

외교안보 측면에서도 원산은 일본의 모든 도시와 직접 연결이 가능하다. 따라서 다른 세력이 원산을 장악하게 될 경우 일본 안보는 위협받게 되고, 반대로 일본이 원산을 장악할 경우 대륙으로 통하는 진출로를 확보하게 된다. 원산에 대해서는 미국도 상당한 관심을 가지고 있는 것으로 알려져 있다. 일부 소식통에 따르면 앞으로 미국이 오키나와 주둔 미군 중 일부를 북한으로 옮길 경우 원산을 최적지로 보고 있다고 한다. 따라서 일본은 미국과도 미묘한 선점 경쟁을 해야 할 처지이다.

일본이 원산을 장악하게 될 경우 현재의 직선 기선에 따른 2백 해리 배타적 경제수역을 발판으로 한 해양 세력권(파워 존)을 한반도 쪽으로 훨씬 전진시키는 효과를 거둘 수 있다. 이 경우 북으로는 북방 열도에서 시작해 원산을 중간 기착지로 하고, 다시 남으로 중국과 영유권 분쟁을 일으키는 조어도(센카쿠 열도)를 연결하는 광대한 세력권을 형성하는 것이다. 한국과 분쟁이 벌어지고 있는 독도는 자연히 이 속에 파묻히게 된다.

바로 이 점이 일본이 북한 진출을 통해 단기적으로 기대하는 최대 효과라고 할 수 있다. 즉 일본이 21세기 생존전략으로 설정해 놓은 해양 대국화는 원산을 확보하는가 못하는가에 달려 있다고 해도 과언이 아니다. 일본은 이처럼 자국 방어망을 북한 지역에까지 확대함으로써 앞으로 예상되는 중국과의 패권 다툼에서 유리한 고지를 장악하고자 하는 것이다.

북한 석유에 눈독 들이는 일본

일본 종합상사들이 북한측과 본격적으로 접촉하기 시작한 것은 94년 북미 제네바 합의 직후부터로 알려졌다. 따라서 96,97년이면 본격적으로 접촉한 지 2,3년 차 정도이나 남북관계가 빈틈을 타 매우 깊숙이 접근하고 있었다. 북일 수교라는 신호탄만 울리면 일제히 뛰어들 태세였던 것이다. 북한 석유 개발 분야 역시 마찬가지다. 당시 북한 석유 매장과 관련 가장 확실한 정보를 가지고 있던 곳은 일본 종합상사인 니쇼이와이(日商岩井) 상사였다.

니쇼이와이 상사가 북한 유전에 관심을 갖게 된 역사는 적어도 10년 이상인 것으로 알려졌다. 본격적인 작업이 이루어진 것은 95년 초 북경에서 북한측과 석유 탐사 합의를 하면서부터다. 니쇼이와이는 북측과의 합의를 토대로 일본 석유공단(JNOS)으로부터 약 1억엔을 지원받아, 석유 개발 전문 업체인 일본 오일엔지니어링사에 북한 서한만 일대에 대한 조사 용역을 맡겼다.

니쇼이와이의 용역을 받은 일본 오일엔지니어링사는 80년대 초 노르웨이의 지코(GECO)사가 이 일대를 탐사하고 생산해낸 2~3t의 방대한 테이프 자료를 입수해 전산 처리했다. 기존 탐사 자료라도 신기술로 이를 처리할 경우 얼마든지 새로운 결론을 끌어낼 수 있다.

니쇼이와이는 이같은 과정을 통해 96년 12월 두 가지 보고서를 확보했다. 하나는 서한만의 지질 구조까지 포함한 방대한 분석 자료이고, 또 하나는 이를 4쪽으로 요약한 보고서이다. 지질구조 분석 자료는 니쇼이와이사와 일본 석유공단 등 3~4곳만 소유하고 있고, 4쪽짜리 보고서는 소수의 전문가에게 배포되었다.

이 4쪽짜리 보고서에는 베일에 가려진 북한 석유 매장의 실체를 벗길 내용이 담겨 있다. 즉 방대한 양이 매장되었다는 사실이 과학적 방법에 의해 입증된 것이다. 요약 보고서에서 원유 매장 장소로 지목한 곳은 중국과 국경을 마주한 북위 38° 5′ 지역이다. 바로 개성 앞바다에 해당한다. 니쇼 측은 이곳의 A·B·C 세 지역을 집중 분석해 특히 수심 30~60m, 면적 5천㎢에 이르는 C지역에서 5억 배럴 가량의 원유가 매장된 사실을 확인했다. 이 5억 배럴은 한 구멍에서만 확인된 것이므로 다른 곳의 매장 가능성까지 합치면 실제로는 훨씬 많아진다. 니쇼이와이 측의 보고서를 토대로 일본 석유 전문가들은 전체 매장량을 약 30억 배럴로 추정했다.

니쇼이와이 상사는 일본 종합상사 중 북한 유전 개발에 가장 적극적인 회사다. 이 회사는 65년 한·일 협정 당시 마루베니 상사가 청구권 자금을 매개로 급성장한 사례를 참고하고 있다고 한다. 앞으로 북·일 수교 과정에서 북한 특수를 확보함으로써 기업 성장이 가능하리라고 기대하고 있는 것이다. 그동안은 니쇼이와이 측 자료에 대한 공동 지분을 가지고 있는 일본석유공단이 정치적 여건을 고려해 자제를 요청해 왔다고 한다. 그러나 북·일 수교 움직임이 구체화하면서 니쇼이와이 측의 대북 접근이 다양한 채널을 통해 이루어지고 있는 것으로 알려졌다.

일본 정부 및 재계·정치권 역시 앞으로 청구권 자금과 관련한 유효한 프로젝트로 북한 원유 개발을 깊이 검토하고 있다. 이와 관련해 당시 일본 언론계에는 96년 11월 중순 방북한 여3당 대표단의 노나카 히로무 자민당 간사장 대리가 북한 측과 유전개발권 확보문제를 협의할 가능성이 있다는 얘기가 돌고 있다. 이밖에 마루베니 상사의 경우 96년부터 석유 탐사 전문가를 평양 사무소에 파견해 북한 서해안 일대에 대한 탄성파 탐사를 진행해온 것으로 알려졌다.

3.1. 북한 선점 위한 미·중·일의 각축전

지난해(1996) 연말 잠수함 사건이 북한의 사과 표명으로 종결됨에 따라 97년은 비교적 가벼운 기분으로 시작했다. 김영삼 대통령은 1월1일 신년사에서 올해는 남북관계에서도 화해와 협력의 전기가 오길 진심으로 바란다고 언급했다. 북한은 공동사설을 통해 "위대한 당의 령도 따라 내나라, 내 조국을 더욱 부강하게 건설해 나가자"고 했다. 1월3일 미국 행정부는 북한의 잠수함 침투 사과 표명에 따라 미국 곡물회사 카길사의 50만톤 규모 대북 식량 거래를 허가했다. 1월7일 김영삼 대통령은 연두기자회견에서 북한에 4자회담에 호응할 것을 다시 촉구했다. 97년은 북한과 주변국 관계에서 미뤄졌던 일정들이 빠르게 전개될 것으로 예상됐다. 아래 기사에도 소개된 것처럼 북한 측이 중국에 통보했다는 정보를 바탕으로 김정일의 4월 승계설이 유력했고 그것을 전후로 미국 연락사무소의 평양진출과 카길사의 대규모 식량 수출, 미국의 움직임에 연동된 중국 일본의 연쇄 움직임 등이 예상되기도 했다. 이런 낙관적인 전망이 있을 때마다 이를 단번에 뒤엎는 대형사건 사고가 터져 예측 불허의 상황이 되곤 하는 게 90년대 이후 한반도 정세의 특징 중 하나다. 결정적인 국면마다 누군가 의도적으로 방해를 하는 게 아닌가 싶을 정도다. 이 기사는 이런 돌발 사고나 뜻밖의 변수가 등장하기 전 입수된 정보를 바탕으로 그려본 97년 상반기 전망 기사다.

북한 선점 위한 미·중·일의 각축

전문가들이 내다본 97년 상반기 한반도 정세/김정일, 4월 권력 승계

올해 상반기 북한을 둘러싼 한반도 정세는 4월로 앞당겨질 가능성이 높은 북한 김정일의 권력 승계와 이를 전후한 미국·중국·일본 등 주변 열강의 본격적인 대북 주도권 경쟁에 의해 정점에 도달할 것이다. 김정일의 권력 승계에 앞서 미국은 3월1일자로 평양연락사무소를 개설할 것이다. 일본 역시 북·일 연락사무소 개설 협상을 본격화하게 된다. 북한·중국 관계는 김정일이 권력 승계 이후인 6월께 중국을 방문해 강택민 주석과 정상회담을 가짐으로써 일대 전기를 맞게 된다. 북·중 정상회담에 맞춰 중국은 북한과의 합영 사업을 대대적으로 확대하는 조처를 발표함으로써 정치 군사 관계뿐 아니라 북한 경제 재건에도 깊이 개입할 것임을 내외에 선포하게 될 것이다.

북한, 미국과 관계 개선 위해 권력 승계 앞당겨

김정일이 4월에 권력을 승계할 것이라는 점은 3년 상을 탈상하는 7월께로 예상했던 국내외 전문가들의 일반적 예측과 다르다. 이 같은 판단은 김정일의 매제이자 북한 권력 2인자로 통칭되는 장성택이 지난해 12월 초 중국 측에 김정일이 97년 6월 중국을 방문할 것이라고 통보한 데에서 비롯되었다. 장성택의 통보는 우회적으로 일본 언론에 전해져 '7월 방중설'로 보도되었다. 그러나 발언의 실질적 내용은 '6월 방중'이었다. 6월에 김정일이 중국을 방문한다는 것은 결국 그 이전에 승계가 이루어지리라는 것을 암시한다. 이를 계기로 추적한 결과, 북한 핵심부가 지난해 12월 초, 97년 4월 승계를 비밀리에 결정하고 내부 준비 작업에 돌입했다는 사실이 포착됐다.

북한 권력 핵심부가 이처럼 김정일의 권력 승계를 앞당긴 이유는 올해 역시 북한 대내외 정책의 핵심 과제로 떠오른 쌀 부족을 해결하려면 미국과의 관계를 타결해야 하고, 이를 위해서는 권력 승계를 앞당기지 않을 수 없기 때문이다. 북한과 미국은 그동안 미국 연락사무소 평양 개설과 김정일의 권력 승계의 선후에 대한 논쟁을 거듭해 왔다. 그러던 중 지난해 말 이형철 북한 외무성 미주국장과 윈스턴 로드 미 국무차관보의 북경 비밀 협상 및 이형철의 방미 협상에서 절충점을 찾은 것으로 알려졌다. 즉 '주인 없는 국가와는 공식 관계 형성이 어렵다'는 미국 입장과 승계와 사무소 개설을 동시 진행하자는 북한 입장이 절충되어 '3월 연락사무소 개설· 4월 권력 승계' 일정이 확정된 것으로 알려지고 있다. 미국은 김정일이 승계하기 전인 3월1일 연락사무소를 개설하고 그와 동시에 대대적인 쌀 지원 등 선물을 안겨주는 것이 권력 승계 후의 영향력 확보를 위해 유리하다고 판단한 것이다. 이와 관련해 1월 말 개최될 미·북한 준 고위급 회담의 핵심 의제는 바로 사무소 개설에 따른 미국의 선물 공여에 맞춰질 것으로 보인다. 반면 최근 북한 측은 사무소 개설을 승계 후인 5월로 미루어 달라고 요구해 내부 쟁점 사항으로 남아 있음을 암시했다.

미국이 이처럼 북한 진출을 서두르고 있는 이유는 중국과의 영향력 경쟁 때문인 것으로 파악된다. 미국이 핵 협상 대가로 북한에 중유 공급을 약속하고 나섰던 점이나, 최근 카길사의 곡물 50만t 수출을 이례적으로 승인한 점에서도 이 같은 점이 드러났다. 동일 품목 동일 방식으로 북한에 대해 중국과 영향력 경쟁을 벌이고 있는 것이다.

중국 역시 올해는 그동안의 방관자적 입장에서 벗어나 본격적인 개입 정책으로 전환할 것으로 예상된다. 지난해 8월 북대하에서 열린 중국 공산당 비밀 수뇌회의에서 북한에 대한 개입을 강화한다는 방침을 내부적으로 결정한 사실이 소수의 전문가들에 의해 확인되기도 했다. 즉 북한에 대한 곡물과 원유 지원을 확대한다는 것이다. 곡물 지원 양은 지난해 10만t 수준에서 올해부터 50만t으로 확대한다고 결정했다. 또한 최근 몇 년간 열리지 않았던 북한과의 각종 공식 회담을 재개한다는 방침도 세웠다. 여기에는 군사 및 경제 관련 회담들도 포함된다.

중국은 중국대로 북중 관계가 정치적 이유로 악화되는 것을 원치 않고, 북한이 현재 상태로 붕괴되는 것도 원치 않으며, 미국의 영향력이 무제한으로 확대되는 것을 방치하지 않겠다는 입장이 확고하다. 또한 세기 말이 가까워지면서 중국 내부 정세가 등소평 사망, 과두 체제 논란, 인플레 우려, 사회 기강 해이, 당의 존립 위기 등으로 인해 불리해질 가능성이 높아짐에 따라 그 탈출구로서 '북한 카드'의 필요성이 커졌다.

북한 역시 대미 관계의 완급 조절 카드로 중국을 활용하려 한다. 미국에 대해서는 사무소 평양 진입을 허용하고, 또 한편으로는 김정일 6월 방중으로 중국과의 관계를 강화하려는 것은 이를 대미 카드로 쓰기 위해서다. 미국이 △카길사의 50만t 곡물 수출 △4자회담 3자설명회에도 불구하고 미·북한 협상 틀로 현안을 타결해야 한다는 점 △경제 제재 해제 약속을 지킬 것 등을 하지 않으면 중국과의 관계를 강화하겠다는 메시지다.

북한 진입을 둘러싼 열강 간 경쟁의 제3 요소는 바로 일본이다. 일본은 자신들의 국익이 배제된 채 미·중 경쟁이 진행되는 것은 용납할 수 없다는 기본 입장을 가지고 있다. 일본 기업 또한 막대한 수교 배상금에 눈독을 들이고 있는 상황이다. 그동안의 미·북한 교섭 과정에서 일본은 '미국이 가면 일본도 간다'는 입장을 철저하게 고수해 왔다. 잠수함 사건의 여진이 가시기 전인 지난해 12월 일본이 북한과 세 차례 비밀 협상을 감행한 배경도 바로 이것이다.

일본도 쌀 지원으로 대북 밀착 강화

지난해 12월의 교섭에서 북한과 일본은 대단히 중요한 합의에 도달한 것으로 알려지고 있다. 수교 이전이라도 일본의 대북 지원이 다양한 형태로 이루어질 수 있다는 것이다. 최근 일본 측에서 터져 나오고 있는 대북 쌀 지원 재개 움직임이나, 1월 중 예상되는 일본 수교 교섭단 방북 및 그 뒤 이어질 북한 대표단 방일은 바로 이 12월 합의의 결과이다. 일본의 대북 쌀 지원 재개는 1월 말의 한·일 정상회담에서 일본 측이 한국에 그 당위성을 설득하는 형태로 표면화할 것이다. 빠르면 2월 중에 30만t 정도의 1차 지원이 이루어질 것으로 예상된다. 일본은 현재 약 3백만t 정도 재고미를 보유하고 있다. 이 중 약 2백만t은 언제든지 지원할 수 있다. 북한은 백만t 정도 지원해 달라고 요구하고 있다.

그동안 국내에서는 지난해 북한의 곡물 수확량 감소를 들어 올해 북한이 최악의 식량난에 빠질 것이라는 예측이 무성했다. 그러나 금년 상반기 중 미국 카길사의 50만t, 일본의 백만t, 미국 정부 및 기타 국제기관의 50만t만 합쳐도 2백만t 확보가 가능하다. 여기에 중국 쌀 50만t을 옥수수로 환산한 백만~1백50만t을 더하면 그런대로 금년은 무난하게 넘길 수 있을 것으로 예상된다. 북한 권력 핵심부는 이처럼 쌀 문제만 해결되어도 김정일 시대는 성공적으로 출범한다고 평가할 것이다.

금년 상반기 중 미국·중국·일본의 대북 주도권 경쟁을 한마디로 요약하면, 누가 먼저 유리한 거점을 확보할 것인가, 북한 권력 핵심부에서 자국에 대한 지지 세력을 얼마나 확보할 수 있는가에 초점이 맞춰져 있다. 이처럼 미국·중국·일본의 북한 진입이 '다채널 다 거점 시대'로 돌입하는 데 반해 한국의 대북 관계는 '무 채널 무 거점' 상태를 벗어나기 어렵다는 사실은 중·장기적으로 민족 차원의 불행을 예고하는 것이다.

한국 정부는 △4자회담을 성사시킨 후 궁극적으로는 미국·중국을 배제한 남북대화 체제(즉 4-2 체제)로 전환 △한반도 에너지기구 활용 △대북 경협을 통한 채널 확보 등을 북한과 접촉하는 방법으로 검토할 것이다. 그러나 세 가지 방안 모두 실효성이 의심스러워 앞으로 딜레마에 봉착할 가능성이 매우 높다.

김정일의 4월 승계 후 주변국 관계가 정비되면 북한 측이 주도권을 쥘 가능성도 점쳐지고 있다. 북한은 △5월께 한국에 대북 쌀 지원을 전제로 한 남북 비밀 대화를 촉구하고 △이것이 성사될 경우 7,8월께 정상회담을 논의하기 위한 남북회담을 요구해올 공산도 있다. 그러나 이는 실질 대화보다는 △차기 정권을 겨냥한 주도권 확보 △미·일 등의 북한 지원을 촉진시키기 위한 전략적 고려일 가능성이 매우 높다.

(1997. 1. 23)

※97년 상반기 정세는 물론 이대로 흘러가지는 않았다. 표면적으로는 크게 두 가지 변수가 있었다. 97년 2월 불거진 황장엽 망명 사건이 상반기 정세를 집어 삼키는 블랙홀로 작용했다. 2월12일 북한 외교부는 "남조선 당국자들이 황장엽 비서를 납치해놓고 그것을 망명이라고 떠든다면 우리는 지금껏 있어보지 못한 중대사건으로 간주하고 응당한 대응조치를 취할 것이며 중국 측에도 이와 관련한 해당한 조치를 취해 주리라 기대한다"고 공식 반응했다. 다시 2월17일 북한 외교부는 "그가 망명을 추구했다면 그것은 변절을 의미하므로 변절자는 갈테면 가라는 것이 우리의 입장이다"라며 황장엽의 망명에 대한 입장을 밝혔다. 그 보다 이틀 전인 2월15일에는 김정일 위원장의 전처 성혜림의 조카 이한영 씨 피격 사건이 발생했다.

황장엽 사건 외에 북미관계 발목을 잡은 것은 4자회담 문제였다. 한국이 4자회담 개최에 완강한 입장이었기 때문에 미국도 동맹에 대한 배려 차원에서 북미관계와 관련한 모든 사안을 4자회담에 연계했다. 3월5일 열린 4자회담 공동 설명회에서 한국 측은 "회담의제는 한반도 평화체제 수립문제와 남·북한 간 긴장완화 및 신뢰구축 문제를 양대 의제로 하되 필요시 의제를 세분화하여 토의 진행할 것을 제의"했다. 미국은 "한반도의 평화정착 문제는 미·북한이 별도로 협상할 문제가 아니며 어디까지나 직접 당사자인 남·북한 간에 논의되어야 하며 바로 4자회담은 이러한 틀을 제공하기 위한 것임을 강조"했다. 이에 대해 북한 측은 "남·북한 간에는 불가침 합의가 있으므로 미·북한 간에 평화협정을 체결하자"는 기존의 입장을 반복하며 "현재의 한반도 정세로 미루어 볼 때 공동설명회에 참석한 것은 큰 용단"이라고 강조했다.

3월7일 연락사무소 개설 등과 관련한 미·북 준 고위급회담이 개최됐다. 3월11일 번스 미 국무부 대변인은 "연락사무소 개설 합의는 4자회담의 진전 등 광범위한 한반도 구도의 일부가 될 것이다, 미·북관계는 전적으로 남북한 관계의 진전여부에 달려있다"며 미·북 연락사무소 설치를 4자회담 진전과 연계시켰다. 또한 3월19에는 미국 내 북한 자산 동결 해제를 4자회담 성사를 전제로 검토하겠다는 번스 대변인의 발언도 나왔다.

4월10일 김영삼 대통령은 국제의회연맹연설에서 "한국은 한반도 평화와 남북협력을 위해 북한에 대한 식량지원과 경수로사업 지원 등 최선의 노력을 기울여왔으며 한반도의 평화와 민족의 공존공영을 위해 북한은 성실한 자세로 4자회담에 호응해 줄 것을 촉구"했다. 그러자 4월12일 북한 외교부 대변인은 4자회담 개최와 식량지원은 별개 문제라며 "우리의 당면한 식량 형편이 어려운 것은 사실이나 쌀 문제 때문에 4자회담을 하고 안하는 결과를 내리게 되리라고 기대한다면 커다란 오산이다"라고 반박했다.

4월16~21일 열린 4자회담 공동설명회 후속협의에서 남측은 "4자회담 개최 이전에 식량지원은 불가하며 4자회담이 시작되면 논의 하겠다"라고 했다. 북측은 "4자회담은 원칙적으로 수용한다"면서도 한·미 측에 "4자회담의 개최를 전후하여 대규모 식량지원을 강력하게 요구"했다.

4월20일 황장엽 전 북한 노동당 국제담당비서가 한국에 도착했다. 5월1일 미국은 대북 쌀 지원에 5개항의 조건을 명시하는 법안을 마련했는데 그 내용은 다음과 같다. ① 미국의 대북한 식량지원에 한국의 반대가 없을 것 ② 지원식량이 군용으로 전용되지 않을 것 ③ 북한 군량미가 식량난 해소에 사용될 것 ④ 국제기구를 통해 지원된 식량은 지정 수혜자에게만 제공될 것 ⑤ 미국 정부와 국제농업기구는 북한 당국이 근본적인 농업개혁정책을 취하도록 촉구할 것 등이다. 5월3일 북한 외교부는 4자회담 협의를 계속하겠다는 입장을 표명했다.

그러나 보다 근본적인 이유는 기대했던 것만큼 쌀 공급이 제대로 이루어지지 않으면서 전반적인 일정이 늦춰졌다.

북한 취재를 하는 동안 북한의 석유 매장과 관련한 기사를 여러 차례 썼다. 이 기사가 그 첫 번째이다. 96년 일본을 방문했을 때 알게 된 취재원으로부터 일본의 북한 석유 탐사 관련 정보를 입수해 쓴 것이다.

북한, 미국에 유전 개발 손짓

北, 미국 석유 메이저에 '유전 개발' 손짓…日 상사 이미 깊이 관여, 유럽 국가들도 '눈독'

북한이 석유 매장 가능성이 높은 서해안 지역 유전을 개발하려고 미국 석유 메이저들에게 손짓하고 있다. 북한은 앞으로 있을 미국과의 협상에서 연락사무소 개설 조건으로 미국 석유 메이저의 북한 진출을 제한하고 있는 제재 조처를 해제하라고 미국 측에 강력히 요구할 계획인 것으로 알려졌다. 북한 에너지 문제에 정통한 일본의 한 북한 전문가는 최근 전화 인터뷰에서 이 같은 소식을 전하면서 "북한의 유전 개발은 이미 경제적 타당성이 매우 높은 것으로 결론이 난 상태다. 북한은 앞으로 미국의 석유 메이저를 적극 끌어들여 개발 분위기에 박차를 가할 계획을 가지고 있다"라고 밝혔다.

미국 카길사의 대북 곡물 지원 협상이 벽에 부딪히고 3자 회담 설명회가 지연되는 등 최근의 미묘한 상황에서도 미·북한 간 연락사무소 개설 협상은 오히려 추진력을 얻어가고 있다. 최근 분위기를 고려한다면 북한 유전 개발에 대한 미국 기업의 참여 문제는 가까운 시일 내에 국제적인 현안으로 대두할 가능성이 있다. 연락사무소 개설과 관련해 북한 측은 최근 내부 회의에서 '무리를 해서라도 3월 개설을 실행하겠다'는 방침을 정했다고 한다. 북한은 한국과 일본의 대북 쌀 지원을 적극 유도하기 위한 카드로 미국 연락사무소 개설을 활용하고자 하는 것이다. 다만 개설 시기와 관련해 일본 전문가 중에는 3월 중 북한과 미국이 사무소 개설 사실을 대외에 선언하고 미국 의회의 승인 절차를 밟은 뒤 실제 개설은 5월에 이루어질 가능성이 높다는 견해도 제시된다. 따라서 늦어도 3~5월에는 미국 메이저의 북한 석유 개발 참여 문제가 국제적 이슈로 떠오를 가능성이 있다는 것이다.

북한 측이 석유 개발 문제를 대미 협상 카드로 제시할 방침을 굳힌 데 대해 이 일본 소식통은 "북한 지도부가 서해안 지역에 경제성 있는 대규모 유전이 존재한다고 확신을 가지고 있기 때문"이라고 설명했다. 북한이 유전을 개발할 가능성은 북한 고위 인사들의 발언을 통해 상당한 반향을 일으킨 바 있다. 특히 지난해 7월 일본을 방문한 김정우 북한 대외경제협력추진위원회 위원장은 "북한 서해안에서 대규모 유전을 발견했다"는 내용을 공식으로 밝혔다. 김 위원장 이전에도 비공식 석상에서 북 측의 비슷한 발언이 있었다. 95년 11월 일본 동아시아무역연구회 대표단 방북 결과 보고서에는 북한 대외경제위원회 이성대 위원장이 "서해에 많은 원유가 매장돼 있다는 사실을 최근 알게 되었다"고 발언한 사실이 적시되어 있었다.

일본 상사 탐사 결과 "경제성 높다"

문제는 북한 지도부가 어떤 계기로 확신을 갖게 되었는가 하는 점이다. 그동안 서해안에 유전이 존재하는지를 놓고 말들이 많았다. 일본 소식통은 일본 종합상사인 니쇼이와이 상사(日商岩井 商社) 측이 지난해 5월 작성한 북한 유전 개발에 대한 비밀 보고서를 그 근거로 제시했다. 니쇼이와이 상사는 연매출 규모 13조엔(120조~130조원으로 한국 정부 1년 예산 70조원의 2배에 조금 못 미친다)에 이르는 일본 굴지의 종합상사이다. 9대 종합상사 중 서열 6위이고, 동북아시아 지역 유전 개발에 풍부한 경험을 가지고 있으며, 현재 베트남 유전 개발에 깊이 참여하고 있다.

니쇼이와이 상사의 베트남 유전 개발은 시기 면에서 현재 북한이 처한 상황과 매우 유사하다는 점에서 주목된다. 상사 측 관계자들은 부인하고 있으나, 일부에서 이 상사가 현재 평양에 사무소를 가지고 있다는 말이 나올 정도로 북한과도 깊은 관계를 유지하고 있는 것으로 알려지고 있다. 니쇼이와이 측 보고서는 이 회사 본사와 일본 내 한 분석기관, 그리고 북한 측이 각각 1부씩 보관하고 있을 정도로 철저하게 비밀에 부쳐져 있고 소수의 관계자들을 통해서만 그 내용의 일부가 흘러나온 바 있다.

일본 소식통에 따르면 니쇼이와이가 북한 유전 지대 탐사에 착수한 시기는 94년 여름~ 95년 여름까지 약 1년 간이었다고 한다. 니쇼이와이측은 탐사한 자료를 다시 일본의 한 분석기관에 의뢰해 1년 동안 경제성을 조사했다. 최종 보고서가 작성된 것은 96년 5월이다. 주요 내용은 북한 서해안 북위 38도선 및 중국 국경 근처에서 매장량 1억5천만t에 이르는 대규모 유전이 발견되었고, 경제 타당성 조사에서도 높은 점수를 받았다는 것이다.

그동안 중국·소련과 서방의 많은 기업들이 북한에서 유전 탐사에 열을 올렸으나 본격적인 탐사가 이루어진 것은 니쇼이와이가 처음이라는 점에서 이 조사 보고서는 대단히 중요한 의미를 띠고 있다. 매장량 1억5천만t은 북한의 1년 원유 소비량을 백만t으로 볼 때 약 1백50년간 사용할 양이다. 소련과 중동으로부터 원유 공급이 중단되기 전 연간 2백만t을 소비했던 수준으로 따져도 앞으로 75년이나 사용할 수 있는 양이다. 또 천연 가스 등의 후속 개발도 가능해 경제성이 매우 높다는 것이다.

북한 석유에 대해 국내에서는 가능성은 인정하나 경제성에는 회의적이었다. 안기부 역시 회의적이었는데, 여기에는 나름의 사연이 있다. 지난 1월 초 국내 일부 언론은 북한이 일본의 대북 교역 전문 회사인 레인보 상사를 통해 북한 동·서 해안의 유전 개발 관련 보고서를 독점 판매하고 있다는 기사를 실었다. 유전을 본격 개발하기에 앞서 개발 보고서를 판매하는 행위는 옛 소련·중국·몽골 등 사회주의권의 일반적인 관례이다. 안기부 역시 2년 전 비밀리에 레인보 상사로부터 거액을 들여 관련 보고서를 입수해 분석했다는 것이다. 당시 안기부가 입수한 보고서는 호주의 한국 교포와 금강산 국제그룹의 박경윤씨가 깊숙이 개입해 만든 것인데, 분석한 결과 특별한 내용이 없었다는 것이다. 이처럼 북한 유전에 관한 회의적 시각은 과거 정보를 바탕으로 한 것이다. 여기에는 그동안 유럽·캐나다·호주 기업들이 탐사한 결과가 별로 신통치 않았다는 점도 크게 영향을 미쳤을 법하다.

"미·북한 연락사무소 협상 때 물밑 흥정 있을 것"

국내의 이같은 시각과 달리 현재 미국· 일본과 유럽 국가들은 북한의 유전 개발 가능성에 크게 주목하고 있다. 향후 개발권 확보를 위해 치열한 암투를 벌이고 있는 상황이다. 일본은 이미 북한 유전 개발에 깊숙이 발을 담그고 있는 니쇼이와이 상사를 필두로 대부분의 종합상사들이 깊은 관심을 가지고 관련 정보 수집에 몰두하고 있다. 특히 니쇼이와이 상사측은 앞으로 북·일 수교 협상이 본격화하면 대북 진출 제한 조처가 풀릴 것에 대비해 북한과 공동 투자해 유전을 개발한다는 계획을 세운 것으로 알려지고 있다.

유럽에서는 주로 독일과 프랑스가 깊은 관심을 보이고 있다. 최근에는 프랑스의 거대 석유회사인 엘프(ELF)의 동향이 심상치 않다. 특히 지난해와 올해에 걸쳐 북한을 방문하는 유럽인들이 급증하고 있다. 국내의 한 정보 소식통은 3~5월에 방북이 예정된 유럽인 수가 천여 명에 달한다고 추산한다. 이 소식통은 이 중 상당수가 석유 개발과 관련한 조사단일 가능성이 높다고 지적했다.

북한 석유 문제와 관련해 앞으로 주목해야 할 것은 역시 미국의 움직임이다. 미국은 그동안 내색하지 않았지만 대북 접촉의 주요 목적 중 하나로 북한의 풍부한 원유 매장 가능성을 들었을 정도이다. 그동안 은밀히 조사해 온 것으로 알려지고 있다. 국내의 한 소식통은 이와 관련해 "미국은 이미 북한 유전 소재지에 대한 인공위성 탐사를 끝내놓고 적절한 시기만 기다리고 있다"라고 지적했다. 미국의 석유 메이저들은 베트남에서의 악몽을 재현하지 않겠다는 결의가 대단하다. 즉 미국 기업에 대한 엠바고(제재 조처) 해제가 늦어짐으로써 베트남 유전 개발 사업에서 뒤처졌던 악몽을 북한 진출에서 되풀이하지 않겠다는 것이다. 다만 앞으로 미국 메이저가 북한에 진출할 경우 중국과 분쟁이 발생할 가능성에 대한 고려와 북한의 관련 법규가 미비하다는 점 때문에 그 시기를 조심스럽게 저울질하고 있는 상황이다. 국내의 또 다른 정보 소식통은 "미·북한 간 연락사무소 협상 때 북한 측이 유전 개발에 협조하라고 요구할 것은 거의 틀림없는 사실이다. 그러나 실제 겉으로 드러나는 협상 결과는 대북 식량 지원 확대 조처 등이 되고 석유 메이저의 북한 진출은 시기와 여건을 보아 가면서 추진하자는 쪽으로 결론이 날 가능성이 높다"라고 지적하기도 했다.

미·북한 간의 단기 협상 결과가 어떻게 나타나든 북한 석유개발 문제는 앞으로 미국·일본과 유럽 국가들 사이에 뜨거운 이슈로 돌출할 가능성이 매우 높다.

(1997. 2. 13)

지난해 연말 잠수함 침투 사건을 해결하는 과정에서 미국은 카길의 50만t 대북 식량 판매를 허가했다. 그러나 1월초 북한과 카길의 식량 구매 협상은 북측 설명에 따르면 "카길사측이 우리가 받아들이기 어려운 대금 지불 조건을 제시해" 결렬됐다. 뉴욕 주재 북한대표부의 한성렬 공사는 "식량 50만t은 잠수함사건 타결 과정에서 미국 정부가 카길사를 통해 주기로 했던 것인 만큼 반드시 이행되어야 한다"면서 "50만t은 미국이 주던, 아니면 다른 나라(한국 또는 일본)가 주던, 유엔 세계식량계획(WFP)이 주던 관계없다"고 말했다. 그 뒤 북한은 미국이 식량 50만t을 제공하지 않으면 1월로 예정된 4자회담 3자 설명회를 보이콧하겠다고 해서 3자 설명회가 무산됐다. 그런데 그 직후 황장엽 망명 사태가 벌어지면서 반전이 이루어졌다. 이 기사는 북한이 황장엽 망명 사태를 어떻게 받아들이고 수습하려 했는지, 그보다 더 근본적으로는 황장엽 씨는 왜 망명을 한 것인지 등을 설명하고 있다.

"북한, 국면 전환 위해 3자 설명회에 나온다"

김정일 원만한 권력 승계 위해 불가피…대가로 쌀 요구할 듯

황장엽 비서 망명 사건 등 남북한을 둘러싸고 굵직한 사건들이 계속 불거지고 있는 가운데, 북한이 머지않아 외교 카드를 통해 전격적으로 국면 전환을 시도할 가능성이 높다는 의견이 제시되고 있다. 북한이 그동안 중단해온 4자회담을 위한 3자 설명회에 전격적으로 참여하겠다고 선언하고 나온다는 것이다. 북한의 국면 전환 움직임을 주시해온 국내의 한 정보 소식통은 "일정 상 쌀 문제와 3자 설명회 문제, 그리고 미·북한 고위급 회담을 2월 안에 매듭짓지 않으면 안 되기 때문에, 북한이 오히려 3자 설명회에 참여함으로써 황장엽 파문을 잠재우려 할 가능성도 존재한다"라고 지적했다.

북한의 3자 설명회 전격 참여 가능성과 관련한 구체적인 움직임은 뉴욕의 한 재미 사업가로부터 확인되었다. 북한을 여러 차례 방문하고, 특히 뉴욕 소재 북한 유엔대표부 동향에 밝은 그는 전화 인터뷰에서 "황장엽 비서 망명 사건 하루 뒤인 지난 2월13일 한성렬 북한 유엔대표부 공사가 마크 민튼 미국 국무부 한국과장에게 미국이 북한에 쌀을 지원할 경우 북한은 1주일 안에 4자회담 설명회에 참여하겠다는 입장을 통보한 것으로 알고 있다"라고 말했다. 황장엽 비서 사건은 어차피 일어난 사건이므로 이로 인해 북한의 기존 외교 일정에 차질을 빚지 않겠다는 입장인 것으로 보인다고 그는 덧붙였다.

이 재미 사업가와 국제 전화로 인터뷰한 것은 지난 14일이었다. 당시까지 뉴욕에서 미·북한 간에 실무 접촉이 있었다는 사실은 국내에 보도되지 않았다. 하루 뒤인 15일 뉴욕발 〈연합통신〉이 뒤늦게 '13일 북한과 미국 실무 접촉이 이뤄져, 쌀 지원 문제, 4자회담 문제, 핵 문제 등이 논의됐다'고 짤막하게 보도했다.

북한이 3자 설명회에 응할 가능성이 있다는 소식을 접한 뒤 워싱턴과 제네바 등의 취재 라인을 동원해, 지난 2월 초 북한이 미국 카길사와 쌀 공급 협상이 결렬되어 3자 설명회 불참을 선언한 이래 어떤 움직임을 보여왔는지 추적했다. 결론은 북한이 카길사와 협상이 결렬된 데 대한 배신감으로 뉴욕의 유엔대표부를 통해 3자 설명회 불참을 대외적으로 선언하기는 했지만, 내부적으로는 적절한 복귀 명분을 모색해왔다는 것이다.

양형섭, 참여 메시지 전하려 방미 시도

그 대표적인 사례가 바로 양형섭 북한 최고인민회의 의장의 미국 방문 시도였다. 양 의장의 미국 방문은 지난해 말 미국의 빌리 그레이엄 목사측이 매년 2월 초 미국에서 열리는 국가 조찬기도회에 그를 초청한 데서 비롯되었다. 조찬기도회 예정일은 2월6일. 그러나 이미 그 전에 카길사 협상 결렬과 함께 북한 측이 3자 설명회 불참을 선언하는 등 미·북한 관계가 식기 시작해 주최 측은 북한이 양의장의 방미를 취소할 것으로 예상했다. 그러나 뜻밖에도 북한은 예정대로 양 의장 방미를 추진했고, 북경에 가서 미국 정부의 비자 발급을 기다리기까지 한 것으로 알려지고 있다.

양 의장 초청 과정에 깊이 관여한 워싱턴의 한 관계자가 전화 인터뷰를 통해 밝힌 바에 따르면, 양 의장 방문은 '한국 정부의 부정적인 입장 표명과 이를 받아들인 미국 정부의 비자 발급 거부'로 말미암아 무산되고 말았다. 이로 인해 주최 측이 한·미 양국 정부에 불쾌한 감정을 품게 되는 등 좋지 않은 사례로 남게 되었다. 특히 이 관계자는 양의장의 미국 방문 시도가 북한이 4자회담 설명회 불참을 선언한 직후 이루어진 점을 상기시키면서 "그때까지도 설명회 참여 문제에 대해 진통을 거듭해온 북한 지도부가 양형섭 의장 방미를 계기로 설명회에 대한 긍정적인 메시지를 전하려 한 것으로 봐야 한다"라며 그의 방미가 무산된 것을 애석해 했다.

양 의장 방미 파동을 겪은 이후에도 북한이 적절한 계기만 생긴다면 설명회에 복귀할 의사를 가지고 있었다는 사실은 지난 11일 제네바에서도 확인되었다. 이 날 제네바에서는 북한대사관이 주최한 김정일의 55세 생일 기념 만찬이 열리고 있었다. 이 만찬에 참석했던 국제 기독교 단체의 한 간부가 북한대사관의 고위급 인사에게 '4자회담 설명회는 앞으로 어떻게 할 생각인가'라고 묻자 그 고위급 인사가 '설명회에 곧 참석하게 될 것이다'라고 긍정적인 답변을 했다는 것이다.

워싱턴의 한반도 전문가는 "북한은 황장엽 사건을 미국과는 상관없는 문제로 인식하고 있다. 따라서 수세 국면을 벗어나기 위해서라도 주로 미국과 관련된 3자 설명회나 미·북한 고위급 회담에는 적극적인 자세로 나올 가능성이 매우 높다"라고 지적하기도 했다. 상반기 한반도 정세 일정을 다시 들여다보면 왜 황장엽 비서가 바로 이 시기에 망명할 수밖에 없었는지, 그리고 북한은 왜 황장엽 비서 망명이라는 엄청난 사건에도 불구하고 외교 무대 전격 복귀를 검토하고 있는지 이해할 수 있다.

북한이 지난해 연말 내부적으로 설정한 정세 일정에서 가장 핵심적인 내용은, 앞으로 국내외 여건이 호전될 경우 김정일의 권력 승계를 4월로 앞당길 수도 있다는 것이었다. 북한은 실제로 이를 위해 지난해 연말부터 대내외 준비 과정에 착수한 것으로 알려졌다. 북한측이 당시 조기 권력 승계의 조건으로 상정한 것은, 가장 중요한 것이 쌀 등 식량 확보였고, 두 번째는 대대적인 내부 인사 개편의 종결, 세 번째는 미국 연락사무소 개설을 정점으로 한 미국·일본과의 관계 정상화 등이었던 것으로 알려졌다. 북한은 이런 조건들이 충족될 경우 2월16일 김정일 생일에 맞춰 4월 권력 승계와 관련한 중대 발표를 할 계획도 가졌던 것으로 확인되고 있다. 이것이 바로 지난 1월부터 북경 등을 무대로 끈질기게 나돌았던 '2·16 중대 발표설'의 내용이다.

그러나 금년 들어서면서 쌀을 비롯한 식량 수급이 애초 계획과 달리 차질을 빚자 4월 승계 가능성이 흔들리기 시작했다. 1월 중순 열린 것으로 알려진 내부 회의에서는 '쌀 공급이 여의치 않을 경우 승계를 뒤로 미룰 수도 있다'는 입장으로 후퇴하기도 했다.

황비서 망명에도 김정일 승계 일정 변화 없을 듯

그러나 내부 인사 개편 및 미·일과의 외교 관계 정상화 일정은 올해 중 어느 때라도 김정일 승계가 이루어질 경우에 대비해 그대로 추진해온 것이다. 황장엽 비서의 전격적인 망명과 깊이 연관된 것이 바로 내부 인사 개편 움직임이라고 할 수 있다. 또한 이 인사 개편이 2월16일 김정일 생일에서 4월25일 조선인민군 창군 기념일 사이에 대대적으로 진행될 예정이었다는 사실은, 왜 황비서가 지금 이 시기에 황망히 망명할 수밖에 없었는가를 설명해 준다. 이번 인사 개편에서는 김정일 시대가 본격 개막하기 앞서 김의 측근 신진 세력들과 군부를 중심으로 한 권력 그룹이 전략적 동맹 관계를 형성해 대대적으로 등장할 예정이었다. 이에 따라 황장엽 비서를 비롯한 노장 세력과 구세대 인물들의 퇴진이 예정되어 있었던 것이다. 이런 이유로 인해 북한의 권력 핵심부에서는 황비서 망명 건에 대해 민감한 반응을 보이면서도, 한편으로는 '나갈 사람이 나간 것에 불과하다'는 냉소적 태도도 일부 있는 것으로 알려지고 있다.

이런 점에서 황비서 망명 사건은 북측에 상징적 의미에서 타격은 되고 있지만 기존 승계 시나리오를 재검토할 만한 요인은 되지 않는다. 오히려 외교적 대응을 통해 국면 전환을 시도하는 일도 가능하다는 것이다. 특히 3월이나 5월로 예상되고 있는 미·북한 연락사무소 상호 진출은 승계의 필요충분 조건으로 계속 작용하고 있다. 연락사무소 개설을 위한 마지막 협상이 본격화하려면 늦어도 2월 안에는 그 전 단계 프로그램인 3자 설명회와 미·북한 고위급 회담이 열려야 하는 것이다. 2월 안에 이들 사안의 윤곽이 결정되기 위해서는 현재 시점에서 3자 설명회에 대한 조건부 복귀를 선언하는 것이 여러 모로 요구된다. 다만 앞으로 한 가지 문제는 설명회에 복귀하는 대가로 미국이나 한국·일본 그리고 국제기구로부터 북한측에 어느 정도로 쌀 지원이 이루어질 것인가 하는 점이다. 또다시 문제는 쌀로 귀결되고 있다.

(1997. 2. 27)

연락사무소 문제는 이 당시 당국자들이나 관계자들을 당황스럽게 하는 대표적인 이슈였다. 정황상 곧 개설될 것이라는 얘기가 수시로 나왔음에도 불구하고 결과적으로는 다 공수표가 됐기 때문이다. 이런 일이 반복되자 연락사무소에 대해 언급 자체를 꺼리는 모습도 나타났다. 이 기사를 작성하던 시점 역시 각국의 대북 소식통들이 대체로 곧 개설될 것이라고 낙관적인 입장을 보였지만 결과적으로는 그렇지 못했다.

북한 연락사무소 입주 예정지, 워싱턴 K스트리트 17,18번가

3월25일께 공식 선언, 4~5월 교환 설치 예상…북측 초대 소장에 김계관 내정설

미국 워싱턴 D.C. 중심부의 'K 스트리트'. 이곳의 17,18번가는 '로비의 거리'라 할 만하다. 그만큼 워싱턴 정가를 막후에서 움직이는 로비스트들의 사무실이 밀집해 있다. 북한이 워싱턴에 들어설 연락사무소 후보지로 점찍어 온 곳도 바로 이 K 스트리트 17,18번가이다. 원래대로 하자면 한국대사관 등 외교 공관이 밀집한 매사추세츠 가에 터를 잡아야겠지만 사무실 임대료나 운영비가 비싸 부담스럽다.

뉴욕에서 활동하고 있는 한 재미 사업가는 약 1년 반 전 정통한 소식통으로부터 북한이 K 스트리트에 연락사무소 부지를 마련했다는 정보를 얻었다. 그 뒤 평양행 비자를 받기 위해 북경의 북한대사관에 들렀을 때 담당 직원에게 "앞으로는 K 스트리트에서 비자를 받으면 되겠네요"라고 웃으면서 묻자 담당 직원은 "부지는 마련됐지만 정식 개설은 2년쯤 걸릴겝니다"라고 말했다고 한다.

그 대사관 직원 말처럼 미·북한 간 협상은 지난 2년간 지지부진했다. 그러나 이제 워싱턴의 K 스트리트에 북한이 사무실을 마련하고 인공기를 게양할 날도 멀지 않은 것 같다. 돈 문제가 여의치 않을 경우 뉴욕의 유엔대표부를 같이 사용할 수도 있겠지만, 어쨌건 지난 2년간의 지루한 협상이 종착역을 향해 이제 막바지 질주를 하고 있는 것이다.

'미·북한 연락사무소 개설 임박'. 지난주 서울을 비롯한 워싱턴·뉴욕·도쿄의 '한반도 관측통'들은 미국 국무부 또는 북한 뉴욕대표부나 외교부 채널에서 흘러나온 빅 뉴스에 아연 긴장하지 않을 수 없었다. 황장엽 사건에도 불구하고 북한과 미국이 3자 설명회에 극적으로 합의하는 등 심상치 않은 움직임을 보여 온 끝에 이 소식이 터져 나왔기 때문이다. 이번에는 뭔가 다르다는 공감대가 확산되고 있다.

지난주 각국의 한반도 관측통들로부터 입수한 연락사무소 관련 정보는 다음과 같다.

1.김계관 북한 외교부 부부장이 7명의 협상팀을 이끌고 3월2일 뉴욕을 방문한다. 1차 목적은 3월5일 열릴 예정인 4자회담 설명회 참석. 그러나 이번 설명회에서 북한은 시간 끌기 작전으로 나올 가능성이 높다. 북한 협상팀이 진짜 주력하는 것은 3월7일로 예정된 미·북한 고위급 회담이다. 북한 측 내부에서는 '사무소 개설을 위한 최종 협상'이라고 부르고 있듯이 사무소 개설 문제가 핵심 현안이다.

2. 3월7일의 고위급 회담에 이어 3월15일경에는 미국 대표단이 비밀리에 평양에 들어간다. 최종 마무리 협상을 위해서다. 연락사무소 교환 설치 사실이 대외적으로 공식 선언되는 것은 3월25일경이다. 그러나 실질적인 사무소 개설은 미국 의회 승인 절차를 마친 4~5월이 될 것이다.

3. 미국은 이미 뉴질랜드 대사관의 에번스 리비에르 참사관을 초대 사무소장으로 임명해 두었으나 북한은 여태까지 워싱턴 사무소장 임명을 미루어

왔다. 최근 북한 측도 초대 워싱턴 사무소장을 극비리에 임명했다. 고위급 협상팀을 이끌고 이번에 방미한 김계관 외교부 부부장이 바로 그다.

"외양은 연락사무소, 내용은 상주대표부 될 것"

이 같은 정보에 대해 각국의 한반도 관측통들은 구체적인 부분에는 약간 차이를 보였지만 대체적으로 일치된 견해를 보였다. 미국 국무부 실무자들과 수시로 접촉하는 워싱턴의 한 전문가는 "최근 국무부 관리들을 만나보면 북한 측 태도에 변화가 일어나고 있다는 말을 많이 하고 있다"라고 말했다. 지난 2월26일의 미국 의회 아·태소위 청문회에서 찰스 카트만 동아태 담당 차관보 대행이 "연락사무소 개설과 관련해 긍정적인 조짐이 나타나고 있다"라고 한 발언과 같은 맥락이다.

사무소 개설과 관련해 현재 가장 큰 쟁점은 3항의 김계관 관련 부분이다. 평양사무소장 내정자인 에번스 리비에르 참사관과 격이 안 맞는다. 김계관은 그동안 토머스 허바드 부차관보 등 주로 국무부 차관보급과 상대해온 인물이다. 또 한 가지 문제는 북한과 미국이 이번에 상호 개설하기로 한 연락사무소가 단순히 연락 업무만 담당하는 말 그대로의 연락사무소(liaison office)인지, 아니면 비자 발급 등 영사 업무와 통상 업무까지 총괄하는 상주대표부(representative office)인지 혼란스럽다는 점이다. 이 두 가지 문제는 서로 연관되어 있기도 하다. 워싱턴의 한반도 전문가 중에는 김계관이 초대 사무소장으로 임명되었다는 정보에 의문을 제기하는 사람도 있다. 연락사무소의 외교적 지위는 94년 10월 제네바 합의에 입각해 '리에종 오피스(liaison office)' 밖에 될 수 없는데, 이런 점에서 보면 김계관은 너무 중량급이라는 것이다. 국무부 내에는 '한성열 유엔대표부 공사가 초대 사무소장이 될 것'이라는 관측도 있다.

그러나 김계관이 사무소장에 내정되었다고 확신하는 관측통들은 이런 가능성을 배제한다. 우선 김계관이 내정된 사실은 뉴욕과 도쿄로부터 거의 동시에 확인되었다. 뉴욕의 북한대표부 소식에 정통한 한 전문가는 "김계관은 이미 결정됐다"라고 단언했다. 또 도쿄의 북한 전문가 역시 이를 확인하면서, 북한이 대사급 인물 파견을 희망했다고 덧붙였다.

이들의 확신대로 김계관이 이미 사무소장으로 임명되었다면 앞에 언급된 의문점들은 어떻게 설명할 수 있는가. 북한과 미국이 이번에 개설할 연락사무소가 '리에종 오피스'인가 하는 의문부터 다시 제기될 수 있다. 국내의 북한 전문가는 그동안 미국이 평양사무소 업무로 내세워온 내용들은 사실상 상주대표부에 걸 맞는 것들이라고 지적했다. 즉 경수로와 관련한 영사 업무, 미국 기업의 북한 진출과 관련한 통상 업무, 미·북한 간 각 분야 교류 지원 등을 연락사무소 업무로 표방해 왔는데, 이는 단순 연락 업무를 담당하는 '리에종 오피스' 수준을 뛰어넘는다는 것이다. 따라서 제네바 합의문 규정 때문에 겉모습은 리에종 오피스로 출발하지만 내용적으로는 상주대표부로 보아야 한다는 것이다.

또 하나의 해석은 첫 출발은 리에종 오피스로 하되 얼마 안 있어 상주대표부로 격상시킬 것에 대비한 포석이라는 것이다. 특히 이같은 해석은 도쿄의 한반도 관측통들 사이에 크게 공감을 얻고 있다. 도쿄의 한 전문가는 미국이 한국의 반발을 무마하기 위해 처음에는 리에종 오피스로 출발했다가 3~6개월 후에 상주대표부로 지위를 격상시킬 것이라는 정보가 있다고 밝혔다. 그는 또한 연락사무소의 점진적 지위 격상이 김정일 승계와 관련한 대북 협상 카드라는 의미도 띠고 있다고 지적했다. 권력 승계 시점에 맞춰 사무소 지위 격상이 이루어질 것이라는 것이다.

미·북한 간 연락사무소 교환 설치와 연동된 움직임으로 앞으로 주목할 것은 다음 두 가지 흐름이다. 하나는 미국의 대북 경제 제재 완화로 인해 미국 기업의 북한 진출이 활성화할 것이라는 점이다. 경제 제재 완화 문제는 3월7일의 고위급 협상에서 연락사무소 개설 문제와 연동해 다루어질 가능성이 높다. 북한 측은 미국 내 북한 자산 동결 해제를 우선적으로 요구하고 있는 것으로 알려지고 있다. 앞으로 미국 내에서 금융 활동을 자유롭게 하기 위한 포석이다. 또한 3월20일경에는 뉴욕 월스트리트에 있는 세계무역센터의 가이 토즐리 회장을 비롯한 회장단이 북한을 방문할 예정이다. 북한의 세계무역센터 회원 가입 문제와 유경호텔을 무역센터로 활용하는 방안을 논의할 것으로 알려지고 있다. 우리 식으로 하면 미국 무역협회 격인 이 단체의 회장단이 북한을 방문하는 것은 미국 기업이 북한에 진출하는 신호탄이 될 수도 있다.

"일본도 연락사무소 개설 목표로 곧 쌀 지원"

미국 연락사무소 진출과 관련해 가장 민감한 반응을 보일 나라는 일본이다. 그동안 일본의 한반도 관측통들은 "현재는 일본이 대북 협상에 소극적인 것처럼 보이지만 미국 연락사무소가 진출하는 순간 모든 상황이 달라진다"라고 말해왔다. 이같은 분위기를 반영하듯 최근 일본 외교 정책 수립 과정에 커다란 영향력을 행사하는 인사를 만나고 온 국내의 한 전문가는 "일본은 다시 대북 쌀 지원에 나설 것이다. 이번 쌀 지원이 목표로 하고 있는 것은 바로 평양에 일본 연락사무소가 진출하는 것이다"라는 충격적인 소식을 전했다.

미국에 이어 일본 연락사무소까지 평양에 진출하게 된다면 지난 50년간 미·일과의 관계를 외교의 주축으로 삼아온 한국 사회는 엄청난 심리적 충격에 휩싸일 가능성이 있다. 동북아 외교 관계에서 한국의 지위 약화 및 대북 정보에서의 경쟁력 상실 등 엄청난 파장도 예상된다.

(1997. 3. 13)

황장엽 한국행과 남북대화, 북일 쌀 지원 협상, 북미 연락사무소 협상과 김정일 승계 문제 등에 공통으로 등장하는 키워드가 바로 대북 쌀 지원 문제였다. 97년 당시 북한 식량 지원을 둘러싼 국제정치학을 집약적으로 보여주는 기사다.

"한국, 쌀 20만t 북한 지원 밀약설"

북경서 실무 접촉설…북측이 '황장엽 한국행+α' 수용하면 성사 가능성

문제는 또다시 쌀이다. 황장엽의 한국행 및 뉴욕에서 열린 3자 설명회와 미·북한 고위급 회담을 관통하는 핵심어는 바로 쌀이다. 전기침(錢基琛) 중국 외교부장은 지난 3월7일 황장엽 사건을 국제법과 국제 관례에 따라 처리하겠다고 함으로써, 황의 '제3국 경유 서울행'을 가능케 했다. 이와 동시에 북경 외교가에는 한국 정부가 황의 한국행을 인정받는 대가로 북한 측에 쌀 20만t 지원을 약속했다는 소문이 나돌았다.

이 소문은 구체적인 양태를 띠고 있다. 즉, 95년 쌀 협상 당시 북한 측 대리인이었던 최수진 삼천리총회사 총경리가 당시 한국 측 파트너였던 홍지선 대한무역투자진흥공사 북한실장에게 황의 망명을 허용하는 대가로 20만t을 요구하는 북측의 메시지를 전했고, 홍실장이 이와 관련한 실무 협의를 위해 북경을 방문했다는 것이다. 홍실장은 실제로 지난 5일 북한측 대리인과 임가공 문제를 협의한다며 북경으로 출발했다. 북경 외교가에 나돈 소문이 맞다면 남북 간에 홍-최 라인을 통한 쌀 20만t 지원 밀약이 이루어졌고, 그 결과 황의 '제3국 경유 한국행'이 타결되었다는 해석이 가능해진다.

"황장엽 망명은 계기가 되었을 뿐"

그러나 쌀 20만t 내막에 정통한 소식통들은 황장엽 건에만 이를 한정하는 것은 위험하다고 지적한다. 그동안 정부가 여러 경로를 통해 북한 측에 남북대화를 촉구한 데 대해, 북측이 대화하려면 먼저 북의 발등의 불인 식량을 지원해 달라고 요구해 왔고, 때마침 황장엽 건이 그 계기가 되었을 뿐이라는 것이다.

관계 소식통들의 설명을 들어보면, 20만t이라는 단위가 불거진 것은 황장엽 때문은 아니었던 것 같다. 좀더 복잡한 사연이 있어 보인다. 이와 관련해 일본의 한 외교 소식통은 전화 인터뷰에서 "20만t은 원래 북한이 일본으로부터 받고자 했던 것이다. 그러나 이것이 여의치 않게 되면서 한국 쪽으로 가게 된 것이다"라고 밝혔다. 즉 지난해 연말 북한은 비밀 경로로 일본 측에 올해 춘궁기 대책용으로 쌀 50만t 지원을 요청했다고 한다. 북측의 요청에 대해 하시모토 총리는 처음에는 한국 정부의 반대 등을 의식해 소극적이었다. 그러다 올해 1월 벳푸에서 열린 한·일 정상회담 전, 한국이 허용한다면 2월 중에 30만t 정도는 줄 수 있다는 쪽으로 입장을 수정했다. 그러나 벳푸회의에서 한국 측이 제동을 걸고, 거기에 니가타 여학생 납치 사건이 폭로되자(97년 2월3일자 〈산케이 신문〉이 지난 77년 니가타(신사)현에서 실종된 여중학생 요코타 메구미(당시 13세)양이 북한에 의해 납치됐을 가능성이 높은 것으로 밝혀졌다고 보도했다) 2월 중 30만t 지원은 무산되었다. 그럼에도 북한은 일본 쌀 30만t은 언제든지 확보 가능하다고 보고 있을 것이다. 문제는 춘궁기 대책용 50만t 중 나머지 20만t이다. 현실적으로 이 정도 물량을 지원할 곳은 한국밖에 없는 상태에서 마침 황장엽 사건이 터진 것이다. 사건 초기인 지난 2월17일 조선중앙통신이 '변절자여 갈 테면 가라'고 할 때까지만 해도 북측은 황장엽 사건을 가지고 협상할 생각은 없었던 것으로 보인다. 순조롭게 진행되던 황의 한국행은 3월 초 들어 난항에 봉착했다. 그때부터 20만t 얘기가 흘러나오기 시작했다.

지난 5일과 7일 뉴욕에서 열린 3자 설명회와 미·북한 준고위급 회담이 바로 이 쌀 문제와 연관되어 있다는 것은 바로 이런 맥락에서이다. 즉 정부는 북한에 20만t을 주는 명분으로 '황장엽 플러스 알파'가 있었으면 좋겠다는 것이고, 뉴욕회담에서는 이 '플러스 알파'로 북한 측이 무엇을 내놓을 것인가가 핵심적인 관심 사항이었을 것이다. 이에 대한 북측의 답변은 김정일의 지침이 떨어지는 3월12일께 실무 협의를 통해 드러날 것으로 보인다.

쌀 지원 안 되면 연락사무소 차질

지난 3월7일 미국과 북한 사이에 열린 고위급 회담에서도 쌀은 핵심 사안으로 작용했다. 정통한 서방 소식통에 따르면 이번 회담에서 북한 측은 일괄타결을 주장했고, 미국 측은 단계별 타결을 주장했다고 한다. 미국 측이 연락사무소와 미군 유해·미사일 문제 등을 거론한 데 대해, 북한 측은 식량 지원 및 경제 제재 해제를 집중 거론했다. 경제 제재 해제에서는 북한 해외 자산 동결 해제 문제, 북한 석유 개발에 미국 기업 참여를 허용하는 문제, 국제통화기금 및 세계은행 등 국제 금융기관 가입 문제 등 다양한 요구 사항을 내세운 것으로 알려졌다. 그러나 이번 회담의 핵심은 역시 미국이 주도하는 국제적인 쌀 지원과 연락사무소 맞교환이라고 할 수 있다.

앞의 서방 소식통은 "회담 전까지만 해도 북한이 회담 타결을 상당히 서두를 것으로 예상했는데 오히려 여유 있는 태도를 보였다"라고 말했다. 즉 1,2주 안에 협상을 마무리 지으려 할 것으로 예상했으나, 4월15일 김일성 85주년 생일을 타결 시점으로 잡는 것이 아닌가 하는 분석이 제시되고 있다는 것이다. 이렇게 되면 연락사무소의 경우 '3월 선언 5월 개설' 일정이 '4·15 선언 6,7월 개설'로 다소 늦추어질지 모른다는 예측도 나오고 있다. 그러나 이에 대해서는 북한의 국내 정치 일정으로 보아 '3월 선언 5월 개설' 일정이 무너지기 어렵다는 반론도 만만치 않다. 단 이런 반론의 전제는 미국이 주도하는 국제적인 대북 쌀 지원이 그 안에 제대로 이루어진다는 가정에서이다. 그 안에 쌀이 제대로 공급되지 않을 경우 김정일로서도 미국 사무소가 평양에 진입하는 데 대한 군부의 반발을 무마하기가 어렵게 된다. 그러면 사무소 개설 일자도 자연히 늦춰질 수밖에 없다는 것이다. 결국 문제는 쌀이다.

(1997. 3. 20)

3.2. 황장엽 망명과 당정군 세대교체

김달현 복귀설이 이 당시 뜨거운 관심사 중 하나였다. 그가 새로 등장할 김정일 체제의 경제정책 책임자가 될 경우 북한의 개방과 남북관계 개선에 긍정적인 역할을 할 것으로 기대됐기 때문이다. 그러나 끝내 그의 복귀는 이루어지지 못했다. 당시 외부에는 그 이유가 제대로 알려지지 않았지만 추후 건강이 안 좋았기 때문이라는 점이 확인됐다. 3년 후인 2000년 8월8일 그는 지병인 심장병으로 사망했다.

북한 김달현 전 총리 중앙무대 복귀 임박

김정일 권력 승계 때 총리 임용 가능성…경제 정책 전면 전환 주도할 듯

잠수함 사건으로 한반도의 긴장 상황이 최고조에 달했던 지난해 9월 말. 서방의 한반도 전문가가 평양을 방문하고 돌아가면서 서울에 들렀다. 북한 외교부 초청으로 대외 정책 자문에 응해 평양을 방문했던 그는 서울에서 인터뷰하면서 북한의 향후 권력 구도 개편에 대해 몇 가지 중요한 발언을 했다. 즉 96년 말부터 97년 봄 사이에 북한 권부 내에 대대적인 인사 개편이 있을 것이라는 예측이었다. "김일성 3년 상이 끝나는 97년 7월 이후에는 김정일의 승계가 불가피하다. 이를 위해 적어도 97년 봄에는 권부에 대한 대대적 인사 개편이 이루어질 것이다"라는 내용이었다.

이런 대대적 인사개편설 중 귀가 번쩍 뜨이는 대목이 있었다. 바로 김달현 전 정무원 부총리 복권설이었다. 그는 정황 증거까지 제시했다. 김정일 비서가 지난 4월 김달현에게 직접 전화를 걸어 (중앙 무대 복귀에 대비해) 몸조심하고 있으라고 말했다는 것이다. "김달현의 중앙 무대 복귀 여부는 새로 출범하는 김정일호의 순탄한 출범을 가늠할 리트머스 시험지가 될 것이다"라고 그는 덧붙였다.

그 '예언'의 현실화인가. 황장엽 비서 망명 이후 불거진 올 봄 북한 권부의 심상치 않은 움직임은, 그 서방 소식통의 예측이 현실로 다가왔음을 느끼게 한다. 최근 김달현 복권설이 나오고 있는 통로는 다양하다. 그의 등장이 이미 국제적 관심사가 되고 있음을 읽게 한다. 일본의 대표적 대북 정보기관인 내각조사실은 최근 김달현의 복권 가능성을 타진하는 비밀 보고서를 작성했다. 이 정보기관은 김이 복권할 가능성을 매우 높게 평가하고 그 시기와 방법에 대한 검토에 들어간 것으로 알려졌다.

또한 최근 국내의 한 언론 매체 역시 김달현 복권설에 관한 기사를 실었다. 취재원은 러시아 외교 소식통이었다. '러시아 외교 소식통에 따르면 현재의 홍성남 총리 대행 체제는 과도기적인 체제이고, 김정일이 권력을 승계할 경우 김달현 전 부총리가 총리로 올라설 가능성이 매우 높다'고 그 매체는 지적했다.

최근 북한을 찾은 서방의 한 사업가는 김이 복권할 가능성에 대해 구체적 증언을 했다. 서울에서 이루어진 인터뷰에서 그는 김달현 복권이 임박했다고 말했다. 그는 평양 방문 중 권부의 핵심 인사로부터 이 얘기를 들었다며, 김달현 복권이 이미 추론 차원이 아님을 강조했다.

"현 비날론 공장 복무는 좌천 아닌 경험 쌓기"

북한 정무원 부총리 겸 무역부장, 국가계획위원회 및 대외경제위원회 위원장, 북한의 대표적 개방파 실세이자 남북 경협의 북한측 파트너. 다양한 경험과 역량을 갖춘 그가 복권될 가능성이 거론된 것은 이번이 처음은 아니다. 따지고 보면 93년 12월8일 북한 최고인민회의 제9기 6차 회의를 하루 앞두고 정무원 부총리에서 전격 해임되어 '2·8비날론연합기업소' 총지배인으로 좌천된 직후부터 나돌았다. 그러나 어떤 이유에서인지 그의 복권은 이루어지지 않았다.

최근에 나타나고 있는 김달현 복권설은 여러 경로에서 동시 다발로 확인되고 있다는 점 외에도 뚜렷한 특징을 한 가지 가지고 있다. 그것은 복권설이 나도는 것과 거의 동시에 김달현을 포함해 과거 중앙 무대에서 사라진 고위 간부들에 대해 북한 당국이 여태까지의 '좌천설'을 뒤집는 새로운 해석을 내놓고 있다는 점이다. 앞의 언론 매체에 인용된 러시아 소식통은 '북한 당국이 최근 주민들에게 김달현이 2.8비날론연합기업소 지배인으로 복무하고 있는 것은, 그가 워낙 큰 인물로 큰일만 해왔기 때문에 작은 일도 경험할 필요가 있다는 배려 차원이라고 해명하고 있다'고 지적한 바 있다.

좀 더 논리적 체계를 갖춘 설명 방식도 등장하고 있다. 북한 고위 간부 인사의 원리에는 중앙 무대에서 경험을 쌓은 인물을 일정 기간 지방에 파견해 지방 행정 쇄신 및 경제 부흥에 복무하도록 하는 관행이 있다는 것이다. 우리 식으로 하면 이른바 '고위 공직자 순환근무제' 비슷한 것이다. 90년대 초반 중앙에서 사라진 김달현 전 부총리나 연형묵 정무원 총리가 이에 해당하는데, 일정 복무 기간이 지나면 중앙 무대 복귀가 당연하다는 논리로 해석된다.

북한 측은 최근 다양한 경로를 통해 이같은 논리를 설파하고 있는 것으로 확인된다. 이 논리가 단순한 수사만은 아닐 가능성이 높다. 북한에서 합영사업을 추진하다가 얼마 전 일본으로 잠시 돌아간 한 재일 교포 사업가의 증언이 이를 뒷받침한다. 일본 오사카에 사업 기반을 두고 있는 그는 1년의 절반 이상을 북한에서 생활한다. 그는 한 서방 소식통과의 대화에서 "김달현 등 한때 중앙에서 사라진 고위 간부들은 지방 경제 활성화를 위해 일시적으로 파견되었다. 이들의 노력으로 과거에는 말이 안 통해 애를 먹었던 지방에서도 이제 사업하기가 매우 수월해졌다"라고 증언했다.

연형묵도 군수산업 부흥 위해 지방 근무 중?

김달현이 좌천된 것이 아니었다는 최근 논의 중에는 그가 2·8비날론연합기업소 총지배인으로 발령받았던 당시 상황에 대한 재검토도 포함된다. 그의 정무원 부총리 직 해임을 전격 발표하면서 북한은 3년간의 경제계획 완충기에 농업·경공업·무역 제일주의를 제시했다. 김달현이 총지배인으로 발령받은 2·8비날론연합기업소가 바로 경공업 제일주의의 사활을 좌우하는 곳이다.

이런 관점에서 김달현 복권설과 동시에 연형묵 전 정무원 총리 복귀설이 나돌고 있는 정황도 바로 이해가 된다. 91년 남북 고위급 회담의 북한측 대표였던 연형묵 전 총리는 김달현 부총리보다 한해 전인 92년 12월10일 전격 해임되어 자강도 당비서로 발령받았다. 기계공업 전문가인 연총리가 북한 군수산업의 메카인 자강도에 발령된 것 역시 좌천이 아니라 새로운 임무를 위한 인사였다는 것이다. 김달현 복귀설과 거의 병행해 진행되던 연형묵 전 총리 복권설은, 그가 최근 망명한 황장엽 비서와 가까웠다는 점 때문에 최근 주춤하고 있는 형국이다.

김달현 전 부총리가 새로 출범하는 김정일호의 1등 항해사가 될 경우 북한의 대외 정책은 어떤 변화를 보일 것인가. 국내의 북한 전문가들은 '김달현의 등장은 곧 정책의 전면적인 전환을 의미한다'고 못박고 있다. 김달현은 북한의 대표적 대외 개방 정책 전문가이다. 92년 7월 한국을 방문해 산업시설 시찰에 나설 만큼 남북 경협에도 관심이 많았다.

몇몇 북한 전문가는 과거 강성산 총리가 지방으로 '좌천'되었다 복귀할 때 새로운 개방 물결이 일어났던 선례를 상기할 필요가 있다고 지적한다. 최근 사망설이 확인되고 있는 강성산 전 총리는 북한 개방파의 대부 격인 인물이었다. 그가 총리로 재임하던 84년 1월~86년 12월은 북한에 개방 정책이 만개하던 시기였다. 84년 9월 합영법 제정과 자본주의 국가와의 교류 강조, 기업의 독립채산제 추진, 북한 개방파의 산실인 대외경제위원회 창설 등이 대표적 사례이다.

이와 같은 파격적인 개방 정책에도 불구하고 성과가 나타나지 않자 함경북도 당비서로 '좌천'되었으나, 여기서 그는 북한 개방의 상징적 구상을 가다듬었다. 그것이 바로 나진·선봉 경제특구 구상이다. 그는 나진·선봉 특구 정책이 91년 12월 정무원 강령으로 공식 채택되면서 이듬해 12월 연형묵 총리 후임으로 전격 기용되어 구상의 현실화를 위해 노력했다.

지방에서 개방 바람을 몰아 중앙에 입성하는 '강성산 유형(類型)'을 김달현이 재현할 가능성이 높다. 이와 관련해 최근 나진·선봉 특구의 침체 상황을 돌파하기 위해 신의주·남포·원산 세 군데를 중국식 보세 구역으로 지정하려는 움직임이 나타나고 있는 것은 주목할 만하다. 보세 구역이란 과거 한국의 마산·이리(현 익산시) 수출자유지역처럼 외국 자본 진출에 의한 수출 전용 공단을 의미한다.

최근 극비리에 추진되고 있는 남포·원산 등의 추가 개방 움직임은 김달현과 매우 깊은 인연을 가지고 있다. 이들 지역의 추가 개방 가능성을 최초로 터뜨렸던 인물이 바로 그였기 때문이다. 정무원 부총리로 있던 92년 5월3일 그는 평양에서 서방 기자들과 회견하면서 '나진·선봉이 잘될 경우 남포·원산도 추가 개방하겠다'고 밝혀 비상한 관심을 끌었던 것이다.

(1997. 3. 27)

97년 2월 발생한 황장엽 비서 망명 사건은 한국 사회를 뒤흔들었다. 갑작스런 망명 사건의 배경을 둘러싸고 많은 얘기들이 있었지만 당시 북한 권부 내에서 대대적으로 진행된 인사 개편의 관점에서 이 문제를 보는 시각도 있었다. 이 기사 역시 그런 관점에서 황장엽 사건을 조망한다. 김정일의 전면 등장에 앞서 당정군의 인사 개편이 어떤 방향으로 진행됐는지를 보여주는 기사다. 특히 40~50대 초반 국제 감각이 있는 엘리트들의 전진배치는 체제 전환이라는 숙제를 안고 출범을 준비 중이던 김정일 입장에서는 가장 중요한 작업이었을 것이다. 이 기사 중 "당과 정 쪽에서 새로 떠오르고 있는 인물들이 이처럼 개방 지향인 데 비해, 군부는 그동안의 대외 교섭에 대해 회의적인 강경파가 득세하고 있다. 이들이 최근 당에서 떠오르고 있는 젊은 세력과 성향 면에서 대립하면서도 정면충돌은 자제하고 있다는 점에서 일종의 '전략적 제휴 관계'를 형성하고 있다고 볼 수 있다"고 한 구절은 북한의 대남관계와 대외관계의 변동 속에서 끊임없이 변주되어 등장하는 내부 역학구도이다.

북한 권력층 '중심 이동'

당·정·군 세대 교체… 군부 실세 이하일 경질, 김용순·김영남도 위태

북한 노동당 군사부장 이하일이 금년 초 전격 경질된 것으로 밝혀졌다. 올해 나이 62세인 이하일 당 군사부장은 김정일 체제에서 조명록 인민군 총정치국장, 김영춘 총참모장과 더불어 군부 내 실세 3인으로 분류되었던 인물이다. 또 그가 부장으로 있는 당 군사부는 당중앙위원회 군사위원회 상설 기구로 조선인민군에 대한 인사 행정권을 장악하고 있다. 평화 시 북한 군부의 최고 사령부라 할 수 있는 요직 중의 요직이다. 당 군사부의 이같은 성격에 따라 이하일 군사부장은 인민무력부장보다 막강한 권한을 가진 군부 내 실세로 평가되어 왔다. 이런 이유로 그는 김일성 사망 후 북한 군부 내에서 비밀리에 결성된 것으로 알려진 '16인 군사위원회'의 핵심 인물로 거론되어 왔다.

북한 권부 소식에 정통한 대북 소식통은, 이하일이 금년 초 경질되었으나 그동안 극비에 부쳐졌다가 황장엽 사건이 터진 후 외부에 조금씩 알려지고 있다고 말했다. 그가 경질된 배경과 관련해 이 소식통은 "그동안 군 내에서 이하일의 평판이 안 좋았다. 김정일에게 아부해서 출세한 인물이라고 원로들로부터 지탄을 받아왔다"라고 지적했다. 이하일에 대한 이같은 평판에 눈감아 왔던 김정일이 지난해 말부터 시작된 당·정·군에 대한 대대적 개편에 따라 주변 인물에 대한 정리를 결심하게 되면서 이하일이 전격 경질되었다는 것이다.

지난해 말부터 북한에서는 당·정·군 고위 인사들에 대해 대대적인 물갈이가 진행되어 왔다. 최근 일본의 조총련 관계자들 사이에서는 지난 20여 년간 조총련을 총괄해온 강주일 통일전선부 제1부부장이 올해 초 간첩 침투 작전을 수행하는 노동당 산하 사회문화부장으로 전격 발령받은 사실을 둘러싸고 인사 배경에 대한 해석이 분분하다. 형식적으로는 제1부부장에서 부장으로 옮긴 것이므로 영전이라고 볼 수 있으나 '떡고물'이 많은 통일전선부에서 떡고물과 거리가 먼 사회문화부로 옮긴 것은 좌천으로 보아야 한다는 것이다.

그동안 북한 내 실세 중의 실세로 분류되어 온 김용순 대남 담당비서 역시 위태롭다는 분석이 대두하는 것을 보면 북한 인사 태풍의 강도를 실감할 수 있다. 김정일의 술친구로서 김정일과 막역한 사이라고 알려진 김용순 조차 그동안의 실적 미비 등을 이유로 경질 가능성이 거론되고 있다는 것이다. 또 북한 외교의 대부인 김영남 외교부장도 지난번 뉴욕의 미·북한 고위급 회담 직후 해외 순방길에 올라 이미 실무 라인에서 배제된 것이 아닌가 하는 추측을 자아냈다. 올해 74세의 고령인 김부장 역시 올 4월까지의 인사 개편에서 경질되거나 은퇴할 가능성이 높은 것으로 지적된다.

국내에서는 황장엽 비서 망명 사건을 계기로 북한 권부의 심상치 않은 동향을 주목하기 시작했다. 그러나 정보 소식통들은 황장엽 망명 역시 지난해 말부터 시작된 인사 태풍에서 파생한 것으로 보아야 한다고 지적한다. 황 사건의 경우 그 배후로 지목된 김덕홍 여광무역총회사 사장이 돈 문제와 실적 문제 등으로 인해 경질될 위기에 몰려 있어 자구책으로 망명 사건을 일으켰다는 것이다. 다만 황 사건이 당·정·군 세대교체에 대한 김정일의 결심을 앞당긴 효과는 있었던 것으로 보인다. 이와 관련해 대북 소식통은 "김정일은 이번 인사 개편에서 세대교체까지 포함하는 것을 부담스러워했다. 그러나 황 사건 이후 결심을 굳히게 된 것으로 보인다"라고 지적했다.

이런 시각에 대해 반론을 제기하는 사람들도 있다. 올해로 예상되는 김정일의 권력 승계를 앞두고 지난해 말부터 김정일을 중심으로 한 권력 핵심 그룹이 세대교체를 포함한 대대적인 물갈이를 극비리에 추진해 왔다는 것이다. 적어도 권력 승계에 앞서 마무리해야 한다는 판단에 따라 2월16일 김정일 생일에서 4월25일 조선인민군 건군 65주년 기념일 사이를 '거사 기간'으로 삼았다는 것이다. 대북 소식통은 이와 관련해 "김정일 등 수뇌부는 이 기간에 쌀·외교·인사 문제를 마무리하고, 4월25일을 전후해 지난 3년간의 '고난의 행군 기간'이 종료됐음을 내외에 선포하려 하고 있다"라고 지적했다.

김정일 친위세력 대거 등장… 40~50대가 주축

올해 초부터 시작된 북한 권부의 긴박한 움직임은 이같은 사전 각본에 따라 치밀하게 단행된 것이고, 3월 말 현재 개편 작업은 이미 완료 단계에 접어들었다는 것이다. 우선 노동당의 경우 이미 수뇌부 인사까지 마무리 단계에 들어가 있다. 정무원은 4월 말을 목표 시점으로 인사 개편을 진행 중이고, 군부는 일부 인사와 관련해 갈등을 빚고 있다.

인사의 큰 방향은 당·정·군 공히 김정일 친위 세력 대거 등장으로 요약된다. 연령대로는 일부 책임자급에 혁명 1.5세대 내지 2세대가 포진하는 경우를 제외하고 50대 중반 이후는 거의 예외 없이 물갈이 대상이다. 이에 따라 실무 핵심의 연령이 40~50대 초반으로 훨씬 젊어졌다. 북한의 새로운 권력 실세로 떠오르고 있는 이 40~50대 초반 인사들의 면면은 아직 베일에 가려 있다. 다만 이들이 그 전 세대에 비해 국제 감각이 풍부하고 개방 지향 성향을 지닌 점만은 분명하다.

당과 정 쪽에서 새로 떠오르고 있는 인물들이 이처럼 개방 지향인 데 비해, 군부는 그동안의 대외 교섭에 대해 회의적인 강경파가 득세하고 있다. 이들이 최근 당에서 떠오르고 있는 젊은 세력과 성향 면에서 대립하면서도 정면 충돌은 자제하고 있다는 점에서 일종의 '전략적 제휴 관계'를 형성하고 있다고 볼 수 있다.

김정일 권력의 양대 축이라 할 당과 군의 이질성 문제는 앞으로 출범할 김정일 시대의 딜레마가 될 것으로 보인다. 권력 승계 후 정상적인 국가의 면모를 갖추게 될 경우 그동안의 군부 통치를 종식해야 한다. 군을 제자리로 돌리기 위해서는 김정일이 식량과 물자 공급 능력을 확보해야 한다는 어려움이 있다.

신진 세력 최종 지향점은 '개방 확대'

당과 군 내부의 권력 균형에도 흥미로운 점이 발견된다. 바로 '혼란의 시기에는 금력을 쥔 자가 힘이 있다'는 말처럼 당의 재정관리팀과 군의 군수물자 공급팀이 실질적인 권력을 행사한다는 점이다. 자금 동원 측면에서 능력을 발휘하지 못하고 있는 정무원은 이 점에서도 대외용 얼굴 마담 역할에 그칠 수밖에 없다.

북한의 권력 개편을 정무원의 변화에 초점을 맞춰 보면 특징이 발견된다. 우선 기존 과도 내각을 담당해온 총리·부총리는 개편 대상이다. 현재 관건은, 최근 총리로 내정된 것으로 알려진 김달현 체제가 등장하는 시기인데, 김정일 승계 시기에 맞춰 발표할 가능성이 높다. 정무원 산하 대외경제위원회는 이성대 위원장, 이성록·김정우 부위원장 등 기존 3두 체제가 지난해 말 이후 약간 재편될 움직임을 보이고 있다. 아직 구조 변화까지는 나타나지 않으나 임태덕 등 하위 서열자의 변동도 예상된다. 또한 대외경제위원회가 주도해 온 나진·선봉 정책 등에 당의 개입이 강화되는 등 독자성이 흔들릴 우려도 배제할 수 없다.

외교부는 그동안 북한 내에서도 전문 분야로 인정되어 왔다. 그러나 최근 김영남 부장의 실각 내지 은퇴가 점쳐질 정도로 어수선한 분위기다. 또 김용순 대남 담당 비서가 맡아왔던 아태평화위원회는 그동안 존립 근거가 약해져 머지않아 당조직으로 흡수되고 이를 대체할 새로운 조직이 등장할 가능성이 있다. 최근 복권설이 나도는 연형묵·김달현 전 부총리 중 한 사람이 총리가 된다면 나머지 한 사람이 아태위를 대체할 새 조직의 간판으로 떠오를 가능성도 있다.

최근 진행되는 북한 내부의 인사 개편은 중앙 무대뿐 아니라 시당이나 도당 차원에서도 진행되고 있다는 점에서 전국적 인사 태풍이라고 볼 수 있다. 또한 인사 개편 결과 새로 등장할 체제는 우여곡절은 있겠지만 앞으로 북한의 유일한 탈출구인 '개방 확대'를 지향할 수밖에 없다는 점에서 주목할 만하다.

(1997. 4. 3)

김정일 시대 북한이 어느 쪽으로 갈 것인가를 알 수 있는 것이 바로 관광 정책의 향배이다. 관광을 확대한다는 것은 개방 확대 쪽으로 가겠다는 예시나 다름없다. 관광은 대외개방에 앞서 놓는 면역 주사에 다름 아니기 때문이다. 2007년 4월의 관광 확대는 곧 다가올 김정일 시대 북한의 향방을 보여주는 리트머스 시험지 같은 것이었다.

북한, 대규모 서방 관광단 모집

북한, 4월15일 김일성 생일 맞아 대규모 서방 관광단 모집…당·정·군 모두 나서 '총력전'

'지상 최대의 파티. 김일성 85회 생일 잔치. 4월15일. 이 놀랄 기회를 놓치지 마시라.'

올해 초 북경 외교단지에 나붙은 북한 관광 홍보 전단의 한 구절이다. 북경 거주 외국인들을 겨냥한 듯 A4 용지에 영문으로 작성한 이 포스터는 '고려투어즈'라는 관광회사가 붙인 것이다. 외국인들의 호기심을 겨냥한 자극적인 문구 밑에는 간단한 관광 일정과 연락처가 적혀 있다. 일정은 두 가지. 4월 12~16일 코스와 12~19일 코스로, 평양 시내 관광 및 매스게임, 휴전선 방문이 제시되어 있다.

고려투어즈는 94년 3월 중국 자본과 서방 자본이 합작으로 만든 북한 관광 전문 회사이다. 95년 4월 평양 축전 때 미국인 관광객 40여 명을 유치하는 등 반짝 기세를 올렸으나 지난해에는 북측의 소극적 자세로 별 재미를 못 보았다.

관광객 유치는 대외 개방 예행연습

그러나 올해는 사정이 다르다. 올해 초 북한이 4월의 김일성 85회 생일과 인민군 창설 65주년 기념일 등 대규모 행사를 겨냥해 대대적으로 외국인 관광객 유치 작전에 돌입함으로써 이 회사도 분주하게 움직이고 있다. 북경의 외국인뿐 아니라 미국·유럽 언론 매체를 통한 홍보에도 적극적이다. 미국에서 발행되는 관광 전문지 〈투어 앤드 트래블 뉴스〉는 고려투어즈의 활동을 소개한 3월3일자 기사에서 "미국인들은 4월12일부터 16일 사이 다시한번 평양에 들어갈 수 있을 것 같다. 미국 관광사들은 고려투어즈로부터 쉽게 관광 자료를 구할 수 있다"라고 소개했다.

미국의 또 다른 관광 전문 매체에는 고려투어즈가 제시한 관광 경로와 경비가 자세히 실려 있다. 즉 북경에서 집결해 야간열차를 타고 단동을 거쳐 신의주로 들어가는 경로이다. 평양을 방문한 뒤 남포 및 서해 갑문 방문, 묘향산 등산, 개성 및 판문점 방문 코스가 이어진다. 7박8일 일정에 경비는 1천6백 달러. 개인 관광은 어렵고 10명 단위 그룹 관광만 가능하다.

95년 평양 축전 때 외국인에게 문호를 활짝 열었던 북한이 지난해 왜 침묵을 지켰는지에 대해서는 여러 가지 해석이 있다. 미국·일본과의 외교 관계 합의가 이루어지지 않아 개방 일정을 잡기가 어려웠고, 한편으로는 나진·선봉 특구 개발에 힘을 실어주기 위한 배려도 작용했다는 것이다. 고려투어즈 사례에서 보듯 올해 초 북한은 관광 문호를 활짝 열 조짐을 보이고 있다. 아직까지는 4월의 대규모 행사를 겨냥한 제한적 개방이지만, 김정일 체제 등장 이후 예상되는 개방 확대에 대비한 예행연습 성격이 짙다는 점에서 주목할 만하다.

올해 초부터 북한이 각국 여행사들을 내세워 벌이는 관광객 유치 작전은 가히 총력전이라고 할 만하다. 또 대상 국가 면에서도 세계적이다. 우선은 조총련계 동포가 많은 일본이 첫번째 대상이다. 4월의 대규모 행사를 계기로 조총련계 동포 및 일본인 북한 관광 열기를 점화시키기 위한 노력이 전개되고 있다. 몇 가지 파격적인 조건도 제시되었다. 일본교통공사와 조총련 여행사인 중외여행사의 독점 구조에서 벗어나 민간 관광회사 6개에 관광객 유치 문호를 개방한 것이다. 비용 역시 그전에 비해 싸다. 1주일 코스에 30만 엔대 하던 것을 18만 엔대로 낮추었다.

조총련 측 중외여행사는 지난해에 이어 올해 4월에도 나고야에서 평양까지 전세기를 운영할 예정이다. 교포들을 대상으로 한 금강산·묘향산 관광이 주요 목적이다. 교포들을 포함해 약 3천명의 일본 관광객 유치를 목표로 하고 있다.

일본에 이어 큰 시장이라 할 수 있는 미국 여행업계에서는 올해 들어 특이한 점이 발견됐다. 미국에서는 전금여행사 등이 활발하게 움직이고 있으나, 북한 측이 올해는 재미 동포 중 영주권자의 입국을 불허했다. 그동안 황장엽의 미국 방문을 초청한 사람 대부분이 영주권 소유자라는 사실 때문이다. 그러나 이것도 4월께에는 풀릴 것으로 예상된다.

북한 측이 새로운 관광시장으로 관심을 갖고 있는 곳이 동남아이다. 그 중에서도 대만·태국·마카오·싱가포르·홍콩이 주요 대상이다. 대만의 경우 대만봉화여행사의 양지방 총경리가 조선국제여행사의 대만사무소장을 겸하면서 활발하게 관광객 유치 작전에 나서고 있다.

지난 3월4일 양 총경리는 내외신 기자회견을 통해 관광 개선안을 제시했다. 즉 4월의 북한 관광과 관련해, 대만의 6개 여행사에 고려항공 항공권 판매 및 비자 접수 권한을 부여한다는 것이다. 대만과 북한이 아직 정식 국교가 없다는 점을 감안하면, 항공권을 현지에서 구입할 수 있도록 한 것은 큰 변화가 아닐 수 없다. 양 총경리는 1주일에 한 차례 운행해온 평양-마카오-방콕 노선을 3월30일부터 주 2회로 늘리겠다는 계획도 발표했다. 북한은 지난해 8월 대만측에 고려항공의 대만사무소 개설을 허가해 달라고 요청했는데, 이에 대해 대만은 국교가 없고 항로가 개설되지 않았다는 이유로 일단 난색을 표명했다. 그러나 이는 표면적인 이유일 뿐 내부에서는 상당한 교감이 이루어지고 있는 것으로 알려졌다.

홍콩은 현재 '골든 트립 트래블'이 조선국제여행사를 대신해 홍콩인 및 대만인에 대한 비자 발급 업무를 대행하고 있다. 또 싱가포르에서는 '유니버셜 트래블'이 이미 북한 관광단 모집 광고를 낸 바 있다.

'상상도, 설명도 하기 힘든 신비로운 경험이 가득한 곳' '생각하는 사람들을 위한 휴가'라는 캐치프레이즈를 내걸고 그동안 공산권 관광을 전문으로 해온 영국의 리젠트 홀리데이즈사 역시 올해는 북한 관광을 중요한 상품으로 소개하고 있다.

유럽인에게는 거의 당일 비자 발급

이 회사는 고려투어즈의 유럽 지역 대행권을 가지고 있는데, 영국뿐 아니라 유럽 각국 사람들이 주요 고객이다. 올해는 5개 소그룹 관광을 목표로 7박8일짜리 일반 상품과 메이데이 및 해방기념일을 겨냥한 축제 관광 상품을 준비하고 있다. 북한이 체제에 대한 위험 부담 없이 쉽게 받아들일 수 있는 관광객은 유럽인이다. 현재 유럽인에 대해서는 거의 당일 또는 다음날에 비자를 발급하는 등 편의를 제공하고 있다.

중국인에 대해서는 일부 여행 자유 제한을 올해에는 대폭 해제할 것이라고 한다. 특히 동북 3성의 조선족이나 한족의 북한 관광이 활발하다. 내륙에 갇혀 있어 바다 구경이 어려운 이들에게는 북한 동해안 관광이 인기 상품이다. 지난해에도 1박2일~3박4일의 단기 코스로 조선족 및 중국인 약 1만5천명이 동해 관광을 다녀왔다. 이밖에 단동에서 신의주를 거쳐 평양으로 가는 코스에서는 현재 단동여행사 등 조선족 여행사들이 성업 중이다.

올해의 관광 개방은 북한의 당·정·군이 모두 적극 나서고 있다는 데 특색이 있다. 대외적으로는 정무원 관광총국 산하 조선국제여행사가 주요 창구가 되고 있으나 당도 외화벌이 차원에서 매우 적극적이다. 당이 이처럼 적극 나서는 것은 관광 정책의 전반적 기조 변화와 관련되어 있다는 지적이다. 또 군도 나진·선봉을 중심으로 공식 비공식 여행 상품을 개발해 운영하고 있다.

북한이 추진하는 올해 관광 개방에서도 한국은 예외가 되었다. 이처럼 한국인을 배제한 북한의 관광 개방은 어떤 면에서는 일정한 한계를 가졌다고 할 수 있다. 한국은 이미 해마다 4백60만 명이 해외 관광에 나서 69억 달러를 쓰는 관광 송출 대국이다. 그 중 약 60만 명이 중국을 다녀왔다. 북한이 한국 관광객에게 문호를 개방한다면 북한 경제 회생에도 도움이 되고 남북 간의 인적 교류 활성화에도 보탬이 될 길이 얼마든지 있다.

(1997. 4. 10)

4자회담에 부정적이었던 북한이 한국의 대북 쌀 지원을 조건으로 태도 변화를 보이기 시작했다. 우리 정부 역시 북한의 식량난이 위험수위까지 이르는 상황에서 숨통을 틔울 필요성을 느끼기 시작했다. 4월5일 북한은 미국 카길사와 미국산 밀 3만 톤을 반입하기로 합의하기도 했다.

정부 대북 쌀 지원으로 4자회담 숨통 트기

북한 정식 요청에 민간단체 지원 허용… 남북 대화 '해빙' 계기될 듯

지난 3월5일 북한의 김계관 외교부 부부장이 4자회담 3자 설명회 참석차 미국을 방문했다. 설명회가 끝난 후 그는 워싱턴을 방문해 애틀랜틱 카운실이라는 민간단체가 주관한 한반도 관련 세미나에 참석했다. 이 자리에서 그가 했다는 발언들이 일부 과장되어 언론에 보도된 바 있으나, 정작 그의 메시지는 공개되지 않았다.

최근 워싱턴의 한반도 전문가들 사이에서는 애틀랜틱 카운실 연구원으로 있는 한 재미 교포 학자가 그의 메신저 노릇을 했다고 해서 화제가 됐다. 애틀랜틱 카운실 회의를 주도해 김계관의 워싱턴 방문이 가능하도록 했던 이 학자에게 김계관 부부장이 매우 중요한 메시지를 전했다는 것이다. 메시지 내용은 "한국과 미국이 북한에 쌀을 제공할 경우 북한이 4자회담에 응할 것이라는 점을 한국 측에 전해 달라"는 것이었다고 한다.

쌀 지원은 4자회담 유인책

교포 학자는 이 메시지를 워싱턴 한국대사관의 이수혁 정무참사관에게 전했다. 이런 연유로 지난 3월26일 이수혁 정무 참사관과 북한의 한성렬 유엔공사, 마크 민튼 미 국무부 한국과장 등 3자가 회동해 3자 설명회 후속 회담을 가진 바 있다.

우리 정부는 이 일련의 과정에서 북한 측의 태도 변화를 주목하고 있는 듯하다. 4자회담과 관련해 북한은 그동안 되도록이면 한국을 거론하지 않으려 했다. 그런데 이번에 한국이 4자회담을 공식 제의한 사실을 인정하고, 한국 외교관이 참석한 자리에서 정식으로 쌀지원을 요청했다. 북한의 다급한 식량난을 반영하는 것이기는 하지만, 한편으로는 그동안 단절되어온 남북 대화의 물꼬를 여는 신호탄으로 해석된다. 통일원은 이 연장선상에서 지난 3월31일 대북 유화정책을 발표했다. 그동안 민간 단체의 대북 지원 품목에서 제외한 쌀을 지원 대상에 포함하고 △민간의 북한 주민 접촉 및 방북 승인을 대폭 확대하며 △대한적십자사가 직접 북한 적십자사에 식량을 전달하는 등 남북 적십자 회담도 적극 추진하고 있다는 내용이었다. 특히 쌀 지원의 경우 95년 쌀 회담이 결렬된 이후 북한의 군량미 전용 가능성 등을 이유로 금해 오던 것을 이번에 풀었다는 점에서 의미를 부여할 수 있다는 것이 통일원 측 설명이었다.

정부의 이같은 대북 유화 정책에 대해 정부 고위 당국자는 "한국이 북한에 대한 식량 지원을 방해하고 있다는 국제 사회의 여론을 감안했다"면서, 북한 측을 4자회담 테이블로 끌어내기 위한 유인책이라는 점 역시 숨기지 않았다. 북한 측이 최근의 뉴욕 접촉 등에서 우리 정부와의 대화에 대해 전례 없이 유연한 자세를 보이고 있어 우리 역시 뭔가 명분을 줄 필요가 있었다는 것이다.

북한에 숨구멍 터주는 '송곳 전략'

협상 전략적인 차원 외에도 북한의 식량난이 이제는 폭발 일보 직전에 온데 따른 응급조처 성격을 띠고 있다는 지적도 있다. 최근 한국을 방문한 고어 미국 부통령과 테드 스티븐스 상원의원 일행이 극단적인 표현을 써가며 북한의 식량난을 우려한 바 있다. 우리로서도 미국을 통해 전달된 이 같은 상황을 무시하기가 어려웠을 것이다.

북경 등에서 북한 측과 접촉한 국내외 인사들은 북한의 식량난이 심각한 지경에 이르렀다고 경고했다. 얼마 전 방북한 스티븐스 의원도 "북한 군부가 당·정 인사들에게 심한 불만을 토로하고 있다"고 밝혔듯이 "한국이 계속 막으면 무슨 일이 터질지도 모른다"는 긴박감조차 나타나고 있다. 정부의 이번 대북 유화책은 미약하나마 북한측에 숨구멍을 터주려는 '송곳 전략'이라는 것이다.

(1997. 4. 10)

김달현 부총리의 건강 문제 등으로 인해 실현되지는 못했지만 이 기사는 북한 대외 개방정책의 흐름과 관련해 매우 중요한 시사점을 던져준다. 91년 12월 남북기본합의서가 채택된 직후 북한은 나진선봉을 경제특구로 지정했다. 우여곡절을 거쳐 94년 북미 제네바 회담 타결 이후 95년부터 3년 동안 나진선봉 식 부분 개방의 성공 가능성을 시험해봤으나 이 시점에 이르면 그것만으로는 부족하다는 판단이 내려지기 시작했다. 따라서 나진 선봉 외에도 원산 남포 신의주 개방과 남북 협력을 주장해온 김달현 복귀설이 유력하게 등장하기 시작한 것이다. 시점 상으로 남한의 차기 정권을 선출하는 대선을 앞둔 시기라는 점이 중요하다. 즉 이 시점의 연형묵 김달현 복귀설은 2000년 남북 정상회담으로 이어지는 북한 내부 사고의 변화를 보여주는 것이다.

남한 대선 앞두고 '황금의 92년 체제' 복원?

북한, 3월말 총리·부총리로 내정…남북 경협 등 대남 정책 큰 변화 예고

'황금의 92년 체제'. 92년 연형묵 총리와 김달현 부총리 시절의 북한 정무원 체제를 일컫던 말이다. 연총리·김부총리 시절 남북 관계는 분단 반세기 만에 가장 낙관적이고 희망에 차 있었다. 91년 말 연형묵 총리가 서울을 방문했을 때 남북기본합의서가 체결됐다. 92년 7월 김달현 부총리가 한국을 방문하고 산업시설을 시찰했을 때는 남북 경제공동체 가능성이 논의되는 등, 남북 관계가 순풍에 돛단 듯했다.

황금의 92년 체제는 다시 부활할 수 있을까. 최근 몇 년간 늪에 빠져 있는 남북 관계를 돌이켜보면 가당치도 않은 상상일 것이다. 그러나 최근 이 상상하기 어려운 일이 북한 권력 내부에서 발생하고 있다. 연형묵 총리- 김달현 부총리 부활설이 꼬리를 물고 있는 것이다.

서울과 북경의 외교 소식통들은 최근 북한의 당·정·군 개편 과정에서 연형묵 전 정무원 총리가 북한의 새로운 정무원 총리로, 김달현 전 부총리가 새로운 부총리로 내정되었다는 것을 기정사실로 받아들이고 있다. 북경의 한 소식통은 이와 관련해, 북한 수뇌부가 지난 3월 말 이 같은 결정을 내렸다면서, 이에 따라 현재 정무원에 대대적인 개편 바람이 불고 있다고 밝혔다. 서울의 한 소식통 역시 북한은 강성산 총리 이후 등장한 홍성남 총리 대행 체제를 일종의 과도 내각으로 규정해 왔다고 지적하고, 연총리김부총리 체제가 늦어도 5월부터는 실질적인 업무에 들어갈 것으로 예상된다고 말했다.

연형묵 북한 경제 맡고, 김달현 대남 협력 맡을 듯

북한이 지난 3월 말 두 사람을 각각 총리와 부총리로 내정했으면서 이를 발표하지 않고 있는 이유에 대해 이들은 정책 구상을 위한 시간이 필요하기 때문이라고 지적했다. 일종의 밀월 기간이 필요하다는 것이다. 따라서 일정 기간 내부적으로 업무를 수행하다가 김정일 권력 승계시기에 맞춰 연·김 투톱 시스템을 전격 발표할 가능성이 높다는 것이다. 이와 달리 김정일 승계 전이라도 이들의 취임 사실이 발표될 수 있다는 의견도 있다. 현재 북한 경제가 대단히 긴박한 상황에 처해 있어 조기 발표할 가능성도 배제하기 힘들다는 것이다.

여하튼 북한 수뇌부가 한때 권좌에서 추방했던 두 사람을 지난 92년과 똑같은 형식으로 복귀시키고자 하는 것은 최근 몇 년간의 경제 정책에 한계가 왔다는 사실을 스스로 인정했기 때문이다. 한 북한 전문가는 앞으로 정책의 대전환이 예상된다면서, 특히 대남 개방파인 김달현 부총리가 등장하는 점에 주목해야 한다고 지적했다. 새로운 정무원 체제에서 연형묵 총리는 과거처럼 북한 경제 전반을 담당하고, 대남 개방파인 김달현 부총리는 대남 협력 부분을 전담하게 될 것으로 알려지고 있다. 이같은 구도가 재현되는 것만 보아도 앞으로 북한측이 남북 경협에 매우 적극적으로 나올 가능성이 높다는 것이다.

연총리·김부총리 체제가 한국의 대선 국면이 시작되기 바로 전에 출범할 가능성이 있다는 사실은 이와 관련해 주목을 요한다. 이런 시기를 선택함으로써 북한은 두 가지 이니셔티브를 쥘 수 있다고 계산하는 것 같다. 첫째는 한국의 대선 기간에 북한과 관련한 쟁점을 유화적인 쪽으로 유도할 수 있다. 두 번째는, 한국의 차기 정권 담당자에게 북한의 향후 노선을 미리 보여줌으로써 그에 상응하는 정책 수립을 가능하게 할 수 있다는 것이다.

지난해 연말부터 북한 내에 대대적인 인사 태풍이 휘몰아치면서 외부 세계에 혼란스런 인상을 드러내기도 했다. 이런 와중에서 북한의 대외 얼굴인 정무원 총리와 부총리 자리에 대표적인 개방파 인사들이 재등장하고 있다는 사실은, 인사 태풍 이후 등장할 김정일 체제의 성격과 방향을 상징적으로 보여주는 것이다.

또한 여기에는 '서방과 마음을 터놓고 대화할 수 있는 인물의 등장'을 요구한 미국·일본 등의 요구를 북한 수뇌부가 수용했다는 의미도 부여할 수 있다. 현재 남아 있는 북한 고위급 인사 중 서방과 대화가 가능한 인물로는 연총리와 김부총리가 거의 유일한 인사들이다.

그러나 연·김 체제의 미래가 반드시 낙관적인 것만은 아니다. 그들의 처지에서는 중앙 무대 퇴장 이후 5년 만의 복귀인 셈이다. 현재의 북한 경제는 그들이 재임했을 때보다 더욱 악화됐다. 또 당과 군이라는 양대 권력의 틈바구니에 끼여 있는 정무원 총리·부총리의 권한에는 한계가 있기 마련이다.

한국 등 주변국 호응 여부가 운명 좌우

다만 현재 북한의 탈출구가 당과 군이 주도하는 대내 정책에 있는 것이 아니라 정무원이 주도하는 대외 정책에 의해 좌우될 수밖에 없다는 것이 바로 그들이 운신할 폭을 넓혀주고 있다. 바깥 세계의 호응 여부에 따라 그들의 운명 역시 좌우되리라는 점을 시사 하는 것이다. 앞으로 한국의 역할은 대단히 중요해질 것이다. 92년 김달현 부총리 방한에도 불구하고 우리가 대북 경협에 냉담한 자세를 보인 것이 김 부총리 경질 및 암흑기의 원인이 되었던 것을 상기한다면, 새로운 대책 마련이 시급하다. 앞으로 몇 년이 민족의 운명을 결판 지을 시기라는 점을 생각한다면, 이는 대단히 심각한 문제가 아닐 수 없다.

선택은 두 가지로 좁혀져 있다. 북한 지도부가 절체절명의 과제로 삼고 있는 북한 경제 재건과정을 미국·중국·일본 등 주변 국가에 맡겨둠으로써 분단 영구화의 길을 선택할 것인가, 아니면 이 재건 과정을 한국이 적극 참여하는 협력함으로써 통일을 앞당길 것인가, 둘 중의 하나이다.

(1997. 4. 17)

애초 기대했던 만큼 식량 확보가 이뤄지지 않으면서 모든 일정이 뒤로 미뤄지게 됐다. 김정일 권력 승계 일정이 오리무중 상태에 빠져들었고, 연락사무소도 뒤로 대폭 늦춰졌다. 이런 상태서 4자회담에만 응한다는 것은 타산이 안 맞는다. 따라서 한국의 대통령 선거 프리미엄을 기대할 수 있는 연말께로 시기를 조정하겠다는 것이다.

"4자회담 연말에나 응한다"

북한 유엔대표부 고위 관계자 발언… 한국 대선 때 많은 것 얻어내기 위한 전략

3자 고위급 회담 북한 측 수석대표인 김계관 부부장은 지난 4월21일 뉴욕 유엔플라자 호텔에 끝내 나타나지 않았다. 그 전날까지 실무 접촉을 강행하며 혹시나 하고 기다리던 한·미 양국 대표들은 허탈감에 빠졌다. "미국 대표단이 뉴욕에서 영원히 기다릴 수만은 없지 않나." 회담 결렬을 공식 선언한 21일자 미국 국무부 논평에는 휴일까지 공쳐 가며 기울여온 그간의 노력에 대한 낙담이 짙게 배어 있다.

답답하기는 한국 측 역시 마찬가지였다. 외무부의 한 관계자는 "회담이 결렬된 것이라고 볼 수는 없다. 길고 긴 협상 과정의 한 부분에 불과하다"라며 의연한 태도를 보였다. 그러나 4월16일 첫 회담 직후 '5월중 예비회담, 6월중 본회담 개최'라는 장밋빛 브리핑으로 현지에 파견된 한국 기자들을 '오보의 행렬'로 인도한 셈이 돼, 한국 대표단 역시 머쓱해진 것은 사실이다.

16일의 첫 회담 직후 올브라이트 미국 국무장관이 회담이 타결될 것에 대비해 환영 성명까지 준비한 것에 비하면 결과는 참담했다. 외신에 따르면 미국은 협상 초기 '4자회담과 쌀 지원은 별개'라며 적극적이던 북한 측이 '선 쌀 지원 후 회담'이라는 강경 방침으로 갑자기 선회한 배경에 매우 의아해하고 있다고 한다.

'본회담은 다음 정권과 한다'는 계획 수립

최근 북한 유엔대표부의 고위 관계자를 접촉한 뉴욕의 한 외교 소식통에 따르면 이번 3자 설명회 결렬은 북한의 새로운 협상 전략 때문임이 분명하다. 북한 지도부가 선 쌀 지원 보장을 강력하게 요구한 것은 나름의 이유가 있다고 이 소식통은 말했다. 지난 93년 미국이 러시아에 시장 경제 제도를 도입할 경우 3억 달러를 지원하겠다고 약속했다가 나중에 상황이 변했다며 이를 지키지 않은 사실이 있는데, 북한 지도부가 이 사실을 유념하고 있다는 것이다. 유엔대표부 고위 관계자는 자기네는 그 같은 전철을 밟지 않을 것이라고 말했다고 그는 전했다. 북한 지도부는 회담 타결을 서두르기보다는 여건이 유리해질 때까지 기다리겠다는 새로운 협상 전략을 최근 수립했다는 것이다.

북한 측의 새로운 협상 전략에 따르면 협상 타결 시점이 올해 연말로 대폭 늦춰졌다. 유엔대표부 고위 관계자는 이 소식통에게 "4자회담에는 응한다. 그러나 그 시기는 연말쯤이다"라고 말했다는 것이다. 북한 측이 연말을 목표로 잡고 있는 것은, 한국의 대통령 선거가 있는 연말이 북한으로서는 가장 많은 것을 얻어낼 수 있는 시기라고 보기 때문이다. 연말을 넘길 경우 '대선 프리미엄'이 없어지기 때문에 연말을 넘기지는 않을 것이다. 북한은 또 현 정권 막바지에 협상을 타결 지어 효과를 극대화하되 본회담은 다음 정권과 추진한다는 이중 효과를 노리고 있기도 하다.

다만 현재 극심한 식량난을 겪고 있는 북한이 연말까지 기다릴 여유가 있는가 하는 것이 의문이다. 이 점에 대해 이번 협상 과정을 지켜본 몇몇 북한 전문가들은 협상 전술을 구사할 만한 여유는 최소한 있는 것 같다고 분석했다. 물론 그 안에 많은 주민이 기아로 고통 받고 죽어가겠지만, 북한 당국은 '눈 하나 깜박 않고 버틸 것'이라는 것이다.

새로운 협상 전략의 또 한 가지 특징은 협상 타결을 연말로 미룬 뒤, 그 안에 진행될 남북 간, 미·북한 간 모든 개별 협상을 4자회담과 연동하는 '일괄 타결 방식'을 적용해 나갈 것이라는 점이다. 유엔대표부 관계자는 "앞으로 있을 미국과 북한 간의 모든 협상에서 개별적 협상 타결은 하지 않을 것이다"라고 단언했다고 한다. 미국과 북한은 3자 설명회가 무산된 다음날인 지난 4월22일 뉴욕 실무 접촉에서 5월2~10일에 뉴욕에서 미군 유해 송환 협상을 벌이고, 5월12~13일에는 미사일 협상을 벌이기로 합의했다. 또 머지않아 연락사무소 개설 협상도 재개할 것으로 예상된다. 그러나 새로운 협상 전략에 따라 북한은 이들 개별 협상의 전제 조건으로 쌀 지원 문제를 강력하게 제시하면서 타결 시점을 최대한 뒤로 늦출 가능성이 매우 높다.

이런 전략을 통해 북한은 미국에 압력을 가함으로써, 미국이 다시 한국에 쌀 지원 압력을 가하게 하는 '스리쿠션 효과'를 노리고 있다고 볼 수 있다. 미국 국무부는 협상 중재자라는 화려한 명성에도 불구하고 이를 뒷받침할 재원이 없어 고뇌에 빠져 있다. 따라서 북한 측이 미·북한 간의 현안을 걸고 압박을 가해오면 그 돌파구로 한국 및 일본을 응시할 수밖에 없다는 것을 북한도 잘 알고 있는 것이다.

어떤 점에서 이런 전략은 벌써 효과를 거두고 있다고도 볼 수 있다. 최근 미국의 언론 매체들이 북한의 기아 문제를 대대적으로 보도하고, 국방부나 정보기관 관계자들이 북한 화생방 무기의 위험성 및 전쟁 가능성에 대해 경고성 발언을 계속하고 있는 것도 사실은 한국 정부에 대해 대북 쌀 지원을 촉구하는 미국 정부의 메시지를 뒤에 깔고 있는 것이다.

또 현재 한국과 미국 사이에는 대북 쌀 지원 시기에 대해서도 미묘한 시각 차이가 있다. 한국 외무부가 4자회담 본회담이 열려야 쌀 지원이 가능하다고 못 박고 있는데 비해 미국은 예비회담 단계부터 쌀이 들어가야 한다고 보고 있다.

북한의 새 전략에 대해서는 정부 고위 관계자도 이미 눈치를 채고 있다. 이번 뉴욕 고위급 회담에 참석한 정부의 고위 당국자는 "북한이 4자회담에 쉽게 응하지 않으리라는 인상을 받았다"라고 말했다. 그는 특히 북한이 최근 제시한 3+1 형식에 대해 주목하고 있다면서, 이는 결국 한국과 미국으로부터 받아낼 것을 다 받아내고 난 뒤 4자회담에 응하겠다는 것이라고 지적했다. 3+1 형식이란 남북한과 미국이라는 3자 회담 구도를 통해 먼저 현안을 타결하고, 여건이 조성된 뒤 중국을 참여시켜 4자회담을 하자는 일종의 수정안이다. 북한은 이번 뉴욕 협상에서 중국이 남북한을 모두 승인하고 있는데 미국은 아직도 북한에 대한 적대 정책을 포기하지 않고 있어, 이런 상황에서 4자회담이 열리면 북한이 매우 불리할 수밖에 없다고 주장했다. 따라서 4자회담이 제대로 열리려면 미국과 북한이 국교를 수립하는 것이 전제되어야 한다고 주장했는데, 이는 국교 수립까지는 가지 않더라도 미사일·미군유해·연락사무소 등 미·북한간 현안이 모두 해소된 뒤에 회담에 응하겠다는 입장을 밝힌 것이다.

연말까지 미국과의 개별 협상에만 매달릴 듯

이런 관점에서 우리도 이제는 기존 전략을 재검토할 시기가 된 것 같다. 그동안 4자회담에 대해서는 남북 간 모든 현안을 여기에 묶어두고 있는 정부 전략이 과연 옳은 것인가에 대한 회의론이 끊임없이 있어 왔다. 정부 고위 당국자는 "북한이 현재 요구하는 정부 차원의 식량 지원은 올해뿐 아니라 앞으로 몇 년간 매년 백만~1백50만t을 지원해 달라는 것이다. 현재의 시기에서 4자회담이 과연 그럴 만한 가치가 있는 것인지 회의스럽다"라고 말했다. 오히려 쌀 문제라면 4자회담과 분리해 별도 협상을 하는 것이 정부 부담도 줄이고 지원할 적기도 놓치지 않는다는 점에서 효과적이라는 것이다. 또 애초의 동기와 목적은 사라지고 마치 4자회담이 만병통치약처럼 둔갑한 것에 대한 비판도 만만치 않다. 북한의 남한 배제 전략을 차단하겠다는 것이 애초의 목표였다면, 이미 대화의 틀이 확보된 이상 더 유연해질 필요가 있다는 지적이다.

북한의 새로운 협상 전략은 사실상 올해 초부터 기대했던 것만큼 쌀 공급이 제대로 이루어지지 않은 데서 말미암은 고육지책의 성격도 띠고 있다. 생각대로 쌀이 구해지지 않으면서 4자회담 제의를 회피할 수 없게 되자 기왕할 바에야 최대한 시간을 끌어 많이 받아내겠다는 쪽으로 방향을 전환한 것이다. 그러다 보니 금년 초에 잡았던 정세 일정을 대폭 수정하는 일이 불가피해졌다. 우선 쌀 공급 차질로 인해 권력 승계 일정이 다시 오리 무중 상태에 빠져들었다. 또 연락사무소는 금년 초 '3월 개설 선언, 5월 개설'이라는 일정을 잡았다가 최근에는 '7월 개설 선언, 12월 개설'로 대폭 늦춰졌다고 한다. 또 북한측은 연말까지의 공백기를 미국과의 다양한 협상과 4자회담 예비회담을 상호 연동하는 형태로 메우려 할 가능성도 매우 높다. 이렇게 될 경우 6월과 8월께 4자회담 예비회담이 두 차례 열릴 것으로 예상된다.

(1997. 5. 8)

3.3. 군부를 개방 세력화 하기 위한 당 개방파의 이이제이 전략

경수로 사업은 이 기사 이후 97년 8월 함경남도 신포(금호)지구에서 착공식을 거행하였다. 이어 99년 12월 KEDO와 한국전력공사 간에 주계약을 체결하고, 2001년 9월에는 본관 기초 굴착 공사를 착공하여 본격적으로 공사가 진행됐다. 그러나 공사가 30% 정도 진행된 상태에서 2002년 10월 북한 핵문제가 재발하자 KEDO 집행이사회는 북한이 제네바 합의를 위반했다는 이유로 2003년 12월부터 2년간 사업 중단을 결정 했다. 그 이후 북핵문제 해결을 위한 6자회담에서 2005년 새로운 합의인 '9·19 공동성명'이 체결됨에 따라, 1994년 제네바 합의에 따라 추진해 오던 경수로사업은 종료가 불가피하게 되었다.

신포 경수로 사업은 연락사무소와 함께 94년 체결된 북미 제네바 합의의 양대 축이었다고 할 수 있는데 미국의 정권 교체와 북미관계 변화에 따라 신기루처럼 사라지고 말았다. 다만 이 기사에서 유의미하게 볼 것은 북한이 신포 지구를 단순히 원전 부지로서가 아니라 북한의 동북 지역 개발의 일환으로 인식하고 있었다는 점이다. 이 기사에서 언급하고 있는 '나진·선봉과 청진의 칠보산, 원산 인근의 금강산을 연결하는 관광권 개발 구상'은 김정은 시대에도 개발 청사진이 만들어 질 정도로 계속 진행돼왔다

북한, 신포시에 '개방 특구' 만든다

경수로 건설지 인근에 유흥 시설 갖춰 외화벌이 계획… 원산-청진 잇는 관광지로 활용 가능성

처음 계획대로라면 함경남도 신포시에는 2003년께 한국형 경수로 2기가 들어서게 된다. 건설비용 50억달러 중 한국이 40억 달러를 부담한다는 점에서 보면 신포 경수로 사업은 남북한이 분단된 이후 처음으로 손을 잡고 벌이는 최대 역사가 되는 셈이다.

경수로가 들어설 신포시 금호리 일대는 백여 호의 민가로 이루어진 한적한 어촌이다. 이곳에서 1.5km 떨어진 곳에 동해가 있고, 주변에 남대천이 흘러 경수로에 필요한 냉각수 공급이 가능하고, 또 양화라는 항구를 갖추고 있다. 이처럼 유리한 입지 조건과 화강암으로 구성된 지층 조건 등이 이 한적한 어촌의 미래를 바꿔놓았다. 2000년대가 되면 신포시 금호리는 한국의 고리·영광·울진에 이어 또 하나의 원자력 도시로 탈바꿈하게 된다.

그동안 국내에서는 이 신포 지역에 대해 경수로가 들어설 곳 정도로만 인식해 왔다. 그러나 최근 북한 당국이 이곳에 원전 도시 이상의 의미를 부여하고 있음이 확인되고 있다. 북한은 올해 초 신포시를 북한을 대표하는 또 하나의 개방 특구 지역으로 개발할 계획을 세워놓은 것으로 전해진다.

북한의 이같은 움직임은 중국 동북 3성 조선족 유력 인사와의 전화 통화에 의해 확인되었다. 중국 공산당에서 고위직을 지낸 이 조선족 인사는 현재도 중국과 북한의 지도층을 연결하는 막후 채널로 활동하고 있다. 그는 최근 북한측 인사들로부터 북한 지도부의 신포 개발 계획을 접하게 되었다고 말했다.

그에 의하면 북한 정무원은 지난 1월 신포 지역을 새로운 개방 특구로 개발하기 위한 세부 계획을 확정했다. 정무원의 계획안은 당 중앙위원회에 상정되어 심의를 거쳤다. 이 계획안을 검토한 중앙위 위원들은 이에 대해 거의 대부분 원칙적인 동의를 표했다. 다만 구체적인 시행 일정은 경수로 건설을 둘러싼 한반도에너지개발기구(KEDO)와 북한 간의 협상 추이 및 미국의 대북 경제 제재 완화 시점 등 주변 정세 변화를 보아 가면서 결정할 것이라고 한다.

이 조선족 인사는 신포 지역이 새로운 개방 특구로 지정될 여러 가지 조건을 갖추었다고 말했다. 당장 눈에 띄는 조건은 앞으로 10년간 이 지역에 엄청난 물류 유통이 이루어지리라는 점이다. 경수로 건설에 한정된 것이기는 하지만 50억 달러에 이르는 유입 자금은 북한 처지에서는 막대한 규모가 아닐 수 없다. 이 기간에 한국 미국 캐나다 등 건설 인력들이 이곳에 뿌리고 갈 달러 역시 만만치 않을 것이다. 8~10년 정도로 추정되는 건설기간에 한국 및 서방의 대규모 건설 인력이 이곳에 상주하게 된다. 초기 1~2년간 약 3백명 수준에서 시작해 방파제 공사가 시작되면 천명 단위로 껑충 뛰고, 착공 2년째부터 경수로 본체 공사가 시작되면 6천명쯤이 상주하게 된다. 이들이 사용할 일용품이나 잡화 중 일부는 한국이나 미국 등에서도 가져가겠지만 상당수는 현지에서 구입할 수밖에 없다. 또 건설 현장에서 고된 노역을 치를 근로자들이 밥만 먹고 살 수는 없다. 여러 가지 유흥 및 여가 시설이 필요하다.

지난 1월9일 뉴욕에서 한반도에너지개발기구와 북한 간에 체결된 부지 의정서 및 서비스 의정서를 보면, 이미 이러한 현실적 욕구를 충족시키기 위한 장치가 마련되어 있음을 알 수 있다. 부지의정서에 의하면, 부지 총면적이 여의도 면적의 3배에 이르는 2백68만평이다. 이 중 건설 장비 하역 장소인 물량장(해면 부지) 약 백만평 정도를 빼도 1백60만평 정도가 남는다. 이 1백60만평은 크게 세 부분으로 나뉘어 있다. 그 하나가 경수로 본체가 들어설 경수로 부지이다. 또 하나는 건설 인력의 사택이 자리 잡게 될 주택 부지로 규모는 70만~80만평 정도 된다. 마지막 세 번째, 관심의 초점이 되는 곳이 바로 경수로 부지와 주택 부지를 연결하는 '코리도(회랑) 부지'이다. 이 코리도 부지는 해안선을 따라 길게 나 있는데, 총길이 4.2km 너비 2백m이다.

한반도에너지개발기구와 북한 간의 뉴욕 실무 협상에 참여했던 경수로기획단 관계자들에 따르면, 이 코리도 지역을 누가 관할할 것인가 하는 문제가 당시 협상의 뜨거운 쟁점이 되었다. 한반도에너지개발기구의 주계약자인 한국전력 측은 이 지역에 공원과 골프장 등 여가 시설을 조성한다는 독자적 개발 계획을 내 놓았었다. 결국 북한 측과 줄다리기를 해 북한이 배타적 관할권을 행사하는 대신, 한국 및 서방 근로자들이 자유롭게 통행할 권한을 보장받게 된 것이다.

원산 개방과 연동된 종합 개발 계획 일환

경수로기획단 관계자들에 따르면, 북한은 공사가 한창일 때면 건설 인력 약 6천명이 출퇴근하는 통로가 될 이 코리도 지역의 양 측면에 이들 근로자들을 대상으로 한 각종 유흥 시설과 상가·여관 등 서비스 시설을 유치해 외화벌이에 나설 계획을 가지고 있다고 한다. 이곳에서 사용할 화폐는 달러에 국한하므로 엄격하게는 달러벌이라고 할 수 있다.

최근 북한 측은 이와 관련한 구체적인 움직임을 보이고 있기도 하다. 즉 북한측 경제 일꾼들이 연변 및 동북 3성 지역을 돌아다니면서 투자 유치에 적극 나서고 있는 것이다. 앞의 조선족 인사에 따르면, 북한 경제 일꾼들은 중국 기업이나 조선족 기업들에 이 지역에 필요한 물자 공급이나 시설 투자, 자본주의적 경영 기법 제공 등 공동 진출을 타진하고 있다고 한다. 조선족 사업가나 중국 사업가들 역시 이 지역 답사 방문 등을 통해 관심을 나타내고 있다.

재계의 소식통은 "약 6개월 전 재미 교포 한 사람이 이 지역 아파트 건설권을 북한 당국으로부터 확보했다고 하면서 국내 기업들에 공동 진출을 권유하고 다닌 사실도 있다"라고 전한다. 결국은 사실 무근으로 밝혀졌지만, 알게 모르게 이 지역 개발에 대한 관심도 높아가고 있다는 반증이다.

앞으로 관심사는 북한 수뇌부의 신포 개발 계획이 건설 노동자들을 대상으로 한 달러벌이에 국한할 것인가 하는 점이다. 경수로기획단 관계자들 중에는 북한이 외화벌이 창구로 이 지역을 활용할 계획을 세우고 있기는 하지만 경수로가 들어선 이후에는 외화벌이가 더 이상 불가능할 것이라고 지적하는 사람도 있다. 원전 시설 자체가 보안 시설이기 때문에 일반인 출입이 어려우리라는 것이다.

그러나 이 지역 개발 계획을 북한 지도부가 구상하고 있는 북한 동북지역 개발 계획이라는 전체 구도에서 생각하면, 관점이 달라질 수도 있다. 즉 신포 개발 계획은 단순히 신포에만 국한된 것이 아니라 인근 지역 개발과 연동되어 있다는 점이다. 이와 관련해 앞의 조선족 인사는 올해 초 북한 정무원이 올린 계획안에 신포 지역 개발을 원산항 개발과 연동한다는 계획이 포함되어 있다는 점을 지적하기도 한다. 다시 말해 신포 개발은 단순히 원전 건설만을 겨냥한 것이 아니라 원산 지역 개방과 연동된 종합 개발 계획의 일환이라는 것이다. 이 두 지역 개발이 서로 어떻게 연동될지에 대한 구체적인 내용은 밝혀지지 않고 있다. 다만 원산 지역이 북한 동해안의 대표적 공업지역이라는 점을 감안하면, 신포에서 필요로 하는 주요 물자의 공급 루트로 원산을 활용할 가능성이 있다. 또한 경수로 건설이 끝난 뒤에는 이곳을 원산 인근 지역과 연동해 관광 명소로 활용할 가능성도 있다. 현재 북한이 추진하고 있는 동북 지역 개발 구상에는 나진·선봉과 청진의 칠보산, 원산 인근의 금강산을 연결하는 관광권 개발 구상이 중요한 부분을 차지하고 있다. 이런 관점에서 신포 원전 지역 역시 이 일대의 새로운 관광 명소로 부각될 가능성을 배제할 수 없다.

지난 1월의 협상에서 한국측 실무 책임자로 활약한 경수로기획단의 고위 당국자 역시 그 가능성을 부인하지 않고 있다. 그는 "북한 측은 협상 과정에서 우리 건설 인력을 위한 유흥 시설 제공은 물론이고 앞으로 주변 지역 일대에 대한 관광도 보장하겠다고 약속했다. 경수로가 완공된 이후에는 신포 지역 자체가 관광 명소로 떠오를 가능성도 있다"라고 말했다.

신포 지역을 대상으로 한 북한 수뇌부의 이같은 장밋빛 꿈에 대해서는 국내 북한 전문가들 역시 그 실현 가능성을 매우 높게 보고 있다. 민족통일 연구원 오승렬 박사는 "우리 연구원에서도 신포 지역을 북한이 특구로 개발해 활용하는 것이 바람직하리라는 지적이 나온 적이 있다. 경수로 공사가 본격화하면 신포는 북한에서도 가장 활기를 띠는 지역이 될 것이기 때문에 북한 지도부 역시 이에 착안하는 것은 자연스러운 발상이다"라고 말했다. 또 다른 전문가는 "신포 지역은 북한이 아무 부담 없이 개방할 수 있는 지역이다. 앞으로 북한 동해안 지역 개발과 연동될 것이라는 점에서 주목할 필요가 있다"라고 지적했다.

(1997. 6. 5)

미국 국방부를 비롯한 안보세력들에게 북한은 자신들의 기득권과 이해관계를 지키는 데 없어서는 안 될 유용한 존재다. 의회에서 국방 예산 심의가 이뤄지는 시기나 아래 기사처럼 냉전 시대의 원윈전략과 미일동맹을 유지하기 위해서도 북한의 남침설이나 무력도발 등이 수시로 활용된다. 미중 패권시대 중국이 미국의 최대 위협세력으로 부상하면서 한반도를 대중 군사 전초기지로 삼고자 하는 의도를 숨기는 과정에서도 북한의 군사위협이 그 알리바이로 이용되고 있다.

한반도 전쟁설 뒤에 '위기 전도사' 있다

미국 국방부, 약해진 '동북아 전략' 사수 위해 계속 유포

황장엽 비서가 작성했다는 '조선 문제'라는 논문이 내외에 충격을 던져주었던 지난 4월 말 워싱턴의 한 한반도 전문가는 미국 정부로부터 비밀 프로젝트를 의뢰받았다. 바로 '조선 문제'의 신빙성을 조사해 달라는 것이었다. '조선 문제'는 황비서가 망명을 준비하던 지난해 8월 비밀리에 작성했다는 것으로, 전쟁이 일어날 경우 북한 지도부가 핵무기·화학 무기·로켓 무기를 동원해 남한을 초토화할 계획을 가지고 있다는 자극적인 내용을 담고 있다. 특히 '미국 본토는 몰라도 일본까지는 초토화할 계획을 가지고 있다'는 부분은 미국과 일본의 안보 당국자들을 자극하기에 충분했다.

한국인 출신으로는 드물게 미국 행정부의 한반도 정책 자문에 응해온 그 전문가는 곧 한국의 학계·언론계와 정부 당국자들의 의견을 취합해 보고서를 제출했다. 결론적으로 '신뢰성이 의심스럽다'는 것이었다. '황비서는 북한 수뇌부의 극비 전쟁 계획을 파악할 위치에 있지 못했다'는 것이 근거였다.

그는 전화 통화에서 "황비서 발언 이후 미국 정부에 두 가지 흐름이 형성되고 있다. 극히 냉소적 태도를 취하는 쪽과 신뢰성은 의심하지만 이를 적극 활용하려는 쪽이다"라고 밝혔다.

미국 국무부와 NSC는 '북한 도발 가능성' 부인

우선 국무부의 입장을 보자. 미국 국무부는 황 비서에게서 전쟁 관련 발언이 나올 때마다 대변인 논평을 통해 이를 즉각 부인하고 나서 마치 황비서와 '전면전'을 벌이고 있는 듯한 인상을 주고 있다. 미국 국무부의 이같은 자신 있는 태도는 북한의 전쟁 도발 가능성을 조사해온 백악관 직속 국가안보위원회(NSC) 결론과 밀접한 관련을 맺고 있다.

믿을 만한 서방 정보 소식통에 의하면 지난해 1년 동안 국가안보위원회는 '북한 지도부와 군부의 심리 상태, 그리고 전쟁 도발 가능성'에 대해 극비 조사를 해왔다. 금년 1월 초에 1차 결론이 나왔는데, '북한은 국지전을 도발할 능력은 갖추고 있다. 그러나 북한 지도부는 전쟁을 고려하고 있지 않으며, 군부 지도자들 중 전쟁을 바라는 자의 수도 줄어들고 있다'는 것이었다.

미국 대외 정책을 총괄하는 국가안보위원회와 국무부가 북한의 도발 가능성에 대해 극히 회의적인 데 비해 국방부는 정반대 태도를 보이고 있다. 올해 국방부 고위 책임자들의 한반도 위기 관련 발언은 국가 관련 예산안이 심의되는 매년 4월 의례적으로 있어온 관행을 벗어나고 있어 '특이 동향'으로 분류할 만하다. 윌리엄 코언 국방장관이 몸소 '위기설 전도사'로 나서고 있다는 점도 이색적이다. 지난 4월 한국·일본 동시 방문에서도 한반도 위기설을 강도 높게 피력한 코언 장관은 5월28일 미국 공군사관학교에서 있은 기자회견, 5월30일의 로스앤젤레스 소재 한 대학에서의 강연 등에서 "한반도는 전세계에서 전쟁 발발 가능성이 가장 높은 지역이므로 미국은 이에 대비해야 한다"라고 강행군했다. 미국 국방부 수뇌부의 한반도 전쟁 관련 발언은 현재 시중에 유포되어 있는 '6, 7월 전쟁설'과 맞물려 위기감을 증폭시키고 있기도 하다. 6, 7월 위기설이란 '식량 사정이 바닥에 처하게 될 6, 7월을 기해 북한 지도부가 남침을 준비하고 있다'는 것으로 그동안 일부 귀순자들의 기자회견에서 폭로된 바 있다. 그러나 식량난과 결부된 전쟁설에 대해서는 국내 정보기관 관계자들뿐 아니라 주변국들조차 회의적이다.

시중에 유포되고 있는 6, 7월 위기설은 두 가지 면을 안고 있다. 하나는 정보 측면이고 또 하나는 분석 측면이다. 정보 측면이란 귀순자들의 얘기처럼 북한 전역에 그 같은 소문이 퍼져 있을 가능성이 존재한다는 점이다. 이런 소문에 대해서는 국내 정보기관 관계자들 역시 그동안 예의 주시해 왔다. 한 정보기관 관계자는 지난 4월 "북한 내부에 식량이 바닥나는 6, 7월에 전쟁이 일어난다는 소문이 있어 정부가 대책 마련에 고심하고 있다"라고 말한 바 있다. 그는 정부가 민간단체의 식량 지원을 부분적으로 허용하는 조처를 취한 것도 그 때문이라고 설명했다.

그러나 북한 지도부가 의도적으로 이같은 소문을 퍼뜨리고 있다고 보는 시각도 많다. 정보기관의 또 다른 관계자는 "1~2년 전부터 귀순자들에게서 계속 나온 얘기이다. 특이 동향은 없다"라고 잘라 말했다. 그는 "식량난으로 인한 주민 통제의 어려움 때문에 북한 지도부가 통치술의 하나로 퍼뜨리고 있다고 본다"라고 말했다. 일본 방위청의 고위 당국자 역시 전화 인터뷰에서 "북한 당국이 국제적인 식량 지원을 유도하기 위해 고의적으로 퍼뜨리고 있을 가능성이 있다"라고 지적했다. 최근 북한과 중국을 동시 방문한 보커스 미국 상원의원에 따르면, 중국 지도자들 역시 북한이 대남 군사 도발을 감행할 가능성이 희박하다고 보고 있다.

주변국들이 전쟁설을 부정하는 배경에는 북한 식량난 실태에 대한 나름의 평가도 작용하고 있다. 현재 식량난 실태에 대해서는 유엔 기구 및 민간단체 관계자들과 정부 관계자들 사이에 미묘한 시각 차이가 존재한다. 최근 북한을 방문한 세계 식량계획 관계자들이 '북한 전역에서 식량 배급이 이미 절반 정도 중단되었고 6월20일 경에는 전면 중단될 위기에 처해 있다'는 보고서를 낸 데 대해, 우리 정부 당국은 즉각 반박하고 나섰다. 그동안 주변 국가들과 국제기구의 식량 지원 양을 합산하면 적어도 8월까지 버틸 수 있다는 것이다.

일본·중국 "식량 때문에 전쟁 일어날 가능성 적다"

미국·일본·중국 정부 당국의 시각도 비슷하다. 최근 일본을 방문한 심국방 중국 외교부 대변인은 지난 6월3일 일본 TV 인터뷰에서 "북한의 정치적 상황은 대단히 안정돼 있고 식량난도 차츰 해결돼 가고 있다"라고 발언해 일본의 여론 주도층에 충격을 준 바 있다. 일본 방위청 고위 당국자는 "일본 정부가 그동안 대북 식량 지원에 소극적이었던 첫째 이유는 식량난이 과장돼 있다고 보았기 때문이다"라며 식량난 자체를 평가 절하했다. 미국 정부 역시 최근 북한 식량난을 재평가하는 작업에 착수했다.

이처럼 각국 정부가 민간 기구와 미묘한 인식 차이를 보이는 것은 식량난 자체를 부정해서가 아니라, 이로 인해 북한 정권이 붕괴한다거나 전쟁을 도발할 정도는 아니라고 보기 때문이다.

황장엽 발언으로 불거진 전쟁 위기설과 식량난을 근거로 한 6, 7월 전쟁설의 내면적 구조가 사실상 이러함에도 최근 미국 국방부 관계자들이 집요하게 한반도 전쟁 가능성에 대해 경고하고 있는 이유는 무엇인가. 국내외 안보 관련 전문가들이 이와 관련해 주목하는 것은 지난 5월15일 미국 국방부가 의회에 제출한 '4개년 방위계획수정안(QDR)'과 6월8일 중간 발표된 '미·일

방위협력지침'(일명 가이드라인) 수정안이다.

우선 4개년 방위계획수정안의 개략적 내용부터 살펴보자. 이 안은 지난해 말 미국 의회가 국방 관련 수권 예산안을 심의하면서 새 정부 출범 초기에 임기 동안의 방위 계획 내용을 의회에 보고하도록 한 데서 비롯되었다. 국방연구원 실무책임자에 따르면, 금년의 국방부 4개년 방위계획수정안 작성은 대단한 논란 속에 이루어졌다. 논란의 핵심은 앞으로 4년간 매년 2천5백억 달러로 한정된 국방 예산 내에서 미국이 한반도와 중동에서 동시에 벌어지는 전쟁에서 승리하는 것이 가능한가 하는 점이었다. 이른바 '윈윈전략'으로 불리는 동시 전쟁 수행론에 대한 회의론자들의 공세에 맞서 미국 국방부 당국자들은 이를 방어하기 위해 진땀을 흘렸던 것이다.

그렇다면 윈윈전략과 한반도 위기설은 어떻게 관련되는가. 이번에 제출된 윈윈전략 내용에서 주목해야 할 것은 과거 2개의 '주요 지역 분쟁(Mager Regional Conflict)'에 대응한다는 전략 개념이 '두개의 주요 전역 전쟁(2Mager Theater War)'에 대응한다는 것으로 더 구체화했다는 점이다. 전자가 중동과 동북아라는 '지역 차원'을 상정한 것이라면, 후자는 중동에서는 이란과 이라크, 동북아에서는 북한이라는 '특정 국가'를 전쟁을 수행할 대상으로 삼고 있다는 점에서 결정적 차이가 있다. 심하게 말하자면 미국 국방부 당국자들이 윈윈전략을 방어하려면 어떻게 하든 북한의 전쟁 도발 의지를 입증하지 않으면 안되게 되어 있는 것이다.

이 점에서는 지난 6월8일 중간 발표된 미·일 방위협력지침 수정안 역시 마찬가지다. 방위협력지침 수정은 일본의 참여 폭을 확대해 윈윈전략의 재정적 취약성을 보완하기 위한 것이라고 할 수 있다. 냉전 시기에 미국 동북아 전략의 주축을 이루어왔던 미·일 동맹체제는 소련이 붕괴하자 존립 근거를 상실해 일본 내에서도 해체 주장이 제기되어 왔다. 그러나 냉전 이후 중국이라는 새로운 지역 강국 대두와 일본의 주권국화 움직임을 우려한 미국의 안보 당국자들은 지난해 4월 클린턴 대통령의 방일을 계기로 '미·일 안보동맹 재정의'라는 형태로 안보동맹을 부활시키는 데 일단 성공했다. 그런데 윈윈전략과 마찬가지로 안보 재정의의 표면적 명분으로 강조되고 있는 것 역시 한반도 분쟁 가능성이라는 점에 주목해야 한다. 이 점은 미·일 간에 진통을 거듭하던 미·일 안보조약 개정 논란이 지난해 4월 북한 인민군의 판문점 무력시위 사건으로 인해 탄력을 받게 되었다는 점, 그리고 이번 방위협력지침 수정안과 관련해 일본 헌법과의 충돌이나 여론의 반발을 무마하기 위해 일본 안보 당국자들이 유난히 '한반도 유사시' 상황을 강조하고 있는 데서도 충분히 입증된다. 윈윈전략이나 미·일 방위협력지침 수정의 가장 큰 목적이 중국과 일본의 주권국화를 견제하기 위한 것임에도 불구하고, 이를 전면에 내세울 경우 외교 마찰을 우려한 미국 안보 당국자들의 '성동격서(聲東擊西)' 전략인 셈이다.

'한반도 위기 캠페인' 12월까지 계속될 수도

윈윈전략과 미·일 방위협력지침으로 상징되는 탈냉전기 미국 동북아 전략은 올해 9월 방위협력지침 확정 및 12월의 윈윈전략에 대한 미국 국방위원회(NDP) 최종 심사라는 관문을 남겨두고 있다. 특히 12월의 국방위원회 심사에서는 미국이 과연 현재의 예산 규모에서 윈윈전략을 고수할 수 있는지 여부가 정밀 심사될 예정이고, 경우에 따라서는 전략 수정도 예견된다. 이런 정황을 가정하며 존립 명분이 약해져 가고 있는 탈냉전기 미국 동북아전략을 사수하기 위한 미국 국방 당국자들의 '한반도 위기 캠페인'은 올 12월까지 계속될지도 모를 일이다.

외교안보연구원의 한 고위 관계자는 현재 한반도 주변 정세가 북한 내부

문제뿐 아니라 미국의 신동북아 전략이 구체화하고 있다는 점에서 대단히 긴박한 상황에 와 있다고 지적하면서 "윈윈전략과 미·일 안보동맹에서 한국의 안보를 탄탄하게 뒷받침해주는 부분은 긍정적으로 수용하되, 유사시 일본 자위대의 활동 반경 확대 등 주권이 침해될 가능성이 있는 부분에 대해서는 경계를 늦추지 말아야 한다"라고 말했다.

(1997. 6. 19)

국가간 외교에서는 서로 어떤 패를 쥐고 있는가가 매우 중요하다. 북한은 일본에 대해 북송 일본인 처의 고향방문이라는 카드를 내밀었다. 일본은 대북 식량지원이라는 패를 들고 있다. 남은 것은 언제 교환할 거냐이다. 미국보다 앞서지도 처지지도 않는 시기가 바로 일본이 원하는 시기다. 미국은 대북 경제제재 해제라는 카드를 쥐고 있지만 보여주기만 하고 쓰지는 않는다. 연락사무소라는 교환 조건이 테이블 위에 올라올 때까지 기다리는 것이다. 중국은 대규모 지원이라는 카드를 내놓고 김정일·강택민 정상회담을 요구하는 중이다. 임기 말에 처한 한국 정부만 뚜렷한 카드가 없다.

김정일, 권력 승계에 맞춘 주변국의 히든카드

미·중·일, 권력승계 시기 점치며 각기 '히든카드' 준비

북한에 접근하려는 미국·중국·일본의 움직임이 물밑에서 치열하다. 이들 주변국은 각자의 '히든카드'를 가지고 대북관계를 개선할 결정적인 시점을 노리고 있다. 대북 식량 지원에 소극적인 것으로 보였던 일본이 최근 발 빠른 행보를 시작한 것은 이런 주변국 움직임을 판단하는 잣대가 되고 있다.

지난 5월 초 일본 정계는 재일 조총련 허종만 책임 부의장이 북한을 방문한 결과에 촉각을 세웠다. 그의 방북 결과에 따라 북·일 관계의 앞날이 달라질 것이기 때문이다. 허부의장의 이번 방북은 김일성 85세 기념일인 지난 4월15일 경축 행사에 파견된 조총련 대표단 단장 자격으로 이루어졌다. 일정은 4월12일께부터 5월2일께까지였다.

북한을 방문하기 직전인 지난 4월 초순 허부의장은 일본 정계 고위 인사와 극비리에 만나 모종의 제안을 했다. 일본인 소녀 납치 사건, 각성제 밀수 사건 등으로 교착 상태에 빠져 있는 북한과 일본 관계를 타개하기 위한 카드를 제시한 것이다. 그것은 '일본 정부가 식량 지원에 나설 경우 북송 일본인 처의 고향 방문이 실현될 수 있도록 북한 당국과 협의 하겠다'는 내용이었다. 북송 일본인 처 고향 방문 문제는 91, 92년 북·일 수교 교섭 과정에서도 쟁점이 되었던 사안이어서 일본 정계로서는 빅 카드가 아닐 수 없다. 북한 역시 앞으로 있을 수교 교섭 재개에 대비해 비장의 카드로 간직해 왔던 것인데, 허부의장이 전격적으로 이 카드를 들고 나온 것이다.

허부의장의 방북 결과가 어떠했는가는 그 뒤의 사태 진전에서 명확해진다. 북한에서 돌아온 직후인 5월 초 그는 이 정계 인사를 다시 만나 "북쪽 당국과 얘기가 잘됐다. 이 결과를 외무성에 통보해서 대북 식량 지원 분위기를 조성해 달라"고 말했다. 그를 메신저로 한 북·일간 비밀 교섭은 5월9~11일과 5월21~22일 북경에서 북·일 외무당국의 비공식 접촉으로 이어져 일본인 처 고향 방문과 일본의 대북 식량 지원 재개 문제를 공론화하는 계기가 되었다.

북·일 외교 당국이 접촉한 결과에 대해 지난 5월28일 일본 외무성 가토 료조 아시아국장은 "북한 측이 (일본인 처의 고향 방문을 부분 허용하는 대신) 일본 정부의 대량 식량 지원을 끌어내려 했으나 일본 정부는 이것이 불가능하다는 사실을 통고했다"라고 말했다. 문맥으로 보아서는 일본 정부가 대단히 소극적인 것처럼 보인다. 과연 그런가.

일본, 미국 입김 벗어나 독자적 대북 정책 추진

도쿄의 한 한반도 전문가의 증언을 토대로 살펴보면, 일본 외무성의 이 같은 입장은 대외용 말 꾸미기라는 판단이 들게 된다. 그는 최근 전화 통화에서 일본 정부가 정부 차원의 대북 식량 지원을 위한 적절한 시기를 찾아

왔다고 전제하면서 "올해 9월이 아마 최적의 시기가 될 것이다"라고 말했다. 그 이유에 대해 그는 "그때까지 일본인 처의 부분적인 고향 방문이 실현돼 일본 내 대북 정서가 완화될 것이고, 북한 내부 정세로 보아도 가장 적절한 시기이기 때문이다"라고 말했다. 그는 또 일본 정부가 북한에 제공할 식량은 약 50만t 정도라고 말했다. 이 50만t은 지난 5월21~22일 북경 접촉에서 북한 측이 요구했던 양이기도 하다.

그의 증언에서 한 가지 의문점은 왜 하필 9월인가 하는 점이다. 그때쯤이면 북·일의 내부 사정이 맞아떨어지기 때문이라는데, 일본은 그렇다고 쳐도 북한의 사정이란 무엇인가.

북한 식량 지원 문제에 대해서 일본은 올해 몇 가지 특징적인 입장을 보여 왔다. 95년 쌀 지원의 경우 미국 입김이 강하게 작용했던 반면 이번에는 식량난에 대한 평가에서부터 지원 방법, 시기 문제까지 '독자 노선'을 걷고 있다는 인상을 준다. 일본 방위청 고위 당국자의 발언은 일본의 인식을 극명하게 보여준다. 그는 전화 통화에서 "일본은 북한 식량 문제에 대해 미국이나 국제기구의 평가가 과장돼 있다고 판단한다. 북한 당국이 식량을 절실하게 필요로 하는 이유는 식량난 때문이기도 하지만, 올해 7월 이후에 있을 김정일의 권력 승계 때 주민들에게 나누어줄 축하미를 확보하는 일이 더욱 절박하기 때문이라고 보고 있다"라고 지적한 것이다.

즉 일본은 식량 문제와 관련한 북한 당국의 절박성은 식량난 자체보다는 바로 승계 축하미 확보에 더 큰 비중이 주어져 있다고 보고 있는 것이다. 따라서 정부 차원의 식량 지원이라는 히든카드를 사용해 북한과의 협상력을 높이려면 김정일 권력 승계를 전후한 '절박한 시기'를 선택해야 한다는 것이고, 바로 그 시기가 9월인 것이다. 바꿔 말해 일본은 김정일이 9월을 전후한 시기에 권력 승계를 할 것이라고 인식하고 있는 것이다. 실제로 허종만 부의

장 방북단 역시 8월15일에서 10월10일 사이에 국가 주석과 당 총비서를 순차적으로 승계할 것이라는 정보를 가지고 왔다고 한다.

한국은 어떤 복안을 준비하고 있는가

일본이 북한에 대해 히든카드를 꺼내드는 시기는 미국 중국 등 주변국들의 움직임과도 긴밀하게 연관되어 있다. 그동안 일본의 북한 정책은 한반도를 둘러싼 한국 미국 중국 등 주변 국가들 동향이라는 '모자이크 게임'에 적극 반응하는 형태로 추진되어 왔다. 일본의 동향을 추적하면 주변국의 움직임을 유추할 수 있는 것이다.

일본은 그동안 미국의 북한 접근 동향에 가장 민감하게 반응해 왔다. 미국보다 앞섬으로써 견제를 받는 것은 피하겠지만, 처짐으로써 북한이 미국 영향권에 장악되는 것은 수수방관하지 않겠다는 입장 때문이다. 일본이 9월이라는 시기를 염두에 두고 있다는 것은 그 때를 전후해 미국 역시 히든카드를 꺼내들 것이라고 판단하고 있음을 의미한다.

미국은 올해 세계식량계획(WFP)등 국제기구를 전면에 내세워 대북 식량 지원 분위기를 조성하는 데 심혈을 기울여 왔다. 그러나 정작 자기는 기금 약간을 유엔 기구에 지원한 것 외에는 한 일이 없다. 재정 문제 때문에 대규모 지원이 어려웠다면 경제 제재 해제라는 손쉬운 방법을 동원할 수도 있었다. 그러나 미국은 이 카드를 슬쩍슬쩍 보여주기만 했을 뿐 결코 꺼내들지는 않았다. 그것은 미국 역시 경제 제재 해제를 대북 영향력을 높이기 위한 히든카드로 인식하고 있음을 의미한다.

그동안 미·북한 협상에서 경제 제재 해제와 '교역 조건'으로 제시된 것이 바로 연락사무소 설치 문제이다. 최근 입수된 정보에 따르면, 연락사무소와 관련한 일정은, '김정일 권력 승계 시점에 개설이 선언되고, 올해 11월께 개설이 이루어질 것'이라고 한다. 즉, 권력 승계 직후 연락사무소와 미국의 경제 제재 해제를 맞교환함으로써 미·북한 관계의 극적인 진전을 북한 내외에 널리 선언하겠다는 계획으로 볼 수 있다.

대북 영향력이라는 점에서 미국과 대척점에 서 있는 나라가 바로 중국이다. 중국 역시 최근 히든카드를 꺼내들었다. 바로 '강택민·김정일 정상회담 직후 대대적인 대북 원조'라는 카드이다. 중국은 지난해 두 차례 양국 간 정상회담을 요구했고, 올해 4월에도 강택민 주석이 이와 관련한 친서를 보냈다고 한다. 중국은 그동안 김정일이 하루 속히 권력을 승계해 북한 권력의 투명성을 대외에 보여주고, 또 강주석과 정상회담을 통해 중국의 입지를 인정할 경우 대대적으로 대북 지원에 나서겠다고 북한측에 설명해 왔다고 한다. 이에 대해 북한은 7월8일 김일성 주석 탈상이 끝나야 정상회담이 가능하다는 입장을 보여 왔다. 김정일 역시 권력 승계 이후 미국·일본의 영향력을 견제할 카드로 중국을 활용하고 있는 셈이다.

이처럼 미국 중국 일본 그리고 심지어 북한까지 올 하반기에 전개될 한반도 지각 변동에 대비한 히든카드를 준비해 두고 있다. 이런 각축전 속에서 우리는 과연 어떤 카드를 준비하고 있는가.

(1997. 6. 26)

97년 6월 보도한 신포 특구 관련 기사를 뒷받침하는 북한 내부의 '신경제 개발계획'과 관련한 기사다. 멀리 91년 12월 시작된 나진·선봉 경제특구 정책에서 시작해 2002년 7.1조치로 이어지는 북한의 개혁·개방과 체제전환 구상이 어떻게 변화해왔는지 그 중간 단계의 연결점을 보여주는 매우 중요한 기사다.

나진·선봉 특구 다음 단계인 원산·남포 보세가공구 구상 입수

평양은 지금 폭풍 전야이다. 서울에서 바라보는 평양은 식량난과 기아의 이미지로 점철되어 있다. 그러나 지금 평양에 감돌고 있는 긴장감은 그것과는 성격이 다르다. 7월8일로 다가온 김일성 3주기 탈상, 이를 계기로 김정일 시대를 대표할 새로운 정책과 인물이 전면에 등장하는 것을 늦출 수 없다는 긴박감이 감돌고 있는 것이다. 정보 소식통들에 따르면, 지금 평양에는 새로운 정책 담당자들과 인사 개편 대상자들이 대기 상태에 돌입해 있다고 한다. 뚜껑이 열리기를 초조하게 기다리고 있는 것이다.

폭풍의 핵은 단연 신경제 정책이다. 쓰러져가는 북한 경제를 회생시킬 마지막.승부수가 어떤 방식으로 어떤 인물들에 맡겨질지가 관심의 표적이다. 이름하여 '신경제 개발 계획'의 일단이 최근 모습을 드러냈다. 5월 중순께 평양을 무대로 활동하는 러시아의 한 언론이 본국 정부에 비밀 문건에 대한 소식을 타전했다. 북한 정부의 내부 문서에 기초해 작성된 이 문건은 바로 북한 권부가 지난 몇 개월간의 논쟁을 거쳐 정리한 김정일 시대 '신경제 개발 계획'의 골자를 담은 것이다. 이 문건은 우여곡절 끝에 중국 정보기관에 포착되었다. 중국 측은 이 문건에 대해 대단히 민감하게 반응했다. 정보기관의 사실 확인 작업과 함께 중국 정부도 외교 경로를 통해 러시아 정부에 진의를 확인하는 등 미묘한 파장을 불러일으켰다. 이 문건의 내용이 어떤 것이기에 중국과 러시아가 그토록 민감하게 반응하는가.

기업의 법인화·소유와 경영 분리 모색

중국 정보기관으로부터 문건 내용을 입수한 대북 소식통에 의하면, 중국 측은 북한 권부가 신경제 계획이라는 가치 아래 새롭게 조성하려는 '자유 무역 경제구'에 중국 이외의 서방국가들과도 깊숙이 투자 협의를 진행해 왔다는 사실에 충격을 받았다고 한다. 이 자유 무역 경제구는 원산과 신포 등 북한 동북 해안의 광범위한 지역에 건설될 예정이다, 북한 측은 이 문건에서 이를 '동북자유무역경제구'라고 명명했다. 이 지역의 중심 도시인 신포는 이미 경수로 도입과 함께 개방구로 전환될 것이 예견된 곳이다. 이 지역내 대표적 공업 도시인 원산 역시 북한 내부적으로는 개방구라고 불려 왔다. 이들 지역을 연계한 지역 개발 전략이 태동하려는 것이다.

문건에 따르면 북한은 동북자유무역경제구의 인프라 개발을 위해 중국뿐아니라 일본 홍콩 폴란드 독일 등의 기업들과 약 20억달러 상당의 투자 협의를 은밀하게 추진해 왔다고 한다. 자신들과만 채널을 열어둔 것으로 알았던 중국으로서는 긴장하지 않을 수 없었다.

북한이 이 지역 전체를 자유 무역 경제구로 할 것인지, 아니면 신포·함흥·원산 등 거점 도시를 점으로 연결하는 개발 방식을 택할 것인지는 아직 불분명하다. 다만 분명한 것은 이처럼 넓은 지역을 자본주의 경영 기법 도입을 전제로 한 자유무역 경제구로 새롭게 지정하고, 외국 기업들과 투자 협의까지 진행하고 있는 것은 북한 내 변화의 크기를 시사한다.

북한 권부가 동북자유무역경제구에서 시행하려는 지역 개발 전략은 한국의 마산·이리 수출자유 지역과 비슷한 일종의 '수출가공형 보세구역 전략'이라고 할 수 있다. 이 점에서는 한 지역 전체를 경제 특구로 지정한 나진·선봉과도 차이가 있다. 보세 구역은 구역 안에서 활동하는 국내외 수출 기업들에게는 여러 가지 면세 혜택이 주어지지만 구역을 벗어나면 혜택에 제한이 가해진다. 마산·이리에서 시작해 중국에서 꽃피운 보세구역형 수출 드라이브 전략을 북한도 도입하려 하는 것이다.

러시아 언론이 입수한 비밀 문건에는 북한이 이 자유 무역 경제구에서 시행할 새로운 경제 정책의 요체가 담겨 있다. 가장 중요한 것은 화폐 개혁이다. 지난 6월 초 일부 국내 언론은 북한이 6월1일부터 나진·선봉 지대에서 화폐 개혁을 단행해, 달러와 북한 원화의 교환 비율을 1대 200으로 확정했다고 보도했다. 복잡한 화폐 체계를 달러와 북한 원화로 통일하고 교환 비율도 북한 국내 시장 환율인 1대 200으로 현실화했다는 것이다. 이같은 개혁 조처가 이 지역에서도 그대로 적용된다.

이 밖의 조처들 역시 6월 초 나진·선봉 지대에 적용된 개혁안과 비슷하다. 우선 보세가공 구역안의 각 기업 및 공장은 독립채산제로 운영할 예정이다. 또 공장과 공장, 기업소와 기업소 관계도 그동안의 정부 통제에서 벗어나 자율성이 보장된다. 전문가들은 이를 두고 북한 기업의 법인화 과정이 시작되었다고 해석한다. 중국이 경제 개혁 과정에서 채택한 경영청부제를 도입할 가능성도 높은 것으로 알려졌다. 경영청부제란 국가가 기업을 소유하되 경영은 전문 경영인에게 맡기는 제도로, 이것이 시행된다면 사회주의 북한에 자본주의의 꽃이 피어나는 획기적 조처가 될 것이다.

이처럼 자본주의적 경영 기법을 과감히 도입하는 것과 함께 눈여겨보아야 할 것은 지역 개발 전략에서도 북한이 이제 국제 관행에 눈뜨기 시작했다는 점이다. 이 지역의 인프라 조성 전략으로 외국 기업들에게 BOT 방식(Built

Operate Transfer: 외국 기업이 건설해서 일정 기간 운영하다가 양도하는 방식)을 적용하기 시작한 것이 대표적 사례이다. 인프라 건설을 위해 앞에서 말한 5개국 기업들과 20억 달러 투자 협의를 추진중이라는 것이 바로 그 내용이다. 북한은 앞으로 2년 동안 인프라 시설을 갖추는 데 이 돈을 사용할 계획인 것으로 알려져 있다.

원산·남포 개발 위해 나진 선봉 개혁

원산 지역 말고 이 문건에 언급된 또 다른 자유무역지구 후보지가 바로 남포 지역이다. 남포 역시 이번에 자유무역지구로 지정되면서 북한 서해안 개발의 중심축으로 개발될 것으로 보인다. 원산·남포 추가 개방 문제가 떠오르게 된 것은 나진·선봉 지대의 부진과 관계가 있다. 북한은 지난해 말부터 내부적으로 나진·선봉 정책을 실패라고 규정하고 새로운 보완 방식을 추구해 왔고, 올 4월 말 그동안 나진·선봉을 담당해온 김정우로 하여금 그 일에서 손을 떼게 하면서부터 더욱 박차를 가해왔다고 한다. 북한에서는 이때부터 치열한 내부 논쟁이 벌어졌다. 이름하여 '보세구 논쟁'인데, 군부를 중심으로 한 신중론과 정무원을 중심으로 한 조기 실시론이 맞붙었다. 군부가 이 문제에 대해 발언권을 행사할 수 있었던 것은, 원산과 남포 모두 군사 지역이라는 데에 기인한다. 그러나 군부 역시 개방 자체를 반대한 것은 아니다. 미국과의 외교 협상이 타결되고 식량 문제가 해결될 때까지 대외 발표 시기를 늦추자는 입장이었던 것으로 전해진다. 발표 시기를 둘러싼 두 세력의 논쟁은 결론을 내리지 못한 것으로 알려지고 있다.

일부 언론이 유엔개발계획(UNDP) 자료를 인용해 보도한, 나진·선봉에 대한 11개 자본주의 경제 요소 도입 결정은 바로 이런 내부 논쟁과도 밀접하게 관련되어 있다. 선봉군 원정리에 대한 자유 시장 개설과 화폐 개혁 등을 주요 내용으로 하는 나진·선봉 개혁 조처는 바로 원산·남포 개방에 앞선 시범 조처였던 것이다. 6월1일부터 나진·선봉 지대에 시행된 것으로 알려진 이 조처에 대해 일단 긍정적인 내부 평가가 이루어지고 있다. 따라서 원산·남포 지역을 보세 구역으로 확정할 가능성도 높아지고 있다.

다만 북한이 이런 조처를 언제 대외에 발표할지는 여전히 알 수 없다. 이는 탈상 이후의 북한 정치 일정과 연관되어 있는 것으로 보인다. 지난 4월 중순 북한을 방문한 조총련 대표단은 평양에서 탈상을 전후한 시기에 연형묵 전 총리와 김달현 전부총리가 정무원 총리 및 부총리로 등장하는 등 대표적인 인사 개편이 있으리라는 정보를 입수한 바 있다. 대표적 개방파인 두 사람이 전면에 등장하는 것과 원산·남포 추가 개방 발표가 맞물릴 가능성이 있다. 김정일 권력 승계 일정 상으로는 탈상 이후 본격화할 추대 대회 기간에 또는 그 이후에 '신경제 계획'을 발표할 것으로 예상된다.

(1997. 7. 10)

지난해 말과 올해 초 당·정·군 핵심에 대한 대규모 인사 과정에서 김정일 권력의 한 축으로 떠오른 군부 실세 그룹을 개방 확대에 찬성하는 쪽으로 설득해 나가는 과정을 담고 있다. 군부가 개방에 신중한 입장을 취한 것은 개방이라는 대세를 반대하기 때문이 아니라 개방의 흐름 속에서 군부의 몫을 보장하라는 '이익 집단'으로서의 요구가 강했다. 따라서 북한 군부로 하여금 미국과의 고위급 군사 채널을 담당하게 함으로써, 군부에 일정한 역할을 부여하고, 이 과정에서 나타날 경제이권을 배분해주는 방식을 택한 것이 그 핵심이다. 미국 군부를 통해 북한 군부의 호전성을 통제하는 이이제이(以夷制夷) 수법을 구사한 것이다. 이와함께 군부 내 반개방 세력에 대한 극비 숙청이라는 강압적 수단도 동원되었다.

당의 개방 확대파는 군부를 어떻게 제압했나

예고편이 너무 잦으면 본 무대가 썰렁해진다. 황장엽 전 노동당 비서의 기자 회견 역시 예외가 아니다. '민족을 향한 충정'에도 불구하고 그는 예고편에서 상영된 '북한의 전쟁 도발 위험성'을 입증할 구체적인 증거를 제시하지 못했다. 국내의 북한 전문가들 중에는 "그가 얘기하는 수준의 전쟁위기론이 남북 관계 50년 동안 한 번이라도 없었던 적이 있는가"라고 반문하는 사람이 많다. 더군다나 북한 핵심부 동향을 계속 주목해온 주변국 정부는 그의 '충정'에 회의적이다. 이같은 인식 차이는 어디서 오는 것인가.

개방 확대론자들, 권력 대세 장악

최근 북경과 워싱턴 등지에서 북한의 권력 핵심부 인사들을 접촉한 서방 소식통들의 발언을 접하면 이런 의문에 대한 실마리가 잡힌다. 이들에 따르면 현재 북한 권력 핵심은 황씨의 증언과는 정반대 방향으로 가고 있기 때문이다. 소식통들은 현재 북한 권력의 대세를 전쟁 준비론자들이 아니라 개방 확대론자들이 장악했다며 황씨의 증언을 일축했다. 황씨의 증언대로 전쟁 준비론이 없었던 것은 아니나 그 내용이 다를 뿐 아니라, 이미 지난 6월을 기점으로 개방 확대론자들이 대세를 잡음으로써 내부 논쟁이 종결되었다는 것이다.

따라서 김일성 3주기 탈상 이후 본격 출범한 김정일 시대는 황씨의 발언과 같은 '전쟁 준비 가속화'가 아니라, '개방 확대에 따른 대폭적인 변화' 양상으로 치달을 가능성이 높다고 한다. 얼마 전 북한을 다녀온 조선족 사업가들 중에는 '현재 평양에서는 정책 전환과 관련한 중대 발표설이 나돌고 있다'고 전하는 사람도 있다. 김정일 승계를 전후해 개방 확대 정책이 대외에 천명될 가능성이 있다는 것이다.

개방 확대론이 대세를 장악했다는 소식은 그동안 북한 관련 정보가 간접 방식으로 유통되어 온 것에 비해, 서방 소식통들이 직접 북한 고위층과 면담하면서 확인했다는 점에서 신빙성이 매우 높다. 이들은 또한 그 정황을 구체적으로 전하기도 했다. 즉 지난해 말과 올해 초 북한에서는 당·정·군 핵심에 대한 대규모 인사가 있었다. 이 과정에서 김정일의 권력은 당에서 새롭게 떠오른 당료 그룹과 세대교체를 통해 올라온 군부 실세 그룹이라는 두 축으로 구축되었다. 당의 신실세 그룹은 나이로 볼 때 실무자급이 40대, 책임자급이 50대 초반을 넘지 않는다. 이들은 광복 이후 세대라는 자부심과 탁월한 국제감각, 개방 지향적 성향이 특징이다. 북한을 위기에서 구출할 세력은 자기들밖에 없다는 강한 긍지도 가지고 있다. 반면 군부의 신실세 그룹은 체제 혼란기에 사회통제 세력으로 전면에 나타났다. 따라서 양 세력은 개방 확대론과 신중론이라는 이질적인 요소를 내포하고 있다는 것이다.

대외경제정책연구원 조명철 박사(전 김일성 대학교수)는 "북한에서 군은 당의 영도에 따르는 종속 변수다"라고 지적한다. 그의 주장대로라면 군부의 위상 강화 역시 '당의 영도 중심의 작용'에 의한 것이다. 그런데 이 당의 영도 중심은 김정일 승계 시기가 다가옴에 따라 또 한번 변화가 불가피해졌다. 군사 통치라는 비정상적 과도기 상황을 청산하고 정상적 국가 체제로 전환해야 하는데, 이 과정에서 두 가지 쟁점이 발생했다.

하나는 그동안의 사기 진작에 의해 발언권이 한껏 강화된 군부를 어떤 방법으로 원위치 시킬 것인가 하는 문제다. 특히 당의 실세 그룹이 지난 3,4월 이후 통치술의 일환으로 확산시켜 온 6,7월 또는 7,8월 '전쟁위기설'을 어떻게 무마하고 국면을 전환할 것인가가 큰 숙제였다. 이 부분에 대한 설명 없이 국면 전환을 시도할 경우 군 상층부의 반발을 무마하기가 쉽지 않았던 것이다.

또 하나의 쟁점은 개방 확대 문제였다. 북한 권력 핵심부가 나진·선봉이라는 기존 경제 특구 정책만으로는 경제 회복이 불가능하다는 판단을 하게 된 것은 지난해 9월 잠수함 사건 이후부터였다. 7월에 행해진 김정우 대외경제협력추진위원회 위원장의 일본·홍콩 방문, 그리고 9월의 나진·선봉 국제 투자 세미나 때까지만 해도 일정한 기대감이 있었다. 그것은 9월 세미나에는 불참했지만 한국 기업이 어쩔 수 없이 나진·선봉으로 몰려들 수밖에 없고, 이것을 발판으로 하여 해외 자본을 유치할 수 있으리라고 보았기 때문이다.

개방 이익 분배 놓고 당·군 갈등 겪어

한국 기업의 투자 세미나 참가가 무산된 이후 북한이 이안 데이비스 유엔개발계획(UNDP)북경 사무소장 주선으로 10월에 한국기업만을 위한 투자 세미나를 따로 준비하려 했던 것도 이 때문이었다. 그러나 잠수함 사건이라는 돌발 변수가 발생함에 따라 10월 투자 포럼은 무산되었다. 결과적으로 한국 기업의 나진·선봉 진출 역시 당분간 기대하기 힘들게 되었다.

북한의 권력 핵심부가 나진·선봉 이외의 대안을 마련하는 일에 착수한 것도 바로 이 시기이다. 지난해 10월께 북경에서 북한 고위층과 면담한 국내의 한 대북사업자는 그로부터 충격적인 제안을 받았다. "나진·선봉은 이제 한계에 도달했다. 정무원을 중심으로 남포 개발 청사진을 작성 중이다. 투자 지역 변경을 신중히 검토해 보라"는 것이었다. 같은 시기에 북한은 재일 조총련에 원산항 개발 청사진을 의뢰했다.

북한 정무원이 올 1월 △남포·원산에 보세가공 구역을 설치하고 △경수로 예정지인 신포시를 개방 특구로 개발하며 △나진·선봉과 연동해 청진항을 개방하기로 하는 개방 확대 방안을 작성해 당 중앙위에 보고했다는 소식이 지난 5월 중순께 동북 3성의 조선족 유력인사에 의해 확인된 바 있다. 당시 그는 전화 인터뷰에서 "당 중앙위 심의 결과 취지에는 찬성이다. 그러나 시기와 절차 문제 등 세부 문제를 확정하지 못하고 있다"라고 밝힌 바 있다. 재일 동포 사업가들 역시 당 중앙위 심의결과에 촉각을 곤두세워 왔다. 지난 5월께 오사카의 한 교포 사업가 역시 "우리도 계속 정보를 수집하고 있다. 원산·남포 개방이 확정되면 투자 희망자들을 모아 진출할 계획이다"라고 말했다. 올해 1월에 보고 된 개방 확대 방안에 대해 당 중앙위가 몇 달이 지나도록 결론을 내지 못했던 것은 바로 당 실세 그룹과 군부 실세 그룹 간의 논쟁이 결론을 내지 못했기 때문이다.

그런데 이런 내부 논쟁에서 당료그룹의 개방 확대론이 대세를 장악했다는 것이다. 군부의 반발 역시 개방이라는 대세를 반대한 데서 온 것이 아니다. 오히려 개방 흐름 속에서 군부의 몫을 보장하라는 '이익 집단'으로서의 요구가 강했다. 북한에서 군부는 단순한 무력 집단이 아니다. 무역회사와 농장 기업을 거느리고 제2 경제 부문을 담당하는 주체이다. 당이 북한 경제력의 45%(통치 영향력은 65%)를 차지한다면, 군부는 35%(정무원은 15%)를 차지하고 있다. 당·군 갈등의 핵심은 바로 개방에 따른 이익 분배 문제였던 것이다.

당 실세 그룹, 미국과의 장성급 접촉으로 군부 통제

당의 실세 그룹은 교묘한 방법으로 이 문제를 일거에 해결했다고 한다. 이것이 바로 '미·북한 장성급 접촉'의 배후 진상이다. 북한 군부로 하여금 미국과의 고위급 군사 채널을 담당하게 함으로써, 군부에 일정한 역할을 부여하고, 이 과정에서 나타날 경제이권을 배분해주는 방식을 택한 것이다. 금년 초부터 몇 차례 있었던 미·북한 접촉 과정에서 유독 한국 전쟁기 미군 유해 협상만이 순조롭게 진행된 것도 사실은 군부 채널을 열어두기 위한 배려였다.

또 최근 미국은 7월20일~22일 대통령 특사 자격으로 북한을 방문할 레이니 전 주한 대사의 방북 길에 샘 넌 전 상원군사위원장을 동행시키기로 했다. 샘 넌은 재임기간에 미국 군부의 입장을 반영해온 반북 보수 정객이다. 왜 미국 정부는 하필 탈상 축하 특사로 반북 성향의 인물을 보내기로 했으며, 북한은 왜 그의 방북을 허용했을까. 극과 극은 서로 통한다. 미국 군부 입장을 대변하는 그같은 보수적 인물이야말로 북한 군부의 협상 파트너가 될 수 있기 때문이다. 당의 영도 중심은 미국 군부를 통해 북한 군부의 호전성을 통제하는 이이제이(以夷制夷) 수법을 구사한 것이다.

최근 몇 달 사이에 진행된 당·군 역할 조정은 이처럼 평화적 방법만으로 진행된 것은 아니다. 군부 내 반개방 세력에 대한 극비 숙청이라는 강압적 수단도 동원되었다. 금년만 해도 북한 군부에는 몇 차례 인사이동이 있었다. 국내 언론에는 승진자의 면면만 부각되었지만, 그 이면에는 개방 반대 세력 숙청이라는 극비 움직임이 병행되었다.

여기까지가 김일성 3주기 탈상을 앞두고 북한 권력핵심에서 당의 개방 확대론자들이 대세를 장악해온 과정이다. 소식통들은 이 같은 대세 장악 과정이 6월 초순께 끝났다고 한다. 바로 이 시기에 개방 확대 조처들이 집중적으로 나타났다. 즉 △나진·선봉 지대에 대한 11개 항의 개혁 확대 조처 △ 원산·남포에 대한 보세가공구역 설치 △유엔공업개발기구(UNIDO)에 보낸 외자 유치 희망서에서 평양·남포·사리원과 함남 이원군 등으로 유치지역을 확대하겠다고 결정한 일이 이 시기에 집중적으로 나타났다. 유엔공업개발기구 한국사무소 신덕순 소장에 의하면, 북한은 7월1일에도 25개 추가 프로젝트를 유엔공업개발기구에 통고했는데. 여기에도 평양에 2건, 김책시에 1건, 평안북도 용변군에 1건 등 나진·선봉 이외 지역이 포함되어 있다. 외국 자본을 나진·선봉 지역에 한정해 받아들이겠다던 기존 입장이 획기적으로 변한 것이다.

개방 확대론이 어떤 양상을 띨 것인지는 아직 예측 불허 상황이다. 일부 전문가는 중국의 개혁·개방 과정에서 나타난 징후들이 이미 북한에서 포착되고 있다고 진단하기도 한다. 당의 보이지 않는 실세들이 개방 정책의 최전선에 전진 배치되고 있는 점이 특히 중요하다. 국내 한 전문가는 "중국에서도 후위에 있던 당 실세들이 개방의 가속화 단계에서는 전면에 등장했었다"라고 지적한다. 조명철 박사는 "당이 전면에 나선다는 것은 국가의 총 역량이 집중된다는 것을 의미한다"라고 말했다.

북한 전역 개방하는 '빅뱅' 가능성

국가 재정에 대해 15%의 영향력을 가진 정무원이 나진·선봉 특구를 주도했던 시기와, 재정 능력 45% 통치 영향력 65%인 당이 주도하는 시기는 비교 대상이 안되는 것이다. 기존 나진·선봉 특구는 지난 4월께 교체가 확정된 공진태·김문성 등 정무원 인사들이 담당하고, 새로 보세 구역으로 결정될 원산·남포 지역은 당의 실세들이 담당하는 이원 관리 시스템을 도입할 것으로 보인다.

중국에서 나타난 '점·선·면 지역개발 전략'이 북한에서도 재현될 것이다. 즉 나진·선봉과 청진항, 신포와 원산, 그리고 원산과 남포를 잇는 현재의 전략이 점·선 전략이다. 그러나 현재 북한의 산업 상태는 어느 한 두 군데 손을 대서는 회생시키기가 불가능하다. 당의 핵심부 역시 이 사실을 누구보다 잘 알고 있다. 따라서 점에서 면(거점 도시 몇 개를 포함한 광범위한 지역)으로 가는 '전면 개방' 시나리오 역시 끈질기게 나돌고 있다. 앞의 국내 전문가는 이를 '빅뱅 시나리오'라고 부른다. 한 서방 소식통은 "북한이 어느날 전세계에 북한 전역을 개방하겠다고 폭탄 선언을 해도 놀랄 일이 아니다"라고 말했다.

재계의 북한 실무자들은 또한 북한이 김책제철소나 원산항을 각각 러시아와 일본에 50년 이상 조차해 대리 개발하는 방식을 택할 가능성도 있다고 본다. 북한이 러시아·일본과 깊숙한 협의를 진행하고 있다는 소문이 나돌고 있다. 중국이 홍콩을 대리 개발토록 해 재미를 본 사례를 북한도 눈여겨 본 것이다. 70년대에 한국이 건설 인력을 해외에 보내 외화 획득에 나섰던 것처럼 북한 역시 노동 인력의 대규모 해외 송출을 검토하고 있다. 얼마 전 대만 정부가 북한 노동 인력을 수입하겠다고 발표한 것은 그 일부분이 드러난 것이다.

조선족 유력 인사는 "현재 평양 시내에 외화 상점이 수십 군데 있고, 평양 시민의 4분의 1이 이를 이용하고 있다. 이는 중국의 개방 초기와 비교해도 상상을 초월할 변화이다"라고 지적했다. 앞으로 전개될 북한의 개방 확대 조처와 이를 둘러싼 주변 국가의 발 빠른 대응 역시 상상을 초월하는 형태로 진행될 수도 있다.

(1997. 7. 24)

3.4. '워싱턴 한반도 고위 전략회의'는 왜 일본을 대북 진출 파트너로 정했나

8월21일 북경에서 열린 북·일 수교 회담에서 양측은 북송 일본인 처 고향 방문 및 북·일 수교 회담 본회담 조속 개최라는 극적인 합의를 이루어냈다. 당시로서는 대단히 놀랄 만한 사건이었는데 이 합의를 미국이 막후에서 중재해 성사시켰다는 점이 더욱 주목받았다. 미국은 왜 북일 회담을 막후 중재했는가. 그것을 결정한 7월의 워싱턴 한반도 고위 전략회의의 내용 속에 당시 북미관계 한미관계의 현주소가 압축돼있다.

'워싱턴 한반도 고위 전략회의'의 대북정책 숙의…4자회담 거부감, 일본과 협력

한반도 주변 열강의 북한 진출 전략에 근본적 변화가 일고 있다. 미국의 북한 접근 전략이 크게 수정되면서 일본이 새로운 파트너로 떠오르고 있다. 지난 8월21일 북경에서 열린 북·일 회담을 계기로 시작된 일본의 떠오름은 미국과 중국 양자 구도로 진행되어 온 한반도 질서 재편에 새로운 변수가 되었다.

최근 확인한 바에 따르면, 당시 북경회담은 미국의 고위 외교 채널이 주선했다. 미국 단독으로 북한에 진출하려던 전략이 일본과 동반 진출하는 전략으로 수정됐기 때문이다. 북한 진출에 절호의 기회를 맞은 일본은 북한 내 특정 지역을 자국의 세력 거점으로 만듦으로써, 21세기 일본의 생존 전략인 해양 대국화를 위해 시동을 걸려고 한다. 중국 역시 북한 내 거점 확보 전략을 노골화하고 있어 북한이 새로운 국제 분쟁 지역이 될 우려마저 있다.

최근 북한 진출에서 나타나고 있는 미국과 일본의 새로운 제휴 관계는 9월 24일 최종 타결된 '미·일 신안보조약'의 한반도판이라고 부를 만하다. 그 변화의 바람은 지난 7월 중순 워싱턴에서부터 일기 시작했다. 7월 중순 워싱턴에서는 북한 정책에 관여하는 미국 고위 실무자들의 비공개 회의가 열렸다. '워싱턴 한반도 고위 전략회의'라고 불릴 수 있는 이 회의에는, 국무부·국방부·중앙정보국(CIA)·국방정보국(DIA)·의회·학계 등 그동안 공식·비공식 라인에서 북한 정책에 관여해 온 고위 관계자들이 모두 참여했다.

워싱턴 고위 전략 회의는 미국과 북한 관계가 본격화하기 시작하면서 개설된 것으로, 미국의 한반도·북한 정책의 실질적 최고 결정 기관이라고 할 수 있다. 그동안 이 회의는 3개월 단위로 열려 왔다. 지난해에는 3·6·9·12월 네 차례 열렸고, 올해는 이례적으로 2월에 열렸다. 이 회의에서는 각 기관·개인·단체의 분기별 활동 성과를 종합 토론하고, 다음 단계의 활동 목표 및 방향, 서로의 역할 분담을 결정한다.

미국, 중국의 4자회담 '무임 승차'에 거부감

워싱턴의 한 고위 외교 소식통에 따르면, 지난 7월 회의 분위기는 전례 없을 정도로 격렬했다고 한다. 지난해에서 올해 상반기까지 진행된 미국의 북한 진출 정책이 예상치 못했던 부작용을 파생하면서, 전략의 실효성 문제가 도마 위에 올랐기 때문이다.

특히 4자회담을 위한 예비회담이 8월5일로 예정되고 이 회의에 중국이 참여하게 된 '불상사'에 대해 집중 성토가 있었다고 한다. 그동안 이 문제를 다루어 온 국무부와 국방정보국 관계자들에 대한 책임 추궁도 있었다. 이같은 사태가 벌어진 것을 의아하게 생각하는 사람도 있다. 4자회담에 대해 미국이 한국 다음으로 적극적인 것으로 비쳐졌기 때문이다. 그러나 이는 겉모습일 뿐이다. 실제로 미국의 한반도 정책 실무를 담당하는 국무부와 국방부 인사들은 중국을 4자회담 테이블에 끌어들이는 것에 대단한 거부감을 보여 왔다. 북한과 대화 채널을 개설하기 위해 미국은 94년부터 3년 동안 온갖 공을 들여왔다. 그런데 중국이 어느 날 갑자기 '입장료'도 없이 끼어들게 됐다. '죽 쒀서 개 준 꼴'이 되어 버린 것이다.

미국은 한국이 중국을 끌어들이기 위해 그토록 노력해온 것은 미국을 불신했기 때문이라고 본다. 그래서 그동안 미국의 북한 진출 정책이 한국의 불만을 지나치게 키워 놓았다는 사실이 지난번 회의에서 쟁점이 되었다.

미국이 한국과의 파트너십 포기한 까닭

불안감을 느낀 것은 한국만이 아니다. 북한은 북한대로 부담을 느껴 왔다. 대표적인 것이 평양 연락사무소 개설 문제이다. 실무 절차까지 다 끝났다는 연락사무소가 아직도 개설되지 못하고 있는 이유는 무엇인가. 북한은 초기에는 미국 연락사무소 개설을 김정일의 치적으로 활용하고자 했다. 그러나 시간이 지나면서 앞으로 미국의 북한 거점(post)이 될 연락사무소를 북한의 안방인 평양에 내준다는 것에 대해 불안감을 가지기 시작했다.

미국의 일방적인 북한 접근 전략이 중국을 자극해, 중국이 러시아와 새로운 파트너십을 건설하게 되었고, 북한과의 군사 동맹을 강화하게 만든 것도 반성의 초점이 되었다. 특히 올해 출범한 클린턴 2기 행정부는 1기 행정부와 달리, 중국과 불필요한 마찰을 피하고 새로운 협력 관계를 모색한다는 이른바 '건설적 개입 전략'을 공식화하고 있다. 미·중 간의 새로운 분위기도 감안할 필요가 생긴 것이다.

워싱턴 소식통에 따르면 논쟁은 주로 중앙정보국과 국방정보국 사이에 벌어졌다고 한다. 현재 미국의 북한 정책은 주로 국방부 산하 국방정보국이 담당하고 있다. 미국이 북한 문제를 군사 문제로 인식하기 때문이다. 국방정보국은 '북한의 사회주의 체제를 무너뜨려 자본주의 시장 경제 질서로 전환시키겠다'는 붕괴 시나리오를 정책의 기조로 삼고 있다. 중앙정보국은 국방정보국의 이같은 강경 일변도 정책이 앞서와 같은 부작용을 낳게 했다고 주장한다. 중앙정보국은 북한의 지정학적·전략적 위치를 중시한다. 따라서 더 정치적이고 전략적인 접근을 강조한다.

며칠을 두고 전개된 난상 토론의 결론은 이렇다. 그동안 미국의 북한 정책이 몇몇 성과에도 불구하고 일부 부작용을 초래한 까닭은 미국이 혼자 모든 것을 다 하려 했기 때문이다. 따라서 앞으로는 미국과 호흡을 맞출 파트너를 선택해 동반 진출하는 방식을 택해야 한다.

그 파트너는 누구인가. 바로 일본이다. 왜 한국이 아니고 일본인가. 김영삼 정부 이래 북한 정책을 둘러싼 한·미간 갈등사가 그 해답이다. 미국은 김영삼 정권 초기부터 한국 정부에 대해 북한에 동반 진출하자고 종용해온 것으로 알려져 왔다. 그러나 결과적으로 이같은 시도는 실패로 끝났다. 북한의 김영남 외교부장도 얼마 전 '다음 정권이라면 몰라도 현정권과는 대화하지 않겠다'고 말했지만, 사실 미국의 북한 실무자들 역시 비슷한 심정이다.

북·일 수교 회담 미국이 성사시켜

서울의 외교 소식통은 최근 "북한 프로젝트를 둘러싸고 한국 정부 또는 안기부와 미국 기관 사이에는 의미 있는 어떠한 접촉도 없다"라고 단언했다. 사실 미국의 북한 실무자들은 지난해 한·미간 갈등이 계속 드러날 때 '한국이 미국의 속마음을 헤아리지 못하고 계속 제동을 걸면, 미국은 일본과 손잡고 한반도 현안을 풀어 나갈 수밖에 없다'고 수차례 경고했다고 한다. 이제 그 경고가 현실로 나타난 것이다. 워싱턴 7월 회의는 바로 미국이 북한·한반도 정책에서 한국과의 파트너십을 포기하고, 일본을 새로운 협력자로 끌어들인 분수령이 되었던 것이다.

일본이 떠오르는 계기가 된 지난 8월21일 북·일 수교 회담의 막전 막후에서 미국의 고위 외교 채널이 결정적인 중재 역할을 한 사실을 최근 확인했다. 이름 밝히기를 거부한 해외의 한 정보 소식통이 밝힌 진상은 이렇다. 지난 7월 워싱턴 회의가 끝난 직후 미국의 고위 외교 사절단이 도쿄를 거쳐 평양에 들어갔다. 제임스 레이니 전 주한미국 대사와 샘넌 전 상원 군사위원장이다. 두 사람은 7월20일 도쿄에서 미국 공군 특별기를 타고 평양을 방문했다가 7월22일 한국에 들러 평양 방문 결과를 발표했다. 당시 두 사람의 방문은 클린턴 대통령의 특사 자격으로 이루어졌다. 그러나 이런 비중에 비해 그들이 서울에서 발표한 방북 결과에는 특별히 새로운 내용은 없었다.

이와 관련해 해외의 소식통은 "그것은 그들의 진짜 방북 목적이 남북간 현안이 아니라 북·일간 현안을 중재하는 것이었기 때문이다"라고 지적했다. 레이니 전 대사와 샘넌 위원장은 7월 워싱턴 회의와 관련한 미국 국무부의 메시지를 휴대하고, 도쿄에 들러 일본 외교 당국과 북·일 교섭 재개에 대해 사전에 조율했다. 평양에서도 역시 조정을 거친 다음, 일본에서 또다시 재조정하는 실질적 중재 역할을 했다는 것이다. 그들의 중재에 따라 북한은 김정일이, 일본은 하시모토 총리가 직접 결단을 내림으로써 8·21 북경 수교 회담이 열렸다는 것이다.

8월10일에서 14일까지 미국의 또 다른 고위 외교 채널이 똑같은 경로와 방식으로 평양에 들어갔다. 하원 정보위원장인 포터 고스 의원(공화당·플로리다주)을 단장으로, 민주·공화 양당 하원 정보위 소속 의원 6명으로 이루어진 방북단이다. 이들 역시 미국 군용기 편으로 8월10일 도쿄를 출발해, 12일까지 평양에 체류하고 13, 14일 서울을 방문했다. 방문 목적은 레이니·샘넌과 같은 것으로, 북·일 회담을 위해 막바지로 조율하는 것이었다. 해외 소식통은 "이들의 순방 외교는 워싱턴·도쿄·평양을 연결한 한편의 외교 드라마였다"라고 말했다.

미국의 거듭된 중재 끝에 8월21일 북경에서 열린 북·일 수교 회담은 현안으로 제시된 일본인 처 고향 방문 및 북·일 수교 회담 본회담 조속 개최라는 극적인 합의를 이루어냈다. 당시로서는 대단히 놀랄 만한 사건이었지만, 실제로는 예정된 순서였다.

북한 문제에 관한 한 일본은 다양한 카드를 손에 쥐고 있다. 북한이 절실히 필요로 하는 수교 자금과 매년 3백만t 이상 남아도는 쌀 등을 활용해 다양한 정책을 펼 수 있는 나라가 일본이다. 따라서 일본이 무엇부터 시작할지, 또 어느 방향으로 선회할지 예측하기 어렵다.

우선 일본은 '일본 인맥'을 북한에 심는 데 주력할 것으로 보인다. 이와 관련해 유의해 보아야 할 것이 북·일 간에 최근 구체적 합의에 도달한 일본인 처 고향 방문 문제이다. 북한내 1천8백여 명(그 중 절반은 이미 사망했다고 함)에 이른다는 일본인 처의 고향 방문이 계속 이어질 경우 그들 가운데 상당수가 일본의 북한 인맥, 또는 일본과 북한 간의 직접적인 메시지 전달 통로가 될 수 있으리라는 분석이 나오고 있는 것이다. 이것은 마치 중국이 북한에 살고 있는 화교들을 북한에 개입할 수단으로 유효 적절하게 활용하고 있고, 또 한국이 중국의 조선족을 예비군으로 가지고 있는 것과 비견될 수 있을 것이다.

일본은 그동안 마땅한 북한 채널이 없어 고심해 왔다. 조총련이 그 역할을 담당해 왔으나, 일본은 조총련을 친일본 세력으로 보지 않는다. 따라서 지난해부터 조총련이 주선하는 정당간 교섭 창구를 폐쇄하고 정부간 교섭으로 북한 채널을 일원화한 것도 바로 이런 점이 배경에 깔려 있다고 보아야 한다. 이런 와중에 일본인 처 고향 방문 문제가 등장한 것은 눈여겨 보아야 할 대목이다.

북·일간 수교 회담 본회담 타결은 과거 한·일 교섭 사례에서 보듯 상당한 기간을 필요로 한다. 따라서 관심의 초점은 일본이 수교 협상이라는 과정을 유지하면서, 단기적으로 획득하고자 하는 목표가 무엇인가 하는 점이다. 이와 관련해 미국의 북한 전략이 일본을 앞세우는 형태로 전환한 것을 감안할 때, 일본의 연락사무소가 먼저 진출할 가능성도 배제할 수 없다.

일본의 단기적 목표 중 아직 부각되고 있지 않은 것이 북한에 지역 거점을 확보하는 문제이다. 일본이 수교 교섭의 반대 급부로 북한 내 특정 지역을 일본의 세력 거점화할 가능성이 매우 높고, 북한은 북한대로 최근 일정 지역을 외국에 위탁해 대리 개발하는 전략을 일부 흘리고 있다. 이 점에서 양자의 이해가 일치할 수도 있다.

이 경우 첫 번째로 지목되는 곳이 원산이다. 최근 국내 한반도 전문가들 사이에 원산 문제가 떠오른 계기가 있었다. 지난 7월 말~8월 초 일본 내각조사실 조사팀이 극비리에 원산 지역을 상세히 조사했다는 정보가 입수된 것이다. 이 조사는 극도의 보안 속에 이루어졌다. 따라서 겉으로는 내각조사실 명의가 아니었다. 그러나 내각조사실의 자금과 계획에 의해 추진된 것이 분명하다고 한다.

내각조사실은 일본의 대표적인 국가 정보 조직이다. 이 조직은 웬만해서는 직접 표면에 나서지 않는 것으로 알려져 있다. 그러나 지난해 김정일의 건강에 대한 의문이 제기되었을 때, NHK에 자금을 지원해, 김정일을 촬영한 비디오 테이프를 정리 분석하는 등 중대 사안에서 직접 나서는 경우가 종종 있다. 내각조사실이 직접 원산을 조사했다는 것은 이 문제가 일본의 북한 정책에서 중대 사안으로 떠올랐음을 반증한다.

일본이 원산에 관심을 가질 수밖에 없는 이유는 역사·경제·문화·외교안보 차원 등 수없이 많다. 일제시대 원산은 한반도내 일본의 대표적인 공업·상업 거점 도시였다. 미쓰비시·미쓰이 등 일본 굴지의 재벌 회사들이 원산에서 현지 공장을 운영했다. 현재도 니가타 항과의 사이에 만경봉호가 운항되고 있다. 북·일간 해상 교통로의 중심항구라고 할 수 있다.

미국·일본, 원산 쟁탈전?

외교안보 측면에서도 원산은 일본의 모든 도시와 직접 연결이 가능하다. 따라서 다른 세력이 원산을 장악하게 될 경우 일본 안보는 위협받게 되고, 반대로 일본이 원산을 장악할 경우 대륙으로 통하는 진출로를 확보하게 된다. 현재 원산에 대해서는 미국도 상당한 관심을 가지고 있는 것으로 알려져 있다. 일부 소식통에 따르면, 앞으로 미국이 오키나와 주둔 미군 중 일부를 북한으로 옮길 경우 원산을 최적지로 보고 있다고 한다. 따라서 일본은 미국과도 미묘한 선점 경쟁을 해야 할 처지이다.

일본이 원산을 장악하게 될 경우 현재의 직선 기선에 따른 2백 해리 배타적 경제수역을 발판으로 한 해양 세력권(파워 존)을 한반도 쪽으로 훨씬 전진시키는 효과를 거둘 수 있다. 이 경우 북으로는 북방 열도에서 시작해 원산을 중간 기착지로 하고, 다시 남으로 중국과 영유권 분쟁을 일으키는 조어도(센카쿠 열도)를 연결하는 광대한 세력권을 형성하는 것이다. 한국과 분쟁이 벌어지고 있는 독도는 자연히 이 속에 파묻히게 된다.

바로 이 점이 일본이 북한 진출을 통해 단기적으로 기대하는 최대 효과라고 할 수 있다. 즉 일본이 21세기 생존전략으로 설정해 놓은 해양 대국화는 원산을 확보하는가 못하는가에 달려 있다고 해도 과언이 아니다. 일본은 이처럼 자국 방어망을 북한 지역에까지 확대함으로써 앞으로 예상되는 중국과의 패권 다툼에서 유리한 고지를 장악하고자 하는 것이다.

(1997. 10. 2)

앞의 기사와 커버스토리 패키지로 작성된 기사다. 소련 동유럽 사회주의 체제 붕괴 뒤 미국의 대 사회주의권 정책이 아시아의 마지막 남은 사회주의국인 북한과 중국으로 초점 이동한다. 이 기사는 당시 이들이 어떤 지정학적 전략 구상을 가지고 있었는지를 보여준다. 이들의 아시아 전략 핵심은 떠오르는 중국을 견제하는 것이었다. 그러기 위해서는 한국이나 일본보다 북한이 차지하고 있는 지정학적 위치가 훨씬 중요했다. 따라서 북한을 미국 편으로 끌어들이기 위해 북한의 체제 전환, 즉 시장경제로의 전환을 추진했는데 이 과정에서 한국과 협조가 이뤄지지 않아 일본을 파트너로 삼게 된다. 그렇지만 일본의 영향력이 한반도까지 확대되는 것은 원치 않는다. 일본을 믿지 않기 때문이다. 미국은 통일된 한반도와 미국이 손을 잡고 동북아 세력균형의 한 축을 담당하는 것이 가장 바람직하다고 보고 있는 것이다. 미국 정권에 따라 편차가 없지는 않지만 미국이 바라보는 동북아 국가관계와 지정학 전략의 맨 얼굴을 드러낸 기사다.

미국, 통일한반도와 함께 동북아 3분지계 원한다

'미·일 신동맹' 시대, 한국의 통일전략

미국이 한국이 아닌 일본을 북한 진출 파트너로 자리매김함으로써 남북 관계는 물론이고 우리의 통일 전략도 중대한 변화가 있을 것으로 보인다. 물론 미국의 입장은 한국에 새 정권이 등장하면 어느 정도 조정될 것이다. 새 정권이 미국에 협조하면 미국도 당연히 지원을 재개할 수 있다는 것이다. 그렇다 해도 현 추세가 계속 될 경우 새 정권은 매우 어려운 상황에서 출발할 수밖에 없다. 일본이 미국의 협조를 얻어 올해 말까지 북송 일본인 처 고향 방문·식량 지원·수교 회담 본회담 개최 등 북한과의 굵직한 현안을 차례로 타결해 가면서 본격적인 자리 굳히기에 들어가면, 북한과의 관계 설정에서 새 정권의 입지는 그만큼 축소되기 때문이다.

미국, 중국 견제 지렛대로 북한 활용

현재 북한 문제를 둘러싸고 한국과 일본은 보이지 않는 견제 관계에 놓여 있다. 일본의 한반도 전문가들 중 상당수는 일본의 북한 진출을 한국이 경계하는 시각으로만 볼 필요는 없다고 말하기도 한다. 분업과 협업 차원에서 이해할 수도 있다는 것이다. 그같은 시각은 어떤 면에서 일리가 있다. 그러나 일본의 북한 진출이 본격화하면 북한이 한국과 대화할 필요성을 적게 느낄 것이므로 우리의 대북 교섭이 중대한 차질을 맞을 수밖에 없다는 것도 명백한 현실이다. 더군다나 한반도 정세가 미국·중국·일본 중심 구도로 굳어지면 새 정권의 외교 발언권 역시 상당히 축소될 수밖에 없다. 일본도 한국에 새 정권이 등장해 남북 관계가 개선되면 일본의 입지가 축소될 것을 우려해왔다. 그래서 새 정권이 들어서기 전 북한에 일정한 교두보를 확보하려 노력해 온 것이다. 이런 일본의 시각은 월간 〈센타쿠(選擇)〉 97년 2월호에 상세하게 설명되어 있다.

북한을 놓고 벌이는 한·일간 경쟁에서 이제 한국은 불리한 처지에 놓였다. 현 정권 내내 한국은 주변 국가들에게 북한에 진출할 유리한 고지들을 하나씩 하나씩 넘겨주었다. 그 원인은 여러 가지이겠지만 통일 전략이 없었던 것이 가장 큰 문제였다. 남북간 국력 차이가 현저한 상황에서 대북 정책은 통일 전략의 틀 안에서 추진하는 것이 당연하다. 그럼에도 단기 대응으로 일관함으로써 남북 관계 개선에 일단 실패했다.

한국의 국력이나 경제력으로 보아 혼자 힘으로 통일 과정을 수행하기 어렵다면, 주변 국가 중 어느 나라와는 손을 잡아야 한다. 누구와 손을 잡을 것인가라는 문제는 결국 한반도 통일에 어느 나라가 우리와 이해관계를 같이하는가 하는 데 달려 있다. 가장 큰 쟁점은 미국을 어떻게 볼 것인가이다. 미국의 한반도 정책이 냉전 시대와 같은 '2개의 한국'을 유지하는 정책인지, 새롭게 변했는지 따져 볼 필요가 있다.

소련이 무너진 후 미국은 세계 유일의 초강대국이 되었다. 그러나 미국의 국력에도 한계는 있다. 각 지역 내에 적당한 파트너가 없이는 영향력을 유지하기가 쉽지 않다. 동북아는 미국의 사활적 이해관계가 걸려 있는 곳이다. 그러나 동북아 상황은 갈수록 만만치 않게 전개되고 있다. 일본은 언제든 미국의 품을 벗어나려 한다. 경제력에 걸 맞는 정치·군사 대국화가 일본의 소원이다. 그래서 미국은 일본을 근본적으로는 믿지 않는다. 96년 4월 조셉 나이 전 국방 차관보가 주도한 '미·일 신안보 조약'에서는 일본을 미국의 틀 안에 묶어두기 위한 고육지책이 느껴진다.

중국과의 관계는 더욱 심각하다. 소련이 존재할 당시 미국과 중국은 밀월관계를 유지했다. 그러나 지금 중국은 21세기의 초강대국을 꿈꾸고 있다. 현재의 초강대국인 미국으로서는 이를 견제하지 않을 수 없다. 클린턴 2기 행정부가 '건설적 개입' 정책으로 중국 정책을 전환하면서 유화적 입장을 보이고 있기는 하나, 봉쇄 정책이라는 본질에서 벗어나기는 힘들다.

일본과 중국이라는 지역 강국이 버티고 있는 동북아에서 미국은 세력 균형을 추구하고 중국의 초강대국화를 견제한다는 두 가지 목표를 동시에 수행해야 한다. 미국이 북한을 주목하게 된 것은 이 때문이다. 이와 관련해 미국 국무부의 한반도 고위 관계자는 얼마 전 워싱턴을 방문한 국내의 한 인사에게 다음과 같이 말했다. "동북아의 평화를 유지하기 위해 미국은 중국을 견제해야 한다. 그런데 한국도 일본도 중국을 견제하는 지렛대 역할을 할 수 없다.

지정학 차원에서 볼 때 북한만이 미국의 지렛대 역할을 할 수 있다."

북한은 미국에게 버스 정류장이지 버스 종점은 아니다. 버스 종점은 중국이다. 미국은 현재 북한의 사회주의 체제를 자본주의 시장 경제 체제로 전환하는 것을 최고 목표로 삼고 있다. 북한 체제를 전환시키는 것이야말로 북한을 미국의 틀 안에 확실하게 편입하는 담보일 뿐 아니라, 중국을 압박할 수 있는 최고 수단이다. 북한의 체제가 바뀐다면, 그것은 중국 사회주의 체제의 골간을 뒤흔들게 될 것이다. 미국과 중국이 북한에서 격돌할 수밖에 없는 것은 이 때문이다.

북한의 체제 전환은 한국에게는 통일을 위한 결정적 기회가 된다. 남북한이 하나의 경제 체제로 운영될 것이기 때문이다. 그러나 부담도 있다. 첫째는 비용 분담 문제이다. 체제 전환은 막대한 비용을 필요로 한다. 그동안도 경수로 건설과 식량 지원에 필요한 비용이 발생해 왔는데, 여기에다 가동이 중단된 산업 시설 재건 등 막대한 자금이 더 필요하게 된다. 미국 혼자 이 비용을 대기는 어렵다. 따라서 한국에 대한 비용 분담 압력이 늘어날 것이다.

"일본은 한반도 통일 반대하지 않는다"

미국은 오히려 일본과 손을 잡으면 더 쉽다는 것을 잘 알고 있다. 지난 7월 '워싱턴 한반도 고위 전략 회의' 결론이 바로 그런 것이다. 그러나 미국은 일본의 힘이 한반도에까지 확대되어 미국의 통제 범위를 벗어나는 것을 원치 않는다. 한국이 협조하지 않기 때문에 일본을 선택한 것으로 보아야 한다. 한국에 대해서는 미국이 별로 부담을 느끼지 않는다. 궁극적으로 한국이 주도해 한반도를 통일한다 해도, 미국은 통일 한반도에 대해 커다란 위협을 느끼지는 않을 것이기 때문이다.

따라서 현재 미국이 내심으로 그리고 있는 동북아시아의 신세력 균형 체제는 통일 한반도와 미국이 손을 잡고, 중국·일본과 동북아를 3등분하는 체제이다. 이 구도가 한국의 이해 관계와도 합치한다고 보는 것이다. 미국의 북한 관련 실무자들이 '한국은 통일할 의사가 없는 것 같다'라고 말해온 이유가 여기에 있다. 그러나 미국의 의도가 단순한 세력 균형 이루기 차원을 넘어 중국에 대한 공세적 전략으로 발전할 경우, 이것이 우리에게는 두 번째 부담이 된다. 한국 경제가 이미 중국과 깊이 연관된 상황에서 중국과 적대관계를 형성하는 것은 국익에 부합하지 않는다.

결국 우리의 통일 전략은 전 방위적 성격을 띠지 않으면 안된다. 중국에 대해서는 통일 한반도가 중국에 적대적인 정책을 취하지 않을 것이라는 점을 꾸준히 설득해야 한다. 또 일본의 북한 진출이 우리의 통일 전략에 조응할 수 있도록 방향을 유도해야 한다. 일본의 한반도 전문가들은 '한반도 통일을 일본은 반대하지 않는다. 다만 통일 한반도가 어느 편에 설 것인지, 중국 편인지 미국·일본 편인지 신경 쓸 뿐이다'라고 누누이 얘기해 왔다. 이들의 주장도 참고할 필요가 있다.

무엇보다 시급한 것은 남북 관계 개선이다. 현재 주변 국가들이 한국에 큰소리 칠 수 있는 것은 북한과 일정한 관계를 맺고 있기 때문이다. 주변국의 영향력에서 벗어나는 길은 그 영향력의 원천을 제거해 버리는 것이 가장 빠르고 경제적이다. 즉 남북 관계를 우리 힘으로 개선하는 일이다. 북한 역시 한국과 관계 개선 없이 주변국과의 관계에만 매달릴 경우 궁극적으로는 자주성을 심각하게 훼손당할 것이라는 사실을 직시해야 할 것이다.

(1997. 10. 2)

3.5. 북한 석유 개발에 눈독 들이는 일본

북한 석유 매장에 관한 기사는 여러 차례에 걸쳐 작성했다. 이 기사는 북한 원유공업부가 작성한 석유 탐사 자료를 호주의 석유개발 컨설턴트 최동룡 박사가 분석한 보고서를 입수해 작성했다. 북한 석유에 대해 북한측 1차 자료를 분석한 최초의 보고서라는 점에서 의미가 있다고 할 것이다.

"북한, 석유 매장량 4백30억 배럴"

도쿄 '유전설명회' 보고서 단독 입수 / 평양, KEDO식 컨소시엄 구성해 개발 추진

국내외 석유회사들의 비상한 관심을 끌고 있는 북한 동·서 해안의 유전 개발과 관련해 북한이 최근 케도(KEDO)형 개발 방식을 신중히 검토하고 있는 것으로 알려졌다. 북한은 또한 한국 기업 역시 케도형 국제 컨소시엄의 한 주체로서 참가할 경우 이를 적극 환영한다는 입장이라고 한다.

지난 10월7일 도쿄에서 열린 제1차 북한 유전 설명회에 이어 제2차 설명회 준비 차 한국을 방문한 일본 레인보 통상의 미야가와 준 대표(42)는 10월31일 밤 단독 인터뷰에서 "북한은 그동안 한국 기업의 참여에 대해 내심으로 원하지 않았으나 에너지난이 심각해지면서 참여허가 쪽으로 바뀌었다. 단, 조건은 한국 기업 단독 진출 형식이 아닌 케도형 국제 컨소시엄의 한 주체로서 참가하는 형식이어야 한다"라고 밝혔다.

케도형 유전 개발과 관련해 그는 북한이 베트남 유전 개발 사례를 참고로 하고 있다고 밝히기도 했다. 베트남은 사회주의 체제의 문호를 개방한 이후 원유 매장 가능성이 높은 지역을 평면으로 분할해 여러 국가의 동등한 참여를 보장하는 '광구 분할 방식'을 택한 바 있다. 따라서 한국 기업 역시 분할된 광구를 할당받아 개발에 참여할 수 있다는 것이다. 이와 관련해 미야가와 준 대표는 "2차 설명회에 북한 원유공업부 임원들이 참석할 경우 한국 기업의 참여방식에 대한 구체적인 협의가 진행될 수 있을 것이다"라고 말했다.

북한은 또한 케도형 컨소시엄을 구성하기 위해서는 북한 유전에 대한 국제적 붐을 조성할 필요가 있다고 판단하고, 앞으로도 해외에서 대규모 유전설명회를 열 예정이라고 한다. 즉 12월3일 도쿄에서 2차 설명회를 여는 것 외에도, 내년 3월에는 호주에서 3차 설명회를 열고, 9월에는 싱가포르에서 4차 설명회를 가진 뒤 최종적으로는 평양에서 대규모 국제 유전설명회를 열 예정이라는 것이다. 그는 북한측이 이처럼 국제 설명회를 열어 유전 문제를 공식화하기 시작한 이유는 석유가 매장되었다는 확신 때문이라고 지적했다.

미야가와 씨가 대표로 있는 레인보 통상은 일본 도쿄의 북한 서적 전문 판매회사로서 지난번 1차 설명회를 주최한 페트릭스사와 함께 북한 원유공업부로부터 유전 자료 판매 및 해외 컨소시엄 구성에 대한 독점적 권한을 위임받았다. 즉 현재로서는 원유공업부의 유일한 대외 창구인 셈이다. 따라서 그의 발언은 원유공업부의 최근 동향을 밝힌 것으로 해석된다.

안주·서한만 분지에서 원유 생산

미야가와 대표는 북한이 석유 매장에 확신을 갖고 있는 근거를 말해 달라는 질문에 "2차 설명회 때 밝히게 될 것이다"라며 답변을 회피했다. 그러나 그와 인터뷰하기 전에 이미 북한 측의 근거 자료를 입수한 바 있다. 이 자료는 지난 10월7일 1차 설명회 때 페트릭스사의 기술자문위원이자 현재 호주에서 석유개발 컨설턴트로 활약하는 최동룡 박사가 북한 원유공업부의 1차 자료를 분석해 발표한 보고서이다. A4 용지 24쪽 분량인 이 보고서는 그동안 막연하게 소문으로만 떠돌던 북한 석유의 실체에 대해 북한측 공식 자료를 인용해 작성한 최초의 대외용 보고서라고 할 수 있다.

이 보고서에 따르면 북한 원유공업부는 94년에 그동안의 조사 및 시추 자료를 종합해 북한 서한만 일대에 4백30억 배럴(약 60억t) 규모의 엄청난 원유가 매장되었을 가능성을 확인한 것으로 되어 있다. 또한 그동안 시추 과정에서 서해안 일대만 해도 안주 분지의 두 군데, 서한만 분지의 두 군데 등에서 원유를 발견한 사실이 있으며, 서한만의 한 시추공에서는 하루 4백50 배럴씩 원유가 생산되기도 했다고 한다.

이 보고서 내용을 검토한 석유개발공사 최병구 국내 개발부장은 "보고서에서 적시한 지질 구조대로라면 생산성 측면에서도 대단히 우수하다고 할 수 있다"라고 지적했다. 보통은 생성된 원유의 2~3% 정도가 생산할 수 있는 실제 매장량으로 저장되는 데 비해 보고서대로라면 14%이상 집적된 것이어서 극히 좋은 상태라는 것이다.

비록 북한측 자료를 토대로 한 것이기는 해도 그동안 논란이 일었던 북한 석유의 실체를 규명할 최초의 문건이라는 점을 감안해 보고서의 주요 내용을 요약해 보도한다.

그동안 북한 해상의 석유지질학 관련 정보는 매우 제한적이었다. 최근 북한 원유공업부는 서한만과 동해의 탄화수소(석유+천연가스) 지질학과 관련한 포괄적인 94년판 자료 패키지를 발표했다. 이 자료는 북한의 원유공업부를 대행하고 있는 도쿄의 페트릭스사를 통해 공식으로 구할 수 있다. 페트릭스사는 최근 서한만 지역에서 탄화수소 탐사팀을 조직할 위임 회사로 지정되어 있다.

90년대 초반 이래 필자(최동룡 박사)는 페트릭스사의 기술 고문 자격으로 북한의 퇴적 분지를 연구하면서, 북한 원유공업부가 이 지역 탄화수소 관련 자료나 포괄적인 데이터를 부석하고 앞으로의 전망을 세우는 데 관여해왔다. 이러한 작업을 하면서 필자는 탄화수소 매장 가능성에 대해 충분히 이해하게 되었다. 여기서는 △서한만 분지 △동해 분지 △서일본 분지 등 유망지역 세 곳에 초점을 맞추어 석유지질학을 개관하려 한다. 이 지역들은 석유매장 가능성이 높음에도 불구하고 자본과 기술의 뒷받침이 부족해 그동안 별로 연구되지 않았다.

위에 언급한 북한의 퇴적 분지들은 탄화수소를 생성했을 가능성이 높은 것으로 입증된 지역이다. 가장 적극적으로 탐사되고 있는 곳은 서한만 지역과 서해의 안주 분지로, 둘 다 소량의 석유가 나온 바 있다. 최근 개발이 활발한 또 한곳은 원산 앞의 동한만 지역이다. 길주·명천 분지에 대한 육지정보들은 경성만 분지와 심해 분지(서일본 분지)를 잇는 지역 탐사를 고무하고 있다.

서한만 분지:원유생산 '시간문제'

그동안의 지질학적·지리물리학적 분석과 시추 결과는 이 지역에 탄화수소가 존재함을 분명하게 입증한다. 이 지역은 기반을 형성하고 있는 고생대 하층과 원생대 상층이 두꺼운 중생대·신생대 층으로 덮여 있는 열개(裂開) 분지이다. 중생대에서 신생대에 이르는 층의 두께는 7천~만m에 달한다. 제3기층은 4천~5천m이며 주요 근원 층은 쥐라기·백악기의 검은 혈암이다.

쥐라기 상층과 백악기 하층 근원암(점신세의 호소나 해양 혈암)의 원유 산출 능력(source capacity)은 3천억 배럴(약 4백15억t)이며, 집적된 석유량은 4백30억 배럴(약60억t) 이상으로 추정된다(94년 원유공업부 자료). 이러한 지질 구조를 입증하듯 서한만 분지에 뚫은 모든 시추공에서 유징(油徵)이 나타났다. 시추 층은 고제3기·중생대 사암과 원생대 상층~고생대 하층의 탄소암염이다. 특히 품질이 좋은 유징은 중생대 부분에서 나왔다. 백악기 하층의 사암층에 뚫은 한 유정에서는 하루 4백50배럴씩 원유를 퍼 올리기도 했다. 생산된 석유는 순도가 높고 유황 함유물이 적었다. 모든 지표는 서한만 분지에서 상업적 유전을 발견해 생산하는 것이 시간문제임을 보여주고 있다.

서한만에 지리물리학적 조사가 시작된 것은 65년부터이다. 65년부터 80년에 걸쳐 북한과 중국은 초도 북부 지역에 대한 공중 자력 탐사 작업을 벌였으며, 같은 기간에 북한은 단독으로 중력 탐사를 시행했다. 76~80년 북한 과학자들은 블록 4지역과 해안 지역 2천8백㎞에 걸쳐 탄성파 탐사를 벌였다. 80년에는 노르웨이의 지코(Geco)사가 블록1과 블록3 지역에 대한 포괄적인 지리물리학적 조사를 벌였으며, 이 회사는 이듬해에 블록2 지역도 조사했다.

이같은 조사를 토대로 해 77년부터 현재까지 시추 작업이 계속되고 있다. 해상의 안주 분지에는 시추공이 2개 굴착되었으며, 제3기층에서 원유가 발견되었다. 온천 분지에는 사추공 1개가 굴착되었고, 서한만 분지에는 7개 시추공이 굴착되었다. 그중 두 정(井)에서 석유가 생산되었다. 나머지 정에서도 모두 석유와 가스 징후가 나타났다.

87~92년 영국 리워드 페트롤리엄(Leeward Petroleum)사에 탐사권이 위임되었다. 93년에 서한만 탐사권이 스웨덴의 타우루스 페트롤리엄 AB(Taurus Petroleum AB)에 위임되었다. 97년 이 회사는 이 지역에 탄성파 탐사를 실시했다.

이러한 각종 탐사 결과 나온 석유와 가스의 징후들은 다음과 같다. △고제3기에서 나온 사암에 노란색 형광이 나타남(원유에 자외선을 비치면 형광을 발한다. 따라서 형광 현상은 원유 성분이 있음을 증명한다) △백악기 하층의 적색 석회 혈암 아래 단열 사암에서 석유가 발견됨 △쥐라기 사암의 공극과 단열에 석유가 함유되어 있음.

동해 분지:석유·가스 징후 발견

동해의 대륙붕과 대륙사면, 인접 심해에 넓게 분포된 몇몇 분지는 두꺼운 퇴적층으로 덮여 있다. 이 분지들의 석유 매장 가능성은 동한만(원산 앞바다)을 제외하고는 아직 충분히 연구되지 않았다. 적극적인 탐사 노력이 집중된 동한만에는 시추공이 2개 건설되었다.

동한만의 개발 탐사정은 동한만이 5천m 두께의 제3기 퇴적층이고, 중생대층을 더할 경우 7천m 이상에 이를 것임을 증명했다. 근원암은 석유생성 가능성이 큰 중생대층일 것으로 보인다. 동한만 분지는 거대한 심해분지와 연결되어 있어 그 층에서 생성된 석유가 동한만으로 이동했을 가능성이 있다.

동해 해상의 경성만과 화대 분지를 비롯한 몇몇 분지는 육지의 길주·명천 분지를 통해 서로 연결되어 있으며, 중앙 심해 분지(일본 분지)와 일정한 연관을 갖고 있다. 따라서 길주·명천 분지의 시추공이 천m 두께의 근원암을 탐사해 고무적인 결과를 얻은 것은 이 지역 탐사 전망을 밝게 하고 있다.

87년 북한과 옛 소련이 수원단과 두만강 사이지역에 탄성파·중력·자력 탐사 등 지리물리학적 조사를 벌였다. 90년에 양측은 동한만 지역 원산 앞바다의 대륙붕도 탐사했다. 92~96년에 동한만에 개발 탐사정 2개가 시추되었다. 여기서 석유·가스 징후를 발견했다. 97년 호주의 비치 페트롤리엄

(Beach Pertoleum)사가 동한만에서 탄성파 탐사를 벌였다.

이 탐사에서 주목할 만한 것은 두 시추공 중 하나(D-1)에서 나온 결과다. 여기서는 깊이 1천5백86m 지점에서 첫 번째 유징이 발견되었으며, 1천8백59~1천8백64m에서 나온 사암은 노란색 형광 반응을 보였다. 유징으로 가득찬 아스팔트도 나왔다. 2천1백78~2천2백88m 지점에서는 아스팔트와 강한 냄새가 나는 케로젠(석유 생성 물질)이 검출되었으며 짙은 노란색 형광 반응도 나타났다. 2천3백15~2천3백26.4m에서는 흰 청황색 형광을 내는 석영 사암과 표면이 기름으로 덮인 암편(岩片)이 발견되었다. 2천7백m 아래의 네 구간에서는 석유와 뒤섞인 암편, 강한 케로젠 냄새, 노란색·황갈색·청백색 형광이 나는 아스팔트 등이 검출되었다.

서일본 분지:석유 생성에 유리한 지질

이 지역의 지질학적 구조는 백악기와 고제3기 호소 구조로 추정되며, 퇴적층은 1천8백~3천m 두께이다. 필자는 일찍이 일본 분지 깊숙이 제3기 퇴적층 아래 중생대층이 존재할 가능성이 있음을 주장했다. 서일본 분지 제3기 퇴적층의 층서(層序)는 동한만의 시추 결과와 긴밀하게 연결되어 있다. 러시아 극동 해양에서 나온 정보들을 고려해도 백악기-고제3기 퇴적층이 일본 분지 깊숙이 도처에 존재하고 있음은 의심할 여지가 없다.

수많은 유기체를 퇴적한 호소나 해양 지형으로 추정되는 백악기-고제3기 암반을 포함하고 있을 가능성이 큰 6천m 이상의 두꺼운 퇴적층은 탄화수소 생성에 유리한 조건이다. 두께 2천5백~3천m에 이르는 신3기 해양층 역시 유기체의 질과 양 모두에서 석유 생성에 유리한 것으로 평가된다.

백악기-고제3기의 구조는 사암과 혈암이 교대로 구성되어 있는 것으로 간주되므로 석유 이동에 매우 유리한 조건이며, 비스듬한 배사 구조는 다공성

사암을 저류층(貯溜層)으로 하는 함유(트랩) 구조를 제공한다. 극히 발달된 혈암은 좋은 덮개암을 제공한다.

이상의 세 지역에 대한 석유지질학적 분석과 탐사 결과는 이 지역에 석유가 충분히 생성되었음을 입증한다.

(1997. 11. 13)

레인보 통상 미야가와 대표 인터뷰. 레인보 통상은 일본 도쿄의 북한 서적 전문 판매회사로서 페트릭스사와 함께 북한 원유공업부로부터 유전 자료 판매 및 해외 컨소시엄 구성에 대한 독점적 권한을 위임받았다.

"유전 개발에 한국 참여 환영"

레인보 통상 미야가와 대표 인터뷰

지난 10월31일 갑자기 한국을 방문한 레인보 통상의 미야가와 대표는 한·일 축구를 관전하기 위해서 왔다고 했다. 그러나 10월30일 페트릭스사의 하세가와 대표가 2차 설명회 준비를 위해 평양으로 출발한 점을 감안하면, 미야가와 대표의 방한 목적 역시 이와 무관하지 않은 것으로 보인다. 그 역시 나중에는 "1차 설명회에 참석한 한국 기업들과 전화로 접촉했고, 북한 유전에 대한 한국의 분위기도 알아볼 겸 방문했다"라며 방문 목적을 밝혔다.

지난번 1차 설명회에 미국이나 일본 기업이 참석하지 않은 이유는 무엇인가?

가장 중요한 이유는 홍보 부족이었다. 미국이나 일본기업들은 북한에 대량의 석유가 매장돼 있다는 사실을 잘 모르고 있다. 그런 상황에서 참가비를 천달러나 내며 설명회에 참석할 필요를 느끼지 못한 것 같다.

북한의 석유 매장량에 대해서는 여러 가지 다른 주장이 있다. 어느 정도라고 추산하나?

북한 석유 문제에 대해서는 페트릭스사의 기술 고문인 최동룡 박사가 1인자다. 그가 추산한 바에 따르면, 최소 2백억 배럴(30억t)에서 3백65억 배럴(50억t) 정도이다.

추정근거는 무엇인가?

다섯 가지 정도의 확실한 근거를 제시할 수 있다. 그 내용을 2차 설명회에서 발표할 것이다.

일본의 니쇼이와이 상사는 그보다 적게 추산하고 있는데.

니쇼이와이 상사를 포함해 일본 회사들도 북한 측 자료를 정확하게는 모른다. 따라서 실제보다 적게 평가하는 경향이 있다.

2차 설명회에서는 새 자료들이 발표될 것인가?

새로운 자료가 제시될 것이다.

현재 북한측이 석유 개발에 기울이고 있는 관심은 어느 정도인가?

북한의 최대 현안은 현재 두 가지다. 식량문제와 에너지 문제 해결이다. 김정일 총비서가 석유에 대해 엄청난 관심을 기울이는 것은 자연스런 일이다.

유전설명회는 어떤 맥락에서 추진되고 있나?

지난 8월19일 미국에서 북한광물자원 설명회가 있었고, 최근에는 북경에서 러시아 천연 가스파이프 북한 통과 문제가 타결됐다. 즉 유전설명회 역시 전반적인 북한 에너지 문제 해결이라는 맥락에서 동시에 추진되고 있는 것이다.

한국 기업의 참여는 보장되는 것인가?

북한은 에너지 문제를 해결하기 위해 한국의 참여도 적극 환영한다. 일본 설명회에 한국기업의 참여가 허용된 것도 같은 맥락이다. 한국도 이런 차원에서 통일원의 도쿄 주재관을 파견한 것 아니겠나.

(1997. 11. 13)

일본 기업들은 수교배상금이라는 강력한 실탄이 있어 북한 진출에 유리하다. 니쇼이와이상사는 95년 초 북경에서 북한측과 석유 탐사 합의를 한 후 일본 석유공단(JNOS)으로부터 약 1억엔을 지원받아 서한만 일대에 대한 조사 용역까지 마친 상태다. 북일 수교협상이 본격화하면 가장 먼저 뛰어들 태세를 갖춘 것이다. 북한 진출에 있어 한국 기업들은 생각만큼 유리한 처지가 아니다.

일본 니쇼이와이 상사, 탐사 데이터 분석으로 북한 유전 매장량 확인

북한 유전 개발은 이제 현실 문제로 다가섰다. 특히 '막대한 원유가 매장된 사실을 확인'한 북한측이 케도형 방식을 통한 국제 컨소시엄 구성을 적극 검토하기 시작했다. 북한이 유전 설명회를 계속 열 경우 국제적으로도 북한 유전 붐이 일어날 가능성도 있다.

물론 북한 석유 매장량이 북한측 주장대로 4백30억 배럴(60억t)이 될지에 대해서는 여러 가지 회의적인 시각도 존재한다. 4백30억 배럴은 80년대 이후 전 세계 석유개발사에서도 볼 수 없던 천문학적인 수치이기 때문이다. 전문가들은 80년대 이래 10억 배럴 단위 유전만 발견돼도 금세기 최대의 발견이 될 것이라며 흥분해 왔다고 지적한다. 이런 상황에 견주어 보면 4백30억 배럴은 터무니없이 많아 보인다. 현재 북한이 1년 동안 사용하는 원유량이 백만t이니 이는 북한이 6천 년간 사용할 수 있는 양이기도 하다.

일본측이 그동안 과학적인 근거를 토대로 추정한 북한 석유 매장량은 서한만 일대에 30억 배럴 정도인 것으로 알려졌다. 사실 이 정도만 해도 엄청난 양이다. 일본측의 매장량 추정은 일본 종합 상사인 니쇼이와이(日商岩井)사가 95년 5월~96년 12월 서한만 지역의 자료를 분석한 결과이다.

일본기업, 10년 이상 북한 유전에 관심

지난 2월 니쇼이와이의 북한 유전 진출 문제를 보도한 이래 니쇼이와이측이 당시 어떤 경로로 북한 유전 문제에 접근했는지 추적해 왔다. 니쇼이와이 상사가 북한 유전 문제에 관심을 갖게 된 역사는 적어도 10년 이상인 것으로 알려졌다. 본격적인 작업이 이루어진 것은, 95년 초 북경에서 북한측과 석유 탐사 합의를 하면서부터이다. 니쇼이와이는 북한측과 합의를 토대로 일본 석유공단(JNOS)으로부터 약 1억엔을 지원받아, 석유 개발 전문 업체인 일본 오일엔지니어링사에 북한 서한만 일대에 대한 조사 용역을 맡겼다.

니쇼이와이의 용역을 받은 일본 오일엔지니어링사는 80년대 초 노르웨이의 지코(GECO)사가 이 일대를 탐사하고 생산해낸 2~3t의 방대한 테이프 자료를 입수해 전산 처리했다. 기존 탐사 자료라도 신기술로 이를 처리할 경우 얼마든지 새로운 결론을 끌어낼 수 있다.

니쇼이와이는 이같은 과정을 통해 96년 12월 두 가지 보고서를 확보했다. 하나는 서한만의 지질 구조까지 포함한 방대한 분석 자료이고, 또 하나는 이를 4쪽으로 요약한 보고서이다. 현재 분석 자료는 니쇼이와이사와 일본석유공단 등 3~4곳만 소유하고 있고, 4쪽짜리 보고서는 소수의 전문가에게만 배포되었다.

이 4쪽짜리 보고서에는 베일에 가려진 북한 석유 매장의 실체를 벗길 내용이 담겨 있다. 즉 방대한 양이 매장되었다는 사실이 과학적 방법에 의해 입증되었기 때문이다. 요약 보고서에서 원유 매장 장소로 지목한 곳은 중국과 국경을 마주한 북위 38°5′ 지역이다. 바로 개성 앞바다에 해당한다. 니쇼측은 이곳의 A·B·C 세 지역을 집중 분석해 특히 수심 30~60m, 면적 5천㎢에 이르는 C지역에서 5억 배럴 가량의 원유가 매장된 사실을 확인했다. 이 5억 배럴은 한 구멍에서만 확인된 것이므로 다른 곳의 매장 가능성까지 합치면 실제로는 훨씬 많아진다. 니쇼이와이측의 이 보고서를 토대로 일본 석유 전문가들은 전체 매장량을 약30억 배럴로 추정했다.

니쇼이와이 상사는 현재 일본 종합상사 중 북한 유전 개발에 가장 적극적인 회사다. 이 회사는 65년 한·일 협정 당시 마루베니 상사가 청구권 자금을 매개로 급성장한 사례를 참고하고 있다고 한다. 앞으로 북·일 수교 과정에서 북한 특수를 확보함으로써 기업 성장이 가능하리라고 기대하고 있는 것이다. 그동안은 니쇼이와이 측 자료에 대한 공동 지분을 가지고 있는 일본석유공단이 정치적 여건을 고려해 자제를 요청해 왔다고 한다. 그러나 최근 북·일 수교 움직임이 구체화하면서 니쇼이와이측의 대북 접근이 다양한 채널을 통해 이루어지고 있는 것으로 알려졌다.

일본 정부 및 재계·정치권 역시 앞으로 청구권 자금과 관련한 유효한 프로젝트로 북한 원유 개발을 깊이 검토하고 있다. 이와 관련해 현재 일본 언론계에는 11월 중순 방북한 여3당 대표단의 노나카 히로무 자민당 간사장 대리가 북한측과 유전개발권 확보문제를 협의할 가능성이 있다는 얘기가 돌고 있다. 이밖에 마루베니 상사의 경우 지난해부터 석유 탐사 전문가를 평양사무소에 파견해 북한 서해안 일대에 대한 탄성파 탐사를 진행해온 것으로 알려졌다.

북한 유전에 관한한 미국도 정중동의 움직임을 보이고 있다. 그동안 국내 석유 전문가들은 스탠턴 그룹의 움직임을 주목해 왔다. 에너지 분야 설계 및 컨설팅 전문 업체로 알려진 스탠턴 그룹은 대다수 미국 기업이 엠바고에 묶여 꼼짝 못하고 있는 상황에서도 북한 측과 승리화학정유공장 재가동 및 화력 발전소 건설 문제 등을 활발하게 협의해 왔다. 스탠턴 그룹이 이처럼 움직일 수 있었던 배경에는 바로 미국 정부의 후원이 있었다는 것이다. 즉 운신이 자유롭지 못한 미국 석유 메이저들과 북한을 연결하는 통로로서 스탠턴 그룹을 활용해 왔다는 것이다.

LG상사, 승리화학공장 재가동에 관심

미국 석유 메이저들은 해외 진출에 앞서 대정부 로비를 선행하는 것이 관례이다. 미국 정부와 로비하는 과정에서 우선 진출자가 결판나기 때문이다. 7대 석유 메이저 중 특히 아모코사 같은 경우, 북한 유전 개발에 매우 적극적이면서도 겉으로는 움직임을 드러내지 않는 것이 바로 이 때문이다.

그러나 미국 메이저들의 움직임이 표면화할 날도 멀지 않았다. 내년 1월께로 예상되는 카터 전 미국 대통령의 북한 방문 때 석유 메이저들이 동행할 것이라는 정보가 최근 나돌고 있다. 이는 미국 엠바고 해제의 핵심이 바로 이들 메이저의 북한 진출 허용 문제라는 점과 일맥상통하는 것이다.

북한 유전 문제에 관한 한 한국 기업은 미국이나 일본 기업에 비해 불리한 위치에서 출발할 수밖에 없다. 미국이나 일본이 정부 대 정부 차원의 교섭으로 가닥을 잡아 가고 있는 데 비해 한국기업은 정부 채널이 차단된 채 혼자 뛰어야 하기 때문이다. 한국 기업들에게도 북한 유전 문제는 이제 발등에 떨어진 불이다.

이같은 사실은 지난 10월7일 도쿄에서 열린 '조선유전설명회'에서 확인되었다. 설명회에 미국·일본 기업은 전혀 참석하지 않았는데 한국에서는 현대정유·LG상사·석유개발공사, 그리고 통일원의 도쿄 주재관 등이 참석한 것이다. 당시 설명회에 참석한 한 관계자는, 미국이나 일본 기업은 설명회에서 발표된 자료 정도는 이미 확보했기 때문에 참석하지 않았을 것이라며 "우리는 그나마 자료도 아쉽다"라고 한탄했다.

비공개 형태이기는 하지만 가장 적극적인 움직임을 보이는 곳이 바로 현대정유이다. 현대정유는 지난해 중반부터 중국 교포 등의 중재로 북경에서 북한측과 접촉해 왔다. 올해 8월에는 정몽혁 사장 중심의 방북단 파견을 시도하기도 했다. 그러나 정주영 명예 회장이 먼저 방북해야 한다는 그룹 내부의 반대에 부딪혀 유보된 상태이다.

현대정유는 현재 북한 진출과 관련해 세 가지 프로젝트를 추진 중이다. 첫번째가 북한의 신포 등 몇몇 중심 도시들에 주유소를 설치하는 사업이다. 두번째는 평양 인근에 정유공장을 설립하는 사업이다. 마지막 단계가 바로 북한 서해안 지역에 대한 유전 탐사 작업이라고 한다.

LG상사는 유전 탐사보다는 정유공장 진출에 관심을 가지고 있는 것으로 알려졌다. 특히 북한의 승리화학공장 재가동 문제에 깊은 관심을 보여왔다. 얼마 전 LG상사는 승리화학공장 재가동에 대한 서로 상반된 보고서를 입수했다. 하나는 스탠턴 그룹이 작성한 것으로 재가동 전망을 매우 낙관적으로 분석했다. 또 하나는 LG정유의 합작회사인 미국의 칼텍스사가 분석한 것으로 '차라리 부수고 새로 짓는 것이 낫다'는 비관적 보고서다. LG상사는 승리화학공장 재가동과 관련한 시범 사업의 하나로, 지난 8월 이곳에서 생산한 나프타를 국내 최초로 반입하기도 했다.

석유개발공사도 북한 원유 개발에 관심

석유개발공사 역시 북한 원유 개발에 대해 지대한 관심을 갖고 있다. 그동안은 북한측과 직접 접촉하기보다는 싱가포르의 석유 컨설팅 회사 등으로부터 관련 정보를 꾸준히 입수한 것으로 알려졌다. 석유개발공사가 북한 유전에 대해 관심을 갖는 것은 크게 두 가지 이유에서이다. 하나는 앞으로 국내 업체들이 컨소시엄을 구성하게 될 때 공사가 적극 나서는 것이 바람직하다는 업계의 요구와 관련이 있다. 또 한 가지는 국내 대륙붕 탐사를 주도해온 공사 처지에서 북한의 지질 자료를 입수하는 것이야말로 한반도 지질구조 분석에 엄청난 효과가 있다고 보기 때문이다.

사실 업계 관계자들이 북한 유전 개발과 관련해 가장 경계하고 있는 곳은 바로 대우그룹이다. 관계자들은 조용히 있는 곳이 더 무섭다고 말한다. 대우그룹은 이번 1차 설명회에 참석하지 않았다. 이미 그 정도 자료는 확보했기 때문일 것으로 보고 있다.

대우 그룹은 표면적으로 조용하나 내부적으로는 이미 진용을 갖춰 가고 있는 것으로 알려졌다. 특히 지난해 김우중 회장이 에너지 개발을 주식회사 대우의 핵심 사업 분야로 선정하면서, 담당 부서인 에너지자원개발팀을 확충한 것이 그 사례다. 인원보충뿐 아니라 석유개발공사에서 석유 탐사 전문가인 부장급과 과장급 인사를 스카우트하기도 했다. 또 회장 비서실에서 대북사업을 총괄하던 고위급 인사가 지난해 에너지자원개발팀 책임자로 이동한 것도 북한 유전 개발과 무관하지 않다는 지적이다.

(1997. 11. 13)

도쿄에서 북한 유전 설명회가 열리기 직전인 9월에 대우 김우중 회장이 평양을 급히 방문 했으나 정작 유전 관련 정책을 총괄하는 한성룡 비서를 만나는 데는 실패했다.

김우중 회장, 유전 개발 협의차 방북 했으나 실패

유전 개발 실력자 한성룡 못 만나 개발권 못 따내

대우그룹 김우중 회장은 지난 9월14~18일 북한을 비밀리에 방문했다. 그의 방북 목적이 하나 뿐은 아니겠지만, 최근 국내 석유 업계는 그의 갑작스런 방북이 북한의 유전개발권 확보와 깊은 관련이 있다는 심증을 갖고 있다.

김회장 방북의 직접적인 계기가 된 것은 지난해 말 또는 금년 초 김회장이 일본 니쇼이와이사의 4쪽짜리 북한 유전 보고서를 입수한 데서 비롯한 것으로 알려졌다. 당시 김회장은 그동안 알고 지내던 일본의 한 지인으로부터 이 보고서를 얻었다고 한다.

북한 석유에 대한 김회장의 관심은 사실 하루 이틀 된 것이 아니다. 92년 첫 방북 이래 북한을 방문할 때마다 김회장은 북한 원유공업부 관계자 등 석유 전문가들과 꾸준히 접촉해온 것으로 알려졌다. 지속적으로 관심을 가지고 있던 터에 북한 유전에 대한 니쇼이와이 측의 확증자료를 손에 넣자 불이 붙게 된 것이다.

대우그룹 관계자에 따르면 김회장의 방북 시도는 사실 이번이 처음은 아니다. 원래는 금년 2월에도 방북을 추진했다. 시기적으로는 니쇼이와이측 보고서를 입수한 직후이다. 그러나 2월 방북 계획은 남북 간의 정치 정세로 인해 실현되지 못했고, 지난 8월에도 다시 방북을 추진했으나 마찬가지 이유로 좌절되었다. 그러던 중 지난 9월 중순 비로소 방북이 이루어지게 되었다. 북한 측이 10월7일 도쿄 유전설명회를 필두로 해외 투자자 모집에 적극 나서는 등 상황이 긴박하게 돌아간 것과 깊은 관련이 있는 것으로 보인다. 더 늦출 수 없다는 절박감이 있었을 것이라는 지적이다.

민주당의 조중연 의원이 북한이 서해안 유전 개발권을 대만 측에 양도하려는 움직임을 보이고 있다는 지난 1월29일자 대한무역투자진흥공사 비밀 보고서를 토대로 주장한 바에 의하면, 청와대 역시 금년 초부터 북한 유전문제의 심각성을 이해하고 있었을 것으로 보인다. 따라서 김회장의 방북을 더 막기 어려웠으리라는 것이다.

그러나 김회장의 이번 방북은 실패로 끝났다는 것이 업계의 정설이다. 북한에서 김회장의 방북을 주선한 것은 김용순 대남 담당 비서였다. 그러나 김회장이 북한에서 만나고자 했던 인물은 김용순 보다는 한성룡 경공업 담당 비서였다. 한성룡 비서는 현재 노동당 경제정책검열위원회 위원장으로 북한의 주요 경제 정책 전반을 총괄하는 인물이다. 김정일의 여동생 김경희가 바로 그 밑에서 부위원장을 맡고 있다. 김희장이 한비서를 만나고자 했던 것은 그가 바로 북한의 유전 개발 문제를 실질적으로 총괄하는 최고 실력자이기 때문이라고 한다. 그러나 그는 한비서를 만날 수 없었다. 따라서 애초의 방북 목적도 달성하지 못했다. 김회장이 방북 라인을 잘못 선택했기 때문에 한비서를 만나지 못했다는 것이 업계의 정설이다.

(1997. 11. 13)

드디어 김정일의 권력 승계 절차가 시작됐다. 10월8일 당 중앙위와 중앙 군사위원회에 의해 총비서에 추대된 것이다. 그러나 추대만 됐을 뿐 이를 공식 수락한 것은 아니다. 즉 취임한 것은 아니라는 뜻이다. 추대와 취임 사이 시간적 공백을 둔 것은 그 사이 주변국들의 대북 접근을 가속화하기 위한 고도의 전략이다. 카터 재방북, 북·일 국교 정상화 교섭, 유전 개발. 북한이 시간차를 통해 가속화하고자 했던 포인트들이다.

당 총비서 추대와 취임의 국제 정치

10월8일 당 총비서 추대...취임 늦추며 외교 성과 노려

북한은 김정일의 당총비서 취임식을 11월이나 12월에 열 것으로 알려졌다. 북한 소식에 정통한 도쿄의 외교 소식통들은 '당총비서 취임식이 빠르면 11월 중, 늦어도 12월 말까지는 열릴 가능성이 매우 높다'고 전해 왔다. 서울의 대북 소실통들 역시 이 기간에 공식 취임 행사가 열릴 가능성에 대해 주목하고 있다.

도쿄의 소식통들에 따르면, 북한은 우선 11월 중에 취임식을 개최한다는 목표를 정하고 행사 준비를 서두르고 있다. 내부 사정이 여의치 않아 12월로 넘어가게 될 경우에는, 김정일의 생모로 젊은 시절 사망한 김정숙의 80회 생일인 12월24일을 목표로 삼고 있다고 한다. 김정숙의 80회 생일이 중요한 분기점이 될 것이라는 정보는 서울의 소식통들도 접하고 있다. 한 대북 소식통은 "11월에 취임식을 할 경우에는 새로운 경축일을 하나 만드는 것이 되고, 김정숙의 생일을 활용하면 기존 명절을 활용하는 것이 된다"라고 말했다. 북한이 김정숙 생일을 염두에 두는 것은 대규모 행사를 치를 수 있는 올해의 마지막 명절이기 때문이다.

김정일, 11~12월에 당총비서 공식 취임

취임식 형식은 당 중앙위 전체회의를 여는 방식이 검토되고 있는 것으로 알려졌다. 북한 노동당 중앙위원 정족수는 원래 2백50여명 정도이다. 현재 1백35명가량이 결원이다. 따라서 김정일의 당 총비서 취임 행사를 계기로 당 중앙위원을 새로 임명하고, 또 그 자리를 빌려 김정일이 총비서에 공식 취임하게 될 것이라는 지적이다.

김정일의 총비서 취임식이 관심을 끄는 이유는 이를 계기로 북한의 권력 승계 절차가 비로소 마무리되기 때문이다. 김정일은 지난 10월8일 당 중앙위와 중앙군사위원회에 의해 총비서에 추대되었다. 당시 국내에서는 이를 계기로 권력 승계가 이루어졌다고 평가했으나, 이는 승계 절차의 본격적인 시작일 뿐 마무리 순서는 아니었다는 것이다.

당총비서 추대와 권력 승계를 동일시한 것은 '추대'와 '취임'의 용어 차이를 제대로 파악하지 못했기 때문이라고 대북 소식통들은 전하고 있다. 즉 추대란 어떤 사람을 유력한 총비서 후보로 추천한다는 의미이다. 김정일의 경우는 지방당 대표자 회의에서부터 상향식으로 추대 절차가 이루어졌고, 또 북한 권력의 최고 정점이라 할 당중앙위가 공식으로 추대했다는 점에서, 일반적인 후보자 추천과 다른 의미가 있기는 하다. 그렇다 하더라도 이는 어디까지나 후보자 추천에 불과하다. 즉 최종적으로는 김정일이 이를 공식 수락하고 대외적으로 이 사실을 선언하는 절차를 남겨두고 있다는 얘기다. 이와 관련해 한 소식통은, 북한은 절차를 중시하기 때문에 초법적 승계란 있을 수 없으므로 공식 취임 절차가 반드시 필요하다고 지적했다.

김정일이 11월이나 12월에 공식 취임식을 갖게 될 것이라는 최근 정보는,

김정일의 권력 승계가 11월께에나 가능할 것이라는 그동안의 예측과 부합한다. 그동안 국내외 소식통들은 북한 내부의 준비 상황을 근거로 권력 승계가 11월 이후에나 가능할 것이라고 주장해 왔다. 이런 이유로 지난 10월8일의 당총비서 추대는 상당히 의외의 일로 받아들여졌다. 따라서 북한이 이처럼 서둘러 승계 절차를 공식화한 배경에 관심을 기울였었다.

현재까지 이루어진 다양한 분석을 토대로 살펴보면, 북한이 당총비서 추대와 공식 취임을 다른 시기에 나누어 진행하는 데에는 고도의 전략적 의도가 담겨 있다. 김정일이 예상 외로 추대 절차를 일찍 공식화한 것은 대외 관계에서의 필요성과 밀접한 관계가 있다고 한다. 즉 추대 절차를 일찍 공식화함으로써 △대남 관계에서 북한의 운신 폭을 넓히고 △대미·대일 관계를 가속화하기 위해서였다는 것이다. 대남 관계에서는 한국 대선을 의식해 시기적으로 이를 선점하려 한 흔적이 있다. 또한 김정일이 정상 회담의 파트너로 떠올랐음을 보여줌으로써 이와 관련한 한국 정부의 대응을 떠보려 했을 것이라는 지적이다.

또한 대미·대일 관계에서는 그동안 '주인 없는 국가'와 외교 관계 정상화를 이루기는 어렵다는 미국이나 일본의 주장을 의식했을 가능성이 높다. 이는 김정일이 당총비서에 추대된 이후 미국이 토니 홀 의원 방문 및 농업조사단 파견 등으로 대북 관계 개선 행보를 가속화하고 있고, 일본 역시 여3당 대표단 파견 등을 계기로 수교 회담 조속화를 위해 움직임을 활발히 하고 있는데서도 나타난다.

이같은 상황에서 북한은 김정일의 당 총비서 취임식이라는 또 하나의 절차를 남겨둠으로써, 대외 관계에서 완급을 조절할 또 다른 카드를 확보한 셈이다. 당 총비서 추대 사실을 대외에 과시함으로써 주변국의 대북 접근을 유도하고, 여기서 이루어진 성과를 보아가며 취임식 시기를 조절하겠다는 포석인 것이다. 앞의 도쿄 소식통은 "김정일 총비서 취임식을 전후에 북한은 △

카터 재방북 △북·일 국교 정상화 교섭 △유전 개발 등 세 가지를 주요한 성과로 추진하고 있다"라고 밝혔다.

미국, 카터 방북 내년 1월로 잠정 결정

먼저 유전 개발 문제는 지난 10월7일 도쿄 설명회를 계기로 이미 대외 공식화 작업에 착수했으며, 북한측은 하루빨리 해외 업체와 손잡고 개발에 착수하겠다는 입장이다. 또한 북·일 국교 정상화 교섭은 11월8일로 예정된 일본인 처 고향방문단 1진 일본 도착과 11월11일로 예정된 일본 여3당 대표단 북한 방문 등을 계기로 물밑 작업이 진행되고 있다. 북한에 지급될 배상금액으로 30억~80억 달러가 논의되고 있다는 얘기가 최근 흘러나오고 있는 것으로 보아, 물밑에서 상당한 수준의 논의가 진척되고 있는 것으로 보인다.

김정일의 당 총비서 취임식의 최대 이벤트로 북한이 현재 심혈을 기울이고 있는 것이 바로 카터 재방북 문제이다. 이 문제는 현재 북한 및 일본 입장과 미국 입장 사이에 미묘한 차이가 나타나고 있다. 카터 재방북 문제는 지난 9월께부터 물밑에서 활발하게 거론된 바 있다. 또 한때 10월28일~11월 초로 방북 일정이 잡혔던 것으로 알려졌다. 일본 역시 카터 방북에 대해 대단히 적극적인 움직임을 보인 바 있다.

그러나 최근 미국측은 카터 재방북 시기를 한국에 새 정권이 결정된 뒤인 내년 1월로 잠정 결정했다. 미국측은 카터가 올해 안에 북한을 방문하게 될 경우, 엠바고 문제나 미사일 문제 같은 북·미간 현안 외에 북·일 수교 교섭 조기화 같은 북·일간 현안 등 두 가지 문제밖에 거론할 수 없다고 보고 있다. 다시 말해 가장 중요한 사안인 남북간 현안을 다루기가 곤란하다는 것이다. 미국은 카터 방북의 최대 의제로 남북 정상 회담 재추진을 내면적으로 꼽고 있다.

이와 관련해서는 카터 본인도 김정일의 방북 초청장을 받고 "남북 정상 회담 중재라면 모를까 다른 이유로는 갈 일이 없다"라고 단호한 태도를 보인 것으로 알려졌다. 카터센터는 남북 정상 회담 재추진을 북한측과 교섭하는 과정에서 김정일로부터 '내년 한국의 새 정권과 정상 회담을 가지겠다'는 답변을 받아낸 것으로 알려 졌다.

따라서 미국 처지에서 정상회담을 추진하기 위해서는 카터가 올해 안에 방북하는 것보다는 내년 1월에 방북해 이 문제를 매듭짓는 것이 바람직하다는 판단이다. 이와 관련해 한 외교 소식통은 "미국은 한국의 새 정권과 이 문제를 두고 긴밀하게 협의할 것이다. 카터 방북은 미국이 한국의 새 정권에 주는 첫 선물이 될 것이다"라고 말했다.

카터 방북 문제는 사실 미국과 중국의 대북 영향력 경쟁과도 미묘하게 얽혀 있다. 미국과 중국은 그동안 김정일이 공식 취임 이후 첫 외국 지도자로 누구를 만날 것인가를 두고 신경전을 벌여왔다. 즉 첫 대상자로 카터를 내세운 미국과 강택민 주석을 첫 정상 회담 상대로 해야 된다는 중국의 입장 사이에 미묘한 신경전이 벌어졌던 것이다.

미국과 중국의 틈바구니에서 북한은 실로 교묘한 선택을 한 것으로 보인다. 카터를 먼저 만나지만 정상회담은 강택민 주석과 처음으로 한다는 방식이다.

북한의 이같은 선택을 주변국에 대한 전략이라고 풀이하는 시각도 있다. 즉 북한은 올해 안에 대일 관계를 마무리하고, 내년 초 카터 방북을 계기로 대미 관계까지 정리한 다음, 마지막으로 중국과 관계를 개선해 역으로 미국·일본의 영향력을 견제하는 '선 관계 정상화, 후견제 전략을 추구하고 있다는 것이다.'

(1997. 11. 20)

코리아 체스판 제2권

초판 1쇄 인쇄·발행 2024년 9월 10일

ISBN 979-11-89237-31-8
ISBN 979-11-89237-33-2 (세트)
* 책값은 뒤표지에 있습니다.
* 잘못된 책은 바꾸어 드립니다.
* 저자와 협의하여 인지를 생략합니다.

저 자 남문희
발행인 전민형
발행처 도서출판 푸블리우스
등 록 2018년 4월 3일 (제25100-2021-000036호)
주 소 [04029] 서울시 마포구 월드컵로8길 45-8, 3198호(서교동, 양성빌딩)
전 화 02)927-6392
팩 스 02)929-6392
이메일 ceo@publius.co.kr

도서출판 푸블리우스는 헌법, 통일법, 시민교육, 신문방송학, 경찰학,
사회과학 일반에 관한 발간제안을 환영합니다.
기획 취지와 개요, 연락처를 ceo@publius.co.kr로 보내주십시오.
도서출판 푸블리우스와 함께 한국의 법치주의 및 사회학의 수준을 높일
연구자들의 많은 투고를 기다립니다.